Doctoras
CON ALAS

Doctoras con ALAS

26 Historias que abren horizontes

Coordinadoras:
HAZEL-ELA JIMÉNEZ y SANDRA LÓPEZ-LEÓN

CALIGRAMA

Doctoras con Alas
26 Historias que abren horizontes

Primera edición: 2019

ISBN: 9788417772642
ISBN eBook: 9788417813659

Coordinadoras:
Hazel-Ela Jiménez
Sandra López-León

Impreso en España – Printed in Spain

Coordinadoras:

Hazel-Ela Jiménez y Sandra López-León

Autoras:

A) Leticia Farfan (Perú)
B) Alma X. Ortega (Costa Rica)
C) Xóchitl Palacios (Brasil)
D) Olga Adriana Tinajero Castañeda (Panamá)
E) Angélica Cuapio (Alemania, Austria, Suecia)
F) Susana Ramírez Romero (España)
G) Luana Sandoval Castillo (España, Dinamarca)
H) Sandra López-León (Israel, Holanda, España y Estados Unidos)
I) Patricia Bautista Rivera (Estados Unidos)
J) Paulina Cruz (Estados Unidos)
K) Angeles Estrada/María de los Angeles González Soto (Estados Unidos)
L) Mayra Falcón Pineda (Estados Unidos)
M) Hazel-Ela Jiménez (Estados Unidos)

N) Leticia López Pedraza (Estados Unidos)
O) Margarita Lovera Maldonado (Estados Unidos)
P) Victoria Martínez (Estados Unidos)
Q) Lily Monroy Tijerina (Estados Unidos)
R) Andrea Ponce de León Herrera (Estados Unidos)
S) Carla Proskahuer Muñoz (Estados Unidos)
T) Alejandra Rodríguez Romero (Estados Unidos)
U) Sumie Lorena Rojas Murakami (Estados Unidos)
V) Ana Laura Sánchez (Estados Unidos)
W) Karla Uribe (Estados Unidos)
X) Jeannette Uribe (Estados Unidos)
Y) Talia Wegman-Ostrosky (Estados Unidos)
Z) Giovanna Zanella (Estados Unidos)

Introducción

Somos veintiséis mujeres madres médicas latinas viviendo en diferentes partes del mundo. Queremos compartir contigo nuestro cambio de vida, aprendizaje, experiencias y aventuras; para darte una idea de lo que implica emigrar.

El libro se puede leer por capítulo, por país o por autora.

Índice de la obra

Índice de autoras

Capítulo 1
Cómo llegué aquí

Leticia Farfan Cruz
(Talara, Perú)

Empezaré presentándome: mi nombre es Leticia Farfan Cruz. Tengo cuarenta años. Soy de nacionalidad mexicana; de profesión, médica cirujana, casada desde octubre de 2007 con un abogado de nacionalidad peruana. Tenemos dos hijos: el mayor es mexicano y la menor es peruana.

Después de esa pequeña introducción, vamos al tema: ¿cómo llegué aquí, a la provincia de Talara, localizada en la costa norte de Perú? Es una buena pregunta. Debo decir que no fue una decisión fácil de aceptar para mí: la razón principal en ese momento era que en mi familia pasábamos un problema familiar complicado... Yo soy la mayor de cuatro hermanos, la única mujer. Mis padres están separados desde hace años. De alguna manera, yo me sentía responsable de mi familia y de su protección.

Por otro lado, ya no estaba sola; ya estaban mi esposo e hijo de meses de nacido. La situación se complicó entre los problemas con mi familia y las dificultades en mi familia en formación: la convalidación para que mi esposo pudiera ejercer era un trámite tedioso y costoso. Prácticamente, tenía que volver a hacer la carrera y esa situación empezó a causarnos conflictos, ya que él deseaba trabajar y, aunque lo hizo en actividades que nada tenían que ver con su profesión, llegó a sentirse frustrado por no poder convalidar y, a su vez, aportar lo necesario en nuestra casa.

Al ocurrir estos eventos, mi esposo me planteó la idea de viajar a su país, en donde la situación laboral para él sería mejor, ya que tiene contactos que podrían colocarlo y para mí sería más fácil convalidar mi profesión y ejercerla sin problema. Esto, obviamente, tendría un beneficio para todos: podríamos darle una mejor calidad de vida a nuestro hijo y podría apoyar a mi familia aun estando lejos. Sin embargo, yo me rehusaba; no quería dejar a mi familia con problemas y esto generó grandes discusiones y dificultades. Yo me sentía insegura por dejar todo y a todos; por pensar en irme a un país donde me encontraría sola y empezando desde cero.

Desde que mi esposo me propuso que viajáramos hasta el momento de la decisión final, pasaron cerca de seis meses, en los cuales la problemática que cursaba mi familia fue mejorando. Yo decidí hablar con mis hermanos sobre el viaje y, en ese momento, los tres me dieron su punto de vista positivo; después lo hice con mis papás por separado: mi papá, por su parte, me dijo que adelante, solo que nos cuidáramos; mi mamá reaccionó con más recelo y me decía que cómo era posible, pero al final aceptó la decisión que habíamos tomado.

Así que una vez tomada la decisión y tras haber informado a la familia, determinamos que viajaríamos el 25 de mayo de 2010. Ya con la fecha de viaje, el siguiente paso fue poner en venta todos nuestros muebles. Algunos los dejé en casa de mi mamá, pero vendimos prácticamente el 90%, y confieso que me sentí horrible cuando llegué a mi casa y ya no tenía nada más que mi ropa y una cama donde dormir. Ahora sí era evidente: nos marchábamos sin saber cuándo regresaríamos.

Como mencioné antes, nosotros viajamos a Lima (Perú), el 25 de mayo; sin embargo, el día 23 del mismo mes realizamos una fiesta de cumpleaños adelantada por el primer año de vida de mi hijo, que cumplía años el 30 de mayo, y también fue para despedirnos de la familia y amigos cercanos a nosotros. De esta manera, alzamos el vuelo el día 25 de mayo de 2010, saliendo de México a las 14:30 aproximadamente y llegando a Lima a las 23:30 más o menos para arribar a Talara, nuestro destino final, el día 27 de mayo.

Fue difícil llegar a un país nuevo. Al principio lloraba mucho porque aún no me caía «el veinte» de que ya no estaba en México con los míos; ahora me encontraba en otro lugar, en otro momento, con otras personas y empezando de nuevo. Pero me aferré a mi hijo y me he adaptado. Extraño a mi gente, pero ahora me siento más tranquila y vivo feliz en donde me encuentro. El camino no ha sido fácil, pero tiene frutos que me hacen sentir que tomé la decisión correcta.

Alma X. Ortega
(Costa Rica)

Si el día que concluí mis estudios en medicina alguien me hubiera preguntado: «¿Dónde te ves en cinco años?», mi respuesta habría sido muy diferente de lo que es mi realidad hoy en día.

Desde que tengo memoria, siempre quise ser médico. Así es como transcurrió mi educación Primaria, Secundaria y Preparatoria, con ese objetivo en mente. Cuando terminé la Preparatoria, en donde ya me encontraba en el bachillerato de Ciencias Químico-Biológicas, apliqué a la carrera de Medicina y fui aceptada. A principios del internado, terminé una relación de cinco años: todo lo que duró la carrera. Había pasado soltera el internado y servicio social, involucrándome en el grupo de jóvenes de la Iglesia. Lejos estaba en mis planes el conocer a alguien por Internet e irme a vivir a otro país, pero bien dicen que los planes de Dios no son los nuestros y vaya que me sorprendió al cambiar mi vida por completo.

Conocí a José por medio de mi mejor amiga, quien había venido a Costa Rica a través de un programa de intercambio estudiantil de la universidad de Texas en El Paso. Ella quedó encantada con el país y a su regreso se propuso tener más amigos de este país. Por ello, un día agregó en su red social a mi ahora esposo y se hicieron muy buenos amigos. Ella me contaba que había hecho un amigo «tico». Así le dicen a los costarricenses, pues ellos utilizan muchas palabras en diminutivo: «poquitico», «momentico», etc. En su plan de vida estaba el venirse a vivir a Costa Rica y en el mío nunca estuvo el vivir en otro país, pero al final los papeles se invirtieron. Después de todos estos años, ella sigue siendo mi mejor amiga, aunque ahora tenemos tantos kilómetros y países de distancia... Así es la vida: a veces hay que sacrificar unas cosas para ganar otras.

Para que el lector tenga un poco de información acerca de mí, mencionaré que nací en Cuernavaca, «la ciudad de la eterna primavera», una pequeña ciudad muy colorida situada a solo una hora de la capital de México, en el centro del país. A los once años, mi familia decidió irse a vivir a Ciudad Juárez, en el norte, frontera con Estados Unidos. El cambio fue bastante drástico, pues el contraste de las ciudades es muy marcado, pero pronto me acostumbré a vivir allí y fue en donde cursé la mayoría de mis estudios e hice mis mejores amigos.

Durante mis estudios de Medicina participé y fui elegida para hacer un verano de investigación en la Ciudad de México, y allí fue mi primera experiencia viviendo lejos de casa: disfruté bastante de este tiempo, pues viví en un departamento con una de mis mejores amigas durante la carrera y que ha sido mi amiga desde la Secundaria. Posteriormente, al salir del internado tuve la opción de hacer el servicio social en investigación y, durante este tiempo, mi entonces jefe me presentó la oportunidad de participar en un concurso por parte del Gobierno del estado de Chihuahua, donde de ser elegida se me otorgaría una beca para hacer una maestría en Texas. No había muchas posibilidades, pues participaban estudiantes de todas las carreras y solo cinco eran elegidos. Para mi sorpresa me eligieron y, aunque estaba a destiempo en el periodo de aplicación de la maestría, recibieron mis documentos. Me decidí por la maestría en Salud Pública, que era la que encajaba más con mi perfil médico. Fuimos alrededor de treinta aplicantes y de allí eligieron solo a ocho candidatos: yo entre ellos. Al mes de juramentarme como médico, inicié la maestría y en mis planes también estaba tomar el examen nacional de especialidades.

Debido a que de último momento cambiaron las sedes de aplicación y en lugar de deber tomar el examen en la capital de Chihuahua, que queda a solo cuatro horas en carro, me tocó la sede de Monterrey, para la que tenía que invertir, además, en avión y hospedaje, y habiendo iniciado ya la maestría, decidí primero terminarla y optar por tomar el examen de residencias médicas cuando la hubiera concluido.

De nuevo no sabía que el destino tenía deparado algo muy diferente para mi vida. Durante el primer semestre de la maestría, conocí a José por Internet: siendo amigo de mi mejor amiga, no dudé en aceptarlo y empezamos a hablar por este medio. Él cuenta que apenas vio mi foto, supo que yo iba a ser su esposa. Al pasar los meses, empezamos a hacer planes para vernos en persona. Él nunca había viajado en avión y, aun así, decidió visitarme primero. Cuando por fin nos vimos en persona, fue como si ya nos hubiéramos conocido tiempo atrás. De inmediato me inspiró confianza y sin duda había una gran química entre los dos, pues al contacto con sus manos yo tenía una sensación que solo puedo describir como «electricidad» y que nunca antes había experimentado. Al final del viaje, me robó un beso que me puso a «flotar en las nubes».

Luego me tocó el turno de viajar a Costa Rica. Lo hice con mi amiga, la que fuera el «cupido»; en ese viaje iniciamos ya una relación a larga distancia. Conocí a su familia y él anteriormente había conocido a la mía y a mis amigos. Cada oportunidad que teníamos, entre dos o tres veces al año, viajábamos, ya fuera él a México o yo a Costa Rica. Esos meses separados eran difíciles por la distancia, pero con la tecnología avanzando a pasos agigantados, era más llevadera, pues estábamos en constante comunicación. Al año de noviazgo, me pidió matrimonio y yo acepté. Planeamos la boda por año y medio, pues habíamos decidido casarnos cuando yo terminara la maestría.

En esa época había una oleada de violencia en Ciudad Juárez por la llamada guerra de los cárteles, que había ya cobrado muchas muertes en mi ciudad, convirtiéndola en la «ciudad más peligrosa del mundo», lo que afianzó más la decisión de irme a vivir a Costa Rica. También durante el tiempo de preparación, investigué el procedimiento para homologar mi título en Costa Rica, aunque debo admitir que en papel es una cosa, pero llevar a cabo el proceso es otra y no es nada fácil. Eso ya es otra historia que en otro momento les contaré.

Finalmente, en diciembre del año 2011 me gradué con honores de la maestría en Salud Pública y al siguiente día me subí a un avión con mi gata —que en ese entonces tenía diez años y ha sido mi compañera de aventuras—, tres maletas llenas de ropa y un vestido de novia para empezar una nueva vida en Costa Rica.

Xóchitl Palacios
(Brasil)

A finales de 2013 recibimos el primer aviso: la propuesta de expatriación se había asomado algunos años antes, sugiriendo Italia, Rusia, Francia y China. Mi esposo siempre consideraba mi opinión acerca de mudarnos, pero en aquella época yo comenzaba mi anhelado sueño de especializarme en Sexología Clínica, entonces mi respuesta era un «no» que significaba «espera».

Uno de los requisitos obligatorios para los estudiantes de la maestría de Sexología Clínica es llevar psicoterapia individual a la par del acompañamiento de los procesos de nuestros clientes. Además de ello, tuve la necesidad de centrarme en lo que estaba sucediendo en mi vida sobre el cambio de país y todo lo que ello implicaba: desde aprender una nueva lengua hasta alejarme físicamente de mis seres más queridos, pero el punto más álgido era dejar mi trabajo como médica y dedicarme más a mi pequeña familia. No me sentía lista para ello.

Mi cierre laboral dentro de la medicina familiar fue lleno de muestras de cariño, respeto y reconocimiento del personal de la clínica en la que pasé los últimos cinco años; sin embargo, en los últimos meses allí me sentía insatisfecha: encontraba incongruencias entre las demandas del sistema y las necesidades de los pacientes; distaba de cumplir mis expectativas en el ejercicio de la medicina. Sabía que algún día iba a salir de allí y no deseaba regresar.

El siguiente año viajamos en varias ocasiones por periodos de un mes rumbo a Porto Alegre y São Paulo. Aún no teníamos la certidumbre de dónde nos instalaríamos: conocer esas dos ciudades cambió la imagen que me había formado de Brasil durante unas vacaciones al nordeste: tenía enfrente un país que era más que samba y fútbol. Definitivamente, no todo eran playas paradisíacas, gente bella, música, alegría y caipiriñas.

Tuvimos despedidas y redespedidas en el trabajo, con los amigos, con la familia; con esas amigas eternas que son más hermanas que las consanguíneas. Entre tantos viajes, parecía que íbamos y volvíamos. A veces sentía la necesidad de justificar por qué no me iba todavía; la realidad es que hacía menos dura la partida. Irme no me parecía fácil; mi esposo ya tenía la experiencia de vivir en otros países y había vivido sus cuarenta años como «ciudadano del mundo». Para mi nene y para mí era nuestra primera gran aventura.

Finalmente llegó el día de cerrar nuestro ciclo mexicano. En la preparación de la mudanza, nos deshicimos de innumerables objetos que siempre estuvieron allí, ocupando un lugar y, al mismo tiempo, siendo invisibles. Esa limpieza aligeró nuestro cambio: nos dimos cuenta de que nuestra vida cabía en algunas maletas; que podíamos prescindir de tantos muebles, cuadros, tapetes, libros, juguetes, trastes, etc.; lo importante era que estábamos nosotros tres y ese era nuestro verdadero hogar.

Tomada fuertemente de la mano de mi esposo; con los sentimientos que me oprimían el pecho y el estómago, y con esas lagrimitas impertinentes que se asomaban sin pedir permiso, finalmente me subí al avión. Veía la carita dulce de mi niño, valiente; intentando el portuñol durante el vuelo, respirando, suspirando, añorando, soñando y planeando; tomando fuerzas para pisar fuerte el suelo brasileño, para empezar de nuevo.

Con la espalda adolorida y el cansancio de las horas de vuelo, más el costal de incertidumbres, aterrizamos en São Paulo: ahora sí era en serio; era para quedarnos dos, cinco o diez años. Aún no lo sabíamos...

Llegamos a nuestra primera casa temporal. Era pleno verano: el sol maravilloso y el calor de 34 °C no conseguían calentar ese apartamento con una decoración de oficina. Sentí la necesidad imperante de convertirlo en nuestro espacio. Los primeros días se fueron entre mover y guardar muebles, colocar flores y plantas, mis adornos mexicanos, platos, alebrijes, dibujos, caminos de mesa; desempacar nuestras ocho maletas y una con treinta y ocho kilos de gastronomía mexicana: eso me hacía sentir aquí, pero un poquito allá.

Salí a caminar esas calles con nombres extraños hasta aprenderme mi mapa básico de memoria: el supermercado, el peluquero, los restaurantes, la juguetería, la librería, el centro comercial más cercano; los parques, sitios de taxi, paradas de metro, de autobús; la carnicería y la panadería del barrio; el hospital y el Área de Urgencias más cercanos. Comencé a masticar más el portuñol y reconozco que, entre las muchas cualidades de los brasileños, la principal en esos tiempos de novatez fue que son muy atentos y hospitalarios: me explicaban «con santo y seña» hasta que entendía.

Tenía mi plan y proyecto de vida familiar y profesional; ya estaba inscrita en un curso intensivo de portugués para extranjeros: serían tres bloques hasta conseguir el nivel para acreditar el idioma y, entretanto, estudiaría un diplomado de Terapia Sexual con enfoque cognitivo conductual en el mejor instituto de sexología de Brasil al tiempo que hacía la convalidación de mis títulos y especialidades y quizá, en dos años como máximo, me encontraría trabajando dentro de mi área.

Mi nene ya iniciaba la escuela en el maternal; mi esposo viajaba demasiado y conocía su nuevo territorio con reuniones, entrevistas, comidas... Estaba más ausente físicamente, lo que me dejaba más tiempo para organizarme y reinventarme.

Bien dicen que, si quieres hacer reír a Dios, le cuentes tus planes, y yo lo entendí como un palmazo en la frente: desde nuestra salida de

México y las primeras semanas al llegar a São Paulo, me sentía muy cansada; andaba medio dormilona y torpe. Pensé que estaba deprimida, viviendo mi proceso de duelo por la mudanza, pero no... Había algo más: ¡llegamos más de tres a Brasil!

Olga A. Tinajero Castañeda (Panamá)

25 de junio de 2004. Treinta y dos años, estoy en Panamá, desayunando en la casa de mis suegros, que será mi casa.

En los últimos años, mi vida ha cambiado asombrosamente; tuve la posibilidad de experimentar situaciones que me retaron a evolucionar y a aprender. ¡Ja, ja, ja, ja! Era indispensable encontrar una manera refinada de hablar sobre la sacudida que me llevé. También puedo agradecer la ocasión para probar algunas vivencias y no sentir que me han faltado emociones por probar, por mencionar algunas: me divorcié, conocí a un galán que se arriesgó conmigo, me casé, me embaracé, nació mi pequeño hermoso, y todo ocurrió al mismo tiempo que cumplía con las exigencias de las actividades hospitalarias mientras hacía una especialidad: soy médica.

Cada una de esas circunstancias vividas son dignas de ser comentadas de manera individual con todas sus emociones y anécdotas, pero hoy solo son el antecedente de lo que me hace ser una mujer que ha decidido arriesgarse en otro país donde tengo que llegar a buscar mi lugar, a identificar oportunidades de desarrollo personal, laboral, cimentar mi familia y crecer. No debe ser tan difícil: estoy bien acompañada y me siento apoyada.

Aunque haya sido una característica aprendida, hay algo de aventurera en mí. En el primer cambio de residencia tenía dieciséis años: yo no pude opinar, simplemente tuve que encontrar la forma de ubicarme en un nuevo lugar. No conocíamos la ciudad ni teníamos familiares allí; no habíamos buscado escuela y solo teníamos una semana antes de que iniciaran las clases. Encontramos lugar en un colegio de monjas, cumplimos con los requisitos y adelante; tres años rodeada solo de mujeres y donde, a pesar del calor de una ciudad costera, era más importante cubrirse que deshidratarse.

La segunda ocasión fue al terminar la universidad: el que fue mi novio toda la carrera estaba en el Distrito Federal. Me propuso casarnos y continuar mi internado por allá. Así lo hicimos, siento que no fue tan difícil mudarme en esa ocasión. Esa relación no prosperó... Historia donde había focos rojos que nunca percibí.

A los veintiocho años estaba divorciada, lejos de mis papás y terminando el primer año de especialidad. Fue complicado y desgastante, pero ya estaba en camino algo mejor: un residente de Cirugía, muy respetuoso, dedicado y amable. Lo conocía, pero no habíamos tenido mucho trato. Cumplimos con la rotación de Urgencias durante los mismos meses y un día lo cambian a mi guardia, así que había más oportunidad de coincidir: conversábamos mucho. Me agradaba su manera de ser y la forma de la que hablaba de su familia. Yo pensaba que la mujer que se llegara a casar con él sería muy afortunada, hasta que un día de pronto también lo vi guapo y, abriendo un poco más los ojos, me di cuenta de que yo podía ser la afortunada...

Durante las fiestas navideñas, mi residente favorito estaría viajando a su país de origen. Antes de despedirse, me dio una tarjeta. Recuerdo que subí buscando un balcón del hospital donde se alcanzaba a ver la salida hasta la calle y lo seguí con la mirada hasta que abordó un taxi. En la tarjeta insinuaba que sentía algo por mí: fue electrizante. Las siguientes dos semanas, mi mejor compañera fue la computadora: le escribí el primer mensaje apenas dejé de distinguir el taxi entre el tráfico que lo llevaba al aeropuerto. No le decía nada particular, pero terminé el mensaje con: «Te quiere, Olga». Sentía que estaba siendo total y absolutamente atrevida; todos los correos que le mandé durante ese período terminaron con las mismas palabras: intrépida como nunca antes.

Regresó de sus vacaciones y la comunicación entre nosotros era más cercana; él siempre detallista y lindo, me escribía hermosas cartas. Un buen día, yo debía dejar el departamento donde estaba y me ofreció el suyo. Terminamos viviendo juntos. Diez meses después, nos casamos y, un mes antes de cumplir nuestro segundo aniversario, llegó nuestro bebé para completar el grupo. En definitiva, no estaba programado, pero no se dio por enterado de los planes que su papá y yo teníamos; simplemente, se apareció. Ahora sé que fue el mejor momento: ambos estábamos a escasos tres meses de terminar la especialidad, y yo no había hecho uso de mis vacaciones, así que las junté con la licencia de maternidad, la cual pude mantener hasta el último momento para comenzar tres días antes de dar a luz y aprovechar el tiempo ya con mi pequeño en brazos. Prácticamente, no tuve que regresar al hospital, solo me aparecí para recibir mi certificado.

No tengo memoria de haber pensado mucho en la idea de salir de mi país; seguramente fue una conversación común en la que acepté fácilmente: total, ya tenía experiencia en eso de cambiar de ambientes. Seguramente, la inercia de dar el siguiente paso, salir del país, era lo natural una vez terminada la especialidad y casada con un extranjero. Tuvo que ser una decisión muy al inicio de la relación, tanto que nos casamos en Panamá porque teníamos la idea de que podía favorecer en los futuros trámites migratorios, cosa que no sucedió.

El día llegó: éramos tres y solo ocupábamos una habitación del departamento que compartíamos con otros dos residentes. Sin embargo, volví a confirmar que, en una mudanza, las cosas aumentaban su volumen y, cuando uno las saca de su lugar, se extienden, abarcando una región de espacio y tiempo que antes no era evidente. En cualquier caso, se consigue llenar un sinfín de cajas: algunas cosas útiles las llevé a la casa de mis papás; otras se pudieron vender, como el moisés de Sebastián, nuestro carro, escritorio y cama. Otras tantas quedaron abandonadas: muchos libros se fueron en el maletero del carro que vendimos; otros objetos quedaron donde vivíamos como huellas, señas que vamos dejando en el camino.

Por fin, esperando el vuelo, preparados con lo necesario para las siguientes doce horas por cualquier necesidad: el trayecto son tres horas más el tiempo que toma llegar al aeropuerto para el registro y esperar abordar. En teoría, no debe ser complicado viajar de noche con un bebé: comer y dormir, lo más difícil por el espacio pudiera ser un cambio de pañal, pero mi chaparrito no acostumbra a seguir el guion, siempre improvisa, como cuando nos sorprendió con su aviso de llegada hace quince meses, así que lloró la mayor parte del trayecto y las dos ocasiones en que no se escuchó su melódico vibrato fue al comer, devorando el doble de la ración que en condiciones normales acostumbra para un lapso de tiempo similar. Gracias a Dios, nada es eterno y el avión aterrizó. El peso de las miradas en la cabina de un avión llega a ser realmente molesto cuando llevas en brazos la causa del insomnio. ¡¡Ya estamos en Panamá!!

Muchas condiciones sirven como oportunidad para un cambio, para «comenzar de nuevo», para iniciar planes, actividades o proyectos. Momentos que responden a una necesidad de liberarnos de algo con lo que no estamos conformes, entonces marcamos una etapa, a partir del cual ese «algo» dejará de ser causa de disgusto; lo dejamos atrás. Creo que la facilidad con la que asumí la idea de vivir en otro país fue porque, de manera involuntaria, tenía almacenados dos o tres «algos» fastidiando. Lo cierto es que no hay distancia que anule fantasmas que lastiman la consciencia, una consciencia que se originó con valores inflados de forma desmedida y que no deja lugar a errores.

Angélica Cuapio
(Alemania, Austria, Suecia)

Soy Angélica Cuapio, mamá, doctora y posdoctora. Tengo treinta y cinco años, y vivo en Viena (Austria). Antes de llegar a Austria, viví en Alemania y ahora planeo irme pronto para explorar la península escandinava.

Estudié en la Facultad de Medicina de la UNAM y, al término de la carrera, decidí hacer el servicio social en investigación y no en clínica, como usualmente se hace. Según yo, me llamaba la atención la medicina genómica, que en esos tiempos me parecía un campo muy atractivo y aún no estaba segura si quería hacer una especialidad y, si así fuera, no tenía claro en qué. Lo que sí se me antojaba desde la Secundaria y Preparatoria era hacer un doctorado, pero como el plan de estudios de Medicina no está claramente dirigido a hacer o, al menos, a participar en la investigación, no supe bien por dónde empezar.

Mi papá era investigador científico en el campo de la física y la energía nuclear. Él me ha motivado objetivamente en mis pasos académicos. Actualmente, es todo un *zoon politikón*, pero sigue siendo un artífice y crítico de la ciencia, y sigue muy informado y actualizado sobre lo que pasa también en el mundo de las ciencias biológicas. A veces, incluso sabe más que yo sobre inmunoterapias, pero no se lo digo. Antes que mis profesores de Historia de la Medicina, mi papá fue quien me habló sobre Hipócrates, Galeno, Pasteur y, más a nivel local y actual, del Dr. Ruy Pérez Tamayo y René Drucker, entre otros.

Desde el cuarto año de la carrera de Medicina, pensé que debía irme involucrando o, al menos, enterarme sobre quiénes hacen investigación, dónde, cómo, etc. No porque sabía que iba a hacer un doctorado desde entonces, sino porque lo consideraba como una alternativa en el caso de que no hiciera una especialidad clínica. Pregunté en la dirección de la facultad cómo podría entrar al mundo de la investigación. Ahí me dieron un librito con una lista y resúmenes de los proyectos que se desarrollaban en diferentes hospitales e institutos a través de la UNAM. En ese librito me encontré al tal Dr. Ruy Pérez Tamayo y no pensé dos veces en buscarlo y hablar directamente con él en el Hospital General de México. Muy amablemente, el doctor me concedió casi una hora en la que me platicó lo que implicaba ser estudiante de Medicina en sus tiempos y en los actuales; también me habló sobre su ahora difunta esposa, la Dra. Irmgard Montfort; sobre sus viajes anuales a Alemania para asistir a festivales de música clásica; sobre su juventud, etc. También me habló un poco sobre la investigación que hacían en el departamento. Más su vida personal que su producción científica fueron los motores que me alentaron. Fui como voluntaria durante el 4.º y 5.º año de la carrera a su laboratorio por las tardes; cuando podía iba a aprender a hacer tinciones histológicas, ver por el microscopio, inyectar ratas en el peritoneo, etc. Lo más complicado para mí, y que sigo sin superar, es trabajar con animales. Prefiero ponerme «al tiro» con los de mi tamaño y es por eso que mis límites me permiten trabajar solamente con humanos.

El servicio social de la carrera lo hice en investigación en el grupo del Dr. Ruy Pérez bajo la tutela de la Dra. García de León, una inmunóloga agradable. Ese año mi proyecto fue sobre expresión de marcadores celulares en fibrosis hepática y cirrosis; de paso también estudiamos un poco sobre senescencia celular en esas patologías.

Terminando el servicio social, no tenía muchas ganas de hacer una residencia; además, ni sabía en qué. Pensé que debía empezar a buscar trabajo como médico general y apliqué en la clínica San Agustín, un sanatorio muy pequeño cerca de mi casa, donde me extirparon las amígdalas cuando era niña. La buena noticia fue que no me contestaron. Me tomé un tiempo para pensar qué quería hacer y me pareció buen momento para aventurarme a hacer el doctorado. Visité el Instituto de Medicina Genómica, algunos departamentos en el Instituto Nacional de Nutrición y el Instituto de Fisiología Celular de la UNAM; hablé con algunos investigadores para enterarme de viva voz sobre los trabajos que antes leí en el catálogo de líneas de investigación de la UNAM.

Al final me decidí por el Dr. René Drucker; él y su grupo han trabajado principalmente con el tema de la enfermedad de Parkinson. Con él hice un voluntariado para establecer un proyecto de investigación y, posteriormente, defender el proyecto para poder hacer el doctorado en Ciencias de la UNAM. Estuve trabajando dos meses en la identificación de posibles nichos dopaminérgicos en el sistema nervioso central usando células madre en un modelo animal de la enfermedad de Parkinson. Interesante, ¿cierto? Pues muy motivada apliqué para la defensa del tema de investigación para hacer el doctorado y me quedé.

Pero resulta que para entonces mi novio Félix, un médico alemán a quien conocí durante el internado en el Hospital General de México, llevaba unos seis meses haciendo la residencia en Anestesiología en el mismo hospital. Feli era representante de los médicos residentes de su generación y le iba muy bien: aprendía mucho, pero también trabajaba mucho, y eso no era lo malo del asunto; lo desventajoso era que no le pagaban. Por el hecho de no ser mexicano, no tenía derecho a recibir un salario o beca; la ventaja de haber pasado el ENARM y quedarse en la residencia sería que no tendría que pagarle una cuota a la UNAM, circunstancia que en un principio no nos importó mucho. Al yo ser aceptada en el doctorado, tuvimos que reconsiderar las implicaciones de quedarnos. Él sin pago y yo con una beca de CONACYT, que no es tan alta como para mantenernos a dos, decidimos que no nos convenía quedarnos en México. Eso lo decidimos el día en que me aceptaron para entrar al doctorado. Obviamente, no le hizo mucha gracia al Dr. Drucker cuando se lo comuniqué, pero a nosotros tampoco nos hacía mucha gracia vivir con ocho mil pesos en ese entonces.

Así fue como comenzamos la búsqueda de opciones para nuestro siguiente destino. A mí siempre me había interesado Inglaterra o Francia para un doctorado porque se hablaba de buenas investigaciones allá y, además, porque hablaba inglés y pensaba que el francés no sería muy difícil. Como pasa a menudo en México, el inglés de escuela es algo «chafa» y, a pesar de que el kínder, Primaria y Secundaria los hice en escuela privada, mi inglés siguió siendo deficiente. Mi *father* siempre insistió en que debía aprender bien inglés y, alrededor de dos años durante la Preparatoria, cada sábado me llevó incesantemente al Interlingua de plaza Universidad.

Al final no fue ni Francia ni Inglaterra. Ese mismo día, Feli me preguntó si había considerado Alemania como opción, que quizá había algunas mínimas ventajas. Allá él tenía a su familia y amigos. Además, seguramente habría varias opciones para hacer el doctorado allá y, pensándolo bien, los alemanes no eran tan malos científicos. Así pues, la decisión se tomó esa misma noche después de mi defensa, con una cerveza alemana bien fría.

A la mañana siguiente me dediqué a buscar opciones de doctorados en Hamburgo, la tierra de Feli. Elaboré mi *curriculum vitae*, redacté una carta de intención y a los pocos días apliqué para una posición en un grupo que trabajaba con la enfermedad de Parkinson. La doctora a quien escribí nunca me contestó. Continué con la búsqueda y, como yo quería poder continuar en algo parecido a mi proyecto de investigación anterior o, por lo menos, algo en el campo de las neurociencias, volví a aplicar en un grupo de neuroinmunología que trabajaba con esclerosis múltiple. La jefa del grupo, quien era española, me llamó inmediatamente por teléfono y tuvimos una charla muy agradable, tal vez por la calidez y confianza que se siente con un idioma nativo y mutuo.

Con esa charla resultó que yo era una buena candidata para la posición y me dijo que sí podía aplicar. La beca a la que aplicaba era de la Comisión Europea llamada Marie Curie. Esta beca es una de las más prestigiosas de la Unión Europea porque pertenece a un programa de desarrollo científico que tiene un principio fundamental de movilidad académica. Para poder aplicar, los requisitos consistían en no haber vivido en Alemania los últimos doce meses antes del cierre de la convocatoria, haber tenido una maestría o haber realizado investigación previamente, haber estudiado Biología, Bioquímica, Medicina o una carrera afín y tener buen nivel de inglés.

Un mes después de mi aplicación, la profesora me llamó para decir que cuando yo quisiera, de preferencia lo más pronto posible, podía empezar a hacer mi doctorado en el Centro de Neuroinmunología en la Universidad de Hamburgo. Un mes después de esta noticia, Feli y yo ya estábamos instalándonos transitoriamente en casa de los padres de Feli, allá en el norte alemán. Así es como llegué a tierras del Viejo Continente.

Susana Ramírez Romero
(Barcelona)

En mi caso, la aventura de migrar de México a España comenzó en el año 2009. Analizando mis antepasados, probablemente yo también sea portadora de esa variante genética que mencionó la Dra. Sandra en su capítulo, la cual aumenta el deseo de migrar, ya que mi bisabuelo materno emigró de Alemania a México en los años veinte del siglo pasado; mi abuela no migró a ningún lado porque la época no se lo permitió, pero siempre dijo que su mayor sueño era recorrer el mundo con una mochila al hombro. Ella lo hizo a su manera: fue alpinista mientras pudo, conquistó varias montañas y visitó diferentes países.

Quizá por eso desde muy joven ya me gustaba viajar como misionera a diferentes lugares de mi México querido. De hecho, una de las razones por las que estudié Medicina fue porque deseaba ir a África como misionera, pero pensaba que si era doctora seguro que podría ser mucho más útil mi presencia en esas tierras.

Sin embargo, mi pasión por la medicina, misma que recuerdo tener desde niña, ya que jugaba a operar a mis muñecas cuando se descosían, me llevó a estudiar la especialidad en Pediatría; posteriormente, la subespecialidad en Dermatología Pediátrica y más adelante me enrollé con la maestría en Investigación Clínica. Así que me desvié un poco de la ruta misionera, sobre todo cuando me casé y, más adelante, cuando me embaracé.

Para el año 2009, vivía en la Ciudad de México, estaba casada, teníamos un bebé de un año, cursaba el último año de la subespecialidad y, además, estaba embarazada. Teníamos varias metas cumplidas, pero aún muchos sueños por explorar.

Uno de los siguientes pasos era mudarnos a una ciudad más tranquila, donde los niños pudieran jugar y crecer sin prisa. Teníamos la ilusión de tener un pequeño jardín y el Distrito Federal, además de caótico, nos parecía sumamente caro para podernos permitir tener la casa que deseábamos; por eso, pensábamos irnos a provincia.

Teniendo en mente la mudanza en cuanto yo terminara la especialidad, a mi marido le llegó una propuesta de trabajo para migrar a Barcelona. El tema surgió en una plática en medio de un congreso de Medicina de Urgencias con un médico de Cataluña. Después de mucho hablarlo, se convirtió en una propuesta real y nosotros no nos lo pensamos dos veces: decidimos hacer las maletas, pero con un destino más lejano.

Las cosas se fueron dando: mi marido metió sus papeles para revalidar el título de Medicina en España y en unos cuantos meses se lo homologaron, lo cual no siempre es tan rápido, pero tuvimos suerte. Le enviaron un contrato de trabajo del Hospital Clinic y así iniciamos los trámites sin saber si mi segundo hijo nacería en México o en España. En esa época, todo nos parecía tan sencillo...

Con el contrato de trabajo en las manos y con el corazón lleno de ilusiones, fuimos a la embajada de España en México y nos dijeron que la visa para mi marido sería otorgada en unos días y que la mía y las de los niños tardarían como mucho un mes. Pensamos que era mucho mejor que él viajara primero, pues para estas fechas ya habría nacido nuestro segundo hijo y sería más cómodo para mí llegar ya teniendo un lugar donde vivir.

Vendimos muebles, libros y demás chucherías que uno acumula sin darse cuenta y, en el mes de agosto, mi marido voló a Cataluña. Llegó a casa de unos señores ya mayores, de esos que puedes llamar «ángeles», pues sin conocerlo y solo por recomendación, lo hospedaron en su casa gratuitamente, le ayudaron con todos los papeles de empadronamiento e incluso fueron sus avales para poder alquilar el piso. Sin ellos, no sé qué historia habría sido: mis hijos dicen que son sus abuelos de España, aunque el señor ahora —nueve años después—, ya está en el cielo, pero estaremos eternamente agradecidos.

Pasó el caluroso mes de agosto, me mudé a casa de mis padres, llegó el otoño, empezaron a caer las hojas, pero mi visa y la de los niños no llegaban: ya habían pasado tres meses y no había noticias. Tres meses parece poco, pero como en principio nos dijeron que era un trámite rápido se nos hizo eterno; lo más angustiante era no saber si nos las darían o no. Mi esposo incluso contempló la posibilidad de regresar, pero yo pensaba que después de todos los planes, las ventas y los papeleos, no nos podíamos rendir.

Durante ese tiempo solo nos comunicábamos por Skype y así mi marido veía cómo el bebé pasaba de los cuatro a los seis kilos y luego a los siete y a los ocho. Así, desde lejos, sin poder tocarlo, olerlo ni besarlo. El mayor, de tan solo dos años, al principio saludaba al papá y hablaba con él, pero al pasar los días y ver que no era cierto que lo alcanzaríamos pronto, se negó a hablar con él: estaba muy enojado con su papá. Yo estaba aún en amamantamiento, es decir, aún me sentía «hormonal» y con la sensibilidad a flor de piel, así que esta situación de separación involuntaria me dolía profundamente.

Ya era noviembre y no teníamos ninguna respuesta: como la paciencia no es mi virtud y en este caso ya había sobrepasado los límites, decidí comprar los boletos de avión para los tres y entrar como turistas a España; esperar la respuesta del consulado desde el interior de la Ciudad Condal. En principio, si nos autorizaban la visa, tendríamos que retornar a México para recogerla y volver a entrar en España como residentes en vez de turistas, lo cual implicaba un gasto no planeado, pero ¿qué más daba? Ya era el momento de reunirnos.

Tras un largo vuelo de doce horas, cargando seis maletas, dos niños, una cobijita y unos cuantos peluches, llegué a Barcelona una tarde nublada del frío mes de noviembre.

El encuentro entre mi hijo de dos años y su papá fue correr para fundirse en un abrazo e inmediatamente soltarse a llorar. Mi niño lloraba y lloraba tanto como pudo, abrazando a su papá sin querer soltarlo como para que no se le volviera a escapar...

Luana Sandoval Castillo
(Barcelona, Dinamarca)

«¿Cómo llegué aquí?». Un poco de contexto para situarlos...

México, 2004. Un viaje hecho al azar porque mi compañera de piso no podía verme llorar más. Su hermano me había dicho: «No eres tú, soy yo», mientras ya era evidente su cambio de rumbo. Así que con un boleto en blanco y un mapamundi, señalé con ojos cerrados al sur del mundo y ahí empezó mi historia.

Argentina, 2004. Un corazón roto en la maleta; dispuesta a renovarme, me dediqué a escribir. Llegaron a mi vida una colombiana, un alemán y una brasileira. Tangueamos en las calles y resonamos cazuelas con las madres en plaza de Mayo: lazos inquebrantables a través de los años. En un tiempo antes de Facebook, exploramos desde Hi5 hasta ICQ, pero era hora de cruzar mares y olvidarnos de la red. Para ese entonces, el alemán ya vivía en Inglaterra y la colombiana en Barcelona, así que Europa se convertiría en nuestro punto de encuentro.

Londres, 2005. A mitad del internado médico y con miras para desarrollarme en el extranjero, iba visitando hospitales alrededor del mundo; piezas de un rompecabezas que dirigían mi camino a puntos impensables. De la mano del alemán, recorrí parte de Inglaterra y aproveché las «cortas distancias» y las aerolíneas baratas para visitar a la colombiana en Barcelona.

Barcelona, 2005. Nuevos mares y amaneceres de otro color. Tomando el sol en la Barceloneta, descubrí un edificio a la orilla del mar que por casualidad era un hospital: el Hospital del Mar. Entré directa a Recursos Humanos, preguntando por Cardiología: «Siguiente puerta a la derecha, segunda planta», fue la respuesta. Al abrir esa puerta, mi destino cambió.

«Celebremos», decía la colombiana y, entre tinto y unas tapas, me pidió los datos del alemán en Inglaterra porque su hermana venía desde Colombia y quería ahorrar en hospedaje. Mientras yo escribía los datos, ella me enseñaba fotos. Con la boca medio abierta por la espectacularidad de las curvas de la hermana, le dije:

—Cuidado con tu hermana.

—No te preocupes, el alemán está enamorado de ti.

Y le dije al alemán:

—Cuidado con la hermana.

—No te preocupes, estoy enamorado de ti...

Se casaron en Barcelona en 2006. En una mochila al hombro llevaba recuerdos de mi México, aunque de nuevo un corazón desquebrajado. Después de un largo recorrido en convalidaciones, homologaciones y ministerios, ya estaba envuelta entre guardias y congresos, conociendo a gente nueva y dando la bienvenida a la vieja.

Mi amiga brasileira, que ahora vivía en Nueva Zelanda con un argentino, venía a apapachar mi corazón. Un día de largas y profundas conversaciones acompañada por un buen vino y a la mañana siguiente emprendió la búsqueda de su propio destino hacia Alicante.

Noviembre, 2007. La brasileira volvía a casa, pero esta vez no venía sola. Él le cedió el elevador para que pudiera subir con su maleta. Mientras, él por la escalera ya estaba tocando a la puerta. Cuando vi por la mirilla, un chico alto, rubio y de ojos azules estaba del otro lado. Escuchaba mi propio latido y no pude negarme a abrirle: un danés. Nos entendimos de inmediato, pero veinticuatro horas más tarde tenía un vuelo a mis recuerdos. A pesar de mi invitación, él ya tenía planes con una chica al norte de Barcelona.

Londres, 7 de noviembre 2007. Una llamada me sorprende en Victoria Station.

—¿Te importa que te alcance porque no quiero estar sin ti?

Días inolvidables, pero yo tenía mi vida ahora en Barcelona y él en Calpe, Alicante.

París, junio 2007. Disfrutábamos de la semana del *jazz* por las calles de París, con un vino en mano, mientras se mezclaba el *jazz* con el verano.

—Este es el momento perfecto —le dije.

Él de pronto tenía una hiperemia generalizada y se tiraba al suelo. Se ponía de rodillas para preguntarme si quería compartir mi vida con él. No hay anillo.

Flashback: Canadá, 2004. Un viaje con mi mejor amiga, quien a ciencia cierta sabe que eso de las bodas y los hijos no está hecho para mí, pero le confieso que, si algún día algún loco piensa darme un anillo, tendrá que ser en un lugar alto.

Avión BCN-MEX, agosto 2007. Nuevamente hiperémico, se tira al suelo para esta vez entregarme un anillo. Definitivamente, ha escogido un lugar alto. Dos bodas más tarde con el mismo chico, en países distintos y muchas historias en nuestra casa de acogida en Cataluña; él tiene otros objetivos en mente: ¡ser papá!

Septiembre 2013. Acabada la residencia, hice una rotación externa en Copenhague y me enamoré: descubrí mi propio Dinamarca, sin él. Le pido volver juntos, pero él es feliz en Barcelona. Tiene sol y verano.

Mayo, 2014. Habiendo corrido mi media maratón, se me acababan las excusas para eso de evitar tener hijos. Pronto seríamos tres. Una excesiva alza al desempleo y querer ofrecerle el no ser extranjera en el país que la vio nacer nos trae a nuestra casa en Copenhague.

Sandra López-León
(Israel, Holanda, España y Nueva York, Estados Unidos)

Me fui de México justo después de haber acabado la carrera de Medicina y haberme casado. Desde entonces, me he convertido en farmacoepidemióloga especializada en Neuropsiquiatría y Genética. También me convertí en mamá de tres niños que son mexicanos, holandeses, españoles y americanos. He vivido en cinco países, desde hace cinco años, en Estados Unidos, en el área de Nueva York. No por nada, la mejor descripción que ha hecho alguien de mí es que soy una amalgama.

Mi historia comenzó en la Ciudad de México. Nací en una familia que tenía como prioridad la educación y la salud mental, ya que mi madre tenía un doctorado en Psicología y mi padre había estudiado Medicina, Psiquiatría y tenía un doctorado en Bioética. Mi padre, el Dr. Manuel Isaías López, es la persona que más ha influido en mi vocación; considerado por muchos como el padre de la Psiquiatría infantil en México. Crecí en un ambiente multicultural porque fui al Colegio Americano (ASF) y mi abuelo estaba muy metido en la comunidad española. Estudié Medicina en la misma universidad donde mis dos hermanos también lo habían hecho.

Desde que tengo memoria, sabía que quería estudiar Medicina y desde muy pequeña también sabía que quería vivir en otros países. Hay investigaciones que demuestran que las personas con el rasgo de personalidad «búsqueda de novedad» tienen variantes genéticas que aumentan el deseo de migrar: esto hizo que el ser humano poblara el mundo y permitió la supervivencia de nuestra especie. Yo estoy segura de que tengo estas variantes genéticas: mi abuelo emigró a México de España. Mi padre, que estudió Medicina en México, se fue a Canadá a hacer su internado y la residencia de Psiquiatría a Estados Unidos; y mis dos hermanos emigraron a Estados Unidos cuando acabaron de estudiar Medicina.

La primera vez que me fui a vivir a otro país fue durante el internado rotatorio de Medicina. Fui al hospital Hadassah en Jerusalén. Es ahí donde me di cuenta de que me encantaba la investigación y que quería hacer un doctorado. A mí lo que me apasiona es la Psiquiatría Genética, ya que siempre me han interesado la mente y el inconsciente. En ese entonces, se acababa de publicar la primera secuenciación del genoma humano. De una manera romántica y poética, se me hizo fascinante poder hacer al inconsciente tangible. Cuando regresé a México para hacer mi servicio social, tuve la oportunidad de trabajar con el Dr. Guido Belsasso en su clínica psiquiátrica y estuve yendo al Instituto Nacional de Psiquiatría Ramón de la Fuente, al laboratorio del Dr. Humberto Nicolini; una vez más, reafirmé que me encantaba la Psiquiatría Genética. Un año más tarde, me gradué de Medicina, me casé y nos fuimos a vivir a Holanda.

Los primeros meses en Holanda me enfoqué en buscar lugares donde podía hacer mi doctorado. Encontré que en la Universidad Erasmus de Rotterdam había un departamento fuerte de Epidemiología y que tenían bases de datos con información psiquiátrica y genética. Después de mucho leer, me di cuenta de que lo que necesitaba para hacer investigación era Epidemiología, Estadística y Bioinformática, ya que estas eran herramientas esenciales.

Empecé la maestría un año después de haber llegado a Holanda. Mi primer hijo nació al siguiente año. Durante los siete años que vivimos en Holanda, estudié la maestría (MSc), el doctorado en Ciencias (DSc) y el *PhD* en Epidemiología Genética, y me dediqué a localizar genes relacionados con la personalidad, el trastorno de déficit de atención y la hiperactividad, la enfermedad maniaco-depresiva y la depresión. Mi tesis de *PhD* se tituló *Genetic Determinants of Depression*. Desde entonces, me he dedicado a identificar genes relacionados con trastornos de memoria, migraña, ansiedad, ánimo, atención, sueño, y relacionados con el alcoholismo.

La tercera vez que emigré me fui a Barcelona. Nos mudamos por el trabajo de mi esposo, además de que mis padres me dijeron que ellos también se irían a España si yo viviera ahí. Al poco tiempo de vivir en Barcelona, los aventureros de mis padres se mudaron a España desde México. Vivir en Barcelona fue increíble: es una ciudad preciosa, donde hicimos amistades fuertes; tiene comida inmejorable, mar, montaña, música, amor, pasión y demás. Ahí nacieron mi hijo mediano y mi hija.

En Holanda me habían dado muchas clases de la importancia del *network*; de cómo socializar, conocer y abrirme a todo tipo de personas y, sobre todo, ayudar cuando hubiera la oportunidad. También fui a muchos congresos de oportunidades laborales, donde nos contaban todas las opciones que había de trabajo en hospitales, universidades, organizaciones no gubernamentales (ONG), organizaciones de investigación clínica (CRO), vendedores de servicio, consultorías e industria. En una de esas clases, me dijeron que guardara todas las tarjetas de presentación que la gente me diera. Cuando llegué a Barcelona, busqué entre mis tarjetas y encontré a una persona que vivía ahí: era un chico que había conocido durante un curso de Farmacoepidemiología en Holanda. Le hablé para pedirle orientación. Él me recomendó que aplicara a la industria farmacéutica y me dio el correo electrónico del contacto de la persona indicada. Mandé mi CV a esa persona: a la semana siguiente me dieron entrevista y al mes ya me habían contratado.

Después de vivir siete años en Barcelona, mi trabajo me dio la oportunidad de migrar a Estados Unidos, al área de Nueva York, cerca de donde vivían mis dos hermanos. Trabajaría principalmente en el área que me apasiona: las neurociencias. Actualmente, estoy trabajando en el desarrollo de nuevos medicamentos monoclonales y terapias genéticas para tratar enfermedades neurológicas como la migraña, el Alzheimer y otras enfermedades monogénicas. Al ver que todos sus hijos y nietos iban a vivir cerca, mis padres no tardaron en hacer la maleta y también emigrar. Como decía mi hijo de cinco años: «Irse es tan fácil como cerrar la puerta y tomar el avión».

Nos fuimos de México en el verano del año 2000. En el verano de 2013 llegamos a Estados Unidos y llevamos casi cinco años aquí.

Patricia Bautista Rivera
(Kentucky, Estados Unidos)

Cuando era pequeña, de aproximadamente siete años, si alguien preguntaba «¿y tú qué quieres ser cuando seas grande?», mi respuesta generalmente los dejaba sorprendidos. A algunos bastante, diría yo. ¿Por qué? Quizá porque en un ambiente en el que la mayor parte de las niñas pensaban en ser secretarias o «dedicarse al hogar», a mí lo único que se me ocurría contestar era que quería ser «cirujano plástico». De ahí las caras de sorpresa.

Nací y crecí en una colonia de perfil socioeconómico medio bajo, en el Distrito Federal. Sí, ya sé, ahora Ciudad de México. En un edificio de departamentos con dieciséis familias. El departamento que mi *ma*, hermanos y yo compartimos era el más pequeño de todos. Crecí rodeada por todos los vecinos, quienes al paso del tiempo se convirtieron en buenos amigos.

Cuando entré a la Secundaria —uno de los momentos decisivos de mi vida—, me encontré con un grupo de niños con mejor situación social y económica, con diferentes experiencias de vida y, en consecuencia, con distintas perspectivas para el futuro. Con ellos, con mi grupo de Secundaria, que resultó ser el formado por los niños de menor edad de todos los que hicieron solicitud para entrar a la escuela, y mejor aún con niños con los mejores promedios de Primaria, me encontré a las personas con quienes podía compartir que quería ser médico y de quienes no recibía en respuesta una cara de sorpresa o una sonrisa de sarcasmo. En ese grupo, todos los niños y las niñas querían ser profesionistas: ingenieros, químicos, arquitectos, licenciados en comunicación u otros.

Al terminar la Secundaria, donde, además de obtener la seguridad de que iba por buen camino, conocí a unas de las mejores amigas de mi vida, tuve la gran bendición y enorme oportunidad de entrar al sistema de bachillerato de la Universidad Nacional Autónoma de México, la UNAM. Me aceptaron en el Sistema de los Colegios de Ciencias y Humanidades (CCH) y acudí al plantel Vallejo.

Desde mi ingreso al CCH, ya sabía que mi área de enfoque sería la de Ciencias de la Salud, así que me dediqué a estudiar y a pasarla fenomenal. Descubrí el básquetbol y la mayor parte del tiempo que estaba en la escuela, si no estaba en clase, estaba jugando en las canchas de básquet con mis nuevas amigas y amigos.

Casi al final del tercer año del CCH, hice la solicitud de ingreso a la carrera de Medicina: uno de mis sueños más grande era entrar a la Facultad de Medicina en la Ciudad Universitaria (CU). La espera por los resultados de aceptación a las Escuelas Profesionales fue larguísima y un momento de gran incertidumbre.

¡Bendito sea Dios! Me aceptaron en la escuela de mis sueños y comenzó la aventura. Estudiar Medicina es un reto gigante, nada fácil de enfrentar. Este es aún más grande cuando existen limitantes económicas como las que, desafortunadamente, yo tuve. Uno de los recuerdos más importantes del inicio de la carrera es la preocupación por no contar con los medios suficientes para comprar libros, uniformes o instrumental. Lo que me faltaba en recursos me sobraba en determinación: estaba decidida a convertirme en médico y sabía que la única forma de hacerlo era estudiando con ahínco y sin parar. Sin embargo, no contaba con que la economía del país iba a empeorar y que lo poco que mi madre podía proveer se iba a reducir aún más, lo que ahora pondría en un peligro real el no poder continuar estudiando.

En muchas ocasiones, durante el bachillerato, intenté obtener empleo: tomé cursos de entrenamiento, me convertí en especialista de educación para adultos, incluso estuve dando clases los fines de semana en una escuela de una colonia popular. Sin embargo, nunca recibí pago y tuve que dejar de hacerlo, pues el transporte significaba gastos extras para la economía de la familia. Busqué en diferentes lugares y la respuesta obtenida era la misma: no querían estudiantes.

Sabía que para poder continuar estudiando Medicina tenía que encontrar una fuente de ingresos; de otra forma, no podría continuar. Así que, en un momento de desesperación, busqué a mi profesor de Fisiología, quien al inicio de su clase afirmaba que raramente sus estudiantes obtenían alta calificación. Yo obtuve la calificación más alta en mi grupo, y le pedí ayuda.

El doctor Óscar Martínez Díez me ayudó a establecer contacto con el Departamento de Fisiología, en donde me inscribí al curso de instructores de laboratorio. Al terminarlo, empecé a trabajar en la Facultad de Medicina, en donde me convertí en una académica universitaria. ¡Gracias a Dios, nos mejoró la vida y, lo mejor aún, me permitió continuar estudiando para convertirme en médica!

Al terminar la primera etapa de aprendizaje, obtuve un lugar en la que en ese entonces era una de las mejores plazas para hacer el internado en la Facultad de Medicina: el Hospital General de Zona 1A, Los Venados, en donde aprendí muchísimo y obtuve muy buenas experiencias.

Hice el servicio social en el estado de Morelos, en un pueblo llamado Ticumán, en donde aprendí a tratar picaduras de alacrán, entre otras muchas cosas; a perderles el miedo a esos arácnidos, así como a revisar siempre mis zapatos antes de ponérmelos.

Disfruté muchísimo ese año. La naturaleza, las experiencias, las frutas locales, pero, sobre todo, la gente: los pacientes, los vecinos, la enfermera, las pasantes de enfermería y mis compañeros pasantes de Medicina. Todos ellos enriquecieron mi vida.

Y llegó el momento de entrar a la residencia. Después de seis años de carrera, había llegado a la conclusión de que definitivamente no sería cirujana plástica. Después de las varias rotaciones en el internado, había descubierto que, debido a la hipersensibilidad olfatoria de mi nariz, no podía tampoco dedicarme a la medicina interna o a la ginecología: los olores intensos me afectaban enormemente.

Al final decidí que el área de mayor interés para mí era y es la pediatría. Los niños siempre me han encantado: su resistencia, inocencia y cariño espontáneo son sorprendentes. Hice solicitud en el Instituto Nacional de Pediatría (INP); había tomado la clase de Pediatría en ese hospital y me encantó. Representaba, y aún representa, un lugar de excelencia en el tratamiento de sus pacientes, y también académicamente. En este hospital se han formado muchos de los pediatras y cirujanos pediatras líderes de México y de otros países.

¡Me aceptaron! Sí, me aceptaron en el INP y comenzó una nueva aventura y una nueva etapa de aprendizaje. El primer año tuve guardias mortales, con rotación A-B: teníamos guardia un día sí y uno no, modificadas el fin de semana. ¡Qué duro estuvo ese primer año! En la rotación de Medicina Interna tuve un residente de tercer año (R3) muy inteligente, pero que era de «armas tomar»: se enfrentaba con todo el mundo si algo le parecía injusto o si por alguna razón sus pacientes no tenían el trato que merecían.

En el segundo año, como R2, había dos rotaciones con Padecimientos Oncológicos, Hematología y Oncología: si hacías una, no hacías la otra. Mi primera rotación fue Hematología, pero en el transcurso del año, el jefe de residentes decidió que tenía que rotar por Oncología, a pesar de mis protestas. El residente de Oncología (R4) se portó siempre muy amable. Me sorprendía su habilidad con procedimientos —no había venoclisis o punción lumbar que no pudiera hacer; él era a quien todo el mundo recurría en los casos más difíciles— y el amor e interés genuinos que mostraba por sus pacientes.

Este R4 es el mismo R3 que mencioné previamente. Y comenzó el cortejo: para entonces, el novio que yo había tenido por cinco años decidió que necesitaba «espacio» para ser independiente y explorar otras vivencias. Yo, que para entonces ya pensaba en matrimonio, terminé hecha pomada. Creo que el hospital completo se dio cuenta: perdí siete kilos en unas semanas y mi personalidad, generalmente activa y alegre, cambió. El R4 de Oncología comenzó a aparecer por todos lados —él aclara que lo que pasa es que tenía que pasar visita a los pacientes oncológicos que se encontraban por todo el hospital— y, mejor aún, aparecía con chocolates para mí.

Para no hacer muy larga la historia, me invitó a salir en varias ocasiones, pero el exnovio reapareció y regresé. Ya sé: «¿Por qué?». Por tonta. De cualquier manera, seguí platicando con el R4 hasta que decidí terminar de forma definitiva con el exnovio y comencé a salir formalmente con el persistente R4. Después de un año de ser novios, nos casamos. Durante el noviazgo, mi entonces novio tuvo una rotación en un hospital en Kentucky (KY), en donde los impresionó su inteligencia y dedicación. Cuando regresamos del viaje de bodas, había una carta esperándolo en donde estaba una invitación para hacer una especialización en Trasplante de Médula Ósea en KY, la cual aceptó.

Terminé Pediatría y me aceptaron para estudiar Alergia Pediátrica; estaba a la mitad del año cuando recibimos noticia de que los trámites ya casi estaban listos. Terminé el primer año y ya no pude continuar el segundo. Nos mudamos a Kentucky en marzo de ese año.

Paulina Cruz
(Misuri, Estados Unidos)

Una de las cosas que ahora me parecen particulares de la clase media mexicana es la presión por escoger una carrera durante la Preparatoria. A una edad donde hay muy poca exposición, se nos obliga a tomar una decisión importantísima. Yo siempre tuve un gusto especial por la Biología y la Química y un disgusto por las Matemáticas, por lo que la elección natural parecía ser Medicina.

Sorprendí a mis padres, pero siempre fui apoyada. Empecé la carrera en el Distrito Federal y logré entrar a una prestigiosa universidad privada. El tráfico de la ciudad me orilló a mudarme fuera de casa y viví con un compañero de piso cerca de la universidad. Antes de pasar al tercer año de la carrera, mis padres decidieron irse a vivir a la ciudad de Monterrey. El vivir fuera de casa me había deprimido mucho y no imaginaba ahora tener a mis padres tan lejos, así que me fui con ellos.

En Monterrey, la universidad con más prestigio para estudiar Medicina era la estatal; sin embargo, aun viniendo de una de las mejores universidades, me dijeron que tenía que volver a empezar. ¿La razón? No tenían un método para revalidar materias y no les interesaba tenerlo, ya que recibían miles de aplicantes por semestre.

El saber que iba a ahorrarles a mis padres me hizo aguantar y tratar de sacar lo positivo. Las clases, de hecho, fueron mucho más fáciles para mí. Pude aprender en mayor profundidad y con menos presión las materias, además de que ya tenía la experiencia de ir a la universidad, así como mayor madurez. Así fue como leyendo mis libros, me daba cuenta de que casi todos los autores trabajaban en universidades en Estados Unidos y en ningún libro de texto veía autores mexicanos. Eso encendió en mí la curiosidad por hacer estudios de especialización en Estados Unidos.

En esta época tuve mi primer novio formal. Su padre era médico y vivían en la frontera de Matamoros y Brownsville, y siempre tuvo la frustración de no poder practicar medicina en Estados Unidos. Sin embargo, él fue quien me habló sobre el proceso y en esa época ya era común tener Internet en casa, así que me puse a investigar. Me leí toda la información en los sitios de ecfmg.org y usmle.org; me uní a blogs donde otros describían sus experiencias. En resumen, recomendaban hacer rotaciones en Estados Unidos para tener experiencia y cartas de recomendación. Así que me metí a las páginas de muchísimas universidades y buscaba «*visitant medical student*».

Así fue como vi que varias tenían oportunidades para mí. En esta época las universidades que había escuchado eran las más prestigiosas y famosas y las que salían en los libros de texto que leía. También me di cuenta de que muchas tenían como requisito haber hecho el USMLE Step 1. Mi universidad tenía un convenio con la Universidad de Harvard para hacer una rotación: daban una beca que cubría el costo de la rotación y hospedaje. Sin embargo, quería estar segura de que podía tener éxito en los USMLE, así que planeé comprar todos mis libros de texto en inglés. Los compraba por Amazon y los enviaba a la casa de la familia de mi novio en Brownsville. Después, por una compañera y los blogs que leía me, enteré de los cursos de Kaplan para los Steps. Así que me propuse tomar el curso y aplazarme un semestre en la universidad. Los abuelos de mi novio vivían en Houston y ahí había un centro Kaplan. Ellos se ofrecieron a hospedarme gratis. Trabajé dos meses en un centro de llamadas y así ayudé un poco a mis papás a solventar el gasto.

El curso Kaplan me abrió los ojos aún más. Las clases tenían muy buen nivel: creo que nunca habría entendido el estilo de las preguntas sin haber tomado el curso. También me ayudó para conocer gente de todo el mundo que tenía los mismos planes que yo. Mi novio había dejado la carrera y había regresado a Estados Unidos, donde estudiaba Enfermería.

El curso duró dos meses y me quedé un mes más estudiando independientemente en el centro; se podía ir a ver vídeos de las clases para repasar y también se podían hacer bancos de preguntas para practicar.

La casa de los abuelos de mi novio era muy humilde y fue difícil acoplarme, así que pasaba la mayor parte del tiempo en el centro Kaplan, estudiando. Con los días se volvió aburrido y conocí a un chavo de

Bolivia que iba frecuentemente a estudiar, así que le propuse que estudiáramos juntos. Él rentaba un departamento, ya que iba a tomar más cursos que yo. Su departamento era espacioso y decidimos reunirnos allí para estudiar.

Eventualmente durante estos meses, terminé con mi novio: la relación ya no marchaba bien desde que se hizo de larga distancia y la experiencia de Kaplan fue muy positiva para mí. Sentía que entendía el material y que podría con el examen. Eso significaba tener planes muy distintos y sabía que tenía que seguir mi camino.

Volví a México y a la universidad a mi último semestre. Tomé el Step 1 en Monterrey y lo pasé con nota excelente. Eso me motivó muchísimo a seguir, así que conseguí hacer el servicio social en investigación para quedarme en la universidad. Eso me permitió hacer dos rotaciones en el extranjero.

La primera fue la de Harvard. Fui a hacer Neurología al Hospital General de Massachusetts. Estaba feliz. Me hospedé con una señora que vivía como a veinticinco minutos del hospital. Pronto empecé a sufrir: hacía mucho frío; tenía que levantarme a las 04:30 todos los días para alistarme y caminar a la estación de metro y tomarlo a las 06:10 para llegar entre las 06:30 y 06:45 y pasar visita a mis pacientes. Era lenta con la computadora, batallaba para entender, ya que hablaban muy rápido. No entendía cómo funcionaba el hospital, y un sinfín de cosas más. Salía como a las 15:00, excepto los días que hacía guardia, que era cada cuarto día, y me quedaba a dormir en el hospital. Los demás días podía irme a pasear un poco.

Fue una rotación superdifícil. Me sentía muy insegura y el objetivo era tener una carta de recomendación, pero me daba pena pedirla sabiendo todo lo que había batallado y no sentía que había hecho buen papel. Además, Neurología era de las materias que menos sabía y una de las rotaciones más débiles de mi universidad. En ese mes me ayudó mucho estar en comunicación con Daniel, el chavo de Bolivia, quien soportaba todos mis dramas y quejas por Messenger.

Una vez más, volví a Monterrey para seguir mi servicio social y en esas fechas recibí la noticia de que había pasado el Step 2 CS, el cual había hecho unos meses atrás. También había sido aceptada en una rotación a la Clínica Mayo, ahora en Medicina Interna. El doctor con quien hacía investigación me dio una beca para costear el hospedaje y una vez más mis papás me apoyaron con los demás gastos.

Fui a Minesota en febrero: ¡¡el mes más frío del año!! Me hospedé en un hotel frente a la Clínica Mayo. Ese hotel tiene habitaciones tipo estudio para estudiantes que van a rotar. Aun con un frío intenso, la experiencia fue mucho mejor. La gente no está tan ajetreada como en Boston. Me tenían bastante paciencia y ya entendía mejor cómo hacer una presentación del paciente, la organización de las rondas, etc. En mi última semana, roté con un doctor colombiano, quien me comentó sobre un cardiólogo mexicano que tenía compañeros de México haciendo investigación. Así que inmediatamente le mandé un correo electrónico y me recibió en su oficina. Me dijo que si quería él podría ser mi mentor y me apoyaría para que aplicara a la maestría en Investigación Clínica y a la beca de CONACYT. No cabía de la emoción. Le dije que sí y que empezaría todos los trámites de inmediato.

Así que a la semana regresé a Monterrey. Mis papás estaban contentos con el plan. Empecé a juntar miles de papeles, llenar formularios, correos electrónicos, sacar visa y demás. Vendí mi auto y seguí trabajando con el doctor de mi servicio social por tres meses más. Así fue como el 8 de junio del 2009 emigré a Estados Unidos.

Angeles Estrada/ María de los Angeles González Soto (Oklahoma, Estados Unidos)

En un test que hice cuando era joven y bella, me pidieron hacer un dibujo. En ese momento elaboré un paisaje que era destacado por dos montañas simétricas. Se me explicó que eran mis objetivos en la vida y desde que tengo uso de razón los tengo claros: Medicina y mi familia.

Trabajando en un hospital comunitario en México en un estado diferente al mío, una de mis compañeras enfermeras me dijo si quería hablar por teléfono con su hermano que vivía en Estados Unidos. La autoricé para pasarle mi número telefónico.

Yo estaba escéptica, pero dije: «Va». Desde la primera llamada, sentí que ya lo conocía de toda la vida. Nos estuvimos llamando sin conocernos personalmente. Nos hicimos novios y todavía sin conocernos hasta me pidió matrimonio. Yo conocía a su familia porque dos hermanas eran mis compañeras enfermeras y sus papás, mis pacientes. Él cree haberme visto y yo haberlo «flechado» en alguna ocasión que él fue a México.

A los cuatro meses de llamadas, nos conocimos porque fue a México. Estuvo tres meses en nuestras tierras, me entregó el anillo de compromiso y, efectivamente, seguimos comprometidos después de conocernos, llamándonos a diario. No había Internet, así que «a la antigua», solo por llamadas.

Nos comprometimos en junio, pidió mi mano en matrimonio a mis papás en marzo del siguiente año para casarnos por la Iglesia el siguiente diciembre.

Mi papá murió en mayo de un infarto agudo de miocardio. Fue y ha sido un dolor terrible; sin embargo, seguimos con los planes. En ese julio nos casamos por lo civil y el convivio fue en la comunidad de mi esposo, cerca de donde yo trabajaba. Ese mismo día mis familiares, que fueron a acompañarnos, se regresaron; pero mi mamá, mi hermana, mi sobrino y mi tía tuvieron un terrible accidente. Por fortuna mi sobrino solo sufrió daños menores, de los que se recuperó pronto; mi mamá y mi tía tuvieron cirugías en brazo y cara, y mi mamá y mi hermana estuvieron en terapia intensiva aproximadamente una semana por las múltiples contusiones que recibieron. El automóvil en el que viajaban —nuevo de paquete— fue declarado «pérdida total». Actualmente, posterior a la rehabilitación, ellas están mejor gracias a Dios. Una vez más se pusieron a prueba nuestros planes, pero finalmente nos casamos por la Iglesia en la fecha establecida.

Después de que nos casásemos por la Iglesia, estuvimos juntos cuatro meses, pero él volvió a Estados Unidos. Íbamos a estar yendo y viniendo uno y el otro y, efectivamente, así lo hicimos por un tiempo para continuar cada quien con su trabajo.

Yo cada vez iba teniendo más responsabilidades en el mío. Estando en el hospital me sentía feliz, pero no fuera de él. Mi mamá siempre me ha dicho que adonde vaya haga un hogar. Intenté hacerlo en esa hermosa ciudad que me acogió, mas no lo logré porque físicamente estaba sola ahí, sin familia ni marido. Vivía, pero, sobre todo, me sentía sola. Y en ese estado de soledad los extrañaba a todos: extrañaba a mi papá, que ya no estaba; a mi mamá porque la tengo, a mis hermanas y a mi sobrino, así como a mi esposo. En mi interior se estaba quebrantando un objetivo de vida importante: descubrí que para mí mi hogar simplemente es mi familia.

Así que, pese a que por fin nos había llegado la tan anhelada *basificación* y, después de mucho pensarlo, decidí renunciar, ilusionada con montar un consultorio cerca de mi familia, en mi lugar de origen.

Estando de vacaciones con mi esposo acá en Estados Unidos, platicamos sobre la posibilidad de vivir juntos y así fue como decidimos hablar con un abogado de inmigración, después de más de un año ya de casados, para saber qué posibilidades teníamos.

Mayra Falcón Pineda
(Wisconsin, Estados Unidos)

Un verano de hace veintiséis años, la historia empezaba. Yo tenía once años y él, quince. Su nombre, Rafael Aparicio, el primer amor de mi vida y mejor amigo de mi hermano. Un día se atrevió a decirme que le gustaba y que les pediría permiso a mis papás para ser mi novio. Obviamente, la respuesta inmediata de ellos fue un rotundo «no» y fue así como casi por un año intercambiamos cartas. Mi hermano era nuestro cartero. Él me hacía las más hermosas cartas que nunca nadie me dio, las cuales atesoré por muchos años. En todo ese tiempo, jamás me besó; solo en una ocasión se atrevió a tocarme la mano. Yo moría de miedo de que mis papás nos vieran. Finalmente, él se cansó de esperar y me cambió por una novia de verdad. Rompió mi corazón. Cada quien siguió caminos diferentes: él ya no era más amigo de mi hermano y dejaron de frecuentarse.

Años después, Rafael Aparicio nos mandaría una carta desde Wisconsin. Él se habría ido a buscar suerte a Estados Unidos. Solo iba por unos años y regresaría, pero decidió quedarse. No puedo mentir, cuando vi sus fotos y su carta, me emocioné demasiado. Empecé a soñar nuevamente con la posibilidad de un nuevo encuentro. Sin embargo, no fue así. Nos volvimos a perder la pista y así pasaron varios años antes de volver a saber de él.

Nueve o diez años después de esas primeras cartas, por agosto de 2002, justo había terminado una relación de seis años. No me encontraba muy bien emocionalmente cuando mi hermano dijo: «Rafael Aparicio viene a México y vendrá a la casa. Nos reuniremos todos los de la Secundaria aquí. Rafael viene a presentarnos a su prometida». ¿¿Qué?? ¿¿Cómo?? ¡Nooooo! Él se tenía que casar conmigo: ¡gran desilusión! Una vez más mi primer amor había destrozado mi corazón...

Nuevamente, Rafael Aparicio desaparecería de mi vida. Pasaron otros nueve años sin saber de él. Era 2010, exactamente en el mes de septiembre. Su solicitud de amistad por Facebook apareció en mis notificaciones. ¿De verdad? Mi corazón volvió a latir. Los años que habían transcurrido me habían traído una bonita, pero a la vez tormentosa, relación. Los últimos años no lo había pasado muy bien e intentaba sanarme. Aunque me emocioné, esta vez no voló mi mente, así que empezamos a comunicarnos. Él ya tenía dos hermosos hijos, pero adivinen qué: ¡se estaba divorciando! Me invitó a conocer Wisconsin y, claro, los sueños regresaron. Sin embargo, solo se quedó en eso una vez más: sueños. Dejamos de escribirnos. Él desapareció otra vez. Ahora no fue por tanto tiempo, solo un año. En agosto de 2011 recibí un correo electrónico suyo preguntándome cómo estaba y diciéndome que quería saber de mí. Ya no hice caso al correo y no contesté. El destino seguía aferrado a mantenernos alejados. No era nuestro momento.

En mi vida amorosa no estaba teniendo éxito en ese momento, pero en la profesional iba viento en popa. Era el año 2011: había terminado mi especialidad en Audiología, Foniatría y Comunicación Humana; trabajaba en una clínica de rehabilitación vestibular y audiología. Mi jefe, el Dr. Jorge Madrigal, me animaría a ir a Baltimore a tomar un curso, Tinnitus Retraining Therapy (TRT). Gracias al apoyo y enseñanzas del Dr. Madrigal, el éxito empezó a ser mayor: entrevistas en radio, en televisión y mucha consulta. Yo era la única especialista en ese momento en dar TRT. Asimismo, logré obtener una plaza de suplente en el Hospital Central Norte PEMEX. Mi vida profesional estaba hecha.

Noviembre de 2011, para ser exactos, viernes 24 a las 07:00 aproximadamente. Estaba con un paciente cuando, de repente, sonó el teléfono y era mi hermano. Él nunca llamaba a menos que fuera una emergencia. Me disculpé con el paciente y contesté:

—Adivina qué —me dijo—, voy en camino al aeropuerto: voy a pasar por Rafael Aparicio.

Fue una gran sorpresa, pero la emoción ya no sobresaltó mi corazón. Me dio alegría y pensé en que sería bueno verlo solo para saludarlo; solo como un bonito recuerdo de mi infancia.

Después de recogerlo, irían a cenar con otros amigos. Le pedí a mi hermano si podía acompañarlo y dijo que serían puros hombres. Al terminar mi consulta, llamé nuevamente a mi hermano. Esta vez, quien contestó fue él, Rafael Aparicio. Sí, ese que me dejó por una novia a mis once años. Sí, ese que fue a mi casa y me presentó a su prometida. Sí, ese que me escribió y volvió a dejar de escribir, estaba en México, sin novia, prometida o esposa. Estaba «soltero». Después de un saludo efusivo, él dijo:

—Ven a cenar con nosotros, estaremos en Los Canarios en Polanco. Ándale, vamos.

Finalmente, me decidí y fui. Su mesa estaba al fondo del restaurante, tuve que cruzar el lugar para llegar hasta ellos. Desde que él me vio entrar, se levantó de la mesa, esperándome a que llegara hasta él. Aún recuerdo su abrazo. Creo que jamás había estado tan cerca de él, nunca en veinte años habíamos estado así de juntos: era un abrazo en el que parecía que quería recuperar todos esos abrazos que jamás nos dimos. Parecía como si solo hubiéramos estado él y yo. Teníamos que recuperar veinte años de nuestras vidas en tan solo unas horas.

Uno de sus amigos propuso ir a otro lado, llevar a Rafael a disfrutar de la noche de nuestro hermoso México. Nadie más aceptó, únicamente fuimos su amigo Edgar, él y yo. No sé qué notaría Edgar, solo recuerdo que al final de la noche, cuando estábamos por irnos, comentó:

—Mayra, ¿quieres llevar tú a Rafa?

Yo no tenía ningún problema en hacerlo, así que lo llevé a casa de su hermana. Llegamos y seguimos platicando, esperando que la noche no se acabara y que él no tuviera que irse. No sé cómo fue, no sé en qué momento pasó, solo sé que estaba ahí, con el primer amor de mi vida, con el amor de mi infancia, al que jamás abracé, toqué o besé; solo sé que al abrir los ojos, después de veinte años, nos habíamos dado nuestro primer beso, ese primer beso que estoy segura de que los dos deseamos por tanto tiempo. Ese primer beso que nos hizo recordar tantos sueños y promesas que no se habían podido cumplir y que el destino se había empeñado en evitar; un primer beso de niños y adultos; un primer beso lleno de recuerdos y emociones. Era un sueño, un cuento de hadas.

Él dijo:

—Mayra, quiero volverme a casar. Quiero casarme con alguien de mi cultura, con las mismas tradiciones. Me encantaría que fueras a conocer Wisconsin y pues ver qué pasa...

Dije que sí, sabía que eso no pasaría. Sabía que el destino nos jugaría una broma más. Al bajarse del carro yo me sentía como en las nubes, aunque con los pies en la tierra a la vez. Esto solo era pasajero. Así pasó el fin de semana. Un día antes de que él regresara, salimos a cenar. La propuesta de visitarlo en Madison salió nuevamente. No dejé que la emoción me llenara, quería esperar a ver si cumplía su palabra de mandarme el boleto para visitarlo. Nos despedimos, él regresaba a Madison al día siguiente. Con un abrazo y un beso, nos dijimos «adiós» nuevamente.

Al regresar él a Estados Unidos, la comunicación continuó: todo iba bien, el contacto seguía. Tres días después de su regreso, me dijo: «Checa tu *e-mail*». Al abrirlo, vi la confirmación del vuelo: «Salida Ciudad de México enero-07-2012» a las 07:30. Realmente estaba sorprendida, incrédula. Parecía que ahora sí estaba hablando con un hombre de palabra. Parecía que el destino no nos jugaría una broma más. Acepté con mucho gusto y le escribí: «Sí, claro que sí voy». A partir de ese momento, sin decirlo, nuestro noviazgo se inició. Veinte años después: al fin éramos novios, pero la broma del destino fue que éramos novios a distancia. Nuestra vía de comunicación: Facebook y BlackBerry.

No sé cómo salió la idea de casarnos y de irme a vivir allá. Así empezamos a hablar sobre la boda, el vestido, el lugar y demás preparativos. Nadie de mi familia sabía nuestros planes, únicamente mi mamá. ¿Cómo les diría a los demás? Un día decidí hacerlo: les dije que iría de vacaciones con él y, a partir de ahí, salió la idea de casarnos y, obviamente, mi mudanza a Wisconsin. Fue un gran *shock* para todos. Mis hermanos me decían: «¿Cómo? No lo conoces. Hace mucho tiempo que no lo ves. ¿Qué vas a hacer allá sola?» o «Mayra, tiene hijos, ¿qué vas a hacer?». Yo no escuchaba nada, solo quería mi sueño de cuento de hadas hecho realidad.

Llegó el día: 7 de enero. No sé si fue miedo, indecisión o incertidumbre, pero llegué tarde al aeropuerto. Ya no quería ir, no quería dejar a mi familia, no quería alejarme de ellos. Aun así, fui. Al llegar al aeropuerto de Chicago y pasar por inmigración, me cuestionaron muchas cosas. Estaba cansada. Mi idea sobre mejor no dejar mi vida en México seguía. Pensaba en mi carrera, ¿cómo dejar todo así de un día a otro? ¿Cómo dejar a mi familia, aunque disfuncional? Pero éramos muéganos: juntos a todos lados. ¿Cómo dejar a mi compañera de cuarto, a mi hermanita? ¿Cómo dejarlos? «No, no quiero casarme, no quiero dejar mi vida».

Pero ya estaba en Chicago y él ya estaba ahí, esperándome. Al salir hacia la sala de espera, él estaba ahí. Como por arte de magia, mis pensamientos negativos, mis miedos y mis confusiones desaparecieron al verlo, al abrazarlo, al olerlo. Pensé en qué bueno que había corrido para llegar a tiempo al aeropuerto, qué bueno que no había perdido el vuelo. Había valido la pena.

Empezó por enseñarme la hermosa y fascinante ciudad de Chicago. Al caer la noche, fuimos a nuestro hotel. Pasaríamos el fin de semana en Chicago para salir el lunes hacia Wisconsin. Al llegar al hotel, tuve que esperar a que él fuera a la habitación, tenía que checar algo primero. Eso fue lo que dijo, y esperé. No tenía idea de lo que estaba por venir, yo solo me dejé llevar. Al regresar por mí, me dijo:

—Todo está listo, vamos.

Al entrar a la habitación, todo estaba a media luz. Yo ya muy cansada y con un poco de malestar abdominal, solo quería recostarme. Al dar la vuelta hacia la cama, fue mi sorpresa más grande: tenía un corazón hecho con pétalos de rosas y en medio una cajita. Cuando volteé y lo vi, le dije:

—¿Qué es esto?

Él tomó la caja, la abrió y la roca más grande y brillante que había visto en mi vida estaba ahí. Se arrodilló y, con voz entrecortada, me dijo:

—¿Te casarías conmigo?

Mi cuento de hadas estaba hecho realidad: tras veinte años, mi príncipe azul estaba ahí. Un anillo, una propuesta. ¡Era un sueño hecho realidad! No lo pensé y dije:

—Sí, sí, me caso contigo.

Así pasó una semana, conociendo su vida, su país; convenciéndome de que era una decisión correcta la que estaba por tomar. Llegó el día de conocer a sus hijos: Ty, en ese entonces de cinco años, y Samy, de tres. Fue todo un éxito, sin mayores problemas. Llegó el día de mi regreso. Ahora no quería volver a México, pero debía hacerlo.

Al llegar a México empezó toda la planificación y así pusimos la fecha de la boda. «¿Para qué esperar más? Hagámoslo pronto: hemos esperado muchos años. No hay que esperar más», pensaba. Así, un 28 de julio de 2012, llegó el gran día: la «boda real», así la llamaron mis primos y tíos, pues era el gran acontecimiento y para mí la boda más hermosa. Fue un día inolvidable, lleno de mucho amor, alegría, baile, y también mucho tequila. Tenía sentimientos encontrados. Era el día más feliz de mi vida. Hubo quien dijo que no había visto una novia más feliz que yo, pero a la vez en mi corazón sabía que después de esto empezarían mis despedidas. Tendría que despedirme de mi trabajo, de mi familia, de mi casa. De mi México.

Transcurrió un mes más. Rafael, ahora mi esposo, se regresaría antes y yo me iría después para poder terminar todo lo que tenía que dejar en México. Fue el mes más difícil: nuevamente, con dudas e incertidumbre. Empecé a empacar lo que podría caber en dos maletas. Tenía que dejar recuerdos y, lo peor, a mi familia. Habría querido empacar conmigo a mis papás y hermanos, pero no se podía. Había decidido dejar mi éxito profesional para poder iniciar otro en mi vida personal. No sabía si sería así: llegaría a un país completamente diferente y con una persona que apenas si conocía, pues realmente no tuvimos una relación y todo había sido a través de una computadora, un teléfono o Facebook.

Llegó el 24 de agosto de 2012. Mi mamá, hermana y otros miembros de mi familia me llevaron al aeropuerto. Ha sido una de las despedidas más difíciles de mi vida. Quería aprovechar hasta el último minuto con ellas. No quería dejarlas, no quería separarme; ya no me quería ir. ¿Cómo? ¿Cómo vivir sin la paz y tranquilidad que te daba tu mamá sabiendo que estaba cerca? ¿Cómo vivir sin dormir y platicar con tu hermana por las noches? ¿Cómo vivir sin pasar un domingo viendo tele con tu papá o ir al súper con él o estar pendiente de que estuviera bien? ¿Cómo vivir sin las peleas con tu hermano?

Sin embargo, lo hice. Me di la oportunidad de vivir otras experiencias y fue así como abordé ese avión hacia lo que el destino me había traído: al amor de mi vida y de mi infancia; hacia Wisconsin.

Así, desde hace seis años, estoy aquí, lejos de mi familia, sin ejercer mi profesión, pasando buenas y malas experiencias, a veces orgullosa de mi decisión, pero otras, enojada y renegando. Aquí estoy, intentando «vivir»; intentando ser feliz. Aún no encuentro de vuelta ese éxito profesional y aún sigo trabajando cada día para poder llegar al éxito personal. Y, aunque no sea exitosa y la vida y el destino me hayan jugado algunas bromas un poco pesadas, no tengo más que agradecerle todo lo que me ha dejado vivir porque gracias a eso soy la mujer que soy y el ser humano que soy, intentando ser cada día mejor para poder darle el mejor ejemplo a quienes siguen mis pasos.

Hazel-Ela Jiménez
(Houston, Estados Unidos)

Soy originaria del DF, radiqué diez años en Matehuala, San Luis Potosí (México). Cuando terminé mi servicio social, mi plan era hacer una maestría en España, pero lo descarté porque me casé y mi pareja en ese entonces no compartía los mismos sueños que yo, así que nos quedamos en San Luis Potosí. Sin embargo, después de cuatro años, la relación no fue lo que esperaba. Me divorcié teniendo ya dos pequeñas.

Durante mi matrimonio, siempre me lamenté por no seguir mi sueño, pero decía: «Lo único que me detiene aquí son mi esposo y mis hijas». No obstante, ya separada de él, no podía moverme tan fácil. Ahora me detenía mi trabajo, que para entonces ya era muy bueno con farmacias y consultorios.

Lo que me propuse fue dar un tiempo de estudio para mis hijas en la ciudad donde por ahora vivía; que terminaran como máximo la Primaria ahí y entonces irme. Ya no era tan fácil pensar en España otra vez porque ya no era yo sola, éramos tres, aunque debo confesar que tuve en mente irme a Alemania. Mi excuñada, que es alemana, me desalentaba porque me decía que no iba a vivir tan fácil como vivía en México, que yo estaba muy bien ahí, que no me arriesgara, así que eso me hizo descartarlo, pero pensé en alguna ciudad grande. En ese entonces, mis hijas cursaban tercero de kínder y primero de Primaria.

Seguí con mi consultorio, mis farmacias, me compré una casa. Cada vez tenía más compromisos de trabajo: perito para la PGR en abusos sexual al menor, responsable médico de un centro de rehabilitación de adicciones, médico del municipio para los empleados del servicio del agua, y los fines de semana viajaba a una comunidad a darles servicio médico con farmacia. Mis hijas, siempre conmigo en todo momento. Fue mi gran ventaja de ser mi propia jefa hasta que, después de una relación fallida en este lapso, conocí al que ahora es mi esposo.

Él es ciudadano americano, radicaba en la misma ciudad que yo, porque vivía con sus abuelos. Tenía las mismas ganas de volar que yo, pero las circunstancias de su vida no lo habían impulsado lo suficiente. Nos dimos cuenta de que juntos compartíamos esa idea, así que después de casi un año de noviazgo, me propuso matrimonio y elegimos migrar a Estados Unidos.

Los contactos con sus padres no fueron los óptimos para llegar a Houston, así que, por medio de una de mis tías que vive en Arkansas, elegimos llegar allí. Primero, él, un 13 de febrero. Preparamos sus cosas y nos despedimos con nostalgia e incertidumbre porque era el comienzo para una nueva vida. Significaba dejar atrás trabajos, amigos de ambos, de las niñas; sus actividades, nuestras rutinas... Todo, ¡jamás pensé qué sería de la medicina! Ese día era el comienzo de algo nuevo, desconocido para los cuatro. Hubo lágrimas: las nenas le hicieron una carta, él me dejó un regalo del 14 de febrero con complicidad de mis empleadas. Fue un lindo detalle que no esperaba.

Ese día fue triste porque habíamos hablado sobre vivir así unos meses mientras encontraba un trabajo y un lugar donde establecernos los cuatro; pero, mientras los días avanzaban, me sentía inestable, pensando en todo lo que tendríamos que hacer estando lejos: gastos míos más gastos de él. Se convertirían en gastos dobles y, si el plan era estar juntos, pues ¿para qué esperar meses? Así que, en las vacaciones de Semana Santa, que estaban próximas a llegar, movilicé todo en las escuelas donde se encontraban mis hijas; vendí todos mis muebles, preguntaba a personas que ya habían vivido antes en Estados Unidos cómo era el rollo de la escuela, si era posible inscribirlas, y así fue, terminé con mis compromisos de trabajo. En mi consultorio se quedó un doctor cubriendo mis «vacaciones». A mis empleadas también las dejé con esa idea, pero en realidad ya le había encargado a mi mamá que cuidara de mi negocio mientras yo intentaba traspasarlo.

Lo hablé con mi prometido y me dijo que sí, que él también se movilizaría para encontrar un departamento para los cuatro. Así llegó el último día de clases previo a las vacaciones y le avisé a mi mamá cuál era mi plan y que para aprovechar que eran vacaciones quería casarme en esas fechas para que ella pudiera estar presente. Fue una noticia impactante, pero sospechada por ella, así que me acompañó. Invitó a una amiga, que se trajo a su hija a pasear, y manejé hasta la frontera. Mi prometido también había conducido a la frontera para ir por nosotras. Después de varias horas, por fin nos encontramos. ¡Luego de casi dos meses, estábamos juntos otra vez!

Nos casamos un 4 de abril. Mis únicos invitados fueron mi tía, una prima, mi mamá, sus invitadas de viaje y las más importantes, mis pequeñas. Fui muy feliz. Fue la boda más sencilla del mundo y la novia más feliz.

Días después, la madre de mi esposo, quien sabía de nuestro nuevo destino, le sugirió vivir en Houston, cerca de ella para recuperar el tiempo perdido. Yo no estaba muy convencida. Al final, vivir cerca de los suegros no había sido mi mayor anhelo. Él aceptó y dejamos todo a solo tres meses de haber llegado. Con la poca mudanza que tuvimos que hacer, llegamos a casa de la suegra. El padrastro de mi esposo, en efecto, le consiguió trabajo. Nos sugirió ayudarnos dándonos hospedaje mientras lográbamos estabilizarnos y ahorrar un poco de dinero para poder rentar una casa, hecho que no sucedió.

La convivencia se tornó pesada a las dos semanas y me volví la muchacha del aseo, donde ya había malas caras, malos tratos para mí y mis hijas. Pensé en divorciarme y volver a mi México, arrepentida de la decisión, pero una prima me dijo unas sabias palabras que desde entonces agradezco y no olvido: «Si te casaste es para afrontar cosas buenas y malas juntos».

Así que, con toda la razón en sus palabras, seguí en el barco y pedí ayuda a mi madre para poder salirme ya de ese infierno. Así fue: solo pasaron cuatro semanas y ya teníamos casa. Para nuestra mala suerte, encontramos a dos cuadras de la casa de la señora madre de mi esposo, pero no había opción. Era tener nuestro propio espacio, aunque fuera cerca, o quedarnos en ese infierno. Es así como dos años de mi vida se cumplieron ahí, en esa casa en Houston.

Leticia López Pedraza
(Dallas, Estados Unidos)

En el verano de 2000, se me presentó la excelente oportunidad de participar en dos rotaciones clínicas en el extranjero. Me animé porque no solo iría yo. La oportunidad también se la ofrecieron a tres de mis mejores amigos y, aunque no estaríamos en el mismo lugar, nos apoyamos para tomar la decisión, ya que para poder ejercer el intercambio era necesario poner en pausa nuestra carrera durante un semestre. El intercambio solo me tomaría dos meses, ¿y entonces qué haría en los cuatro meses restantes? Lo que decidí fue mejorar mi inglés en Dallas (Texas), pues el idioma inglés era indispensable para ser aceptada en Austria y Holanda.

Elegí Dallas porque en aquel entonces aquí tenía a mi único familiar que vivía en el extranjero. Llegó el tiempo de viajar a Dallas. Entusiasmada, entré a varios cursos de inglés, aunque la verdad es que el idioma no se me dificultó mucho, pero la cuestión era tener más oportunidad de practicarlo. Ya saben, escuchando la radio, la televisión, viendo películas no subtituladas y teniendo conversaciones comunes en la vida diaria. Aunque mi familia es hispana, obviamente, me sería más fácil practicar el idioma estando en EUA

Recuerdo que llegué a Dallas los últimos días de febrero de 2000 y el día que nunca olvidaré y que cambió el curso de toda mi vida fue el 18 de marzo de 2000, cuando conocí al padre de mi hija. Lo conocí el día menos pensado en un lugar donde tocaban música tejana. Él me dijo:

—Si necesitas algo, llámame. Yo te ayudo.

Me dejó su número de teléfono y así fue como, sin yo saberlo aún, iniciaría una nueva etapa en mi vida.

Pasaron los meses y llegó el tiempo de marcharme nuevamente, pero esta vez a Europa para cumplir lo acordado con la Facultad de Medicina. En junio de 2000 llegué a Viena, donde estuve un mes haciendo una rotación en el Departamento de Cardiología. Allá el médico interno de pregrado se encargaba de tomar las muestras de sangre para laboratorio y eso fue lo que me tocó aprender. En México la mayor parte de las veces eso lo hace la enfermera y a mí me tocó el primer día de mi rotación en el Viejo Continente. Sin miedo, muy segura y sin problemas desde el primer día, pude tomar las muestras. Al mes siguiente tenía que cambiarme de hospital. La siguiente rotación fue de Dermatología en la ciudad de Rotterdam.

Durante estos dos meses de intercambio tuve la oportunidad de conocer diferentes costumbres, culturas y estilos de vida. Siento que esta experiencia me ayudó mucho para ajustar mi vida para lo que vendría después.

Tengo que mencionar que nunca dejé de hablar con el entonces amigo de Dallas, quien me apoyó en todo momento. El verano terminó y había que regresar a la facultad en mi ciudad natal para seguir aprendiendo.

El contacto con aquel muchacho siguió: él iba a verme o yo iba a Dallas —claro, cuando se podía, porque ya saben que, siendo médico interno de pregrado, pues hay momentos en los que no hay tiempo ni para dormir—.

Pasaron los años. Mi madre enfermó mientras yo estaba haciendo mi servicio social y eso fue un golpe muy duro para mí. Después de tener mi título profesional en las manos y de tanta insistencia por parte de mi pareja, decidí probar la vida en otro país que no era el mío.

Entusiasmada, enamorada y con muchas ganas de tener mi propia familia, salí de México. A veces creo que esa necesidad fue porque sin mi mamá, mi familia ya nunca fue la misma. Busqué la forma de revalidar mi carrera, pero en aquel tiempo mi estatus de turista no me lo permitió. Bueno, puse mi vida profesional en *hold*. ¿Error o acierto? Pues depende de cómo lo vea cada quien. La vida te da unas cosas a cambio de otras. ¿Se puede tener todo en esta vida? Tal vez sí, ¿pero a costa de qué? Depende de las circunstancias de cada quien. Sí, es verdad que uno construye su propio destino, pero también es cierto eso que dicen: «Si del cielo te caen limones, aprende a hacer limonada».

A los pocos años me casé y nació mi hija. La experiencia más bella que he tenido en mi vida y vaya que como doctora uno vive cosas muy satisfactorias con sus pacientes. Hasta el día de hoy para mí no hay nada que iguale a la maternidad: ese amor incondicional que se le da a los hijos, ese amor que vale cualquier sacrificio. Después de la llegada de mi hija, las cosas empezaron a empeorar en mi matrimonio y terminaron en un divorcio de común acuerdo con custodia compartida. Así es que no es tan fácil que yo agarre mis maletas y me vaya de regreso a México: a pesar de todo, mi hija quiere a su papá y a mí me parecería una crueldad si alguien quisiera separarme de mi hija, así que por eso decidí quedarme aquí. Bueno, por eso y porque así lo dispuso un juez.

Vivo en Dallas (Texas) desde 2007. Mi carrera de Medicina se convirtió en algo secundario porque ahora soy mamá y el principal sostén de mi hija. Así comenzó la nueva etapa de mi vida en un país que no es el mío, pero del que he aprendido a valorar lo que mi México no tiene y viceversa, porque a veces quisiera estar en los dos países al mismo tiempo. Quisiera que hubiera una puerta y que al cruzarla estuviera de nuevo en Monterrey. En ocasiones he deseado que existiera esa facilidad en tiempo y espacio de poder ir y venir: soy mexicana y la mitad de mi corazón se encuentra en mi tierra; la otra mitad está al lado de la Tejanita, como llama mi papá a su nieta.

Margarita Lovera Maldonado
(Michigan, Estados Unidos)

Hace aproximadamente siete años, mi esposo y yo nos conocimos por medio de un amigo en común. Yo vivía en Jocotitlán (México) y él, en Michigan. Al principio de nuestra relación pensamos que no tenía mucho futuro debido a la distancia. Inicialmente pensamos en la idea de que yo me fuera a Estados Unidos, perfeccionara el inglés y continuara con la residencia médica allá, pero al mismo tiempo mi entonces novio estaba tratando de salir de la Marina de los EUA con la idea de repatriarse en México en la zona centro, específicamente en Puebla, que es de donde él es originalmente.

Finalmente, platicamos y se tomó la decisión de que él se regresaría. Se dio de baja de la Marina y regresó a México. Inicialmente, él tenía la idea de no trabajar seis o doce meses. Sí, leen correctamente, «seis o doce meses». Planeábamos irnos de aventura por las zonas mayas del sureste de México, viviendo y trabajando en comunidades alejadas, estando en contacto con la gente local. Entre nuestras fantasías, pensábamos que ahí sería un buen lugar para tener hijos y que aprendieran el idioma maya de forma natural, ya que mi esposo decía que era uno de los lenguajes más ricos en términos lingüísticos y que una persona que hablara maya podría aprender fácilmente cualquier idioma. En fin, sueños guajiros.

Finalmente, regresó a México y solo duró sin trabajar dos semanas, sí, ¡solo dos semanas! ¿Cómo pasó esto? Pues resulta que un primo de mi esposo nos invitó a su boda en Ciudad Juárez (Chihuahua). Debido a que yo trabajaba ese día, acordamos que él tomara el vuelo en la mañana y yo lo alcanzaría por la noche. Él salió muy temprano y lo primero que hizo llegando a Juárez fue ir a comer unos burros. En ese lugar se encontró a un amigo que le ofreció trabajo y ya no lo soltó. Cuando yo llegué en la noche, él ya andaba en entrevistas y ofertas en El Paso (Texas). Al siguiente día le hicieron una oferta y aceptó.

Debido a que todas sus cosas aún estaban en Michigan, el siguiente lunes tomamos una camioneta y nos fuimos por la mudanza. Fuimos y volvimos en una semana, llegamos a El Paso y decidimos establecernos a vivir en Anthony (Nuevo México), que está muy cerca de El Paso. Anthony es una zona rural muy tranquila y barata. Durante dos años, manejamos entre Anthony y Juárez: él a trabajar y yo a estudiar una maestría en Medicina Forense. Después nos aburrimos de viajar y decidimos mudarnos a Juárez. Cuando llegamos a esta zona, decidimos estar solamente uno o dos años y entonces regresarnos al centro de México. Terminamos viviendo ahí cinco años.

Hace aproximadamente un año a mi esposo lo llamaron desde Michigan: un amigo estaba retirándose y buscaba un reemplazo. Recomendó a mi esposo, lo convencieron y decidimos movernos a Saginaw (Michigan) por un par de años y aquí estamos. Veremos si efectivamente serán dos años. Mejor ya no digo nada. Lo cierto es que los hijos no terminaron hablando maya, pero sí inglés.

Victoria Martínez
(Atlanta, Estados Unidos)

Todo empezó como una típica historia de amor de lo más maravillosa, sin imaginar ni verme viviendo en Atlanta (Georgia), tan lejos de casa, de mi familia y mis sueños.

Después de tantos amores fallidos, por llamarlos de alguna manera, tantas relaciones amorosas y maravillosas, al final llamadas «experiencias de vida», llegué acá tras mi chico, sí, ese que me quitaba el sueño, haciendo de momento a un lado mis objetivos profesionales y viviendo el día a día sin pensar en más.

Sin esperar tan pronto las sorpresas que la vida misma da, llegó hasta mí uno de mis sueños más hermosos y el mejor hasta ahora: el embarazo. Con ello también vino el convertirme en madre. Eso hizo acelerar mis planes y tomar decisiones grandes y definitivas.

Durante todo ese tiempo, no fue fácil, ya que mi vida parecía una novela de ficción, puesto que yo viajaba entre México y Atlanta. En uno de mis viajes, quedé embarazada de mi novio que vivía acá, en Atlanta. Por momentos sentía su apoyo, pero en otros no contaba con él en lo absoluto. Más bien en nada.

Fue así que pasé mi embarazo en México, sin el apoyo del padre de mi niño, pero con el de mi maravillosa familia. Así nació mi pequeño y hermoso guerrero, dentro de una depresión durante el embarazo, parto y posparto. Así que mi nene fue producto de un embarazo de 34 SDG, con diagnóstico de oligohidramnios severo, taquicardia fetal, pero aquí fue cuando vi lo maravilloso de ser madre y la gran virtud que tenemos las mujeres de poder dar la vida a otro ser porque él me avisó, hice caso y en medio de «carreras», por llamarlo así, nació sano. Con ese llanto al salir del vientre de mami, me enseñó lo maravilloso de estar aquí y que nada vale la pena más que seguir de pie y en lucha.

Después de meses, decidí traer a mi pequeño para que se reuniera con su padre y también porque tontamente aún existía un amor y esa gran ilusión. Dije: «Somos humanos y se vale equivocarse», así que retomamos esa maravillosa relación que existió alguna vez y con ello se iniciaron los planes de vivir en estos rumbos.

Llegué a este país sin planes en lo profesional; sin oportunidad laboral ni la dicha y satisfacción de ejercer y poder trabajar en lo que amo y me apasiona; con dudas por montones, pero con la idea de ofrecer lo mejor a mi pequeño. Por ratos estaba emocionada, ilusionada y enamorada; por otros tantos, cansada y con la duda de que el chico de mis sueños me fuera a fallar una vez más. Con la idea e incógnita de «a ver qué pasa».

Y realmente pasó. Ahora estoy lejos de casa, por ratos temerosa; por otros, feliz y construyendo mi familia y mi propio hogar y casa. Sí, en busca de algo mejor y de esa tranquilidad que hace mucho no tenía, puesto que, aunado a esto, el solo pensar en regresar a México y vivir allá me aterra, ya que sufrí la pérdida de mi sobrino primogénito —el primer nieto—, hijo de mi hermana mayor, víctima de la violencia en México, con tan solo dieciséis años, así como la pérdida de varios familiares víctimas de esta misma situación.

Un episodio que ayudó a tomar decisiones fue que mi niño de meses de nacido y yo vimos cómo mataban sin piedad alguna a mi vecino, con el cual platicaba en la banqueta de la calle, a plena luz del día.

Son tantos episodios en mi vida que me encanta contar y plasmar, y que de una y otra manera me han ayudado a tomar la batuta y decir que todo vale la pena mientras existan vida y sueños.

Sin más llegué después de conocer por medio de Internet —el tan amado y odiado por muchos Facebook— a mi ahora esposo y papá de mi pequeño. Fue tan lindo y relevante conocerlo en persona en el parque que quería conocer desde pequeña y que él hizo realidad, y donde nos hicimos novios en persona y en vivo y en directo, ¡ja, ja, ja, ja!, sí, en Walt Disney World en Orlando (Florida). Así que sin saber aquí estoy y fue el inicio de esta hermosa historia. Cada año tomamos como pretexto llevar a nuestro pequeño y festejar nuestro aniversario ahí.

Lily Monroy Tijerina
(Houston, Estados Unidos)

Decidí conocer el sistema de salud en Estados Unidos solo para enriquecer mi entrenamiento médico; sin embargo, toda mi carrera fue planeada en torno a quedarme en México para hacer la residencia, trabajar y formar una familia. Jamás pensé ampliar mi horizonte y de manera permanente volar lejos de casa; de mi gente. En fin, yo estaba programada igual que todos: ENARM, residencia, práctica privada y en sector público, e impartir cátedras.

Gracias al apoyo de mis padres y a los convenios de mi universidad, empecé el internado en Houston en julio de 2012. Y lo odié. Simplemente, porque estaba fuera de mi zona de confort, porque todo era diferente, porque todo se me estaba haciendo difícil, incluyendo la comunicación con los pacientes y no tanto por el inglés, sino por el choque cultural, así que al pasar los primeros meses pude confirmar que Monterrey sería para mí el lugar donde naces, creces, te reproduces y mueres. Jamás regresaría a Estados Unidos a vivir, ¡nunca!

En enero de 2013 fui a una reunión de internos y tuve la oportunidad de platicar con la persona más inteligente que he conocido en mi vida. Ese día el rumbo de mi vida cambió. Él y yo nos enamoramos locamente, pero terminó el internado y nos separamos, así que yo inicié mi servicio social en Monterrey, y él se quedó a hacer investigación en Houston. Sin embargo, cada tercer viernes, él viajaba en un camión toda la noche para poder verme durante el fin de semana únicamente. Nos comprometimos durante el servicio social y nos casamos al acabarlo.

Él también planeó su rumbo profesional para ejercer medicina en México, pero al finalizar su servicio social recibió una oferta de trabajo en la misma clínica donde realizó su proyecto de investigación. Suena fácil, pero no lo fue. Él se ganó esa oportunidad con su proactividad y creatividad: vimos esto como una buena oportunidad de vida, así que yo también me puse a tocar puertas para obtener la misma oferta laboral y la conseguí.

Con cédula en mano, fuimos al consulado americano en México para solicitar nuestra visa de trabajo: nos aprobaron y así llegamos a Houston.

Los dos empezamos a trabajar como *medical scribe* y al mismo tiempo estudiábamos para hacer los Steps. Fue pesado: todos los días debíamos trabajar y después llegar y estudiar hasta que era hora de dormir. Los fines de semana era estudiar entre diez y doce horas. Nuestras ganancias se iban en pagar la renta, libros y material de estudio. Debo admitir que, por lo rutinario y carente del entorno, quise tirar la toalla en más de una ocasión.

Pasaron los meses y mi esposo fue descubriendo el lado administrativo de la medicina; fue creciendo en la empresa tanto que ahora forma parte del equipo de *management*, por lo que él decidió dedicarse a hacer una maestría en Administración de Salud y Calidad.

Decidí enfocarme en mis exámenes y seguí con ese ritmo miserable de estudiar a diario. Los medios sociales jugaron parte en mi abrume: veía a todos mis compañeros de carrera haciendo su residencia en

México, avanzando; otros haciéndola en Estados Unidos porque ellos sí tuvieron la visión temprana de venirse y hacer los Steps antes de terminar la carrera mientras seguían bajo el ala de sus padres. Tontamente me comparaba con los demás en lo profesional y personal, y eso me afectó emocionalmente. Lo más lamentable fue que teníamos poco tiempo de pareja siendo recién casados. Nada de tiempo para viajar por placer o para visitar amigos y familiares; y muy poco tiempo personal.

En marzo de 2016 por fin hice mi Step 1; en mayo, el Step 2 CS y en agosto —con dieciocho semanas de gestación— el Step 2 CK. Aprobé todos mis exámenes, apliqué al *match* 2016, invertimos todo y el resultado fue negativo.

Este fue mi primer fracaso como estudiante: jamás he reprobado un examen. Nunca había tenido una decepción profesional. Me dolió mucho porque me esforcé bastante, di todo de mí y no tuve éxito. No estábamos preparados para esto. Los dos teníamos expectativas muy altas y planes a futuro basados en mi entrada a una residencia; para empezar, el cambio de visa, un mejor salario; no más días miserables de estar encerrados 24/7 estudiando y trabajando. Nos quedamos con muchas deudas y mucha tristeza.

No me di por vencida: tomé el Step 3, hice nuevas rotaciones, mejoré mi *currículum* y volví a aplicar. Hoy estoy en temporada de entrevistas nuevamente: mejor preparada, con mucha confianza en mí misma y con mucha fe.

Andrea Ponce de León Herrera
(San Francisco, Estados Unidos)

Es una de esas personas que inmediatamente llaman la atención: alto, guapo, con una sonrisa perfecta y una mirada cautivadora, y qué decir de su arrebatadora personalidad e impresionante inteligencia; siempre impecablemente vestido con traje y corbata. Para fines prácticos, lo llamaremos Dr. A.

Nunca olvidaré el día que Dr. A. entró en mi vida, siendo yo apenas una insignificante residente de segundo año de Pediatría y recién llegada al Centro Médico Siglo XXI; él, un respetado y afamado subespecialista e investigador. Me vio saliendo de un elevador y me dijo:

—Tú un día serás mi residente, residente de Oncología Pediátrica.

Y así fue, él llegó a mi vida justo cuando más lo necesitaba y cabe mencionar que nuestra relación jamás fue de enamorados o pasional. Él fue lo que nunca había sido nadie para mí: un maestro, un guía. En pocas palabras, mi ídolo y sí, tal vez, un poco mi amor platónico, aunque hasta ahora lo veo así.

El Dr. A. me acogió como su hija y alumna. Me encontraba en uno de los momentos más doloroso de mi vida. Había terminado una relación de tres años con el que creía era el amor de mi vida —también residente—; una relación ya con planes de formalizar, la cual no fue lo suficientemente fuerte para superar la distancia y la separación física o, por lo menos, eso me empeñé en creer para no hacer aún más doloroso el proceso.

Cuando empecé la subespecialidad de Oncología Pediátrica junto al Dr. A., no tenía otra cosa ni otro motivo para vivir que el hospital y mis pacientes. Eran todo, y en verdad quiero decir «todo», para mí. El amor no tenía cabida en esos momentos, pues mi corazón no sanaba aún y me creía incapaz de volver a amar.

El Dr. A. es uno de esos apasionados de la medicina que contagia esa pasión y logra sacar y potencializar lo mejor de sus residentes. A su lado logré lo que nunca creí: primeros lugares en exámenes nacionales y de consejo, publicaciones, reconocimientos e intercambios internacionales, como lo mencioné. Yo no tenía otra cosa en la cabeza y en la boca más que «medicina» y, obvio, al Dr. A.

No me daba cuenta, a pesar de que amigos y familiares me decían que yo estaba en otro mundo y que el hospital me absorbía demasiado, cada día me aislaba más. Eran semanas de trabajar ochenta horas, incluidos fines de semana; de llegar a casa para editar o traducir artículos; de malcomer y dormir cuatro horas al día. Como la vida suele hacer en estas circunstancias, me dio una bofetada en la cara para despertar:

—¡Andrea, Andrea! ¿Te acuerdas de mí? Soy Jonathan, el hermano de Mauricio. Soy residente de Urgencias.

—¿Dónde estoy? ¿Qué pasó? ¿Quién? ¿Cuál Mauricio?

—Tuviste un accidente y estás en la Cruz Roja. No te preocupes, ya estás más estable.

Un sabor amargo recorría mi boca, al igual que un dolor de cabeza, y un zumbido ensordecedor que me impedían pensar.

Después de una de las extenuantes jornadas que tenía en el hospital y justo al año de haber terminado mi relación previa, me quedé dormida al volante y tuve un accidente automovilístico. Sobreviví de milagro: mi querido Renault Clio era una hojalata, y yo acababa de darles el mayor susto de su vida a mis padres. La vida me jalaba las orejas y me decía: «¡Despierta!».

La recuperación fue dolorosa: tuve un traumatismo craneoencefálico con una hemorragia subaracnoidea; convulsioné en una ocasión y tuve cefalea postraumática por más de seis meses. En esos momentos, me di cuenta de lo sola que estaba. Aunque mi mamá, mi papá, mis amigos y el Dr. A. estuvieron ahí, yo me sentía sola, completamente sola. Sentía que el hospital y mi carrera se habían vuelto mi único motivo para vivir, pero yo quería más. Desde luego, el accidente me hizo reflexionar en el sentido que estaba tomando mi vida.

Fue una de esas tardes de primavera; de esas en las que aún no hace frío ni calor, pero que la cálida luz solar ya te calienta y eriza tu piel, y el dulce olor de las flores se mezcla en el ambiente de la ciudad, cuando, después de la insistencia de mi mamá, acepté ir a tomarme un café con él.

Él, un conocido de mi infancia a quien no había visto en más de quince años y a quien mi mamá consideraba un buen prospecto. Nos reunimos en un cafecito en la Condesa, donde platicamos por horas. En dos palabras, me cautivó. Tenía muchas cosas que me gustan en las personas: una plática inmejorable. Era culto, viajero, educado, biólogo marino de profesión y con temas de conversación extremadamente interesantes. También su físico me atrajo. Salimos varias veces en el primer mes; todo parecía perfecto, excepto una cosa: él vivía fuera de México.

Después de una relación de larga distancia de casi un año, entre idas y venidas entre México y Estados Unidos, y después de considerar varias opciones para el futuro, ambos decidimos a —o más él que yo— que la mejor opción era que yo emigrara a Estados Unidos.

No fue fácil y ahora que lo veo fue una decisión apresurada y poco meditada. Creo que varios factores influyeron. Desde luego, la sobrecarga de trabajo fue uno de ellos. Me sentía un poco agobiada por el Dr. A. También mi accidente y el cómo había terminado mi relación previa tuvieron que ver en que yo tomara la decisión de irme.

Pienso que fui un poco prepotente e ilusa. Me fui con la firme idea de que no sería tan complicado revalidar mi especialidad y subespecialidad en Estados Unidos y realmente hice una investigación muy superficial sobre el proceso de certificación. Pensaba que pasar los procesos de la USMLE sería algo no tan complicado.

Y así, sin pensarlo tanto, enamorada e ilusionada y casi de un día para otro, hice mis maletas y dejé atrás años de preparación y una carrera que tanto amaba. Lo dejaba todo sin mirar atrás o, por lo menos, eso pensaba yo.

Carla Proskahuer Muñoz
(Michigan, Estados Unidos)

A los cuatro años, sin saberlo, conocí a quien más tarde se convertiría en el amor de mi vida. Entre crayones y corretizas en el recreo y con el paso de los años, fuimos creando una amistad en donde, hasta la fecha, logramos entendernos utilizando el lenguaje de señas que entre el grupo inventamos en tercer o cuarto grado de Primaria. Debo decir que eso nos ha sido útil cuando queremos decirnos algo y que nuestra hija no se entere.

Desde que era adolescente, siempre quise estudiar Medicina: adoraba ver programas médicos y, además, mi primo preferido —quien era dieciocho años mayor que yo— era doctor. Durante la prepa, me convertí en paramédico y con eso solo reafirmé mi amor por la medicina. Me encantaba tener la oportunidad de curar a alguien, aunque también a esa edad viví por primera vez ese sentimiento que solo nosotros, el personal de salud, podemos experimentar: perder una vida.

Así pasaron los años y, como es de esperar, mi rumbo y el de quien en ese momento solo había sido mi amiguito de la escuela cambiaron, hasta que la tecnología nos unió y casi al final de nuestras carreras —él de ingeniería—, nos contactamos por Hi5.

Mientras escribo esto, imagino que generaciones posteriores a la mía no deben tener idea de qué es eso. Para fines prácticos, nos contactamos por la que, en ese momento, era «la red social». Así empezaron las pláticas cibernéticas interminables. Aunque en ese entonces cada uno tenía una relación amorosa, todo fue acomodándose hasta que llegó el momento en que coincidimos en tiempo, lugar y espacio, y así fue como en 2006 nuestro amor se inició compartiendo nuestra pasión por el fútbol y viendo juntos —no lo olvido jamás— el mundial de Alemania: recuerdo cómo Argentina eliminó a México en octavos de final con un gol de Maxi Rodríguez. Perdón por desviar el tema y mencionar esto, pero creo que las lágrimas que brotaron de mis ojos al término de ese partido fueron parte importante de nuestra relación, pues él pudo darse cuenta de que, por extraño que pareciera, mi amor por el fútbol era real.

Así llegamos a enamorarnos y, durante mi internado rotatorio de pregrado, con planes de boda en puerta, me embaracé. Decidimos adelantar todo y nos casamos. Desde ese momento, empezamos a vivir una aventura que jamás imaginamos que sería toda una montaña rusa con subidas y bajadas. Nuestro matrimonio empezó con la bajada más pronunciada: tras setenta y dos horas de habernos convertido en padres, nuestro amado bebé tuvo complicaciones y falleció. El momento más difícil fue cuando, por azares del destino, tuve que entrar junto con el pediatra a dar reanimación a mi pequeño. En ese instante, juré que nunca más ejercería mi profesión con mi familia.

Fue un momento de decisiones; principalmente, continuar con nuestra vida o no; seguir juntos o no. En mi caso, seguir con la Medicina o no. Y seguí: fue la mejor decisión de mi vida, ya que gracias a ello pude seguir adelante, iniciar tratamiento psicológico y psiquiátrico, y recuperar un poco del corazón que se fue con mi bebé.

Desde ese tiempo, mi mayor sueño fue convertirme en mamá. Tenía mucho amor para dar, pero no fue fácil. Tuvimos un aborto después y, justo cuando quería darme por vencida y dejar el tema por la paz y hacer el examen para la residencia, me embaracé y por fin en 2011 pude convertirme en mamá. Debido a todo lo anterior, decidí ser mamá «de tiempo completo», dedicándome al 100% a mi nena.

Cuatro años después, totalmente realizada como mamá y decidida a no tener más hijos después de dos pérdidas más y un fallido intento de adopción, quise empezar a trabajar en lo mío, pero ¡claro, cuatro años fuera del mundo laboral no sería fácil! Sin embargo, lo logré. Encontré un trabajo que, si bien no era muy bien remunerado, tenía tantas satisfacciones laborales y gente maravillosa soportándome que el dinero no me importaba. No obstante, con el cambio de rutina y horarios, mi hija, que solía tener mamá de tiempo completo, ahora a duras penas me veía. Conté con el apoyo incondicional de mis padres, y ellos fueron quienes se hicieron cargo de ella. Pero la cereza del pastel fue que fui diagnosticada con una enfermedad autoinmune. Eso explicaba lo de mis bebés. Ya no quería arriesgarme más. Él, a pesar de su deseo de ser papá otra vez, tampoco quería arriesgarme.

La relación con mi hija se fracturó por falta de tiempo y, por supuesto, la relación con mi esposo también, hasta el punto de que ese amor de cuento ya atisbaba la separación y el divorcio. Todo estaba decidido hasta que el 5 de mayo de 2016 llegó esa llamada:

—Tengo una buena oferta de trabajo, vámonos a Michigan —dijo mi esposo al otro lado de la línea.

En ese momento clave, sin estar tan convencida de querer intentarlo, dije: «Vámonos». Recuerdo que lloré mucho. Después de tener solo un año de haber vuelto a la vida laboral, tenía que dejarla otra vez.

Al día siguiente tuve que hablar con mi jefe y con mis pacientes. Recuerdo que no pude dejar de llorar en todo ese día. Entonces hablamos con mi hija y ella preguntó:

—¿Y vas a ir a dejarme y a recogerme a la escuela?

Y cuando mi respuesta fue afirmativa, su sonrisa fue tan grande y sus ojos se iluminaron de tal manera que no había más que pensar. Estaba decidido: ¡nos mudaríamos! ¡Todo fue muy rápido! En tres meses pasó todo: desde darle la noticia a la familia, a los amigos, hacer incontables despedidas, hasta vender todo lo que estaba dentro de nuestra casa, deshacernos de recuerdos y aprender a deslindarnos de cosas que eran solo eso, cosas, para rehacer nuestra vida como familia, como pareja y continuar esta aventura que, sin duda, ha sido la subida en aquella montaña rusa más pronunciada, más emocionante y apenas el inicio de una nueva vida.

Alejandra Rodríguez Romero
(Arizona, Estados Unidos)

Estando en mi último mes de clases de Medicina, a escasas semanas de mi graduación y comienzo de mi internado, conocí a Chris, un muchacho americano que venía de Estados Unidos a Guadalajara a la boda de una amiga mía llamada Elia. Días anteriores a este evento y muy de última hora, la boda fue cancelada, dejando a mi amiga deprimida y con una lista larga de personas a las cuales avisar sobre la cancelación. Entre esos invitados, estaba Chris y, debido a que había comprado sus boletos muchos meses atrás, ya no pudo cancelarlos y decidió de cualquier forma realizar el viaje, ya que era su primera vez en México y le emocionaba la idea de conocer el país.

Elia nos contó cómo, en medio de su depresión por la cancelación de su boda, aún tenía que dar cumplimiento a varios familiares y amigos que estaban en la misma situación que Chris. Me pidió como favor que la ayudara con Chris, pues «yo sí sabía inglés» y él no hablaba español.

Aunque nos encontrábamos en medio de una semana pesada, llena de exámenes y proyectos, decidí ayudarla.

Unos días después lo recogimos en el aeropuerto y yo, ya bien preparada con el inglés bajo la manga y una lista de actividades, me dispuse a enseñarle la bella ciudad de Guadalajara y sus alrededores. Después de pasar unos días muy agradables, los sentimientos de amistad y amor comenzaron a surgir. Era momento de regresar a su país y la tristeza nos invadió a ambos, pero intercambiamos teléfonos, correo electrónico y demás redes sociales para poder mantenernos en contacto.

En las siguientes semanas estuvimos en comunicación diaria y, debido a la gran conexión y a la amistad que creamos, decidí invitarlo a mi graduación de la universidad, a la cual con mucha alegría aceptó asistir.

Llegó el día de mi graduación. Estaba un poco nerviosa, pues mis papás no sabían mucho sobre Chris ni lo conocían en persona, y yo se los presentaría como mi pareja. Esa noche mis papás y yo lo recogimos afuera del salón de eventos Benavento, pues yo tenía su boleto de entrada. Al principio fue un poco incómodo, pues no se conocían y el idioma era una barrera, pero, después de unas horas, las conversaciones surgieron.

Los siguientes dos años mantuvimos una relación a larga distancia. Hermosillo, Sonora, mi ciudad natal y lugar donde realicé el internado y el servicio social estaban a aproximadamente cinco horas de Tucson, ciudad donde él vivía. Chris iba a visitarme cada quince días.

Al saber con claridad que queríamos formalizar la relación, Chris comenzó a investigar acerca de los trámites necesarios para poder casarnos y permitirme la entrada legal en los Estados Unidos. Después de leer en Internet acerca de los requerimientos y de pedir consejo a un abogado, optamos por iniciar el trámite de *fiancée alien* —prometida *alien*—: el trámite consiste en hacer la aplicación cuando el prometido aún se encuentre en su país. Se piden documentos para comprobar que la relación es verdadera y, aproximadamente, entre seis y nueve meses después, llega la fecha para entrevista, la cual en este caso era en Ciudad Juárez.

Durante este tiempo, terminé mi servicio social y comenzamos con los preparativos para la boda. Por un lado, tenía sentimientos encontrados: la satisfacción de estar a meses de terminar la carrera de Medicina, la cual había sido mi sueño de toda la vida, junto con la emoción de haber encontrado a una persona con la cual compartir el resto de mi vida. Por el otro lado, el sentimiento de incertidumbre, pues tendría que cruzar muchas barreras para poder ejercer mi profesión en este nuevo país.

La fecha de la entrevista llegó. Ese día fue un tanto estresante, pues solo se permite la entrada al edificio al aplicante y el tiempo aproximado del proceso es de unas siete horas, sin acceso a celular. Te revisan estudios médicos previamente realizados y evidencia del caso, así como una entrevista con un agente de migración. Al salir obtienes la fecha en la que hay que recoger un paquete con información sobre si la solicitud fue aceptada o rechazada.

Después de tanto trámite y tiempo, mi aplicación fue aceptada y con esto la entrada al país. Chris y yo ya habíamos decidido casarnos por la Iglesia católica en México primero y después ya entrar a Estados Unidos y casarnos legalmente. Y fue así como, con incertidumbre, miedos, pero sobre todo mucha esperanza y emoción, el 9 de enero de 2009 inicié mi historia en este país.

Sumie Lorena Rojas Murakami
(Lewisville, Estados Unidos)

Mi historia fuera de México comienza a finales del año 2015. Hasta entonces mi vida tenía un curso predecible: vivía en una ciudad de México que hace frontera con Texas. No soy originaria de ahí, pero lo consideraba mi segundo hogar, ya que desde muy joven, cumpliendo uno de mis mayores deseos, había debido mudarme de mi ciudad natal a esta otra para estudiar Medicina.

Para entonces tenía treinta años; hacía algunos años había egresado de la carrera. Trabajaba como médico general en un consultorio particular y estaba en la época en la que sientes que te puedes comer el mundo, pues tenía una familia que me amaba y me apoyaba, un novio increíble con quien tenía una relación de más de dos años, muchos planes profesionales a futuro, era autosuficiente económicamente. Creía tener tan bien estructurado cómo sería mi futuro que la vida de un solo golpe empezó a sorprenderme.

La cadena de sucesos se inició el 16 de septiembre de ese mismo año: mi novio tuvo un accidente automovilístico rumbo a su trabajo. La fecha es fácil de recordar, ya que era el día de su cumpleaños. Gracias a Dios, él salió ileso, pero su carro fue «pérdida total». Él vivía en México, pero trabajaba en Estados Unidos, así que el carro era indispensable, pues cruzaba la frontera diariamente, por lo que durante los siguientes días después del accidente nos dedicamos a la búsqueda de uno nuevo.

Fue en el transcurso de este proceso cuando a principios del mes de octubre, sorpresivamente, me enteré de que estaba embarazada. Tenía aproximadamente seis semanas de gestación. La noticia me causó una avalancha de emociones: pensaba en cómo lo tomaría mi novio, mi familia... ¿Cómo cambiaría mi vida a partir de entonces? Creía no estar preparada para hacerme cargo de otro ser humano, pero al mismo tiempo me sentía la mujer más afortunada del mundo: una vida producto del amor crecía dentro de mí y, como dicen en las películas románticas, me hacía más fuerte.

Después de confirmar la noticia, decidí comunicárselo a mi novio y, al igual que a mí, le resultó toda una sorpresa, pero después del proceso de asimilación, el hecho lo hizo muy feliz. A su debido tiempo, le dimos la noticia a nuestras familias y, aunque no se lo esperaban, pasó a ser el acontecimiento del año: el primer nieto de ambas familias venía en camino.

Empezamos las citas con el ginecólogo; las interminables charlas pensando: «¿Y ahora qué sigue?». A unas semanas de haber recibido la noticia, para finales de noviembre, mi novio me invitó a festejar nuestro aniversario. Una cita romántica siempre es buena después de tantos días abrumadores. Fuimos a nuestro restaurante favorito. Había una mesa reservada, flores, velas, todo lo esperado para un festejo de aniversario. La gran sorpresa vino después. Al terminar la cena, mi novio se empezó a portar de una forma extraña. Me mostró mi regalo, un hermoso cuadro que él había pintado con un mensaje al reverso, que decía: «¿Te quieres casar conmigo?».

Aún no lograba asimilar que sería mamá cuando estaba ahí, con el hombre de mi vida, arrodillado frente a mí, pidiéndome que fuera su esposa y respondí: «¡Sí quiero!».

Planeamos una boda exprés, que se realizó tres semanas después en una corte de Texas y festejamos con una elegante cena, nuestro pastel favorito y brindis en un hermoso restaurante acompañados por nuestras familias.

Definitivamente, fue uno de los días más maravillosos de mi vida y, a partir de entonces, empezamos a hacer planes. Teníamos tantas ideas que era difícil tratar de aterrizarlas: desde comprar un carro apto para una familia de tres, comprar una casa y cómo sería la logística de nuestra vida, ya que yo trabajaba en México y él en Estados Unidos.

Entre los malestares del embarazo y todos esos planes por realizar, las noches se hacían largas. Queríamos lo mejor para ofrecerle a nuestro bebé, pero aún no lográbamos definir qué sería de nuestra vida: vivíamos en el que hasta entonces había sido mi departamento de soltera.

Lo único que habíamos decidido era el carro familiar que compraríamos y justo el día que mi esposo fue a la agencia a recogerlo y regresó a casa para ensenármelo, me dio la gran noticia: le ofrecían un mejor puesto de trabajo, pero a muchos kilómetros de ahí, en una ciudad de Texas, a más de nueve horas de donde vivíamos. Me preguntó si estaba dispuesta a irme y, sin pensarlo dos veces, solo contesté:

—¡Sí, vámonos!

Aquella noche respondí guiada por una corazonada. Había decidido dejar atrás mi vida, mi familia, mi país, mi idioma, mi carrera, para formar un nuevo hogar y emprender la aventura más grande de mi vida.

Empezamos a investigar precios de departamentos, costos de servicios, seguros médicos, hospitales, todo lo que necesitaríamos. Después, les comunicamos a nuestras familias la noticia de que en unas pocas semanas nos iríamos a vivir a Estados Unidos. Todos nos apoyaron, aunque está de más decir el duro golpe que significó para nuestros papás y hermanos.

Personalmente, la parte más difícil fue tener que dejar a mi hermana: siempre hemos sido muy unidas. Es mi única hermana y mi mejor amiga; además, recientemente también se había enterado de que estaba embarazada. Nuestros hijos serían prácticamente de la misma edad y no crecerían juntos.

Y así transcurrieron semanas haciendo planes, imaginado qué sería de nuestra nueva vida, hasta que le avisaron al que ya era mi esposo que tenía que estar en aquella nueva ciudad para principios de febrero de 2016. Así fue: él emprendió el viaje solo. Yo me quedé en México para que él organizara todo para mi llegada.

Hasta una semana antes de mi viaje, continué trabajando. El 20 de marzo, mi esposo regresó a México por mí y el 23 emprendimos el viaje con lágrimas en los ojos, el corazón roto, pero lleno de muchos sueños y la convicción de que íbamos en busca de un mejor futuro para nuestra hija.

Después de un largo viaje en un frío atardecer, llegamos al que sería nuestro nuevo hogar y ahí empezaba nuestra nueva vida en Estados Unidos.

Ana Laura Sánchez
(McAllen, Estados Unidos)

Mi nombre es Ana. Soy médica cirujana y paramédica, originaria de la Ciudad de México. A día de hoy, a mis treinta y cinco años, cuando me preguntan cómo llegué a Estados Unidos, no puedo sino pensar que es una de las preguntas que hasta el día de hoy me sigo haciendo, pero les contaré un poco el escabroso camino.

Era el año 2007 cuando decido irme a Monterrey (Nuevo León) para hacer el internado médico. En ese entonces estaba comprometida con alguien; llevaba anillo de compromiso en mi mano. El tiempo pasó y un amigo residente de Cirugía me presentó a un muchacho a quien él había conocido tomando clases de inglés. El chico era originario de la Ciudad de México también, pero estaba emprendiendo negocios de accesorios y sonido para autos en Monterrey. Aún no sabía lo que me deparaba el destino con él. Era simpático, alegre, pero con un grande detalle: tenía novia y bueno, como dije, yo estaba comprometida.

Nos hicimos buenos amigos, pues no teníamos muchas amistades; salíamos a tomar café, al cine, a tomar un trago cada vez que mis guardias del hospital me lo permitían. Las salidas se hacían más comunes, más a diario. Él sabía sobre mi compromiso y yo sobre su noviazgo. Sin embargo, decidimos emprender una relación. Fue difícil al principio: yo debía soltar el compromiso y él, una relación de siete años, pero decidimos arriesgarnos.

Empezamos a dar pasos más firmes. Él me presentó a sus papás y, en la distancia, yo le presenté a los míos; ambos, muy contentos de lo que se estaba dando entre nosotros, pasamos algunos momentos tristes, de enojo, para despegarnos de lo que habíamos dejado en nuestra ciudad natal: nuestros amores, que algún día pensamos que serían los de toda la vida.

Pero decidimos que ese amor para toda la vida sería el que estaba surgiendo entre nosotros dos, así que terminamos con nuestras respectivas relaciones y comenzamos un noviazgo que perduró e hicimos crecer. Decidí hacer mi servicio social de Medicina en una comunidad cercana a Monterrey, pues estaba segura de que mi destino era permanecer con él. Yo ya pensaba en una posibilidad de matrimonio.

Pasando tres años de relación, estábamos muy contentos viviendo en Monterrey. No vivíamos juntos. Yo vivía sola en un departamento y él vivía con sus papás. Yo trabajaba de día dando clases en la escuela de enfermería del Hospital OCA; por las noches, lo hacía como médico de Urgencias en la Cruz Verde. Él trabajaba en su negocio. Desafortunadamente, un día sucedió lo inevitable ante la ola de violencia que se había desatado en todo Nuevo León. Era el año 2010 cuando él y mi suegra fueron asaltados en la pequeña tienda que tenían de su negocio de mayoreo. La inseguridad era evidente, y yo ya había padecido algunas malas experiencias como médica.

En ese momento, con apoyo de su cuñado —esposo de una de sus hermanas— comenzó a ver la posibilidad de abrir el negocio en Estados Unidos, básicamente en McAllen (Texas). En ese tiempo, Estados Unidos estaba abriendo muchas oportunidades a inversiones extranjeras, por lo que él y su cuñado no dudaron en emprender el negocio ahí. Así que comenzaron con todos los preparativos para realizarlo y ahí empezó lo triste de mi historia.

Nos casamos en mayo de 2011, en la Ciudad de México. Fue una fiesta hermosa con unas quinientas personas entre amigos y familiares. Él ya estaba iniciando el negocio en Estados Unidos; yo aún no asimilaba la idea de lo que estaba pasando, pues en realidad y lo que hasta el día de hoy me sigue doliendo fue que jamás se me preguntó si quería mudarme ni se me tomó en cuenta, solo se me avisó, por lo que, pasando el tiempo, yo solo intentaba asimilar la situación.

No tuve tiempo ni de investigar qué sería de mí en Estados Unidos; qué debía hacer para poder ejercer mi pasión más grande, que es la Medicina. No tenía idea de a lo que me enfrentaba, pero decidí seguirlo, a pesar de caminar con los ojos vendados, en falso y sola, tratando de asimilar cómo estaba dejando todo: mi familia, mi pasión, mis amigos y mi casa; mi México querido.

Cuando recién llegué, viví un mes con él y mis suegros, situación que solo duró dos meses, pues entre tanta emoción que estaba viviendo y tratando de entender, decidí regresar a México hasta que él consiguiera un departamento para nosotros y nuestra hija de cuatro patas: nuestra compañera de vida, una perra llamada Clifford. Por fortuna siempre y hasta el día hoy conté y cuento con todo el apoyo de mis padres y hermanos.

Dos meses después, él me dijo que había conseguido departamento para que yo regresara a vivir a Estados Unidos. Decidí volver y emprender el camino que no sabía que sería largo y doloroso, pero me arriesgué y continué a pesar de todo.

Karla Uribe
(McAllen, Estados Unidos)

Si veinte años atrás alguien me hubiera dicho que en algún momento de mi vida estaría viviendo en Estados Unidos, que estaría casada, con dos hijos, con otra nacionalidad, pero, sobre todo, que habría dejado de ejercer la Medicina, habría soltado una carcajada enorme y pensaría que estaban hablando de otra persona. Eso era una idea impensable, absurda y completamente imposible. Recuerdo entonces esa frase que dice «si quieres hacer reír a Dios, cuéntale tus planes» porque sin duda el destino tenía pensado algo diferente para mí.

Tenía diecinueve años cuando conocí a la persona por la que, diez años más tarde, estuve dispuesta a hacer lo que jamás me habría imaginado: salir de mi zona de confort y mi vida cómoda y glamurosa, y encontrarme aquí, en otro país, dedicando mis esfuerzos diarios a construir un fin común y caminar de su mano.

Por iniciativa de una de mis tías que vive en el estado de Utah, recibí en el correo de casa de mis padres dos aplicaciones de ingreso a universidades. La tía pensó que sería buena idea que pasara un verano en su casa aprendiendo inglés. Mis papás, quienes tratándose de estudios me apoyaron siempre, y yo nos pusimos las pilas para cubrir los requisitos de ingreso: cartas del banco, certificados de salud, etc., y, sin pensarlo tanto, Weber State University me había aceptado como alumna del programa de inglés English as a Second Language. Y así, sin más, acabando el primer año de la carrera de Medicina y al inicio del verano, con mucha incertidumbre, de pronto me encontraba en el aeropuerto rumbo a Los Ángeles, que era mi primera escala de vuelo.

Mi tía me recibió muy cálidamente. El plan original era que estudiara en la universidad y volviera a su casa a pasar los días con ella y sus hijos de cinco y dos años. Hasta que descubrí que para llegar a la escuela tenía que usar el transporte público. ¿Yo?, que mi mamá me llevaba a todos lados hasta que tuve coche, ¡ja, ja! Esta fue la razón por la cual, con la aprobación de mis padres, decidí ir a vivir a los dormitorios.

Un día, después de clases, en el elevador de los dormitorios, conocí a mi Chuy. Hoy puedo decir con certeza que creo en el amor a primera vista, que a mis diecinueve conocí al hombre con el que quería compartir mi vida y lo supe desde el primer momento. Sin embargo, tuvimos que separarnos y seguir cada quien su camino. Se terminó el verano y algunas veces hablamos por teléfono, pero después de un tiempo nos perdimos la pista por completo.

Yo regresé a México, terminé la carrera y me gradué en Ciudad Universitaria, de lo cual siempre estaré muy orgullosa. Cuando llegó el momento de aplicar al Examen Nacional de Aspirantes a Residencias Médicas (ENARM), pasó por mi cabeza la posibilidad de los Steps, pero pensé que no tenía necesidad. Teniendo en México un papá doctor, tenía el futuro resuelto. Apliqué y a la primera me aceptaron para Otorrinolaringología.

Un día de ocio posguardia, cuando estaba empezando el R4, pensaba en qué habría sido de aquel Chuy, el de Utah, y, si Google lo sabe todo, ¿por qué no podría buscarlo? Me iba a decir dónde estaba. Y claro, estaba en lo correcto: ¡lo encontré! Solo que me daba un enlace a un buscadordepersonas.com y debías pagar diez dólares para que te dieran las direcciones de los últimos diez años. Bueno, ¿diez dólares? Podía pagarlos, digamos que era el precio de mi curiosidad.

Al instante apareció en mi correo electrónico una lista enorme de direcciones. ¿Y ahora? ¿Qué hacer con esa información? ¿Veinte direcciones? Decidí escribir una carta en la computadora, imprimirla cinco veces, escoger direcciones al azar y enviarla. Total, seguro me contestaba con una foto de él, una esposa güera, dos hijos y un perro. Total, solo habían pasado diez años. Mientras tanto, yo «ya casi» terminaba de estudiar.

Pasaron seis semanas antes de recibir una respuesta: un correo electrónico de título: «Hola», que hizo que casi se me saliera el corazón de un brinco. No decía demasiado. En resumen, se enlistó en el Ejército y acababa de concluir su contrato. Acordamos una cita por Messenger. Cuatro líneas después, todo estaba dicho:

—Hola, ¿te casaste?

—No, ¿y tú? —respondí.

—Tampoco.

Lo que pasó después era lógico: queríamos estar juntos y ese punto no estaba a discusión. El único inconveniente era que vivíamos en países diferentes...

Mi Chuy siempre estuvo dispuesto a vivir en México. Sin embargo, la vida de los médicos en Estados Unidos es sustancialmente mejor remunerada. ¡Obvio! Así que decidimos que yo me mudaría. Solo pasaría los Steps ¡y ya! Y así, diez años después de aquel elevador, una boda, una luna de miel, dos maletas con ropa y una visa de turista, se inició la aventura: *all because two people fell in love.*

Jeannette Uribe
(Michigan, Estados Unidos)

Soy originaria de la bella Ciudad de México, donde viví hasta los siete años. Mis padres decidieron ofrecer una vida más segura y tranquila a sus hijos y nos mudamos a una pequeña y pintoresca comunidad del estado de Hidalgo. En este pacífico pueblo crecí y formé mis primeros lazos de amistad. Mi sueño innato de llegar a ser una doctora me llevó a inmiscuirme en la medicina a temprana edad; a los trece años inicié el bachillerato tecnológico con la carrera técnica de Enfermería General. Como parte de todas las carreras relacionadas con las ciencias de la salud es obligatorio ofrecer un año de servicio social durante el último de la carrera. Ahí estaba yo, a los catorce años, parada en mi banquito de altura, instrumentado mi primera cirugía. Era una cesárea, claramente lo recuerdo. No sentí miedo ni me sentí intimidada. Tampoco me desmayé. Mi sentimiento fue una mezcla de alegría y satisfacción. Tengo que agradecer y dar mérito al ginecólogo y a las enfermeras que aún hoy en día frecuento. Su confianza en mí, aun siendo una adolescente, me ayudó a formar mi carácter y centrar mis objetivos.

Cuando fui a presentar mi examen psicométrico para ser aceptada en la Facultad de Medicina, el doctor en turno, maestro de Historia de la Medicina que no era, por mucho, mi materia favorita, con un tono de papá gruñón, me dijo:

—¿Sí sabías que para poder entrar a la Escuela de Medicina primero tienes que realizar la Preparatoria?

Con esa facies acartonada, yo no sabía si me lo preguntaba seriamente o me estaba bromeando, pero era obvio que despertara su curiosidad cuando vio que tenía quince años. Finalmente, le expliqué al doctor mis razones, que no eran mías, en realidad fueron de mi madre. Ella me inscribió en el kínder cuando tenía cuatro años y, como hacía cosas de niños más grandes, ella pensó: «¿Por qué no la metemos a la escuela Primaria de una vez?»; dos meses más tarde ya estaba en Primaria. No la juzgo porque no soy quién y ella hizo lo que pensó que era lo mejor para mí y hasta la fecha me sigue afirmando que eso fue lo correcto porque simplemente yo era diferente.

Sin tiempos muertos en mi educación médica, al siguiente año de mi graduación como médico cirujano, empecé mi especialidad en Ginecología y Obstetricia (GyO). Fue mi primer año en el bello estado de Aguascalientes, muy cálido lugar. En ese entonces ya no me mudé sola; ahora iba acompañada de mi literalmente compañero de vida, mi novio desde que tenía trece años, mi adorado esposo. Vivir en Aguascalientes fue una experiencia muy bonita; la gente, las costumbres, mis nuevos compañeros de residencia —hermanos del alma—, mis maestros, la ciudad en sí, la distribución vial, la feria de San Marcos, las guayabas de Calvillo, todo esto aunado a la constante adrenalina de ser residente de primer año, sin residentes de otras jerarquías; es como vivir un sueño. Sin embargo, lo que más recuerdo son los bonitos momentos que pasé con mi esposo, nuestro primer año juntos como marido y mujer.

Realicé los siguientes tres años de mi especialidad en la ciudad de León (Guanajuato). El segundo año de la especialidad, sin duda alguna, el más difícil física, mental y psicológicamente. Aprendí mucho de mis maestros, de mis compañeros residentes e incluso de las enfermeras.

Pero también aprendí a tener memoria y oído selectivos para no dejarme afectar por conductas negativas. «Residencia es igual a resistencia», sí aplica, pero hay que hacerlo de una manera inteligente para girar las cosas en nuestro favor y sacarle el mayor provecho a nuestra formación.

Estaba en segundo año de mi residencia cuando tuve mi cita en Ciudad Juárez (Chihuahua) para obtener la residencia permanente de los Estados Unidos, la famosa Green Card, trámite que mi esposo había iniciado cinco años atrás. En capítulos posteriores les contaré cómo se llevó a cabo el proceso. Decidí terminar mi especialidad en México porque «más vale pájaro en mano que ciento volando».

Motivada por mi hermano mayor, quien también había emigrado a los Estados Unidos a los catorce años, decidí iniciar mi travesía en este país. Mi hermano es una persona a la que le gusta soñar y pensar en grande. En su perspectiva, yo había estudiado mucho por muchos años. Yo había dado tanto por la gente, que era mi tiempo de ser reconocida por mi esfuerzo. Mi hermano no tenía la mínima idea de que Medicina es sencillamente diferente, tampoco mis papás y mucho menos mi esposo, incluso ni yo misma. Nadie sabía del tan accidentado camino que hay que tomar para llegar a cumplir el sueño de practicar medicina en los Estados Unidos. Sin embargo, toda mi familia siempre me apoyó para cumplir mi meta, una familia acostumbrada a primeros lugares de aprovechamiento escolar, a graduaciones con mención honorífica, a titulaciones por excelencia académica. «Claro que puedes, tú siempre has podido y eres muy inteligente y dedicada».

Así es como llegué a pisar tierras extranjeras por primera vez, con una meta muy clara, aunque no con un plan del todo definido. Ese año fue un caos en cuanto a lugares de residencia. Empecé el año en León (Guanajuato). Me gradué como GyO, regresé a casa en Hidalgo por un par de meses y dije adiós a mi familia. Llegamos a Florida, el estado donde mi esposo había vivido por dieciséis años. Dos semanas más tarde, estábamos en Georgia, viviendo con la hermana de mi esposo y en la dulce espera de nuestro primer hijo. Cuando mi bebé cumplió dos meses, decidimos que era tiempo de retomar mi camino, así que nos mudamos a Michigan, donde mi hermano, aquel que me animó a iniciar la travesía, vivía con su esposa.

Así concluía un año más de aventuras. No obstante, las cosas eran un poco diferentes con respecto al inicio del año. Ahora era madre, esposa, vivíamos en casa ajena, en un estado con clima extremo, con más limitaciones económicas que incluso como residente, en un país diferente, con cultura y lenguaje distintos, sin amigos ni muchos conocidos, pero comprometidos en nuestro matrimonio y con una bendición que consumía todas nuestras energías.

Talia Wegman-Ostrosky
(Maryland, Estados Unidos)

Son las 10:00. Después de un largo día, por fin los niños duermen. Estoy a miles de kilómetros de mi Ciudad de México, llena de defectos, pero donde mi familia, mis amigos mi trabajo, mi casa y mi historia están. Me encuentro aquí, en Maryland, un estado del que había escuchado poco y nada, y que en definitiva tan solo hace un año no podía localizar en un mapa. Y ahora estoy aquí. A lo lejos escucho el ruido de las cigarras y me pregunto: «¿Cómo llegué aquí?».

Acababa de terminar el doctorado. Por fin tenía trabajo como investigadora y genetista. Después de muchos años de mudanzas continuas, al fin parecía que tenía algo de estabilidad. Así que cuando el director de investigación me propuso hacer un posdoctorado en EUA. Mi primera respuesta fue «no». Pasó un año y la propuesta seguía en pie. De repente, la opción de ir a aprender al National Cancer Institute, el Instituto de Cáncer de EUA, donde los grandes trabajos nacen, donde las grandes mentes trabajan, empezó a hacerme «ojitos». Hablé con mi esposo, quien siempre me había dicho que viviría en cualquier lado menos en EUA. Además, le había prometido que la mudanza a nuestro nuevo departamento sería la última. Para mi sorpresa, su respuesta fue lo que me prometió desde que empezamos a estar juntos: «Yo jamás seré la piedra que no te deje crecer. Si irnos es el siguiente paso en tu carrera, pues nos vamos».

Buscar en Internet mis tutores potenciales fue de lo más divertido; elegir trabajar en los grandes proyectos que siempre había soñado parecía irreal. Y así, después de un año, entré a la oficina del director de investigación y le dije:

—¡Sí, me voy! Y ya elegí el grupo de trabajo al que me gustaría pertenecer.

No pasaron ni dos semanas cuando me avisaron que tendría una entrevista telefónica con la jefa del grupo que había elegido. En esta entrevista ella decidiría si cumplía con el perfil de lo que estaban buscando; si encajaba con alguno de sus investigadores y su alta expectativa.

Así que de repente todo dependía de una llamada telefónica en inglés, sin ver a la persona de frente; sin poder leer su lenguaje corporal para saber si lo estaba haciendo bien; sin saber qué iba a preguntar. Estaba hecha un manojo de nervios, mis manos temblaban tanto que no sé ni cómo marqué el número. Pero todo valió la pena porque, al terminar la llamada, ¡llegó un correo en el que me aceptaban!

Fue un par de meses complicado. Decidir mudarme con mi familia, incluyendo mi perra. No fue fácil, fueron muchos meses de estrés. Finalmente, estábamos a unos cuantos días de irnos cuando me enteré de ¡que estaba embarazada! Esperaba el segundo bebé que tanto anhelábamos. Fueron dos años de estarlo buscando, pero que en definitiva no esperábamos en este momento de tanto estrés. Así que ¿cómo llegué aquí? Embarazada. Y esa es otra historia.

Giovanna Zanella
(California, Estados Unidos)

Yo nací y crecí en mi adorado México. Vengo de una familia trabajadora, donde se nos inculcó que la familia y el amor es lo más importante en la vida y que hay que esforzarnos por cumplir nuestros sueños. Aunque nadie se dedica a la medicina, siempre supe que era lo que me apasionaba. Me gustan las ciencias y tomé la decisión de estudiar Medicina cuando cursaba la Preparatoria. Mis papás me apoyaron en todo aun cuando estudiar Medicina sería en otra ciudad y siempre han estado muy orgullosos de mis logros.

Toda mi vida pensé que viviría en México. Nunca me vi radicando en otro país. Mi futuro era como el de la mayoría: presentaría el Examen Nacional de Residencias para hacer la especialidad y subespecialidad, y después trabajaría en una institución privada, pero mi proyecto de vida cambió tras ver tanta inseguridad en el país. Vivía aterrada, ya que me tocó experimentarla en carne propia, por lo cual supe que lo mejor sería buscar alguna oportunidad en otro lado. En mi país ya no me sentía segura y cada vez se ponía peor escuchar y ver tantas cosas en las noticias.

En ese momento era verano y yo estaba haciendo un curso para presentar el Examen Nacional de Residencias. Una semana antes de mi viaje, tomé la decisión de emigrar, dejando todo de manera repentina. Fue difícil, ya que no me pude despedir de toda mi familia ni amigos y sabía que lo sería aún más porque prácticamente lo dejaba todo por una nueva vida llena de incertidumbres y nada seguro.

Al principio no sabía si irme a Europa o Estados Unidos, ya que en el segundo no conocía a nadie ni tengo familia y en Europa sí tengo familia. Investigué un poco y decidí California por estar más cerca de México y tener buenas oportunidades de desarrollo. Una ventaja era que ya hablaba inglés, entonces me sentía más segura al llegar a un país donde conocía el idioma. Compré el boleto de avión solo de ida. Me fui sola con una maleta llena de sueños sin saber que estaría tomando la mejor decisión de mi vida.

Capítulo 2
Me acoplé, me resigné, me adapté

Leticia Farfan Cruz
(Talara, Perú)

Un cambio de vida, un giro de 180°. Un día me encontraba en México, viviendo cerca de mi familia; tenía un trabajo... Todo marchaba bien y al siguiente día me encontraba en la terminal dos del aeropuerto internacional de la Ciudad de México abordando un vuelo a la ciudad de Lima (Perú).

Y así comienza mi nueva realidad al llegar a un país en donde no conocía a nadie; solo tenía a mi esposo, mis suegros y a mi hijo, que en esa época era un bebé. El cambio fue difícil: venir de vivir en una ciudad y mudarme a una pequeña provincia del país en donde no conocía a nadie y no sabía cómo trasladarme de un lugar a otro; de ser profesional, ahora sería ama de casa temporalmente hasta que realizara mis trámites de convalidación, pero esa es otra historia.

Al principio me sentía sola. No había día que no llorara extrañando todo y a todos; cada vez que hablaba por teléfono con mi mamá, sentía que el corazón se me rompía en mil pedazos. En ese momento, sentía que tenía que resignarme a vivir de esa manera. Sin embargo, con el paso del tiempo, decidí adaptarme en lugar de resignarme y, al realizar ese cambio, todo fue mejorando. Aprendí a comunicarme con la gente utilizando sus modismos. Me adapté a su forma de alimentación; a sus costumbres, sin olvidar mis raíces y mis propias costumbres, las cuales hasta la a actualidad transmito a mis hijos.

Mi proceso de adaptación mejoró aún más cuando logré ejercer nuevamente: conocer personas nuevas, y ya no solo mi entorno. Fue algo bueno, ya que al sentirme nuevamente dentro de un grupo de personas con quienes podía conversar ya no solo sobre mis actividades domésticas, sino de mis actividades laborales, realmente me hizo más fácil este proceso.

Actualmente, puedo decir que me adapté a todo. Me siento contenta porque ahora ya no me siento sola. Cuento con personas agradables y que cada día hacen que mi vida sea más feliz. Gracias a Dios, encontré personitas maravillosas, que me brindan su apoyo incondicional y que sienten un afecto sincero por mí. Las muestras de cariño y sinceridad han hecho que todo este proceso, que en un principio fue duro, ahora sea muy lindo.

Ahora soy parte de todo y esto me hace sentir paz y tranquilidad. Soy feliz. Esto no quiere decir que no extrañe a mi familia en México o a mis amigos, solo que ahora comprendo que todo pasa por algo en la vida y que todo llega en su momento oportuno. Sé que cuando ese tiempo llegue, volveremos a mi país y podré estrechar a mi familia y a mis amigos junto a mí.

Alma X. Ortega
(Costa Rica)

Bien dice el dicho «adaptarse o morir». En la naturaleza como en la sociedad, el futuro pertenece a los que logran aclimatarse a los diferentes cambios que la vida les ponga o, como se dice en este caso, «aculturación». Esto quiere decir que la persona va adaptando ciertos rasgos de la nueva cultura de manera inconsciente, adquiriendo nuevas habilidades y conocimiento: con esto se vuelve diferente a la persona que era antes de adaptar la nueva cultura.

Por eso es tan cierto cuando dicen que la persona que se va es diferente de la persona que regresa. Esto me ha pasado desde que estudié la maestría en Estados Unidos, luego me vine a vivir a Costa Rica y cuando voy de vacaciones a México no siento que sea la misma persona. Veo las cosas de manera diferente, pienso diferente, percibo las situaciones de manera distinta. No creo que sea algo malo; al contrario, me han hecho la persona que soy y creo que he tomado lo positivo de cada cultura en la que he vivido. He aprendido también a ser más tolerante. Dicen que la xenofobia se quita de una manera: viajando. Y es cierto, pues el ser humano tiende a temer lo que no conoce o no entiende.

Por mi parte, tuve un proceso de adaptación que me ayudó mucho a que el cambio de país fuera más sencillo. Durante los dos últimos años de la relación a larga distancia que mantenía con mi ahora esposo, aproveché las vacaciones de un mes de diciembre en la maestría para pasarlas con él y su familia. También durante verano en el mes de julio venía de vacaciones por dos semanas. En ese tiempo, me acostumbré a la comida, clima y estilo de vida de los ticos. Algo que me gusta mucho de este país es que el clima siempre es cálido y para una persona friolenta como yo, eso es algo muy bueno.

Venía de Ciudad Juárez, que tiene un clima muy extremo por ser desierto: en verano hace un calor seco muy intenso y en invierno mucho frío. En Juárez todos tenemos que sacar la ropa de invierno y guardar la de verano cuando cambia la temperatura; en cambio, en Costa Rica solo tengo ropa de playa y ropa de ciudad y, cuando hace un poquito de frío, saco un suéter y asunto arreglado. Así es que no es que me haya costado mucho trabajo. De hecho, Costa Rica me recuerda mucho a mi ciudad natal: Cuernavaca, «La ciudad de la eterna primavera»; con mucha vegetación, clima templado y en donde pasé una hermosa infancia. Creo que eso también influyó a que me adaptara más fácilmente a Costa Rica, pues me trajo lindos recuerdos de cuando vivía en Cuernavaca.

En cuanto a la gente, eso sí que lo extraño y mucho. A pesar de que las personas han sido muy lindas conmigo, desde que llegué no siento esa sinceridad que caracteriza a la gente del norte de México, en donde están mis mejores amigos y mi familia. Los norteños son muy directos y no se andan con rodeos: si les caes mal o algo que hiciste no les gustó, te lo dicen así nomás y de frente. En Juárez tengo amigas que son como mis hermanas: esas amigas de las que puedes hablar sobre cualquier tema o sobre cualquier persona; que van a tu casa y se quedan a dormir allí, en donde sea, abren tu refrigerador y te ven despeinada y acabada de despertar. Eso sí que lo extraño...

Aquí hay gente linda que te invita a su casa a «tomar café» y eso no siempre implica tomar café; a veces, «tomar café» significa comer tostadas con frijoles y refresco, pero, como es en la tarde, pues le dicen «tomar café». También pueden venir a tu casa. Muchas de las veces quedan en ir a la casa y, después de tres años, sigue esa visita pendiente. Yo no sabía que la gente podía quedar en algo y al final solo haberlo hecho por cortesía. En mi tierra hacemos planes y te tomamos la palabra muy en serio: si damos nuestra amistad es para todo. Aquí es una amistad más *light*.

Pero, al final de todo, estoy agradecida con esta tierra costarricense que me ha tomado como una más de sus menos de cinco millones de habitantes y me siento muy orgullosa de este país que ama su naturaleza y que va a la vanguardia en muchas cosas, con gente muy bien preparada profesionalmente y con todos los recursos naturales para poder salir adelante. Me gusta que puedas pasar del bosque al volcán, bosque lluvioso, playas del Pacífico y del Caribe sin tener que viajar mucho. Ahora disfruto y hasta cocino sus platillos típicos y, ¿por qué no?, hablo un poco como ellos. Adaptarse o morir: Darwin estaría orgulloso de mí.

Xóchitl Palacios
(Brasil)

Durante el primer semestre, transité por las tres situaciones; meses antes de nuestra mudanza, ya había realizado un proyecto de vida con metas a corto y mediano plazo. En los viajes previos había visitado la universidad donde deseaba homologar mi título de Medicina General. Había averiguado sobre las escuelas de idiomas dentro del barrio donde viviríamos. Tenía contacto con los sexólogos prominentes del estado y ya me había entrevistado con ellos con la posibilidad de estudiar dentro de sus institutos y, posteriormente, integrarme al mercado laboral. Todo se vislumbraba magnífico.

Sin embargo, las semanas iniciales no fueron como esperaba: esa felicidad de saber que por fin estaba embarazada se nublaba con temores de pérdida, varias amenazas de aborto, necesidad de reposo; verme físicamente limitada, sin el rendimiento intelectual ni emocional en mis cursos para aprender el idioma a la velocidad necesaria para cumplir mis propósitos de integración académica y laboral. ¡Me sentí frustrada!

Después de introspecciones y conversaciones con mi esposo, decidí aplazar los planes iniciales. Me dediqué a cuidarme para que el embarazo transcurriera lo más tranquilo posible, dando contención a las rabietas de mi niño —él fue a quien más le afectaron los cambios en su vida— y tratando de sobrellevar el retiro del pañal, su adaptación a la nueva escuela, amigos, idiomas y clima. Así pasaron algunos meses, ya resignada a que cuando menos ese año, y tal vez el siguiente, mis planes quedarían suspendidos.

En esta etapa reconocí cuánta falta me hacía estar cerca de los míos, mi familia y mis amigas incondicionales, mi terapeuta y mis redes de apoyo que se habían quedado en México, me dolía ver que solo contábamos con nosotros tres: el uno con el otro. Los mensajes y llamadas acortaban la distancia, pero no era suficiente: tuve resistencia y enojo por lo que había dejado atrás, incluido mi trabajo. Reconocía esa resistencia como algo natural y como una parte del proceso, pero tenía que moverme de allí, ya que no conduciría a nada positivo para nosotros.

Comencé a dejarme llevar y a acoplarme a nuestra nueva vida, ahora abierta a la posibilidad de nuevos imprevistos, considerando más flexibilidad para los cambios que se presentaban. Me entregaba a lo que se presentaba. Con un suspiro y más valor, me comencé a entregar a lo desconocido y percibí que era menos desgastante así.

Reconocí que por algún tiempo salir de la zona de confort sería lo cotidiano. Acepté que «la única constante era el cambio» y eso me permitió fluir en este subibaja. Ya en la recta final del embarazo, mi niño estaba más adaptado a su nuevo mundo. Cursaba la semana treinta y seis cuando nos avisaron que finalmente la aduana había liberado el *container* con nuestros muebles. Felizmente, nuestra casa llegaba al hogar para recibir a mi amada bebé.

Olga A. Tinajero Castañeda (Panamá)

Marzo, 2005. Me sorprendo inmersa en un pensamiento nada halagador. Tomo entonces unos minutos para hacer un recuento de los últimos nueve meses, sobre todo los últimos días. Mi cabeza es un saco lleno de asquerosos bichos que no se están quietos. Aun así, he logrado cierto control por el compromiso y la bendición de haber comenzado a trabajar. No puedo ejercer como médica por ser extranjera, pero Dios me ubicó frente a una excelente opción: Investigación Clínica.

Realmente no había sentido urgencia por trabajar; estaba disfrutando a mi pequeño, conociendo el ambiente familiar —no es igual venir de vacaciones que tener que convivir en la rutina habitual— e intentando ser flexible y paciente para que mi esposo, que es oriundo de estas tierras, logre establecerse en el área laboral. Teóricamente, debería ser más sencillo para él, pero apareció la oportunidad y no es algo que se pueda dejar pasar. Necesitamos un ingreso seguro. ¿Quién diría que sería yo la primera en conseguir trabajo y sin buscarlo? Literalmente, es una bendición.

Panamá es un lugar agradable: su clima y la forma en como creció la ciudad a un lado del mar me recuerda mucho al puerto de Veracruz en México, donde estudié la carrera, con la gran diferencia de que aquí han construido edificios muy altos. También coinciden con la tradición del carnaval. Sin embargo, la trascendencia de esta actividad es muy diferente: acá es todo un acontecimiento a nivel nacional. El país entero se detiene durante estos días y la forma en que se desarrolla es muy peculiar. No es un desfile de carros alegóricos como al que estoy acostumbrada. Aquí solo son dos carros que pasean alrededor del parque principal, ¡¡ah, pero qué carros!! Se esmeran realmente y cada día presentan una decoración diferente y hermosa y, obviamente, la reina no puede repetir un traje, aunque sean dos paseos al día.

En todas las ciudades, en cada pueblo se ubica calle arriba y calle abajo, que representan los barrios y las personas que allí habitan. Entonces, cada carnaval tiene dos reinas que son rivales y se esfuerzan por ser la que porte el vestido más lindo, con más plumas, el carro más vistoso, la que más fuegos artificiales quema, la que tiene mejor música y trabajan todo un año previo a la fecha en que serán coronadas para conseguir el capital y hacer frente a todos los gastos.

El carnaval es una tradición de abolengo. No cualquiera puede ser reina. Debe tener raíces en la ciudad y en el barrio que va a representar, destacarse por una imagen agradable, contar con una familia dispuesta a apoyar los gastos y a trabajar duro para lograr el reinado perfecto, además de aguantar las «tonadas»: melodías de canciones de moda, a las cuales se adapta una letra que ha sido preparada con la información obtenida después de una minuciosa investigación sobre la reina rival y su familia. En esas tonadas se dice de todo: aquella reina que recurrió a cirugía para poder lucir atractivas curvas, la que se escapó con el novio a escondidas y regresó con cierta fama negativa. La historia familiar sale a la luz y no se guardan nada sobre nadie.

Pero la actividad insignia del carnaval son los «culecos»: la gente viste ropa de playa y se prepara para mojarse durante horas bajo el sol y tomando cantidades industriales de cerveza mientras las reinas pasean en su carro decorado y la murga que las acompaña se esfuerza para que su tonada sea la única que se escuche en el ambiente. Los culecos solo se realizan en el día y su duración depende del tamaño del carro cisterna que tenga agua suficiente para mojar con grandes mangueras a los asistentes. Durante estas celebraciones, la comida es la cereza del pastel: comer lechona —puerco asado— y tortillas de maíz es un agasajo. Hay otras especialidades en el menú, pero para mí no se comparan.

Todo es lindo e interesante, pero para sentirme cómoda no es suficiente una bella ciudad, rica comida o conocer el folklore. Es necesario mantener la cercanía, el apoyo, la comunicación con esa persona importante, que fue la razón para haber considerado una aventura como esta. Es cierto que existen muchas presiones para lograr una estabilidad que nos permita llegar a un control de la casa y la familia, pero no entiendo por qué no hemos logrado que un momento para liberar el estrés sea compartiendo una conversación, acompañándonos. Mi pareja, en cambio, encontró algo que le distrae, pero que le aísla. Odio esa computadora y yo creí que darle ese espacio de distracción ayudaba a no agregar más peso a la situación, pero me equivoqué. Estoy llevando sola una carga que debe ser compartida, estoy lejos de mi papás y hermanos, lejos de mi país. Detuve el impulso de mi desarrollo profesional para estar hoy aquí. Intento sentirme en confianza con personas con las que nunca he convivido y él no me ayuda: ¿en qué momento quedó establecido que al aceptar este reto me quedaba sola para afrontar el cambio?

Ahora me queda claro que la paciencia y la tolerancia dejan de ser buenos atributos cuando te hacen pensar que puedes mantenerte en un segundo plano. Yo sé que nadie me sugirió hacerlo, sí: fue una gran equivocación. El tiempo continúa su camino y no hay nada ni nadie que me saque del lugar donde erróneamente me ubiqué. Yo creí que estaba cumpliendo con mi parte para que todo saliera bien, pero no es la forma correcta y sigue habiendo cosas «más importantes» que antepongo a mis necesidades, como llamar por teléfono a mi familia. Es fácil encontrar un argumento para justificar que una llamada de larga distancia es costosa y, por lo tanto, lo puedo dejar para después. Pequeños detalles que van pasando, que nadie ve y realmente no resuelven nada. Sí, sí, sé que él se esfuerza buscando trabajo y haciendo una guardia aquí, otra allá; cubriendo algunas vacaciones, resolviendo los pagos pendientes que no generamos nosotros, pero que han quedado bajo su responsabilidad. Ahora que está de regreso, no tenía idea de cuál era la situación aquí y que al llegar él tendría que incluir tantas cosas en este paquete donde inicialmente solo éramos él, mi bebé y yo.

Hoy tomo en mis manos las posibilidades: trabajar es mi terapia, el camino para sentirme y saberme independiente. Esto me ubica en una posición de dar, ya no estoy más en segundo plano. Puedo disponer y proponer, estoy en capacidad de resolver. Con eso tengo para levantarme y cambiar la inconformidad que siento. Él siempre ha sido parte de mis planes, pero tengo que estar clara si sus ideas han cambiado. No quiero seguir donde estoy, quiero un espacio propio para manejar a mi manera. Ya tengo fecha para mi nuevo comienzo: ¡me acompaña o se queda! Cuando dije «sí a Panamá», no dejé el mínimo espacio de oportunidad para echar los pasos hacia atrás. A partir de ese momento, tuve claro que era para adelante siempre. ¿Adaptarme? ¿Acoplarme? Interpreto eso como buscar un lugar en un sistema ya organizado y del que no puedo hacer modificaciones. No, por supuesto que eso no me interesa. Yo vengo a crear mi espacio, a mi gusto, a mi medida, basado en mis intereses; a aprovechar las oportunidades para ajustarlas a mis objetivos. ¿Resignarme? ¡Jamás!

Angélica Cuapio
(Alemania, Austria, Suecia)

Tres meses después de saber que por fin se harían realidad dos sueños, hacer el doctorado y vivir en el extranjero, yo ya estaba empacando para llevarme mis cosas a un viaje del que no sabría si regresaría. De hecho, aún sigo sin saberlo. Creo que mi *father* digirió en el momento de la partida que quizá no regresaría; a mí esa digestión me ocurrió hace apenas dos años cuando nació mi primogénito.

Llegando al aeropuerto de Hamburgo, mi buen Feli estaba esperándome con los brazos abiertos y nada más. Ni quien quisiera flores, globos o, ya de perdida, mariachis.

Al llegar a Hamburgo, según yo me sentía preparada porque un año antes de irme, había estudiado alemán por dos meses y pensé que eso sería suficiente al menos para poder saludar y pedir por fin una cerveza fría en Alemania, pero ¡vaya sorpresa que me llevé al ver que ni el *Auf Wiedersehen* me sonaba familiar cuando era pronunciado por nativos! Siendo así, la estrategia cambió automáticamente desde el primer momento al pisar tierras germanas: el inglés se convirtió en mi mejor aliado.

Como Feli ya llevaba viviendo dos años fuera de Alemania, su antiguo departamento lo había dejado. Por eso, inicialmente vivimos en casa de sus papás hasta que encontráramos algo para los dos. Con los papás me llevé muy bien desde el principio y siempre me han tratado casi como a una hija. Al principio los idiomas en casa eran inglés y español, pero después la abuela dijo que, si querían que aprendiera alemán, debían hablar conmigo únicamente en alemán. Y, desde entonces, jamás volvimos a hablar en los idiomas que me causaban más comodidad. Al parecer a los abuelos les encanta meter la nariz, pero al final siempre tienen razón.

Feli y sus papás me ayudaron a resolver muchos problemas administrativos como visas, seguros, cuentas de banco, servicios, etc. Todas las cartas llegan en alemán y siempre es un gancho al hígado leer términos administrativos u oficiales. Las palabras de por sí ya son complicadas para leer y pronunciar, pero cuando se trata de trámites, esas palabras se combinan para formar términos más concretos, específicos y largos con la finalidad de causarnos un infarto a los no germanohablantes. Esa forma de sistematizar también es una forma representativa de la cultura alemana, cuya máxima representación es la señora «precisión». Un ejemplo claro: *Führer*, 'líder o conductor', *Schein*, 'boleto', *Antrag*, 'solicitud'. La palabra concreta es *Führerscheinantrag* que significa 'solicitud para tramitar la licencia de conducir', la cual a muchos nos ha puesto en aprietos.

Desde mi óptica, los alemanes —en particular, los del norte— aparentan ser fríos o distanciados de los demás y sus problemas, pero, mientras más los conoce uno, los más sinceros, confiables y amables son los alemanes. Eso también lo experimenté grandemente con los amigos de Feli. Con ellos estuvimos en infinidad de fiestas, conciertos y asados. Una desventaja en esta escena fue que, como era la única extranjera y, además, no hablaba bien alemán, el inglés fue siempre el idioma universal, por eso no me atreví a aventarme al ruedo *auf Deutsch*.

En mi trabajo, también comencé a hacer amigos. Varios eran mis propios colegas, con quienes salí muchas veces de fiesta. Con todos ellos también hablaba solo en inglés. Otro grupo, quizá el más importante para mí, fue el de amigos latinos: una pareja de argentinos, Los Ches, colombianos, mexicanos y mi buena amiga uruguaya, La Majito. Con ellos, tanto Feli como yo desarrollamos una amistad muy linda, en particular con los Ches porque ellos son una pareja y, actualmente, tienen un hijito casi de la edad del nuestro, compartimos con ellos intereses, ideologías políticas y hasta gustos similares por el cine.

Después de terminar el doctorado en Alemania y seguir con el posdoctorado en Austria, mi arribo inicial fue con unos tíos de Feli que viven en Viena. Me quedé dos semanas en su casa en lo que encontraba mi propio lugar. Llegué a Viena sin Feli porque a él le faltaba un año para terminar la subespecialidad en Terapia Intensiva.

Ese primer año que estuve en Austria y Feli en Alemania, me conseguí una habitación en un apartamento compartido. Eso es muy común en estos países: en alemán se llaman *Wohngemeinschaft* o WG, que significa 'piso compartido'. El dueño del apartamento en que me quedé ese año es Jakob Kovacic, quien para mi sorpresa se convirtió en mi mejor amigo y luego hasta fue novio de mi hermana. Jakob es un pianista apasionado de música clásica y tocaba solo para él. En casa teníamos tres pianos y un estudio donde a diario practicaba al menos dos horas. Hasta hace poco decidió salir del clóset musical y mostrarle al público vienés el pianista que estaba escondido en la ciudad.

Él también toca la batería en una variedad de bandas, desde pop hasta *jazz*, *reggae*, *rock*, etc., así que su repertorio de amigos es enorme y la mayoría es del estilo que me gusta: bohemio. Todo ese primer año me llevó a casi todos sus conciertos y también salimos muchísimas veces a bares de la ciudad a tomar cerveza y a platicar o festejar hasta la madrugada. Él me presentó a muchísimos amigos suyos, todos de la escena artística y musical de Viena. Fue muy interesante estar en fiestas con vieneses famosos. Aunque no hice las decenas de amigos como en Alemania, Jakob reemplazó a todos. A Feli también le cayó muy bien Jakob desde la primera vez que me vino a visitar desde Hamburgo y ahora también son excelentes amigos.

Estando en Austria, mi alemán mejoró porque hice un mayor esfuerzo y porque se me quitó el miedo, tal vez debido a que estaba en un ambiente nuevo y quería aprovecharlo.

Hasta ahora me he sentido muy bien en los dos países en que he estado: me he adaptado y se han adaptado a mí; me parece que el éxito de las sociedades multiculturales está en la capacidad de coadaptación. En dos meses nos volveremos a mudar, esta vez a Suecia. Ya veremos qué tan ciertos son mis razonamientos sobre las sociedades.

Susana Ramírez Romero
(Barcelona)

Llegamos a Barcelona un noviembre especialmente frío: los edificios sobrios tenían como fondo un cielo gris y dentro de sus hermosas puertas de madera estaban sus habitantes amables, pero herméticos. Ahí empecé a sentir la soledad. En uno de esos edificios estaba nuestro departamento que, afortunadamente, tenía ventanas grandes y era amplio, aunque sin muebles parecía aún más grande y también más frío. Las diferencias entre México y Cataluña se hacían notar: no compartíamos la misma lengua ni los mismos enchufes ni el mismo voltaje, por lo que no pude llevar conmigo ni DVD, licuadora, aspiradora, plancha de ropa, secadora para el cabello. Fue empezar desde cero. Tuvimos que comprar todo de nuevo, o al menos lo básico, empezando por las camas, siguiendo por la lavadora, utensilios de cocina; la sala y el comedor. Para nuestra sorpresa, la sala tardó en llegar más de un mes, pues aquí llevan otro ritmo. Aquí no les corre prisa y da la impresión de que la atención al cliente no es lo suyo.

Cuando salíamos al parque no durábamos ni diez minutos. Mi hijo mayor se quejaba del frío y no se adaptaba a jugar con guantes, así que aprovechábamos el salón sin muebles de la casa y el piso de madera jugando todo el día. A veces era una pista de carreras para coches; otras, era un gimnasio. A veces una sala de arte y dibujo; otras, una pista de baile o de obstáculos y, por supuesto, la zona de gateo del pequeño Sebastián, que ya tenía ocho meses.

Intentaba aprovechar el tiempo y estimularlos lo máximo posible de acuerdo con su edad, pero obvio que poco a poco me fue abrazando, cual tentáculos de molusco, la monotonía de los pañales. Fuera de estas actividades no tenía nada más que hacer, a nadie más con quién hablar. Sin darme cuenta, me estaba deprimiendo y no era para menos. Me faltaba el estímulo intelectual al que estaba acostumbrada: estudiar la especialidad y la maestría al mismo tiempo, ayudar con los exámenes y las tesis de los residentes. Me faltaba la competitividad que se vive en el Distrito Federal, presente en el día a día. Me faltaba el contacto social con los pacientes y con mis colegas. Disfrutaba la maternidad, pero me hacía falta mi vida profesional: ejercer mi pasión, la medicina.

En ese entonces, la homologación de mi título aún estaba en proceso y por las noches me asaltaban las dudas. ¿Qué iba a hacer si no me revalidaban el título? ¿Podría dedicarme a otra cosa? Me angustiaba por el futuro. La lejanía de la familia y el paisaje invernal dibujaban una realidad muy distinta a la que me había imaginado.

En ese entonces yo no era usuaria de redes sociales ni pertenecía a grupos como «Mamás Doctoras» o «Comadritas», que te hacen sentir cercana a personas parecidas a ti. Definitivamente en su momento me habrían ayudado sustancialmente.

«¡Qué irónica es la vida! —pensé—. ¡Y qué complejo es el ser humano!». Ahora que finalmente estamos juntos los cuatro como familia, cumpliendo un sueño, me siento triste y anhedónica. Nuestro proceso de adaptación apenas comenzaba, solo que, por la ilusión de emprender una aventura, muchas veces no se repara en esta fase que, según las circunstancias, puede ser un poco dura.

Consciente de lo absurdo de la situación, pues de alguna manera lo tenía todo y, aun así, me sentía triste, entendí que el estado de ánimo no siempre depende de la voluntad; que por muy ilógico que parezca, incluso sin causas suficientemente importantes, se puede estar triste. Comprendí a las personas que cursan con depresión. Este desbalance hormonal no siempre se puede controlar con voluntad y racionalidad. Aprendí a no juzgar, ya que estar deprimido no siempre es una elección.

Me cuestioné: «¿Qué puedo hacer para subirme el ánimo? ¿Qué hago para aumentar mis endorfinas?», sabiendo que de momento no podía trabajar ni gastar en cursos. Lo primero que se me vino a la mente fue hacer ejercicio. Siempre me ha gustado correr y tenía un parque detrás de casa, así que, a pesar del frío, empecé a salir dos veces por semana. Una de las razones por las que me gusta correr es por esa sensación de libertad que te da. En este caso, literalmente mientras corría, por un momento era libre de la casa y de los niños. Además, disfrutaba porque cuando el viento golpea tus mejillas y revolotea tu pelo te hace sentir viva. También me apunté a unas clases de cocina. ¿Cómo estaría de desesperada? Pues odio cocinar. Pero era el único curso gratuito.

Llegó diciembre y con él la Navidad. Nos agarró con comedor, al menos tendríamos dónde cenar. Con tanto gasto generado por el cambio de residencia, rehusé comprar árbol de Navidad, era un egreso innecesario. Además, teníamos nuestro pino en México, que no fue prioridad en este viaje, pero seguro que lo podríamos traer en la próxima visita. No íbamos a gastar nuestros ahorros en pesos convertidos a euros por un pino escuálido y, encima de todo, caro. Optamos por un nacimiento de figuras de cartón de unos treinta centímetros de alto hechas por mí e iluminadas por mi hijo mayor de dos años. Esa fue toda nuestra decoración, muy *ad hoc*, con lo austero de las calles y escaparates de Barcelona y con mi estado de ánimo.

Por si no fuera suficiente, cabe mencionar que aquí no festejan Nochebuena, solo Navidad, con una comida el día 25 de diciembre. Extrañé mi país con Las Posadas, las piñatas, los brindis, la fiesta del 24 y el recalentado del 25 con toda la familia mexicana, que incluye a todos los tíos, primos, sobrinos, abuelos y colados. Ese año me resigné, pero decidí que nunca más volveríamos a pasar una Navidad lejos de la familia.

Definitivamente, nuestra adaptación no se dio en los primeros meses ni en el primer año; todas las experiencias suman. Culturalmente encontraba pocas coincidencias con la sociedad catalana. El clima me parecía demasiado frío y los días muy cortos. Profesionalmente ni siquiera había tenido oportunidad de asomarme al mundo de la medicina. Sin embargo, aquí estábamos, aguantando estoicos el clima y la soledad con la esperanza de que el proceso de adaptación sería pasajero y que, a la larga, habría valido la pena nuestra decisión de cambiar de rumbos.

Luana Sandoval Castillo
(Barcelona, Dinamarca)

Para poder describir mi proceso en esta tierra, me fue necesario buscar definiciones. Y, definitivamente, me adapté: la resignación nunca ha sido una de mis virtudes y, desafortunadamente, no considero que pudiera hacer nada que no fuese ser médico. Mi galán danés suele decir que se casó con la única mexicana que no sabe cocinar y entonces él ha tenido que «resignarse» y aprender a hacer una riquísima comida mexicana, mole incluido.

Eso sí, no ha sido ni remotamente la adaptación más fácil de mi vida y eso que ya había hecho una primera adaptación a Barcelona, su catalán, sus catalanes, su comida y sus costumbres.

Metimos en veinte metros cúbicos toda una vida de recuerdos y despedidas de esos amigos que escogimos como nuestra nueva familia.

Adaptarme a Dinamarca implicó desarrollar la suspicacia a la cacería de entrar en largas listas de espera para encontrar «casas abiertas»; tener un mapa con los barrios previamente seleccionados; el cálculo específico del recorrido en bicicleta y muchas horas de Google Translate.

Tomó entre tres y cuatro meses para, por fin, poder disfrutar del «Manhattan de Copenhague», que en mi cabeza definitivamente era más colorido, pero, llegando en esos meses de invierno que casi duran dos estaciones seguidas, era poco valorable y gris.

Además, poco ayudaba llevar una carga de unos ocho kilos encima por mis siete meses de embarazo y no poder ni cerrarme las botas de nieve. Era complicado eso de tener que llevar demasiadas capas, cual cebolla, para envolverte al salir de un sitio y desenvolverte al entrar a otro. Los daneses tienen una frase para eso, dicen que no existe el mal clima, sino la ropa inadecuada. Mi teoría es que eso ya te hace entrar en calor, para después mantenerlo con un poquito de Gløgg, que es una especie de vino caliente que venden en la calle en esos días grises y ayuda rápidamente a ver una cálida y acogedora época invernal o a lo que los daneses llaman *hyggeligt*.

Pero eso fue el inicio de mi proceso de adaptación. Después de superar el miedo al salir a la calle y enfrentarme a un idioma desconocido, tomé al toro por los cuernos y empecé a hacer mis «pininos» en el danés, pero de nuevo terror: cuando la gente escuchaba mi «grandioso» danés, me contestaba una frase de pocas palabras que ya no entendía y me refugiaba en mi idioma de seguridad, el inglés, que nunca fue uno de mis fuertes, pero en ese entonces significaba supervivencia.

Otro beneficio que el sistema danés nos brinda a nosotros, los «nuevos daneses», es la educación gratuita del idioma durante tres años, así que retomé los cursos que ya había iniciado en mi primer contacto con Dinamarca en mi rotación externa, entrando al nivel cuatro de cinco.

Evidentemente, estaba lejos de tener ese nivel en la práctica y era imposible que mi querido galán danés me hablara en su idioma porque cada vez que «se me *lenguaba* la *traba*» o arrugaba la cara con signos de interrogación en la frente, de inmediato me cambiaba al español, del que, cabe mencionar, tiene un nivel casi perfecto y al estilo mexicano y yo, obviamente, me sentía frustrada.

La segunda parte del invierno había pasado instalados en nuestro pedacito de isla con vistas al canal: Dinamarca tiene unas cuatrocientas siete islas, de las cuales setenta y nueve son habitables.

Nos enfrentamos a un embarazo prolongado, que tuvieron que inducir después de treinta y una horas de trabajo de parto que terminó en cesárea de emergencia por bradicardia fetal y distocia materno-fetal. Luego de seis segundos de sufrimiento fetal, contados en voz alta, ya teníamos en brazos a nuestro pequeño trocito de vida, que valió todas y cada una de esas decisiones que nos trajeron aquí, a nuestra nueva casa.

Entre cambio de pañales, llanto y amamantada, pasó uno de los ocho meses que en total llevó el trámite de homologación de mi título de especialista en Dinamarca. Con esa autorización ya podía aplicar a una plaza para estudiar danés médico. Casi al mismo tiempo y después de cinco años de iniciado el proceso, me otorgaron la nacionalidad española, así que podía gozar del lujo de ser miembro de la comunidad europea y agilizar la homologación: poco a poco mi adaptación era más llevadera.

Me aproveché de los días de luz que duran casi veinte horas para tomar clases con un profesor privado que venía a casa, para de nuevo, en la primera parte del invierno, empezar con el *lægedansk*, 'danés médico' que, además de la ayuda de mi galán y, de nuevo, de Google Translate, me dio las bases necesarias para cambiar mi CV y hacer una carta de motivaciones para aplicar a solicitudes de trabajo.

El lugar que más me interesaba era ese donde hice mi rotación externa dos años antes en el Hospital Bispebjerg, así que apliqué y me aceptaron como *timeløn*, 'trabajo por horas'. Trabajaba siete horas a la semana y el resto estudiaba danés, además de ser *nybagte mor*, o sea, 'mamá recién horneada'.

Dinamarca tiene condiciones de lujo para la paternidad, ofreciendo en el sistema público la baja maternal a dos meses previos de la tentativa llegada del bebé. A partir de ahí, se otorga un año para compartir entre los padres. En algunos casos, el año entero lo toma la madre. En otros, es mitad y mitad; y en otros es el padre. Muchas familias deciden en función de la proporción del pago completo y se dividen el tiempo de forma que uno u otro tome mayor o menor tiempo.

Pasado ese periodo, se mantiene la oferta, pero solo del 80% del salario, es pagado por el *Kommune*, el 'municipio'.

En mi caso, no contaba con esa posibilidad de lujo porque mi baja maternal venía de España. Así que con mi niña de seis meses trabajaba unas horas en Dinamarca y otras horas en España. Entre vuelos, biberones, sacaleches y posguardias, pasaron nueve meses para recibir una oferta de trabajo que no podía rechazar. Un trabajo en Copenhague al que podía llegar en bicicleta de 08:00 a 15:00, con cinco guardias al mes, todas ellas realizadas desde casa y con la obligación de tener libre el día siguiente, además de una semana libre al mes después de una guardia de viernes a domingo y, lo mejor de todo, me pagaban lo doble que en mi último trabajo en Barcelona. ¡No podía ser más feliz!

Mi danés mejoró notablemente y seis meses después, la oferta se convirtió en trabajo de 08:00 a 15:00 sin guardias y con el doble de sueldo. Puedo recoger a mi hija en bicicleta y disfrutar de las tardes en familia. Mi felicidad es desbordante, con la única finalidad de repartirla entre todos aquellos que la acepten mientras se adaptan.

Sandra López-León (Israel, Holanda, España y Nueva York, Estados Unidos)

Mucha gente me ha preguntado cuál de los cincos países en los que he vivido es mejor. Les puedo decir que no hay un lugar peor o mejor: todos los lugares tienen sus cosas positivas y negativas. Lo que uno debe hacer es enfocarse en las cosas positivas. Además, en determinado momento un país puede ser perfecto para las prioridades de uno, pero las necesidades y prioridades en la vida van cambiando.

Al principio, mi prioridad era la aventura, por lo que me fui a Israel; luego era el amor y mi educación, por lo que me fui a Holanda; después lo más importante eran la familia y las raíces, por lo que me fui a España. Cuando mis hijos empezaron a crecer, su educación y tener un buen trabajo para darle buenas oportunidades se convirtió en lo esencial y, entonces, nos mudamos a Estados Unidos.

De una manera u otra, puedo decir que me adapté a todos los lugares en que he vivido. Creo que para poder adaptarse a un país uno tiene que ser flexible, tolerante, paciente y estar abierto al cambio. Si uno no tiene estas cualidades, las va aprendiendo a las buenas o a las malas. También uno tiene que aprender a respetar todo tipo de costumbres, maneras de pensar y de ser. La regla de oro es que uno mismo es el que se tiene que adaptar. No podemos esperar a que otros se adapten a nosotros.

Es muy fácil dejar un país cuando te vas a seguir tus estudios. Pero cuando ya tienes una vida con raíces, no es sencillo. Son muchas pérdidas. Uno deja amigos, familiares, lugares y hasta una parte de sí mismo. Hay muchísimo movimiento interno y externo al mismo tiempo. Uno está despidiéndose y saludando, tirando cosas y comprando. En pocas palabras, muriendo y renaciendo. Es muy difícil estar extremadamente triste y feliz al mismo tiempo. Tristeza por lo que uno deja; felicidad e ilusión por lo que viene.

Son varias etapas por las que uno pasa. Siempre hay un proceso de duelo que, como en toda pérdida, pasa por sus diferentes etapas: negación, enojo, regateo, depresión, hasta llegar a la aceptación. Estas etapas no van en orden, se pueden repetir y pueden durar muy poco o mucho tiempo.

Es difícil estar en medio de un torbellino emocional y tener que tomar decisiones muy importantes como comprar o alquilar casa, abrir cuenta de banco, lidiar con visas y permisos de trabajo, etc., una lista interminable. Además, uno tiene que cerrar todo lo que tiene en el país que deja —cuentas, darse de baja, vender, etc.—. Uno de los mejores consejos que he recibido es tomar un día a la vez.

Una vez que uno se sube al avión, empieza a volar y aterriza en una gran aventura. Hay mucho por conocer: cientos de personas nuevas, tiendas nuevas, restaurantes nuevos, tradiciones nuevas, comida nueva, playas, museos, parques, cosas turísticas, festivales, rituales, lugares históricos, etc. Además, todo lo cotidiano es nuevo: tu casa, tu cama, tu ciudad, tu coche, tu oficina, la historia, las noticias, el Gobierno, el clima, la comida, las tiendas, las marcas, los horarios de comida, horarios de dormir, horarios en los que están abiertas las tiendas, las costumbres, la manera de pensar de las personas, la manera de conducir el coche, la manera de comunicarse de las personas, las reglas, las fiestas. Digamos «todo». Uno no puede dar por hecho nada. Me acuerdo de que, a la semana de haber llegado a Estados Unidos, un compañero de trabajo me preguntó:

—¿Qué hay de nuevo?

Y yo le contesté:

—¡Todo!

Él se rio y me dijo:

—¡Claro, se me olvidó que tú eras nueva!

En medio de tanta cosa nueva, uno tiene que atender cosas vitales, prácticas y burocráticas en muy pocos días. Decisiones que uno normalmente tardaría años en hacer, las haces en una semana como, por ejemplo, escoger el colegio y la casa donde vivir. Así que sirve mucho saber de antemano qué es lo que uno quiere exactamente. Es bueno enfocarse, acabar todos los papeleos lo más pronto posible y tratar de poner todas las cosas prácticas en orden. Esto hace que la adaptación sea más fácil. Al principio, lo más difícil es la burocracia. En todos los países existe, pero es diferente en cada lugar. Una de las cosas más prácticas que yo he aprendido es que «a la burocracia solo se la vence con burocracia». Para poder entender esta frase, uno tiene que entender qué es la burocracia: aprender a jugar ajedrez y ser sumamente creativo y flexible.

El primer año es todo muy especial. Cada mes, temporada, estación, trae cosas nuevas, desde fruta de la temporada —en México siempre hay frutas de todo tipo, pero no es el caso en otros países—, tradiciones, platillos especiales, fiestas y actividades. En cada país estas épocas son únicas. Por ejemplo, antes de Navidad, en diciembre en México existen Las Posadas, pero en Holanda todos se enfocan en Sinterklaas; en Cataluña existe el Cagatio y en Estados Unidos aparece el Elf on the Shelf. A estas alturas en mi casa tenemos una mezcla de tradiciones y costumbres muy especiales y celebramos y comemos de todo. Hablando de comida, les puedo decir que en mi casa en diciembre comemos, entre otros miles de cosas, letras de chocolate, *pepernoten*, *latkes*, *suvganinot*, turrón, *candy canes*, *eggnog*, ponche, tamales, rompope y roscón. Uno ya no es ni de aquí ni de allá, se vuelve ciudadano del mundo. Lo importante es llevarse lo mejor de cada lugar y de cada persona que conocemos dentro de cada uno de nosotros.

Después de que pasa el primer año, se cierra un ciclo y todo se empieza a repetir. Es cuando todo se va volviendo familiar. El año de vacaciones se termina y es en el segundo año cuando uno empieza a extrañar más. Me acuerdo de que traía las maletas llenas de comida. Pero poco a poco uno aprende a cocinar todo lo que a uno le gusta, a encontrar restaurantes buenos que hacen comida de los otros países, aprende a sustituir ingredientes y encuentra tiendas en los lugares más remotos o en Internet, donde venden de todo y más. Además, encuentra diferentes grupos adonde uno siente que pertenece. No es como hasta el tercer año que uno empieza a tener raíces en el país nuevo. Por fin encuentra al mejor doctor, pediatra, dentista, cortador de pelo en el mundo, y ya no extraña a los que tenía antes en otro país. Les recomiendo que, si no les gusta su doctor, lo cambien inmediatamente, aunque se tengan que cambiar diez veces. Finalmente, encontrarán lo que buscan.

En el quinto año es cuando se empiezan a consolidar las verdaderas amistades y uno ya siente que está adaptado. Cuando voltea, ya ha estado viviendo años en el país nuevo, habla el idioma, tiene un trabajo, casa propia, coche con carné para conducir —no es tan fácil, en algunos países es más difícil estudiar para el carné de conducir que para el examen final de Anatomía—. Nunca he vivido más de siete años en un nuevo país, así que hasta ahí les puedo contar.

Patricia Bautista Rivera
(Kentucky, Estados Unidos)

Las tres alternativas aplican a mi experiencia de vida en los Estados Unidos de América (EUA): me adapté. Los dichos y/o refranes de México están fundamentados en sabiduría popular y son fuente de buenos consejos. Aunque a veces nos parezcan absurdos o sin utilidad, en mi caso acude a mi mente la voz de mi mamá, que constantemente repite: «Al pueblo que fueres, haz lo que vieres». Y sí, sin lugar a duda, para vivir en armonía cuando uno llega a otro lugar, el mejor plan que se puede seguir es adaptarse y aceptar que estamos lejos de casa: por lo menos, lejos de la casa materna.

Me acoplé. Acoplarse es el paso que sigue a adaptarse o quizá es un paso paralelo a la adaptación. Ambos implican la integración de mi persona a este país. Con la firme convicción de que solo a través de aprender y dominar el idioma inglés lo lograría, me dediqué a aprenderlo.

También me resigné. ¿Para qué estar continuamente frustrada y de malhumor? Es mejor ir en favor de la corriente. Cuando uno va en contra de ella, el reto que hay que enfrentar es mucho mayor; esto muchas veces no conduce a nada y lo que es peor, puede costarnos hasta la estabilidad y la paz de nuestras familias.

¡Qué difícil se hace el arribo a un lugar en el que no tienes gente conocida! Donde, además, las costumbres son diferentes a las tuyas y, si el idioma no es el mismo, se agrava aún más el asunto. Esta fue precisamente la situación en la que me encontré al llegar por primera vez a Kentucky (KY). A pesar de ser profesionista, con una especialidad y parte de una subespecialidad, mi dominio del inglés era mínimo. No tuve la oportunidad de aprenderlo durante la infancia. Durante la residencia, me inscribí en una academia de idiomas. A pesar de los esfuerzos, la inversión económica y la persistencia, aprender un idioma es muy difícil en la edad adulta.

Cuando mi esposo y yo llegamos a KY, todavía era invierno. Se sentían bajas temperaturas. No estábamos preparados para enfrentar el frío. Sin embargo, desde nuestro arribo a esta ciudad hemos sido muy afortunados: hemos conocido gente buena, siempre dispuesta a ayudar. A nuestra llegada, la coordinadora del programa de trasplante de médula ósea del centro de cáncer del hospital universitario nos esperaba en el aeropuerto y, desde el mismo momento en que nos vio, se convirtió en nuestro ángel guardián. Nos ayudó en la búsqueda de departamento y muebles, a abrir una cuenta de banco y a orientarnos en la ciudad.

Desde los primeros días de nuestro arribo, me empeñé en no quedarme sola en el departamento, así que junto con mi esposo aprendí a usar el sistema de autobuses de la ciudad y me iba con él al centro de la ciudad. Su jefe encontró una rotación para mí en un servicio de pediatría de atención para poblaciones en situación de desventaja.

Dado que estaba estudiando Alergia Pediátrica en México, mi interés principal era obtener una rotación con alergólogos, la cual afortunadamente conseguí. Al inicio solo era observadora, pero, conforme pasó el tiempo, se me autorizó entrevistar y explorar pacientes para después presentarlos a su médico tratante para decidir el manejo.

La primera consulta o entrevista que hice fue a un paciente de origen chino, quien también tenía problemas con el inglés. Fue una entrevista difícil, pero que recuerdo con cariño: el paciente cooperó mucho, pues entendió y sabía qué tan difícil es la comunicación en un idioma diferente al tuyo. Y así pasaron los meses.

El haber tenido la oportunidad de observar e interactuar con médicos de forma regular me permitió adquirir mayor conocimiento en medicina, en especial sobre padecimientos alérgicos. También me permitió poner en uso los conocimientos adquiridos durante la Escuela de Medicina y el entrenamiento en Pediatría y Alergia. El estar ocupada de forma constante como observadora también favoreció que aprendiera el idioma poco a poco: un reto constante sin ser abrumador. Recuerdo que algunas veces, sobre todo al poco tiempo de haber llegado, era verdaderamente complejo comunicarme con habitantes de esta ciudad. En mis interacciones con ellos, los observaba, ponía especial atención a las expresiones de su cara y, de acuerdo con lo observado, respondía «sí» o «no» a sus preguntas o comentarios, sin la mayoría de las veces tener la menor idea sobre el contenido de tales interacciones. Una vez mi esposo observaba y, cuando se dio cuenta, intervino y me dijo: «¿Estás segura de tu respuesta? Porque te preguntaron esto». No sé cuántas veces habré contestado de forma incorrecta y yo ni siquiera me daba cuenta.

Paulina Cruz
(Misuri, Estados Unidos)

Mi primer año en Estados Unidos fue muy difícil. Viví en Minesota, rentaba un estudio en una casa acondicionada a ser *multi-family*. Era a unas cuatro cuadras de la Clínica Mayo, donde estaba haciendo una pasantía en investigación. Había vendido mi carro y con eso pagué la renta los primeros seis meses. Mis papás me mandaban un poco menos de cuatrocientos dólares al mes. Era muy poco, pero lo hacían con esfuerzo. Sin embargo, significaba no tener auto, televisión ni Internet en casa. Rochester (Minesota) tiene un sistema de transporte público muy pequeño. Los autobuses paran a las seis de la tarde y no hay autobús en domingo. Hay muy pocas rutas, lo que significa que muchas veces hay que pasear por toda la ciudad para llegar a tu destino. Daniel y yo habíamos seguido en contacto y él estaba empezando su residencia en Medicina Interna en Chicago.

Chicago está a seis horas en auto desde Rochester y, como dije, yo no tenía uno. La Clínica Mayo tenía en esa época planes de seguro médico supereconómicos para sus empleados. También daban pases de autobús gratis y descuentos en renta de auto. Todos los días había alguna conferencia al mediodía en donde incluían *lunch*, así que aprovechaba para comer *lunch* ahí y ahorraba. También tenían un *credit union*, lo que me permitió tener mi primera tarjeta de crédito en Estados Unidos. Con esta tarjeta y el descuento para rentar auto, pude rentar uno casi una vez al mes para ir a visitar a Daniel. Él había venido al inicio para ayudarme con el traslado y a comprar muebles en Ikea. Años más tarde, el que nos ayudó con la mudanza dijo que mis muebles eran «de principiante». Me ayudó a armar mi sofá cama y una mesa con sillas. No tenía más. Pasaba la tarde en la biblioteca, ya que ahí tenían Internet y recuerdo que veía *Gossip Girl*, *Anatomía de Grey* y *Mujeres desesperadas*. Los primeros dos meses estudié intensivamente para el Step 2 CK. Recuerdo que no había autobús que te llevara al *testing center*, así que caminé por treinta minutos para llegar a mi examen. Menos mal que era en verano, puesto que aún no existía Uber y un taxi era exorbitante para mí.

Entré a la maestría de Investigación Clínica y gané una de las becas de CONACYT. Esto me permitió vivir un poco más holgada. Sin embargo, la mayor parte era para pagar la renta, ya que el dinero de la venta de mi auto se había terminado. También pasé con muy buena nota el Step 2 CK y tenía listas mis cartas de recomendación. Me animé a aplicar a la residencia, que era mi objetivo inicial. Quería Medicina Interna y es una de las especialidades con un gran número de programas y donde más graduados de escuelas internacionales hacen *match*. Por otro lado, extrañaba mucho a mi familia, mi casa, mis amigos y a

Daniel, con quien había compartido toda la travesía de querer entrar a una especialidad y habíamos vivido todo el estrés de prepararnos para los exámenes, tomarlos y luego esperar semanas para saber la nota.

Gracias a que tenía la beca de CONACYT y la tarjeta de crédito del Credit Union, pude pagar la aplicación y viajar a las entrevistas. En una de mis visitas a Chicago, fuimos con el primo de Daniel a una parrillada. Ahí estaba el *associate program director* de uno de los hospitales al que había aplicado en Chicago. Pude platicar con él y mandarle mi CV, que revisó y, posteriormente, me llamó para decirme que estaba impresionado, que realmente quería que aceptara un puesto en su programa. Fueron sentimientos encontrados: estaba feliz de ya no tener el estrés y el futuro incierto, además de que podría empezar a vivir con Daniel. Por el otro lado, sentía que me había esforzado por años para llegar a ese momento y que estaba renunciando a la posibilidad de ir a un programa prestigioso como los de mis libros de texto.

Y, por último, tendría que renunciar a la beca del CONACYT y a la maestría. Sentía que decepcionaría a mi mentor, que me había dado la oportunidad de trabajar con él.

Finalmente, decidí que me resignaría a dejar mi plan original y me acoplé y acepté el puesto en el programa de Chicago. Mi mentor se decepcionó un poco, pero al final me apoyó. Mi familia también me apoyó y, finalmente, Daniel y yo rentamos un departamento juntos en junio de 2010.

Angeles Estrada/ María de los Angeles González Soto (Oklahoma, Estados Unidos)

Debo decir que siento que por momentos he pasado por cada una de estas etapas. Lo primero, entre que me adapté y me resigné, sin lugar a duda ha sido el cambio de nombre. En México, desde que te enseñan a escribir tu nombre, insisten en que se uno debe fijarse muy bien en que esté bien escrito; que si acentos; que, si las mayúsculas porque son documentos oficiales y lo viví con la defunción de mi papá, quien en unos papeles estaba como J. y en otros el nombre completo, lo cual ocasionó que se abriera un juicio constando que era la misma persona para emitir el acta de defunción.

El nombre para mí también significa tu identidad: quién eres, de dónde vienes. Se me dijo que lo podía conservar tal cual o agregar el de mi esposo, pero las costumbres de aquí son muy diferentes y como para estar insistiendo a cada paso y con cada documento que me pusieran completito mi nombre, María de los Angeles González Soto, y aparte agregarle el Estrada, opté por el «a donde fueres, haz lo que vieres», quedando como Angeles Estrada.

En mi país, desde que era estudiante de la Preparatoria, he sido muy activa: había ocasiones en que salía a las 06:30 y llegaba a casa a las 22:00. Llegué a pensar que nunca iba a tener tiempo para mí, porque aun en la carrera de Medicina trabajaba y estudiaba. Ahora que he estado aquí en este país, llegó «la calma» porque ahora soy «ama de casa» y lo pongo entre comillas, pues, aunque ha sido una experiencia muy enriquecedora, como la rueda de la fortuna, momentos de mucho acelere y momentos de tanta tranquilidad, también me he venido a acoplar a esta situación.

Otra cosa es lo increíblemente temprano que oscurece en otoño-invierno y, aunado a esto, algo a lo que me está costando trabajo resignarme es que en promedio los establecimientos cierran alrededor de las cinco de la tarde. Nada que ver con caminar por las hermosas calles céntricas de mi ciudad de origen a las siete de la noche con gente caminando de un lado a otro, puestitos de comida, las ricas chascas, lo chicharrones de puerco con su salsita roja, una nieve que uno se para a comprar después de hacer los pendientes y te sientas en la plaza mientras los niños corretean a las palomas, dándoles de comer y de fondo escuchando las campanadas de la catedral.

Siento que todavía me falta terminar de acoplarme y, por lo tanto, no me he resignado. Imagino que cuando mi hija esté en la escuela será cuando más me toque adentrarme en las costumbres, pues pienso que al hacer ella más preguntas, en nuestra investigación por explicarle, mi familia y yo nos adentraremos más en esta cultura tan enriquecida por la suma de todos los inmigrantes que habitamos en este también hermoso país. Por supuesto, todo ello acompañado por nuestras tradicionales y muy coloridas costumbres mexicanas.

Mayra Falcón Pineda
(Wisconsin, Estados Unidos)

Cuando decidí mudarme, nunca imaginé que sería tan difícil. Por supuesto estaba enamorada: no podía ver las cosas si no con los ojos del amor. No pensaba ni me daba cuenta de lo que realmente se me venía encima. Sí, el comienzo de esta historia fue un cuento de hadas con la princesa que se reencuentra con su príncipe azul, pero no siempre hay un «y vivieron felices para siempre». Las brujas, los dragones y demás malos de las películas comenzaron a llegar después de mi llegada. Antes de mi mudanza para Madison (WI), nunca pensé en la moneda ni en lo que sería manejar con tan diferentes reglas. Nunca pensé lo que sería pasar de ser soltera, sin hijos, doctora, independiente, acostumbrada a su trabajo en hospital y consultorio, a, de un día a otro, ser casada, con dos hijos, metida sola en mi casa, sin saber cómo manejar en caminos tan confusos. Ni lo que era un dime, un *penny*, un *quarter*. Necesitaba ayuda de mi esposo para todo y, lo peor, no sabía el idioma.

No me tomó mucho tiempo empezar a salir a manejar. Con la ayuda de una buena amiga, me aventuré y salí. Así, poco a poco, fui conociendo más la ciudad y perdiéndole el miedo al volante. La moneda se volvió más familiar. Le empecé a agarrar el gusto a mi casa, la cocina y las labores de ama de casa, pero no al inglés. Aprendía a ser mamá y a compartir la atención de mi esposo con dos niños.

Mi idea de recién casados y miel sobre hojuelas no se cumplió. Fue un inicio distinto y hasta la fecha, aunque he tenido mucha suerte con los hijos postizos que me tocaron, aún no logro tener esa complicidad con mi esposo que sé que tiene con ellos. Aún no logro comprender ciertas cosas de la dinámica de una 'madrastra' o *stepmom*, como lo llaman aquí: eres mamá, pero a la vez no. Tienes responsabilidades y sacrificios, pero a veces las recompensas no siempre son tan buenas. Creo que mi camino de adaptación a la dinámica de una *stepfamily* aún está en proceso.

Tal vez jamás llegue a adaptarme al 100% a este país y, aunque sinceramente no me vería regresando a México, aún me cuesta mucho trabajo no pasar un domingo en casa con mi familia. Aún me cuesta mucho trabajo estar ausente en las comidas, los quince años, las misas, las bodas, las despedidas: todo lo que estando lejos te pierdes. Aún me cuesta trabajo entender y aceptar que mis hijos no crecerán con sus primos, que no tendrán las mismas tradiciones y cultura que yo, aunque todo el tiempo me empeño en enseñarles lo hermoso de mi país, de su gastronomía y de su riqueza. Dicen que desafortunadamente no se puede tener todo y hay que sacrificar unas cosas por otras.

Dicen que todo lo que vale la pena cuesta trabajo y a veces digo que esto debe valer muchísimo la pena porque ha sido, de verdad, todo un reto. Sé que la vida, Dios y el destino me pusieron en este lugar por una razón. Cada día descubro parte de esa razón, pero sé que hay algo más por venir y sé que la vida misma y Dios me seguirán recompensando por tantos y tantos sacrificios. Por lo pronto, continuaré con este camino de adaptación, pero no de resignación.

Hazel-Ela Jiménez
(Houston, Estados Unidos)

Con el paso de los días, iban transcurriendo cambios tales como vivir primero en casa de mis suegros por dos semanas. Aquí empezaba mi adaptación, después debía buscar la manera de encontrar mi propio espacio con mi esposo e hijas. No cabían la adaptación ni la resignación en ese momento porque sería haberme conformado y vivir medio feliz, medio contenta, y eso habría sido «medio vivir». Ya ahora en casa solos los cuatro fue donde empecé a acoplarme para respirar, ahora sí, armonía en nuestro día a día. Mi esposo seguía en un trabajo donde coincidía con la familia de su padrastro; mis hijas, en la misma escuela donde estaban las sobrinas y media hermana de mi esposo... Al inicio eso complicaba un poco nuestra adaptación porque era tolerar verlos, aunque ya no convivíamos con ellos. Fue con lo que más batallé para adaptarme a la vida americana.

Eso se convirtió en un distractor muy grande e importante para impedirme ver que la vida americana es distinta a la cultura y muchas costumbres de lo que era mi vida en México; obvio, ya lo sabía, pero vivirlo es otra cosa. Con la comida sufrí para encontrar los ingredientes para mis guisos. Ni siquiera tuve tiempo de pensar en el idioma: todo fue como en automático. Si no hubiera sido por estas dificultades con la familia de mi esposo, que no nos apoyó, yo creo que habría sido más fácil o tal vez no. Aun así, hoy puedo decir que me acoplé fácil a este país, a las tiendas. Ya sé dónde encontrar todo lo que necesito; cómo moverme, manejar, hacer mi vida como si nada, y todo lo he tomado como lecciones y aprendizajes que forman y retroalimentan mi carácter y personalidad. Aún no ejerzo, así que esa es otra parte de la adaptación que no sé si buscaré en un futuro, tal vez, tal vez no, pero por ahora estoy esperando mi residencia para poder pensar y decidir qué haré con mi vida profesional. En este momento, estoy disfrutando la vida de mamá y esposa al 100%. Todo son etapas. Creo que estoy en la etapa donde debo estar... y me encanta.

Leticia López Pedraza
(Dallas, Estados Unidos)

Ya ha pasado el tiempo y ahora, viendo hacia atrás, muy feliz recuerdo mis primeros años: se pasaron en un abrir y cerrar de ojos. No recuerdo haber tenido ninguna dificultad ni sentimientos de tristeza. Lo que siempre he añorado es no tener a mi familia cerca y a mis irreemplazables amistades.

Mi hija nació por parto y la recuperación fue rápida, aunque el cansancio llegó muy pronto. En varias ocasiones despertaba por las noches y su papá ya tenía a la bebé en sus brazos, dándole de comer porque mi sueño era tan profundo que no escuchaba a mi hija llorar. Llegué a sentir que era una mala madre. Después me convencí de que esa era una de las consecuencias de estar lejos de los míos. Así que a dejar las culpas atrás porque todas las decisiones fueron mías y a seguir adelante.

He comprobado que el cielo nos manda ángeles encarnados en gente maravillosa que nos ayuda a seguir nuestro camino. Dejar a mi hija bajo el cuidado de otros fue algo que me costó mucho trabajo. Pero, a Dios gracias, mi niña siempre ha estado en buenas manos, tanto con mi familia política como con amistades que han surgido a través de los años y que se han convertido en familia para mí. Para ser sinceros, esto me hace sentir muy afortunada. En estos tiempos no es fácil confiar en gente extraña, sobre todo cuando se está tan lejos. Hay que saber distinguir, apreciar y atesorar a estas personas tan valiosas. Saber que cuentas con una mano amiga es primordial. Por lo menos, te da tranquilidad ante cualquier imprevisto o emergencia.

De la familia uno nunca debe olvidarse; en la medida de lo que sea posible, hay que buscar la manera de que nuestros hijos conozcan a su familia de sangre y convivan con ellos. No sabemos lo que el destino nos tiene preparado. Mi tío, mi primo y su familia han sido clave para sobrellevar la vida lejos de mi tierra. Ellos han sido mi refugio en los tiempos difíciles.

El idioma es una herramienta muy importante para comunicarte; amplía el círculo de amistades y simplifica la vida cotidiana. Tener la disposición de aprender y de aceptar cuando se nos corrige es como una regla básica para seguir mejorando. Repetir una y otra vez en voz alta las palabras difíciles de pronunciar hasta que tu crítico te dé su aprobación. Hay que afinar el oído para entender a quienes hablan muy rápido y hacerlos sordos hacia quienes hacen burla de nuestra pronunciación. La pena se deja a un lado y, si se necesita, hay que buscar ayuda. Siendo bilingüe, la ayuda será recíproca porque no falta quien te busque a ti por el simple hecho de hablar los dos idiomas.

Yo no recuerdo esta etapa como algo difícil. Me ha tocado conocer gente que cuando llegan aquí se sienten como pez fuera del agua, casi al grado de llegar a la depresión y/o de regresar a su país de origen. Sinceramente, no sé cuál sea la clave para no sentirse tan ajeno en un lugar extraño porque eso a mí no me tocó vivirlo tan drásticamente. Yo siento que el idioma y la gente a mi alrededor estuvieron a mi favor durante esta etapa. Me queda claro que adaptarse es un proceso necesario para no hacernos la vida miserable. El tiempo pasa y de pronto te das cuenta de que ya eres parte de una sociedad en un país diferente al tuyo.

Margarita Lovera Maldonado
(Michigan, Estados Unidos)

Continuando con la historia de los Flores Lovera, mi respuesta más sencilla a esto sería: «Todas las opciones aplican, es decir, nos hemos adaptado, resignado y acoplado, pero sin conformarnos». Déjenme explicarles por qué esta aparentemente contradictoria y trivalente respuesta...

En el caso de nosotros, llegamos por primera vez a los EUA, a la frontera sur, específicamente en la zona conocida como Las Cruces-El Paso-Ciudad Juárez. Al llegar a esta zona, nos «adaptamos» a vivir su muy particular dinámica. En este tipo de regiones binacionales, si se entiende la estructura de ambos países, es posible vivir como un rey. Nosotros en particular nos adaptamos a vivir muy bien en el sentido de que es posible aprovechar lo mejor de ambos países:

> Nunca pierdes el contacto real con tus amigos y familia cercana, radicados en el lado mexicano al poder visitarlos prácticamente a diario. Es cuestión de tomar un vuelo, y los visitas cada mes en cualquier parte

de México que se encuentren con las promociones de Vivaerobus de cien dólares el vuelo redondo; gran variedad de buenas universidades y escuelas baratas o gratis en México; preescolar hasta *high school* gratis en EUA; la comida de México, vuelos baratos a cualquier parte de México saliendo desde Ciudad Juárez; vuelos económicos a cualquier parte del mundo saliendo de El Paso; servicios de salud de primer nivel muy baratos en Juárez y en Obamacare, en EUA; tasas de impuestos preferenciales para los mexicanos residentes en el extranjero; seguros de autos anuales regalados; recibir en tu casa de EUA correspondencia de Amazon o de cualquier vendedor y llevártelo a tu casa en México; servicios automotrices, dentales o hasta de tapicería a muy buen precio... Plomeros, carpinteros, albañiles, etc., que viven en México y van a EUA; buenas clases de música, natación, baile, panadería, medicina especializada, etc. En México, conciertos en ambos lados de la frontera; ayudante doméstica permanente que va y viene contigo, ya sea en tu casa de EUA o de México... Personas que te cuidan a los hijos al 100% por bajo costo. Puedes ejercer tu profesión —la que sea— en México sin ningún problema y continuar creciendo.

En conclusión, podríamos decir que nosotros nos adaptamos y nos metimos al tejido social de ambos países al 100%.

Ahora bien, cuando nos movimos a Michigan, el impacto fue realmente catastrófico al reconocer la verdadera realidad del norteamericano promedio. Léase todo lo opuesto a lo señalado en el párrafo anterior.

Pero bueno, ya estábamos aquí, así que no nos quedó otra opción más que estudiar el sistema y «resignarnos y acoplarnos». Ya habíamos derribado el puente y no había más que continuar hacia adelante. Dicho esto, aprendimos a lidiar con las citas médicas con plazo de tres o hasta seis meses, gastos de seguranza comparables con los gastos de cirugías cerebrales. Se acabó el servicio doméstico, debimos conformarnos con la escuela que nos tocó para los hijos. Se acabaron las visitas a amigos y familiares cercanos. De la comida o las *babysitter*, mejor no comento. Aseguranzas de autos ridículas, aprender a reparar todo y hacerle de todo: el plomero cuesta más que el neurocirujano en México.

Adicionalmente, tengo miedo de que un loco inicie un tiroteo, aquí todo el mundo tiene armas. Me da miedo cada vez que salgo al bosque de atrás de la casa y pienso que el vecino y sus amigos en cualquier momento van a iniciar una refriega. Sí, en México me «adapté» al miedo de poder ser un «daño colateral» de los narcos, pero aquí soy un «objetivo».

Es vergonzoso aceptar el hecho de que una médica formado en el extranjero —y no sé si algún otro profesionista— no es nadie profesionalmente hablando; es realmente vergonzoso ver que los médicos mexicanos no valen nada en este país y deben volver a estudiar y, en el mejor de los casos, terminan como médicos familiares —no tengo nada contra los médicos familiares, solo me refiero a las restricciones— y así puede continuar la lista.

Es importante que el lugar es bonito: hay árboles, carreteras seguras, etc. Sin embargo, no me resigno a aceptar la idea de dejar de ser médico y perder años de mi vida solo por un sistema que, en mi opinión, es inconsistente. ¿O es que acaso los pacientes son diferentes aquí que en México o en Egipto o Jordania? No, yo creo que no, así que no me conformo. Es por esto que me adapté, me resigné y me acoplé, pero no me conformaré: espero pronto saludarlas desde México.

Victoria Martínez
(Atlanta, Estados Unidos)

Por momentos pensé en resignarme, pero no es, será ni era mi idea en lo absoluto. Estoy en el proceso de adaptación, puesto que aún soy nueva en este país: llevo menos de dos años desde que decidí quedarme a residir en este hermoso país, puesto que he visto y escuchado tantas maravillas y la oportunidad de ejercer, lo que extraño y amo.

Ahora estoy enfocada y estudiando el idioma inglés. No saben qué alegría me da y cuánto disfruto mis clases, así como el seguir en este camino. Uno nunca termina de aprender, ya que nunca en mi mente pasó el tener que venirme a vivir a un país donde necesitara dominar y saber otro idioma que no fuera mi lengua materna.

Con el pasar de los días, he aprendido y conocido personas maravillosas que han despejado y abierto mi mente para seguir estudiando. Hay muchas opciones y todas ellas buenísimas. Recuerdo aquel día que enfermé como nunca. Fui a parar a una clínica hispana, donde encontré una chica linda que se puso a platicar muy amablemente conmigo y me dijo: «¡Vamos, anímate! Por aquí han pasado desde cirujanas hasta anestesiólogas de diversos países latinos y han aprendido mucho. Ahora vienen a visitarnos o incluso trabajan con nosotros, pero no como recepcionistas, sino como médicos».

El proceso de adaptación no ha sido fácil, ya que hoy en día aún existe mucha discriminación y, muchas de las veces, por parte de nuestros mismos compatriotas mexicanos. Te discriminan por tu color de piel: «¡¿Cómo es posible que es de México y sea blanquita?! ¡¿Cómo es posible que esté en EUA y no sepa hablar inglés?!». Y, como estas frases, podría enumerar infinidad de cosas. Hay días que digo: «¡Ya al carajo todo! Yo en mi país soy la más feliz, ahí todo es más sencillo y soy doctora, ¡ja, ja, ja, ja!». Y luego me digo: «¡Calma, Victoria, estás cayendo en la arrogancia y en el juego de los demás!». Y más aún recuerdo la violencia en México, con lo que reparo en que me aterra siquiera pensar en regresar.

La vida fuera de la que fue mi casa materna durante veintiocho años es difícil, compleja, con ratos de soledad, mas no imposible para realizar nuestros sueños y anhelos más hermosos y deseados. Tengo la dicha de contar con un hombre maravilloso, que una vez me falló, pero que ahora me apoya mucho y es mi soporte más fuerte junto con mi hijo.

No todo es difícil o malo por poner algún título. Yo disfruto uno de mis pasatiempos favoritos, que es cocinar. Al principio, decía: «Extraño mi comida. ¿Cómo voy a hacer para conseguir los ingredientes de la cocina mexicana que tanto amo y añoro?». Después de buscar, probar, escuchar recomendaciones y de ir de una tienda a otra, luego de meses, ya tengo mis supermercados favoritos, donde sé que encuentro todo y no les miento, pero nada se compara con el sabor de nuestro México. Al menos, ya me siento viva —por así decirlo—, más cuando una y otra amiga me marca para pedirme recetas. Me encanta poder ayudar.

Es así que aprendes a comer lo que hay y a amar lo que tienes, a cocinar con lo que tienes o encuentras a mano. Me encanta porque aquí en Atlanta hay muchas tiendas hispanas y muchos lugares donde te encuentras latinos y se emocionan: ves la sonrisa al atenderte. También encuentras personas de diversos países que se alegran al verte y hacen hasta lo imposible por hablarte en español. ¡Juro que los adoro!

¿Pero cómo le enseñas a tu estómago a acostumbrarse a la nueva comida? Pues poco a poco: unos días, enferma; otros, feliz y otros, engañándolo con que pronto irás de vacaciones a comer y probar una vez más la comida de mamá. ¡Ja, ja, ja, ja! Es mi parte favorita de mis días.

Otro proceso al que me está costando trabajo adaptarme es el sistema de salud de acá: es muy distinto al nuestro y al que ya estaba cómodamente acostumbrada porque, gracias a Dios, ya sabes: o tienes tus amigas enfermeras, o doctores. Ningún pediatra me parece adecuado o atinado para mi pequeño de dos años; batallaba un poco con las vacunas, puesto que es un niño nacido en México y es ahí cuando digo: «¡Ahí yo, en mi hermoso país, era ama y dueña de esto!».

¿Y cómo le haces para adaptarte al clima tan cambiante acá y con el cambio tan marcado en cada estación? Antes lloraba, ahora amo cada estación del año y, para ser sincera, más la primavera y el verano. Amo ver la primavera crecer y salir reluciente, aunque me enferme con todo el polen que se ve a lo lejos y a lo cerca encima de mis pestañas, ese calorcito muy parecido al de mi hermoso Acapulco. Es cuando veo los pajaritos cantar en el árbol frente a mi ventana, las flores y rosales hermosos. La maravillosa vegetación, que es lo que me tiene enamorada acá: los tlacuaches, ardillas y demás animalitos en mis jardineras. Simplemente me encanta el sacar mis vestidos, blusas y *shorts* en la primavera.

Estoy aprendiendo a amar cada época del año: el verano caluroso, la lluvia deliciosa y el vestir con botas de lluvia e impermeable —que de poco ayudan— a mi pequeño. Es simplemente la fiesta, ¡ja, ja! El ir al parque a los columpios; al río, manejando una hora para poder disfrutarlo. Me encanta conocer cascadas y montañas hermosas.

Otra estación del año que me pone melancólica y que me está costando trabajo amar es el otoño: el ver tornar el color verde de las hojas de los árboles a un color amarillo, rojo o café, y el verlas caer y cómo el tronco queda desnudo. Ya un poco más frío por días y otros, agradables, es entonces que saco mi ropa para el frío y mis botas. Fue aquí donde las usé por primera vez. Es cuando extraño mis huaraches acapulqueños.

El invierno me trae recuerdos bellos con mi chico, ya que nuestros primeros meses juntos nos tocó una pequeña nevada que no ocurría en años y justo la vivimos a pocos meses de habernos conocido. Así existe ropa muy rica y cálida, que con el pasar de los meses me está gustando. Donde vivo es el centro, así que la nieve no es muy común, solo ese frío terrible que cala los huesos, esa lluvia que congela los pies y los troncos de los árboles, pero es rico y existen muchas actividades durante esta época del año que me animan y me hacen amarla y desearla cada día más. Estoy aprendiendo muchísimo en cuanto a usos y costumbres tales como el Día de Acción de Gracias, su significado y el ver que este país tiene muchas tradiciones bonitas.

Estoy en un país donde debes trabajar duro, como en cualquier otro, pero la gran diferencia es que, obtienes muchos beneficios y puedes vivir cómodamente. Me encanta caminar en el parque tranquilamente. Percibo mi casa tan segura y cálida que me siento feliz y en un lugar seguro para criar y ver crecer a mi pequeño junto a mí.

Lily Monroy Tijerina
(Houston, Estados Unidos)

Llevo en total poco más de cuatro años viviendo en Houston y me he dado cuenta de que el único modo de conquistar un nuevo terreno es logrando adaptarse, acoplarse y también resignarse.

Lo más importante es acoplarse muy bien a tu pareja, pues será tu único cómplice viviendo la misma experiencia que tú. Por eso es indispensable reforzar el trabajo en equipo y el sistema de soporte. Además, las personas de cualquier otro país, incluyendo aquellos de habla hispana, son muy diferentes y tendrás que acoplarte a esa población.

Tienes que adaptar tu comportamiento, ajustar tu modo de desenvolverte en las nuevas andanzas y modificar actitudes según sea necesario. Las circunstancias no son las mismas, ni las costumbres o la gente son iguales, y mucho menos las experiencias que tendrás serán similares a las que ya viviste o a las que tu gente que se quedó en tu país está viviendo.

Todos los cambios que conllevaron mi inmigración a Estados Unidos sacudieron mucho mi vida y mi relación conmigo misma: cambio de ciudad, cambio de país, cambio de estado marital; dejar familia y amigos; iniciar vida laboral; iniciar proyección profesional; rentar y comprar muebles e inmuebles; deudas, embarazo, bebé; tratar de ser la mejor madre y esposa; la mejor hermana, hija, amiga, empleada, estudiante, aplicante, etc. Me exigí perfección en todos los aspectos de mi vida y esto fue un error.

Después me costó trabajo aceptar que no pertenezco a ningún lugar. Estando en Estados Unidos, me siento diferente a todos, pues no soy de aquí. Cuando voy de visita a Monterrey, me siento aún más diferente, desubicada y sin sentido de pertenecer ahí porque ya no vivo ahí; ya pienso, veo y espero las cosas de diferente manera. No soy de aquí ni soy de allá. Pero por fin acepté que si hay un grupo al que siento que pertenezco es aquel formado por personas como yo: mamás y doctoras viviendo lejos de nuestro México, enfrentándose a los retos profesionales y personales que solo nosotras entendemos.

Andrea Ponce de León Herrera
(San Francisco, Estados Unidos)

Según la Real Academia de la Lengua Española, «adaptarse» significa: 'Dicho de una persona: acomodarse, avenirse a diversas circunstancias, condiciones, etc. Dicho de un ser vivo: Acomodarse a las condiciones de su entorno'.

Se dice y se lee muy fácil. Sin embargo, es un proceso bastante complicado que, hasta que lo vives, no te das cuenta de todo lo que representa. Yo siempre me consideré una persona muy adaptable y, claro, lo consideraba una de mis cualidades, de las que estoy segura de que en algún momento presumí: «Yo soy muy adaptable, yo me adapto a todo». Lo decía con la vocecita chillona que me caracteriza. Realmente, lo decía con razón: en mis treinta y tantos años de vida, me había adaptado ya a diferentes ambientes y entornos. Había vivido en España y Francia, había sobrevivido a dos residencias —Pediatría y Oncología— y había hecho mis dos servicios sociales en pueblos en medio de las montañas y de la selva. ¿Qué tan difícil podía ser adaptarse a vivir en Estados Unidos y aparte como una mujer casada? Como diría mi mamá: «¿Quién no se adapta a lo bueno?».

¿A lo bueno? Lo bueno estaba realmente por venir. Cuando se llega a un país nuevo, llegas con las maletas llenas de ilusiones y de planes. Sin embargo, con la edad pienso que se pierde cierta capacidad de adaptación. Ya en otras ocasiones me había adaptado a otra cultura y otro idioma, pero no sé si en el pasado la juventud me ayudó a hacerlo de maravilla, ya que realmente no tengo ningún recuerdo amargo sobre esos periodos. En esta ocasión, cuando inmigré de forma definitiva a Estados Unidos, fueron demasiados cambios al mismo tiempo. Afortunadamente, el idioma nunca fue un problema para mí: desde que llegué, hablaba un muy buen nivel de inglés, el cual he ido perfeccionado con el tiempo sin necesidad de tomar ninguna clase. Tengo y seguiré teniendo mi acento, del cual me siento muy orgullosa y me esfuerzo por no perder. En ese aspecto, creo que no batallé. Sin embargo, adaptarse a otra cultura, a otra sociedad y a otro ritmo de vida, definitivamente, ha sido todo un reto.

Como en todo, los primeros meses fueron una luna de miel: estaba feliz. Después de estar acostumbrada a un ritmo altísimo de vida, trabajando más de la cuenta, realmente unos meses de no hacer nada me cayeron de maravilla. Estaba feliz con la nueva casa, con el matrimonio, la ciudad y todo lo que el área de la bahía de San Francisco tiene que ofrecer.

Como ya había comentado, mi plan inicialmente era presentar, y desde luego pasar, los USMLE, o sea, que después de unos merecidos meses de descanso, me puse manos a la obra. Pensaba que, con el nivel de conocimiento que tenía, después de haber estudiado por más de quince años, tendría una base muy sólida sobre la cual podría empezar a estudiar y prepararme para el USMLE. No tenía ni remota idea sobre a qué me enfrentaba. El nivel de complejidad que los *boards* evalúan es altísimo; el proceso no es para nada fácil. Creí tener un nivel de conocimiento bastante alto y competitivo en Medicina, me creía lo suficientemente capaz y motivada para prepararme a presentar el Step 1: *¡little did I know!* Compré un curso en línea, hice mi plan de estudios para ocho meses y así empecé: fue como zambullirse en el mar más frío del mundo. ¡Tenía frente a mí al que probablemente es el examen más difícil del mundo!

Carla Proskahuer Muñoz
(Michigan, Estados Unidos)

Y llegó el día. El 4 de agosto de 2016, con tres maletas grandes, tres pequeñas, dos gatos y una niña, emprendimos el tan esperado viaje. Llegamos y, después de dos semanas en que mi esposo estuvo con nosotras, llegó el momento de la verdad y el hecho de iniciar nuestra rutina como familia no fue cosa fácil.

Llegamos justo a mitad del verano, por lo que aún no había escuela. Cada día mi nena y yo pasábamos el tiempo haciendo manualidades, bailando, y nuestro mejor aliado fue inscribirnos al gimnasio, adonde íbamos a nadar y a jugar. Poco a poco acomodamos las pocas cosas que teníamos porque tardamos más de un mes en amueblar la casa. Esperábamos con ansias la hora de llegada de papá a la casa. Fue un inicio que, si bien nos separó de nuestro país y nuestra gente, nos ayudó a rehacer esos lazos que estaban casi rotos después de que durante el último año hubiéramos estado trabajando demasiado en México. Finalmente, nos dimos cuenta de que contábamos solamente con nosotros. Nosotros tres contra el mundo.

El hecho de estar nosotras dos solas todo el día fue lo más difícil. Recuerdo que odiaba, realmente odiaba, cuando mi esposo regresaba del trabajo y me decía: «Estuvo bien mi día. Comí con los mexas y nos reímos mucho y la pasamos super a gusto». Si al principio no estaba convencida de venir, esos comentarios me hacían dudar mucho más mi decisión, pero no podía darme por vencida. Sí, lloré en soledad y por las noches sobre todo. Durante el día tenía que mantenerme feliz y emocionada. No me permitía mostrarle a mi hija otra cara que no fuera de felicidad, aunque el momento crucial fue un día en que, mientras los tres comíamos en un restaurante, de momento mi nena empezó a llorar unas lágrimas incontrolables y, al preguntarle qué le pasaba, su respuesta nos quebró: «Extraño a todos. Yo no pedí venir acá. A mí no me preguntaron». Definitivamente, nos quebró. Hicimos esfuerzos sobrenaturales para que ella se sintiera bien, tratara de convivir con niños, pero era imposible: ir al parque le daba pánico. No se subía ni a un columpio si nosotros no estábamos a su lado. El idioma era su mayor barrera, pero, como por arte de magia, inició la escuela y tuvo un apoyo tremendo de todo el personal: el programa de ESL (English Second Language) fue una luz al final del túnel y ese túnel lo cruzó en un mes hablando y comunicándose.

Pero había más barreras por cruzar. Años atrás yo había tenido un accidente automovilístico, después del cual me volví muy miedosa para manejar y solo lo hacía cuando era extremadamente necesario. Prefería utilizar el transporte público, pero no contaba con que, en la ciudad adonde había llegado, simplemente no existía el transporte público, así que no hay manera de hacer las cosas si no tienes auto. Ese fue mi primer reto: manejar en un país donde, además, ¡no conocía las calles! Eso fue algo que me hizo desafiarme a mí misma. En poco tiempo logré superar mis miedos y manejar no solamente en otra ciudad, sino con condiciones climáticas extremas: ¡mi examen final fue manejar en la nieve!

Al tomar la decisión de venir, no estaba convencida. Amaba estar rodeada por amigos y familia, pero después empecé a conocer gente, a disfrutar enormemente de mi soledad, que descubrí que me gusta, me gusta demasiado estar conmigo, además de que absolutamente todos los prejuicios que me fui formando a través de los años de la gente de aquí y de su manera de ser fueron totalmente mentira. Es cierto que las costumbres son muy distintas, la gente es más fría en su trato. Acostumbrada a saludar de beso y abrazo, el hecho de saludar con un simple «hi» sí me costaba. Me hacían falta los apapachos del mexicano, pero esos apapachos no faltaron en casa y esos son los más importantes.

Finalmente, me adapté. Fuimos creando un círculo de amigos que se volvieron familia, nos deshicimos de aquellos estigmas donde lo *nice* era ir a la plaza, al antro y al café. Cambiamos esas costumbres por pasar una tarde en el parque, ir a caminar al bosque, ir al río a mojarse los pies, comer donas y jugo de manzana, pasar tiempo de calidad en familia y, finalmente, hacer realidad uno de nuestros mayores sueños: nuestra consolidación como familia, nuestro tesoro y nuestro mayor regalo de vida.

Alejandra Rodríguez Romero
(Arizona, Estados Unidos)

Para mí la adaptación a este nuevo país no fue tan difícil —al menos, así lo creo yo— respecto de otras personas con las que he intercambiado experiencias similares. La razón de esto es que, desde hace varias décadas, la mayoría de mi familia materna reside en Estados Unidos. Casi cada verano de nuestra infancia, mi hermana y yo visitamos a mi familia y las costumbres de la cultura americana no me parecían tan ajenas. Desde el punto de vista del lenguaje, tampoco fue tan complicado, pues gracias a mis padres siempre estuve en escuelas particulares con muy buen nivel académico de inglés.

Aun con estas «ventajas», el emigrar hacia otro país significa un reto importante en todos los aspectos de la vida: cosas tan pequeñas como el tener que poner gasolina en tu carro por ti mismo, ordenar comida por teléfono e interactuar con personas en actividades cotidianas pareciera ser una tarea difícil. Afortunadamente, Chris es una persona muy extrovertida y con mucha paciencia. Él me instruyó en estas pequeñas tareas hasta poder dominarlas por mí misma.

Primero, obtuve mi licencia de manejo y una tarjeta de débito para comenzar a generar mi historial crediticio en este país. Unos meses después, con la ayuda de mi esposo, compré mi primer carro, lo cual me permitió empezar una vida más normal o parecida a la que tenía en México.

Con el paso de unos meses, cuando la emoción de lo «nuevo y emocionante» se había convertido en una rutina, fue cuando sentí por primera vez el impacto emocional de mi decisión de emigrar a este país. Extrañaba mucho a mi familia y amigos, mis costumbres, mi país. Tratando de adaptarme lo mejor posible a este cambio, decidí enfocarme en mi meta, la cual en este momento era comenzar a estudiar para presentar los exámenes USMLE para poder revalidar mis estudios y aplicar para la residencia médica.

Posterior a informarme acerca de estos exámenes y conseguir los libros y el material adecuado, comencé lo que parecería una eternidad de estudio. Mis días completos estaban dedicados a leer y eso me llevó a experimentar un grado mayor de soledad y estrés. Decidí realizar un cambio y comenzar a buscar oportunidades de voluntariado y alguna actividad placentera.

Gracias a la ayuda de algunos contactos de mi esposo, fui incluida en el proyecto de la clínica móvil en Nogales (Arizona). Esta proporciona consulta médica a niños mexicanos con bajos recursos, a quienes se les permitía la entrada una vez al mes al país con este fin. Esta labor, aunada a actividad física en el gimnasio, hizo mi vida más balanceada y satisfactoria.

Después de más de dos años de estudio y varios obstáculos en el camino, logré aprobar los tres exámenes que son requeridos para certificarme con ECFMG (Comisión Educativa para Médicos Foráneos). El siguiente paso era obtener experiencia práctica mediante rotaciones en hospitales. Aunque esto requería de mucho dinero y esfuerzo, pues hay que viajar a varios lugares del país, sabía que era necesario y, con el apoyo de Chris, inicié la aventura de ser parte del sistema médico en Estados Unidos. Todos mis planes iban viento en popa y ya empezaba a considerar esta nación mi nueva casa.

Sumie Lorena Rojas Murakami
(Lewisville, Estados Unidos)

Recuerdo como si fuera ayer la primera mañana en mi nueva vida. Ya no me levanté para alistarme e ir al consultorio, sino que me desperté a preparar el desayuno con mi esposo para que él se fuera a trabajar.

En aquel momento, con la claridad que antes estaba nublada por el romanticismo de quien emprende una aventura, me di cuenta de que estaba sola con mi esposo en un país cuyo idioma no hablaba; que, además, no conocía absolutamente a nadie y que había dejado atrás toda una vida.

Era difícil aceptar que mi vida laboral quedaría en pausa por tiempo indefinido. Estaba embarazada, mi bebé nacería pronto y quería estar con ella de tiempo completo. Además, me di cuenta de que el proceso para lograr reincorporarme al ámbito médico no sería tan fácil como yo me imaginaba.

Definitivamente, salirse de la zona de confort no es cosa sencilla, teníamos tantas cosas que resolver y todo parecía tan complicado. Con siete meses de embarazo, era urgente elegir un seguro médico y entender cómo funcionan, escoger un ginecólogo, un hospital, una cuna y todo lo que se necesita para el bebé, así como elaborar un plan para cuando llegara el momento, ya que mi esposo pasaba la mayor parte del día en el trabajo.

Conforme pasaban los días, el panorama se ponía cada vez más difícil, ya que la vida en este lugar es mucho más cara de lo que teníamos previsto. Nuestro presupuesto estaba estrictamente planeado y, aunque sabíamos que era algo temporal y que las cosas mejorarían poco a poco, teníamos momentos en los que queríamos «colgar la toalla».

Pero al mismo tiempo nos dimos cuenta de que, a pesar de que no era la etapa más sencilla de nuestras vidas, juntos hacíamos un gran equipo y que éramos lo suficientemente fuertes como para salir adelante. Nuestra relación había cambiado, empezábamos a ser un matrimonio.

Afortunadamente, las cosas en el trabajo de mi esposo iban bien, así que empezamos a darle un nuevo giro a nuestra vida, dejando un poco al lado el estrés de la vida diaria y a darnos un espacio para disfrutar. Había tantas cosas por hacer y conocer.

Y fue entonces cuando entendimos que nos estábamos adaptando y que adaptarse no es encajar en un nuevo lugar, sino que se trata de ajustar tus necesidades y expectativas e ir haciendo especial cada momento para hacer de todo aquello, parte de ti.

Ana Laura Sánchez
(McAllen, Estados Unidos)

¡Qué difícil comenzar este capítulo! Pero daré continuidad a la historia. Ya estando instalados en nuestro nuevo departamento, que comenzamos a rentar básicamente vacío, empezamos a ver cómo acoplarnos: desde vivir en un lugar nuevo hasta articularnos como pareja. Después de realizar algunas negociaciones con mi mamá, hicimos un intercambio: ella se quedó con mi tarjeta de la mesa de regalos de la boda y a cambio nos ayudó a armar nuestro nuevo nidito de amor con lo básico.

Me entretuve algunos días en eso de establecernos y hacer habitable el lugar. Una vez terminé, regresé a mi realidad, a darme cuenta de que seguía sin entender qué estaba haciendo aquí en Estados Unidos y si algún día lograría adaptarme. Mi esposo trabajaba de lunes a domingo. Prácticamente, vivía sola. ¡Claro, en compañía siempre de mi fiel Clifford! No contaba con automóvil y mi visa como dependiente de inversionista todavía estaba en trámite, por lo que no tenía mucha oportunidad de hacer algo. Un día decidí salir a caminar y analizar qué había alrededor de donde vivíamos. Me di cuenta de que las calles no tenían banquetas para caminar, que el transporte público es prácticamente inexistente y que los semáforos no están coordinados para peatones. Sí, aquí en McAllen (Texas) las personas no caminan.

Recuerdo muy bien ese día. Regresé totalmente desilusionada de mi vuelta por las calles, además de que el calor estaba infernal —más de 35 °C—. Ese día entendí por qué las personas solo se movían en auto.

Y entonces comenzó un duro capítulo para mí. Al estar en total desinformación de que podía ir avanzando profesionalmente en mis propios proyectos, aunado al aislamiento en que me sentía, comencé a beber, sí, a refugiarme en el alcohol buscando adaptarme a lo que estaba sucediendo cada día para olvidar mi frustración profesional y la soledad que estaba comenzando a causarme más dolor. Así pasaba el tiempo. Mi esposo se iba a trabajar y yo comenzaba el día tratando de levantarme para sobrellevarlo, pero no sin antes beberme unas copas y llorar.

Así transcurrieron aproximadamente seis meses: meses sombríos para mí y también para mi matrimonio, hasta que de pronto un día comencé a pensar en que a lo mejor sería buena idea tener un bebé, así podría «tapar» algunos huecos emocionales. Comenzamos a intentarlo: yo manteniendo la idea de que así lograría adaptarme, pero los meses pasaron y no me embarazaba. Sentía un fracaso más, por lo que seis meses después deduje que jamás podría adaptarme a todo esto, así que decidí resignarme.

Karla Uribe
(McAllen, Estados Unidos)

Después de las vueltas de la vida, tomas la decisión de cambiar tu residencia a otro país, llegar con mucha incertidumbre, pero también con muchas ilusiones y muchos planes. No sé si a todo mundo le pase, pero yo me imaginaba una vida de glamur como en la tele, pues en Estados Unidos la vida está llena de comodidades, ¿no?

En mi caso, no fue así y mi realidad era muy diferente a mis expectativas, empezando por que los primeros dos meses viví en San Benito (Texas), un pueblito mini, donde en ese tiempo no había ni Walgreens. Solamente dos supermercados chiquititos. ¡Punto! La ciudad más grande cercana es Brownsville. Hay que manejar quince millas para llegar. Llegué en agosto, pleno verano, mucho calor —95 °F promedio— y para llegar a cualquier lado había que ir en coche, lo cual era un problema para mí porque solo teníamos uno en ese momento y mi esposo se lo llevaba al trabajo.

Los primeros días, padrísimo: ¡vacaciones! Maravilloso descanso. No había dejado de estudiar desde el kínder, así que lo disfruté, pero, después de tres días, el encierro me volvía loca. No tenía con quién hablar ni adónde ir todo el tiempo que mi marido estaba en el trabajo. ¡Qué desesperante era esa sensación de ser ajena a absolutamente todo! En ese momento, la situación económica tampoco me permitía socializar demasiado ni pensar en hacer los Steps, así que esa opción estaba descartada.

Como no hay mal que dure cien años, dos meses después mi esposo cambió de trabajo. Nos mudamos a una ciudad más grande y todo empezó a mejorar. La clave para mi supervivencia y adaptación fueron las clases de estimulación temprana de mi hija, que se iniciaron un año después de que llegué. Ahí conocí a la que ahora es «mi familia de McAllen». Empezamos a formar una red de apoyo a partir de un *playdate* que me cambió la vida para siempre y me hizo volver a sentirme parte del mundo.

El idioma y la cuestión cultural no han sido tanto problema para mí porque, como vivimos en la frontera, todos somos mexicanos. Hay tacos y tamales, y todos hablamos español.

Adaptarme al sistema médico americano ha sido un viacrucis. Aquí todo es diferente; sobre todo porque eres cualquier hijo de vecino. No llegas a consulta y de paso saludas a un amigo. Aquí tienes que aguardar mucho tiempo en la sala de espera, pasar por tres cuartitos, tres interrogatorios. En cada uno deletreas el nombre del medicamento que tomas, te quieren sacar sangre y orina en todas las visitas al médico porque es «protocolo» y al final hablas con el médico tres minutos. Todo ello sin contar que pagas una fortuna. Me ha costado aprender sobre la marcha a decir que no sin miedo y a no permitir que usen su protocolo con mis hijos sin que antes los revise el doctor. También me es superimportante asegurarme de que todos los procedimientos que realicen estén cubiertos por el seguro médico y, sobre todo, confiar en lo que yo aprendí en la facultad. Hacer que mi opinión médica se escuche en los momentos críticos. Al final, después de diez años, he logrado encontrar médicos en los que puedo confiar y con los que he logrado entablar una relación médico-paciente que me da tranquilidad. Porque estar del otro lado del escritorio y con las manos atadas, ¡qué frustrante puede ser!

Vivir en un país distinto, lograr adaptarme, volver a encontrar un punto de equilibrio y paz interior ha sido uno de los procesos más complicados a los que me he tenido que enfrentar. Creo que al paso del tiempo he logrado ver a este país con ojos diferentes y, aunque —como en cualquier país del mundo— hay cuestiones políticas con las que no estoy de acuerdo, hoy me siento agradecida y en paz con la nación en la que decidí formar una familia y donde nacieron y están creciendo mis hijos. Estamos haciendo un esfuerzo para adoptar con cariño las tradiciones de aquí como Pascua, el 4 de Julio y el Día de Acción de Gracias, pero el pozole del 15 de septiembre no falta porque ¡como México no hay dos!

Jeannette Uribe
(Michigan, Estados Unidos)

Describiría mi transición de México a EUA como drástica; pasé de ser una residente de cuarto año de Ginecología a ser un inmigrante hispano. Cambié noches de guardias en quirófano por noches de desvelo pensando en lo mejor para mi familia y cuidando de mi incansable recién nacido. Sustituí mis libros de ultrasonido y técnicas quirúrgicas por libros de inglés, reemplacé mis aulas de educación médica continua por salones de clases con adultos y personas de la tercera edad aprendiendo un segundo idioma, sustituí mis conversaciones técnicas con mis amigos por una comunicación básica con mis nuevos conocidos. No soy una persona ególatra en lo absoluto, pero el hecho de que ya nadie me llamara «doctora», aunque fuera para llevar una muestra de orina al laboratorio, me hacía sentir menos importante. Recuerdo que una vez estaba en una clase de inglés y fui al baño cuando una de las otras estudiantes, mujer adulta y madre, me abordó y me dijo:

—Oye, tú, que dices que eres doctora, ¿no me puedes recetar algo para mi dolor?

Dada su amplia muestra de nivel de educación, obviamente, no perdí el tiempo en explicarle a esta persona y no me quedó más que hacerme la demente.

Fue difícil, pero tenía un objetivo claro en mente, «agarré el toro por los cuernos», como coloquialmente se dice. Me aventuré a manejar con mi bebé a bordo, aun con el crudo invierno y las inclemencias del tiempo. Iba a clases de inglés en la mañana y en la tarde, y empecé a estudiar para mi primer examen de revalidación: USMLE Step 1. No me fue muy difícil acoplarme a mi nueva vida; las oportunidades que el país te ofrece, el apoyo por parte de diferentes instituciones y el que mi hermano nos ofreció al permitirnos vivir en su casa fueron de gran ayuda.

Poco a poco me fui inmiscuyendo en las tradiciones americanas. Comparto sus celebraciones especiales y, sobre todo, trato de respetar sus costumbres y de valorar la diversidad que este país ofrece. Nunca me imaginé poder tener la oportunidad de conocer personas de diferentes partes del mundo, así como sus costumbres, tradiciones y riqueza gastronómica.

Creo que es muy importante que, en el momento que elijas emigrar de tu país, consideres un lugar que tenga cierta proporción de gente hispana, un lugar al que algún conocido haya emigrado tiempo atrás, porque esa persona que pensabas que era solo tu conocido de la infancia o un conocido de tus papás puede llegar a ser tu única familia en momentos de dificultad. Esas personas del pueblo de tus abuelitos pueden ser las que te ayuden a transmitir a tus hijos nuestra riqueza cultural. Nunca ha sido mi estilo y espero que nunca lo sea el hecho de creer que eres mejor o más importante que los demás porque al final del camino aquí estamos, obreros, campesinos, psicólogos, ingenieros, doctores, etcétera, compartiendo la mesa y persiguiendo el mismo sueño de superación.

Talia Wegman-Ostrosky
(Maryland, Estados Unidos)

—Hola, me llamo Talia Wegman. Por cierto, estoy embarazada.

Algo así fue mi primera conversación con mi nuevo tutor en el National Cancer Institute. Pasé una semana sin dormir pensando en cómo se lo diría. Bueno, tal vez tampoco ayudó el tener que dormir en el suelo, esperando a que llegara el colchón. Pensé que tal vez estaba echando a perder esta gran oportunidad o, en el mejor de los casos, me odiaría un poco. Pero cuando su respuesta fue «¡¡felicidades!!», supe que había escogido bien el lugar y la persona que me guiaría durante este periodo.

Era jueves de mi primera semana de trabajo y mi celular empezó a sonar y sonar. No iba a contestar, ya que no conocía las políticas al respecto, pero al ver que mi esposo insistía tanto contesté:

—La casa se está inundando.

Sí, apenas teníamos una semana en nuestro nuevo hogar y una tubería se rompió. No sabía qué hacer: acababa de empezar a trabajar, acababa de anunciar mi embarazo y ahora, a mitad del día, tenía que ir a mi casa a ver qué estaba pasando. ¡Así que, sin poder dar la cara, pedí permiso para salir! Una vez más, me sorprendí al escuchar:

—¿Qué haces preguntando? ¡¡Vete ya!!

Llegué y prácticamente toda la casa estaba inundada. Por suerte todavía no teníamos muchos muebles ni cosas que se pudieran mojar. Cuando llegué la gente de mantenimiento ya estaba quitando toda la alfombra. Discretamente, se acercó uno de los trabajadores y nos dijo en español:

—Esto no se va a secar, pidan que los envíen a un hotel.

Y así lo hicimos, por lo que durante un par de noches estuvimos en el hotel que aceptaba a nuestra perrita. A los pocos días regresamos con alfombra nueva y todo renovado.

Las semanas antes de venir y las primeras ya estando en EUA se nos fueron en hacer trámites, firmar papeles y mucha burocracia. Sabía que era importante tener seguro de gastos médicos, así que averigüé un poco. Contraté un seguro que cubriera los gastos médicos mayores en el extranjero. Tengo que aclarar que cuando contraté los seguros no sabía que estaba embarazada. Cuando pensé que todo ya estaba más tranquilo y que era tiempo de buscar un ginecólogo, no tenía idea lo que me esperaba.

Me recomendaron mucho una clínica ginecológica muy cerca del trabajo y la casa. Parecía ideal. Así que tomé el teléfono para hacer mi cita de primer trimestre de embarazo. Sabía lo importante de que la cita fuera antes de la semana diez para que hubiera tiempo de ordenar los estudios necesarios de primer trimestre para detectar anormalidades. Como genetista médica, no podía dejar pasar el tiempo.

Al hablar me dijeron que no había citas hasta el próximo mes y, además, que como no tenía seguro que cubriera la consulta, tenía que llevar seis mil dólares en efectivo. ¡¡Seis mil dólares!! Al principio pensé que mi inglés no me dejaba entender bien los números. Hice que repitiera la cifra tres veces.

—¿Y eso incluye todo?

—No, no le puedo asegurar eso. Dependiendo de qué estudios le pida el médico, puede ser más.

—Pero, si no tengo los seis mil dólares, ¿no me puede ver ni una vez?

—No.

Acostumbrada a estar entre colegas en México, pedí hablar con alguno de los ginecólogos. La secretaria se murió de la risa.

—Ningún médico la atenderá por teléfono nunca. Si es una emergencia, vaya al hospital; si no, espérese a su cita.

Pensé que tal vez esa clínica era muy cara, así que intenté en otras. La respuesta fue similar. Estaba en *shock*: si eso era solo el costo de una consulta, ¿qué me esperaba? Les adelantaré un poco la historia: el día del parto, estando en el hospital, entendí que lo que me estaba pidiendo no era el costo de las consultas, sino del parto y las consultas se incluyen en el costo del parto. Pero la barrera del idioma, el no saber preguntar adecuadamente y la actitud poco servicial de las personas que me atendieron por teléfono —que seguramente no tenían paciencia para alguien que no conocía su sistema— hicieron que pasara momentos de mucha angustia; tanto que decidí que me salía más barato tomar un boleto de avión y regresar a mi México a que me hicieran el tamiz de primer semestre. Ya con el resultado que me decía que mi bebé estaba sano, gané un par de semanas para averiguar cuáles eran mis opciones.

Estando en un centro de investigación lleno de médicos, pensé que alguien tendría el teléfono de algún conocido al que me pudiera recomendar: una vez más fue un *shock* cultural que ni siquiera los jefes de los jefes tuvieran los celulares de los médicos, así que esa no era opción.

Finalmente, después de preguntar por seguros que pudiera pagar y que cubrieran embarazo, preguntar y preguntar por opciones, a alguien se le ocurrió que podría aplicar al famoso «Obamacare». Sin saber muy bien qué significaba, apliqué. ¡¿Cuál fue mi sorpresa al enterarme de que al estar embarazada automáticamente calificaba para que me lo dieran?! Que no tendría ningún costo y que, además, ese seguro cubría todo el embarazo, sí, todo: consultas, laboratorios, el parto, el hospital, ¡todo!

Giovanna Zanella
(California, Estados Unidos)

Llegué un 24 de agosto a EUA sin tener idea de a dónde ir o qué hacer. Estaba muy nerviosa y con miedo. Llegué al aeropuerto, tomé un taxi y me fui a un hotel cerca del aeropuerto para pasar los primeros días en lo que buscaba un departamento donde vivir. Los primeros días fue difícil porque un día estaba en México con mis seres queridos y al otro ya estaba en otro país completamente sola, iniciando mi aventura. Me sentía sola y sin saber cómo empezar, más al ver que todos mis amigos pronto empezarían la especialidad. Estaban muy emocionados y yo estaba en ceros, sin una idea de cómo hacerle. Lo más difícil era que extrañaba mi familia, mi país, mi vida en México. El primer reto fue buscar departamento: todo estaba carísimo y los contratos de corto plazo aún más caros. Esos días caminé mucho en el calor de verano, cansada, sin saber ni dónde estaba buscando departamentos, tomando camiones, y varias veces me llegué a perder.

Sabía que necesitaría hacer un curso para pasar los Steps, así que fui a pedir informes en Kaplan, donde conocí a dos chicas rusas que estaban estudiando inglés. Una de ellas ahora es mi mejor amiga. Ellas me invitaron a vivir en su departamento y, a pesar de que tenía algo de miedo, acepté porque nunca había vivido con nadie. Además, nuestras culturas son muy diferentes y eso me hacía pensar que podría ser difícil, pero creo que eso me ayudó muchísimo para distraerme y tener compañía. Ellas siempre fueron super buenas conmigo.

Yo me puse a investigar sobre cursos y cosas que podría hacer en la universidad, ya que vivía supercerca y encontré un simposio anual de *sleeping disorders* que iba a ser ese fin de semana, así que me inscribí. Fue la mejor decisión que pude haber tomado. Al terminar me acerqué a varios profesores que habían participado, les hablé de mi situación como médica graduado en el extranjero y que estaba interesada en ser voluntaria en alguno de sus estudios. Dos de ellos me dijeron que les mandara un correo electrónico y que así podríamos agendar una cita.

Al final me decidí por un profesor distinguido en ciencias que tiene su laboratorio en el Brain Research Institute, donde estuve dos años como voluntaria. Todos los del equipo con el que trabajaba siempre fueron muy buenos y aprendí muchísimo. Al principio fue complicado porque mi trabajo era con resonancias magnéticas del cerebro y los estudios eran sobre la relación entre trastornos del sueño y resultados en cambios estructurales del cerebro y sus alteraciones.

Gracias a Dios, me adapté muy rápido y me gustaba mucho vivir en Estados Unidos, especialmente por las amistades que logré conocer: gente de muchos otros países, culturas y religiones como judíos, musulmanes; gente de Europa, Brasil, África, etc. Aprendí muchísimo de todos, éramos un grupo muy unido. Todos jóvenes y sin nadie, solo nosotros como familia. Me tuve que adaptar a no tener las costumbres y tradiciones mexicanas, ya que siempre extrañaba comer pan de muerto o rosca de Reyes, Las Posadas, en fin, mil cosas, pero algo bueno fue que pude compartir mi cultura con amistades, que no tenían ni idea sobre las cosas que se festejan en México. Cada año, todos juntos celebramos Hanukkah, Navidad, Eid Mubarak, etc. Aprendí muchas cosas de las celebraciones de otras religiones y me enriqueció muchísimo. Éramos una familia donde todos compartíamos un mismo sueño: «El sueño americano», y llegamos a ser muy unidos. Yo era la única en Medicina, lo cual fue difícil porque siendo joven todos querían salir a divertirse. Mis amigas estudiaban Fashion Merchandise y otras estaban haciendo MBA. Verlas salir al café, a cenar o comer era difícil porque yo me la pasaba estudiando todo el día. Y, como recién llegada, quería conocer muchos lugares. Al principio, sí descuidé el estudio, pero me hizo crecer más como persona y culturalmente. Hice muchos viajes con mis amigas y conocí muchos restaurantes de comida muy diferente.

Aunque extrañaba mucho mi país, ya estaba super feliz con las nuevas experiencias y siempre pensé que al terminar la residencia iba a regresar a México, sin saber que algo mejor me estaba esperando.

Capítulo 3
Tiempos difíciles

Leticia Farfan Cruz
(Talara, Perú)

Es difícil hablar sobre los momentos que estando lejos han marcado mi vida y claro que también he aprendido de ellos. En esta ocasión les contaré dos de los momentos más difíciles que he vivido y que dejaron una huella importante en mí.

El momento más doloroso que he tenido se remonta al día 3 de enero de 2014: eran las 19:30 aproximadamente cuando recibí una llamada en donde me comunicaban que mi padre había fallecido de un infarto fulminante. Llegó sin vida al hospital que se encuentra a cinco minutos de la casa. Fue horrible ese momento y ahora lo recuerdo, y mi corazón palpita y se forma un nudo en mi garganta. Me sentí morir. Fue impactante y terrible para mí. La noticia fue terrible estando lejos y, si a eso agregamos que no me fue posible viajar para despedirme de él por razones que tal vez no comprendan, me juzguen tal como en ese momento y hasta la actualidad lo hacen familiares allá en México. Solo puedo decirles que la tan inesperada partida de papá me dolió mucho. Esa noche lloré tanto; acompañé a mi padre a través de mis oraciones y llamando a mi mamá y hermanos, y pidiéndoles que pusieran la bocina del teléfono junto al ataúd de mi papá, sintiendo así que podía verlo y sentirlo.

El día del sepelio fue devastador. Supe que nunca más volvería velo. A mi regreso a México solo encontraré una tumba sin poder verlo ni sentirlo nunca. Estos años que han pasado he vivido con esa culpa por no despedirme de él; el permitir que mi familia pasara por esta situación y yo lejos de ellos. Los primeros meses fueron los más duros: pensarán que estoy loca, pero un día sentí que mi papá estaba sentado junto a mi cama, mirándome. En otras ocasiones, he soñado con él. Sé que en donde se encuentra ahora me cuida y sé también que me perdonó por no haberlo acompañado.

Actualmente, me siento tranquila y cada vez que veo entrar una mariposa a mi casa, específicamente a mi habitación, sé que es él quien me visita y vela mis sueños. Sé que algún día lo volveré a ver y podré sentirlo nuevamente y decirle: «Gracias por hacer de mí la persona que ahora soy». Sé que ese momento será eterno y nunca volveremos a separarnos.

El segundo episodio que para mí fue difícil me ocurrió el 25 de diciembre de 2015: me encontraba en casa con mi familia y aproximadamente pasada la una de la tarde sufrí una caída, ahora sí que di «un mal paso» y esto me causó luxación y fractura conminuta de mi tobillo derecho. Sentí el dolor físico más fuerte de mi vida. Recuerdo que di un tremendo grito para que me ayudaran. De inmediato me llevaron a la clínica, en donde me sedaron para reducir la luxación y me colocaron una férula, ya que por ser día festivo no había traumatólogo. Me programaron cirugía y el día 27 de diciembre me colocaron una placa de platino y once tornillos.

Esto nos afectó a todos. Estuve sin poder caminar aproximadamente cuatro meses. Este accidente afectó a toda mi familia, ya que estuve sin poder caminar aproximadamente tres meses y al cuarto mes empecé a caminar con ayuda de muletas hasta que logré dejarlas. El proceso de reincorporación a mis actividades fue difícil porque no podía realizar nada por mí misma, sentía mucho miedo de volver a caerme. Sin embargo, este proceso desde mi accidente hasta mi reincorporación a mi vida normal no estuve sola. Gracias a Dios, siempre conté con la ayuda de mi esposo, de mis hijos y de mis suegros, quienes fueron piezas claves, importantes y valiosas en mi recuperación.

¿Que si aprendí de estas situaciones? Sí, aprendí mucho: aprendí a valorar a mi familia; aprendí que debo ser feliz y no vivir con miedo o culpa por nada; aprendí que gracias a mi familia y a las amistades que he logrado hacer estando lejos de mi país he salido adelante; aprendí que aún existen personas valiosas e importantes en mi vida: tengo por quién vivir y luchar. Aprendí que la vida es una sola y hay que disfrutar cada minuto y momento de ella. Hay que ser felices.

Alma X. Ortega
(Costa Rica)

Así como un libro, en la vida experimentamos diferentes etapas, diversos «capítulos», y así es como el decidir mudarme a Costa Rica le dio la vuelta a la página y concluyó mi capítulo de estudiante e hija para convertirme en esposa y, posteriormente, en madre.

Las cosas no han sido sencillas, pero puedo ver que todo el esfuerzo ha valido la pena y, a pesar de que mi plan de vida fue cambiado drásticamente, no me arrepiento de nada. Cuando vine a vivir a Costa Rica, tenía pensado que rápidamente iba a obtener la residencia, trabajar, homologar el título, etc. Cuando ves los requisitos en papel no te imaginas el proceso que esto significaría en tu vida ni la espera, la espera que desespera.

Como recién casada me sentía feliz, pues, después de los casi tres años de relación a larga distancia, por fin podría estar con mi persona favorita todos los días, pero no imaginaba que, mientras él trabajaba, yo tendría que estar en un país desconocido en la casa, esperándolo desde que salía el sol hasta que se ponía en la noche. No fue fácil y, aunque mi gata de en ese entonces, diez años me hizo compañía, los días me parecían cada vez más largos y los libros que por fin tenía tiempo de leer me parecían más cortos.

Mientras trabajaba en la tesis de la maestría y tenía tres empleos de medio tiempo, los días se pasaban rápido y anhelaba tener un poco de tiempo libre para hacer tantas cosas, pero, cuando de repente tenía todo ese tiempo libre, llegó un momento en que no quería hacer nada y, francamente, estaba triste y me sentía inútil. Quería volver a trabajar y no podía esperar a recibir mi residencia para poder hacerlo. También durante ese periodo de mi vida perfeccioné mis dotes de cocinera y mi esposo era el más feliz probando cada día los diferentes platillos.

A los ocho meses de haberme mudado a Costa Rica, por fin recibí la anhelada condición legal de residente y estaba lista para empezar a trabajar de nuevo. El día que cumplí veintinueve años, mi regalo divino fue que me contrataran en la empresa para la cual hasta la fecha sigo trabajando. Aún me faltaba el proceso de homologación del título, el cual también tenía muy claro en papel, pero que sin duda fue un desafío que al día de hoy me siento muy orgullosa de haber podido superar.

El día que me contrataron acababa de ingresar mis documentos a la institución que se encarga del trámite de homologación de título y tuve que esperar casi un año y mandar pedir un documento al hospital donde hice el internado y, además, apostillarlo para poder concluir los trámites. Pero eso era solo el principio. Posteriormente, me notificaron dos semanas antes que tenía que tomar un examen de conocimientos generales en Medicina y pasarlo con un mínimo de setenta puntos. El examen consiste en cien preguntas, de las cuales hay que tener mínimo setenta bien, pues no hay curvas ni redondeos. ¿Se imaginan tratar de estudiar toda una carrera en dos fines de semanas? Eso intenté hacer y tomé el examen. Allí me di cuenta de lo difícil que este era: especialistas y médicos extranjeros de todas partes del mundo intentaban pasar uno de los exámenes que ellos consideran de los más difíciles que han tenido que tomar, haciendo intento tras intento y algunos inclusive viajando cada vez desde sus países de origen. Algunos otros dándose por vencidos y estudiando Medicina de nuevo para poder recibir el título y ejercer en este país.

En mi primer intento reprobé y, aunque no me fue tan mal, no alcancé el setenta. En mi siguiente intento, saqué cuatro viernes de vacaciones para así tener cuatro fines de semana para estudiar y tratar de cubrir los temas, los cuales, por supuesto, no pude cubrir, pues tan solo un capítulo de Medicina Interna del Harrison podía tomarme un día entero. Volví a tomar el examen y fallé de nuevo con una calificación similar a mi primer intento. Como decimos en México, «la tercera fue la vencida».

El examen se ofrece cada seis meses y, afortunadamente, no hay que pagar por tomarlo. Para mi tercer intento contacté a otros aspirantes por medio de un correo y, de una lista de más de cien personas, solo me contactaron tres. Yo esperaba que mis paisanos mexicanos tomando el examen fueran a ser los que primero respondieran a mi petición de hacer grupos de estudio y apoyarnos para prepararnos mejor, pero no fue así. De esta manera es como conocí a dos muy lindas doctoras y amigas: una cubana y otra panameña, con quienes me reunía a estudiar.

Implementamos otro método que consistió en estudiar de los manuales de preparación para el examen de residencias de España y que nos daba muy buenos resúmenes con datos importantes para memorizar. Mi amiga panameña tenía inclusive un proceso legal porque desde hacía casi un año no tenía respuesta de una pregunta que había apelado y que solamente le faltaba esa para poder pasar el examen. Al final se la otorgaron y ya no presentó examen: solo mi amiga cubana, que lo presentaba por primera vez, y yo fuimos al tan esperado examen.

Finalmente, y después de también haber apelado doce preguntas que es casi como preparar una tesis, me otorgaron las tres preguntas que me hacían falta y pasé el examen junto con otras dos doctoras más: una chilena y una venezolana. Ya se imaginarán lo contenta que estaba de por fin haber podido obtener este gran logro para el que me había preparado y anhelado tanto. Era algo así como en las películas de Rocky cuando el árbitro te levanta los brazos y estás lleno de moretones, pero en ese momento no te duele nada porque es más la felicidad que te embarga. Justo así me sentí yo.

Xóchitl Palacios
(Brasil)

Mi esposo siempre me ha dicho que tengo mi «manual del duelo». Puede que sea así. A lo largo de mi vida, entre las pérdidas, las despedidas, las numerosas mudanzas dentro de México, las convivencias con familia y amigos, compañeros de piso, aprendí a hacerme una ruta más corta y funcional para sanar los ciclos, sin que eso implique que sea menos doloroso. También es cierto que siempre me ha costado adaptarme al nuevo lugar. Esta vez, como mi primera mudanza de país, no fue la excepción. Sin embargo, resultó más fácil de lo esperado.

Ya conocía Brasil por unas vacaciones realizadas años antes. Ya sabía sobre la calidez y hospitalidad de su gente. Ya conocía su alegría y sonrisa desbordante. Ya había escuchado ese portugués con tono musical. Ya estaba al tanto de la diversidad cultural. Sabía también sobre la inseguridad, la delincuencia, la corrupción, la desigualdad socioeconómica y educativa. Poco distaba de lo que vivía en lo cotidiano en México. Los dos aspectos que me fueron más impactantes son el racismo y el machismo, que considero que se viven más intensamente que en México. En Brasil, los extranjeros son bien recibidos, un poco más si vienes como turista y menos si vienes a trabajar, por la creencia de que se restan oportunidades laborales a los propios brasileños.

Los aprendizajes durante el primer año fueron basados en la sobrevivencia. Nos teníamos que mover dentro de São Paulo como se hace en cualquier ciudad grande, con cuidados básicos de seguridad. Habría que elegir acortar distancias entre trabajo, casa y escuela. En lo posible, evitar el uso del carro. Aprendimos que había barrios en donde ni por error teníamos que entrar y también cuáles palabras eran innombrables.

En nuestra pequeña familia, tuvimos los mayores aprendizajes: aprendí que no tener actividades laborales fuera de casa no significa «no trabajar»; que el trabajo dentro de casa y, sobre todo, en la crianza puede ser más agotador y desgastante emocionalmente que estar ocho horas en un consultorio atendiendo pacientes; aprendí que, al dedicarme a mi familia de tiempo completo, no tengo vacaciones, incapacidades ni tiempos de descanso. Aprendí cuán importante es hacer trabajo en equipo y lo raro que puede parecer en Brasil ver una familia donde el marido se involucra activamente en la crianza y cuidado de los hijos, el orden y limpieza de la casa, además de trabajar fuera para ser el proveedor. Aprendí a tener paciencia sobre la paciencia; a resolver situaciones en ausencia de mi esposo, durante sus viajes de trabajo; a ser el pilar y fuerte de la familia. Aprendí a dominar la nueva lengua para moverme más allá de la vida de rutina y comenzar a retomar lo profesional. Aprendí a agradecer la oportunidad de esta experiencia de vida y lo mucho que me fortalece y enriquece como mujer y persona, como esposa y madre.

Me convencí de que durante esta experiencia la cabeza se abre y nunca más vuelve a su condición previa. Además, aprendí a pedir ayuda y a hacerlo desmedidamente y que, no obstante, nadie está obligado a dar algo que no puede o no desea en ese momento, incluida yo misma. Comprobé la importancia de crear redes de apoyo, hacer amigas que fuesen casi familia, que estén allí de primera mano y ofrecer lo mismo. Aprendí que, en estos andares, no podemos darnos el lujo de intentar caminar solos si deseamos que el camino sea más leve.

Olga A. Tinajero Castañeda (Panamá)

Aunque mi esposo no es el hijo menor, ha sido el último en casarse y yo soy el miembro más reciente que se ha integrado al grupo familiar. He tomado la iniciativa para que mi pequeña familia, un subgrupo derivado del original, desarrolle sus propias guías y camine hacia la independencia. Lo que observo es que existía una idea preconcebida de cómo debían ser las cosas, pero «¡no contaban con mi astucia!» y ha causado sorpresa mi intención y, más aún, mi proceder porque ya me puse manos a la obra. Como todo en esta vida, ya llegará la serenidad para aceptar lo que no pueden cambiar.

Era iluso pensar que mi actitud expectante duraría por siempre; quizá se interpretó como una persona fácil de manejar. En fin, lo que pasó es historia, ahora viene la buena. Ya estamos rentando departamento solos y sacamos un carro. El colegio donde va a estudiar mi chaparro fue todo un protocolo, ¡ja, ja, ja, ja, ja! Lo aceptaron para maternal, me causa risa recordar la formalidad del momento cuando nos presentamos para el bendito examen de admisión y ver esos pequeñitos de poco más de dos años llegar a su compromiso, ¡¡uuuf!! El ciclo escolar en Panamá es diferente: de finales de febrero a diciembre. Pocas escuelas tienen el calendario de agosto a junio, pero sí las hay.

Estaremos poco en el departamento, pronto nos entregan la casa y no es problema tener dos mudanzas tan cerca. Hemos comprado pocas cosas, podemos aguantar hasta que lleguemos al lugar definitivo. Era imperativo dejar la casa de mis suegros. Agradezco el apoyo brindado y tener una base de donde impulsarnos, pero llegó mi día y soy feliz.

Reflexionando el plan inicial con el cual dejé mi México querido, veo que me faltó considerar a la familia extendida. Es definitivo. Si se va a tener una convivencia en la que se comparte la misma casa, habrá que echarle un poco de cabeza al asunto y definir qué tanto estamos dispuestos a ceder.

¿Qué más identifico? Tiendo a ser optimista, pero no es un error ver todas las opciones y no lo hice. Se hace indispensable anticipar inconvenientes porque para toda situación siempre habrá fácil y difícil. Lo correcto es esforzarse buscando la ruta que más nos favorezca, sin perder de vista que pueden suceder contratiempos, siempre habrá la posibilidad de un tropiezo. Tenía que haber valorado esa alternativa. Considerar que toda moneda tiene dos lados ayuda a que no duela tanto el golpe si es que llega. Yo no me preparé y no lo vi venir. Me agarró desprevenida y en ese caso no queda otra que levantarse, sacudirse y seguir adelante.

¿Qué he aprendido en poco más de dos años después de haber llegado?

1. Que soy capaz de adaptarme a un ambiente nuevo, diferentes personas, costumbres y comida.
2. Que no ser obstinado multiplica las alternativas.
3. Que no debo dejar en segundo lugar mis necesidades.
4. Que una parte importante de planear es identificar posibles riesgos.
5. Que ser «mala» es bueno, mala porque he sido determinada en mis decisiones sin considerar a nadie que no sean mi esposo y mi hijo; mala porque he dicho las cosas claras; mala porque quiero mantener la independencia de mi familia; mala porque no me duele serlo; mala porque me he salido del molde. El punto aquí es que si este molde no lo establecí yo, ¿por qué tendría que ajustarme a él?

Angélica Cuapio
(Alemania, Austria, Suecia)

La mayoría de las veces, tomar a tiempo una buena decisión puede ahorrar infinidad de momentos incómodos, lamentables y frustrantes.

Sin lugar a dudas, mi formación durante la carrera no fue lo más óptima para poder arrancar en la investigación científica como lo hacen en otros países. En Alemania, por ejemplo, más de la mitad de estudiantes de Medicina terminan la carrera con el título de médico y también con el de doctor en Medicina. Esto es posible porque durante la carrera existe la posibilidad de hacer el doctorado y trabajar en algún instituto o centro de investigación, la mayoría de las veces, para ayudar a concluir proyectos científicos ya establecidos por algún grupo científico. Es así que la mayoría de los médicos están entrenados o saben de qué se trata el mundo de la ciencia y la competencia que la misma implica.

Cuando llegué a Alemania y comencé el doctorado, pensaba que lo más importante y trascendental de un doctorado era escribir la tesis. Para graduarse, claro que es uno de los requisitos más importantes o el más importante, pero para ser competitivo a un nivel de excelencia, eso no basta. Para estar a la altura curricular de otros jóvenes investigadores y, en particular, para ser candidato óptimo para becas o para otorgamiento de subsidios, tener la tesis es indispensable para poder aplicar, pero para competir contra los demás, se necesitan otros logros, como tener artículos publicados en revistas científicas de prestigio en el tema particular de investigación, experiencia en docencia, participación activa en congresos, simposios y conferencias; participación en concursos, tener premios o patentes y así sucesivamente.

Eso para mí significó tiempos de enseñanza; aterrizar de manera sistemática la información que no se dice desde el primer momento, sino que se va entendiendo con la experiencia. Ahora, cada vez que algún estudiante de cualquier carrera con intenciones de una carrera académica, pero en particular a los médicos y a aquellos estudiantes de maestría, casi lo primero que les digo, después de sugerirles el mejor café de la ciudad —aún vivo en Viena—, es contarles un panorama de todo lo que hay que pensar para poder realizar un doctorado con éxito. Ya después de leerles la cartilla, en vez de ir por un café, lo que piden es ir por un whiskey para digerir tal información.

Al momento de escribir este capítulo, me encuentro a un mes de movernos toda la familia a Suecia. Al parecer, somos una familia nómada. Esta fase ha sido de gran experiencia y mucha paciencia. El asunto con la mudanza ha sido prolongado —llevamos más de seis meses planeándola— y exhaustivo. Ello ha implicado empacar, vender, regalar, buscar casa, tratar de conseguir kínder para los niños, empezar a aprender el idioma, tramitar seguros, hacer llamadas a oficinas burocráticas suecas, cancelar contratos y seguros austríacos, despedirnos de amigos, etc. Sin embargo, también ha sido una experiencia satisfactoria. Al final de cada proyecto hay una ilusión a punto de cumplirse y, en nuestro caso, esa ilusión es la de una nueva vida en otro país, una nueva etapa, casa nueva, un idioma que suena muy raro e interesante, un clima más nórdico, con menor exposición a la luz del sol, alto nivel de igualdad de género. En fin, una sociedad y un país que me parecen muy atractivos. Habrá que ver qué tan cierto es todo eso.

Susana Ramírez Romero (Barcelona)

Llegar a un país distinto a donde creciste implica adaptarse a nuevas costumbres. En algunos casos, a un nuevo idioma, o bien a nuevos modismos. En nuestro caso, podemos decir que los procesos de adaptación fueron tiempos difíciles, tiempos de cuestionamientos, tiempos de reaprendizaje. Primero, porque la visa tardó más de lo esperado e incluso tuvimos que recurrir con algunas cartas que implicaron un desgaste emocional, económico y temporal no previstos.

Pero quizá la parte más difícil hasta ese momento fue cuando mi hijo mayor entró al colegio. Al empezar el ciclo escolar yo noté que, pese a que las instalaciones eran lindas, las técnicas educativas eran muy obsoletas y el programa académico distaba mucho de lo que publicitaban. El problema vino al siguiente mes, cuando mi hijo me decía cada vez más seguido que no quería ir al colegio. Empezó a tener pesadillas y rabietas que nunca antes había tenido y comenzó a decir «no puedo» para todo. El colegio nunca mostró interés ni apoyo por resolver la situación. Por mi cabeza pasaron cientos de posibilidades, pero al parecer solo fue una conducta racista. Sin embargo, mi hijo es sumamente sensible y lo notó. No sabíamos con qué instancias acudir. Con quienes comentaba mis puntos de vista parecía que no lo entendían; incluso la psicóloga de la escuela solo recomendaba dejarle llorar en su cuarto, pese a las pesadillas, en lugar de buscar la causa de su cambio de conducta. Sigo cuestionándome por qué los horarios del kínder tienen que ser tan largos e incluso por qué se permiten actividades extraescolares hasta las 19:00.

Cuestioné muchas cosas del sistema educativo tanto en México como en España y otras tantas de la manera en que ejercemos la paternidad en estos dos países, rescatando y reaprendiendo los puntos fuertes de cada cultura.

A nivel profesional, tuve que reaprender a pedir analíticas, escribir indicaciones y a pedir ayuda, aunque para eso tuviera que pasar por idiota ante los ojos de algunos. Es parte del aprendizaje. Aprendí que aquí el ser extranjero no necesariamente es sinónimo de algo positivo, a diferencia de México, donde a cualquier extranjero se le recibe con los brazos abiertos. Aprendí que, a pesar de que la historia es eurocentrista, en realidad el europeo no es superior a un latino. De hecho, el crecer en un país en desarrollo te obliga a ser artesano, creativo y, sobre todo, competitivo, lo cual es una ventaja. Las personas de mi generación aquí crecieron acostumbrados a tener educación y trabajo garantizado, hasta que llegó la crisis. No obstante, aún hoy en día, si te quedas sin empleo, puedes cobrar el paro. Crecer con esta ideología vs. la ideología del mexicano donde «si no trabajas, no comes» te hace tener una actitud distinta ante la vida.

Me parece excelente que todos los niños tengan las mismas oportunidades para estudiar y que, por lo mismo, no se hagan exámenes de admisión para entrar a la escuela. Sin embargo, me cuesta entender que tengan pocas evaluaciones, que no califiquen con números, sino con «excelente», «notable», «bien» o «suficiente». Me da la impresión de que es con la intención de no ocasionar traumas.

Alguna vez pregunté por qué no había medallas al mérito o un cuadro de honor. La profesora me respondió que eso no era bien visto por los papás en Cataluña, pues era fomentar la competitividad. Aún no comprendo qué de malo tiene la competitividad si vivimos en un mundo donde, nos guste o no, el más fuerte o el más preparado es el que sobrevive y lo mismo pasa entre las naciones. De hecho, si no fuera por ese espíritu competitivo, quizá no me habría esforzado tanto por destacar en un país nuevo. Además, creo que el no reconocer el esfuerzo de un estudiante es desaprovechar una gran lección para el niño.

De igual modo, al tener que dejarlo todo y empezar de nuevo, aprendí a no cargar ni acumular bienes materiales, solo experiencias. Dejé de fijarme en la calidad de la madera de mi comedor y concentrarme más en las charlas que se originan sobre la mesa del mismo. No tengo cuadros ni adornos costosos. No me hicieron falta, ya que poco a poco las paredes vacías se fueron llenando de los dibujos y creaciones de mis hijos.

Entendí que puede ser muy enriquecedor vivir entre dos culturas diferentes, entre más diferentes mejor, pues te cuestionas más cosas, inventas más recetas y tienes más de una solución a los problemas, ya que dispones de más ingredientes. En consecuencia, ya no te comportas como es socialmente bien visto en México o como es socialmente aceptado en España, te comportas como te da la gana. Entiéndase por un comportamiento previamente cuestionado, razonado y libremente decidido como la mejor opción.

Por lo tanto, yo decido el tiempo que le dedico al trabajo, el tiempo que le dedico a mi familia y el tiempo que me dedico a mí misma, sin preocuparme a quién le va a gustar. Decido irme a mi trabajo caminando, en metro, en bicicleta y, excepcionalmente, en coche, pues así me gusta moverme por la ciudad y, a quien no le guste, que no me acompañe.

Aplico mi mejor técnica de manejo según la situación: si conduzco en España y necesito cerrarme a un coche a lo chilango, le entro porque sé hacerlo, mientras que cuando manejo en México opto por ceder el paso a los peatones, como lo aprendí aquí y lo hago porque me parece correcto, aunque me pite y me repite el coche de atrás.

Salto de felicidad como si me visitara la mismísima realeza cada vez que viene algún amigo o familiar de México, pues he aprendido a valorar inmensamente la cercanía de las personas que quiero. No obstante, en ambos hemisferios somos extranjeros. Aquí somos los mexicanos y en México somos los gachupines. Como adulto lo asimilas, pero no en el caso de los niños. A nosotros lo que nos funcionó fue meterlos a una escuela internacional, donde conviven con niños de diferentes nacionalidades que también, al igual que ellos, han tenido que dejar abuelos y primos en otro país y han tenido que esforzarse por adaptarse cultural y culinariamente a nuevos ritmos y nuevos sabores. Niños en cuyas familias se practican diferentes religiones , aunque nosotros somos católicos, lo que más fomento en mis hijos son los valores universales como el amor y el respeto, que vean que yo disfruto tomando un café con una mamá musulmana o que una mamá totalmente agnóstica me ayuda quedándoselos en casa una noche.

En este microambiente formamos parte de un grupo multicultural, donde todos aportamos y respetamos nuestra manera de ver y vivir la vida. Mágicamente, las pesadillas de mi hijo desaparecieron.

Luana Sandoval Castillo
(Barcelona, Dinamarca)

Todo inicio es difícil. Recuerdo haber llegado con solo una maleta llena de fotos y recuerdos. Había contactado con un conocido del INCICh, quien me ayudó a ubicarme temporalmente con otra colega en la zona norte de Barcelona.

Solo sabía que se llamaba Adriana y que tenía una habitación libre. Me recibió con los brazos abiertos y yo llevaba unas ricas tortillas como agradecimiento. Ambos trabajaban en el hospital en donde fui aceptada: el Hospital del Mar.

A pesar del *jetlag*, seis horas más tarde, me presenté al servicio con mi mejor vestido casual y mis tacones, de los cuales tuve que bajarme después de correr a atender dos paros, llamadas a Urgencias y el pase de planta. Sutilmente, mi tutor, quien se convertiría en mi testigo de bodas y mi papá adoptivo, me sugirió que al día siguiente llevara «bambas», o sea, tenis. Tuve que redefinir mi *outfit*, lo cual fue un buen pretexto para ir de compras.

Cada tarde iba a un locutorio, 'café con Internet' para buscar piso, 'departamento', para compartir y a su vez un colega me recomendó que fuera con una tal Juana, una señora de origen catalán pero acento argentino, cuyo su índice de masa corporal sobrepasaba el perímetro de la silla donde estaba sentada, pero eficaz en encontrarme mi nuevo futuro piso en el *carrer*, 'calle', Bailén entre Valencia y Aragó.

Dos chicos con un acento conocido me recibieron a la puerta: Jaime y Gerardo, Coco, ambos mexicanos, que hacían Diseño Gráfico en Barcelona. Jaime pegó en mi puerta la etiqueta de unas galletas LU y me dio la bienvenida. Mi habitación era la más pequeña, pero también por eso pagaba menos. Coco me enseñó a usar la lavadora porque a esas alturas mi economía no soportaba más compras para lograr redefinir mi *outfit*.

No podía más que ser feliz con mi nueva vida. Jaime me regaló una bicicleta que él ya no usaba para que pudiera ir al hospital, así que arreglé las llantas y ya tenía mi propio medio de transporte.

Todos los días escuchaba música, por supuesto mexicana, para ir a trabajar. De hecho, me entró la nostalgia de hasta escuchar mariachis y música banda, cosa que en México solo escuchaba cuando ponía la estación de radio equivocada.

Algo con lo que no contaba era la economía limitada. Mientras que el Ministerio de Educación y Ciencia homologaba mi título de Medicina, yo no figuraba como derechohabiente de un sueldo en España, así que sobrevivía con mis ahorros del servicio social y de haber trabajado como médico para una empresa de seguros en México, pero el dinero desafortunadamente no daba para mucho, sobre todo cuando tenía que dividirlo entre veinte cada vez que hacía una conversión.

Empecé por apretarme el cinturón y cuidar de unos niños al otro lado de la ciudad. Hoy que lo recuerdo, hubo días que teníamos que ahorrar para comprar papel de baño y por supuesto que la bici se convirtió en mi mejor ahorro de transporte.

Sandra López-León (Israel, Holanda, España y Nueva York, Estados Unidos)

Lo más difícil es estar lejos de la familia. Sobre todo, es muy doloroso estar lejos en los momentos de gran felicidad o de gran tristeza. Los vas a visitar y estás con ellos a la distancia. Pero hay muchas veces que no los puedes abrazar cuando hay cumpleaños, nacimientos, bodas, fiestas, enfermedades o funerales. Hay veces que tú los necesitas y no están ahí y no te queda otra más que volverte fuerte. Todo lo demás son detalles y todo es fácil o difícil, depende de cómo lo veamos. Creo que, si tenemos salud y vida, todo lo demás tiene solución. Cada vez que pasa algo negativo, me pregunto: «¿En un año me seguiré acordando? ¿En un año seguirá siendo importante?». Si la respuesta es «no», lo dejo ir. Si la respuesta es «sí», entonces veo qué está en mis manos para poder mejorarlo y si no está en mis manos: «*I just let it be*». Hay cosas en la vida que no podemos controlar, pero sí podemos prevenir o decidir cómo reaccionar ante ellas.

Una de las maneras de prevenir tiempos difíciles es que se enteren de los tipos de peligros que puede haber: desde enfermedades hasta desastres naturales comunes de la zona —incendios, inundaciones, temblores, tornados, huracanes—. También es importante escuchar las noticias porque uno puede estar en tipos de peligro que nunca hubiera imaginado.

En todos los países, las personas tenemos la misma sangre, los mismos miedos y las mismas alegrías. Todos nacemos y morimos de la misma manera. En cada país y en diferentes épocas de nuestras vidas tenemos diferentes distracciones y diferentes prioridades. De un lugar a otro, cambia mucho la manera de ver la vida, de entender, de pensar, el sistema, las costumbres y hasta las necesidades. Muchas de las cosas son artificiales, pero, si queremos ser parte de la sociedad, tenemos que seguir algunos juegos o reglas. Si nosotros queremos seguir usando las reglas y lo esperado de una sociedad en otra, entonces surgen los problemas. Por eso tenemos que aprender a hacer las cosas diferentes, a estar abiertos, a entender que hay un diferente porqué para cada persona y a entender que no hay una manera, hay miles.

Sé lo difícil que es llegar a un país y no conocer a nadie. Sé lo difícil que es no saber dónde comprar cosas, dónde conseguir algo específico. Tener miles de preguntas y no saber a quién preguntar. Tantas preguntas que para todos son obvias no lo son para uno. Por eso, cada vez que yo conozco a alguien nuevo en el país, le digo que me puede preguntar lo que quiera y que, si tiene una emergencia, me pueden hablar las veinticuatro horas del día porque yo he sido nueva y sé lo difícil que es. Yo estoy eternamente agradecida con las personas que me dieron una mano cuando llegué a los países, que me dieron una bienvenida y que me apoyaron sin conocerme. Una manera de decir gracias es «*pay it forward*».

Les recomiendo que, si algún día llegan a un país nuevo, busquen a la gente que ha pasado por eso. Son las personas que más los ayudarán y las que saben las respuestas. Si algún día conocen a alguien nuevo, denle una mano. Muchas veces es la semilla de una gran amistad. Cuando estás lejos, tus amigos se vuelven tu familia. Tú estás para ellos incondicionalmente y ellos están para ti. Sabes que, si los ayudas un día, ellos te ayudarán cuando lo necesites.

Patricia Bautista Rivera
(Kentucky, Estados Unidos)

Es importante contarles un evento clave en nuestras vidas. Parecería el colmo para un par de médicos, dado que no estaba en nuestros planes. A las pocas semanas de haber llegado a EUA, nos dimos cuenta de que estábamos esperando a un nuevo miembro de la familia. ¡Qué sorpresón! Nos enfrentamos a todo un torbellino de emociones y, aunque sin lugar a duda estamos superagradecidos con Dios por la oportunidad de ser padres y por el hermoso regalo que la presencia de nuestra hija ha traído a nuestras vidas, en ese momento la aceptación fue todo un reto. Imaginen: en un nuevo país, lejos de toda tu gente querida —especialmente, lejos de tu mamá y toda tu familia—, después de haber renunciado a la subespecialización, sin trabajo, apenas empezando a entender y hablar en inglés y a manejar y, para ponerle la cereza al pastel, ¡estábamos embarazados!

Uno de los momentos más difíciles que enfrentamos durante esa temporada ocurrió un día en que estaba en la clínica de Pediatría, que se encontraba en el sótano de un edificio en el centro de la ciudad: pacientes iban y venían, adscritos, residentes y enfermeras —y yo junto a ellos—, todos muy ocupados, cuando de repente un olor raro infiltró el ambiente. Una enfermera preguntó si nos habíamos dado cuenta y todos respondimos que sí. En ese momento hizo un comentario que me congeló y me dejó inmóvil:

—¡Qué bueno que no hay embarazadas, pues están aplicando herbicidas que se han filtrado a través del sistema de ventilación!

«¡Esperen! —Eso quise gritar en ese momento—: ¡Esperen, yo estoy embarazada!». Abandoné la clínica en ese momento y me dirigí a toda prisa al hospital en donde estaba mi esposo. Quería correr, pero me flaqueaban las piernas. Finalmente, llegué y le conté. Fue un alivio tenerlo a mi lado. Ambos estábamos terriblemente preocupados. Se movilizó y contactó a la oficina encargada de la jardinería de la universidad. Después de revisar ingredientes, finalmente nos aseguraron que no había toxicidad asociada, por lo que recomendaban que solo nos mantuviéramos en vigilancia y que no nos preocupáramos.

Sin importar cuánto conocimiento teórico y práctico haya tenido como pediatra, el haber tenido a mi hija a una gran distancia de la familia, pero sobre todo lejos de mi mamá, ha sido uno de los momentos más difíciles de mi vida y creo que de la de mi esposo también. Cuando estás en trabajo de parto y solo tienes a tu esposo y tu esposo solo te tiene a ti y las cosas se complican, el momento se torna de verdad desafiante. El confrontar situaciones inesperadas, difíciles cuando no tienes a tu alcance apoyo moral y emocional modifica los grandes problemas, los hace aún más grandes. Afortunadamente, gracias a Dios, a pesar de las complicaciones y de la larga duración del trabajo de parto, siempre es emocionante conocer a tu bebé por primera vez. Mi niña permaneció en el hospital siete días después de su arribo. Al llegar al departamento con la nueva adición de la familia, llegó a mi corazón un sentimiento renovado de añoranza. Es en momentos como ese cuando más quieres y necesitas a tu familia cerca: requieres el cariño y compañía de los tuyos y, a pesar de que mi esposo y yo nos tenemos el uno al otro, la sensación de soledad que me embargaba era inmensa.

El sobrevivir con el sueldo de un médico en entrenamiento es difícil en cualquier lugar del mundo, pero aún más difícil cuando el médico es responsable de una familia de tres y su sueldo es el único ingreso con el que se cuenta. Yo no tenía permiso de trabajo y, de cualquier manera, no habría podido trabajar con un recién nacido en nuestra familia.

Una vez que mi niña llegó a nuestras vidas, la mía cambió de forma radical. Ahora me tocaba quedarme en casa a cuidar de ella, no había otra opción. Aunque sabía que esto sucedería, fue muy difícil enfrentar cada día del frío invierno encerrada, con una bebé y sin absolutamente nadie con quien hablar. Mi esposo, al igual que las personas que había conocido en el consultorio de alergia, se encontraba trabajando. Pasaron seis largos meses antes de que finalmente conociera a una señora española a quien la pediatra de mi hija le había dado mi número de teléfono. En esa época en nuestro estado, casi no había personas que hablaran español. Así fue como finalmente pude tener a alguien con quien hablar y mi hija, un amiguito con quien interactuar. Esos meses de aislamiento fueron largos.

Paulina Cruz
(Misuri, Estados Unidos)

Fue muy difícil vivir en Estados Unidos con tan poco dinero. Siempre pensar que comprar un *latte* hoy puede resultar en que no me alcance el dinero para pagar la luz o el celular a fin de mes. Aún recuerdo que el lunes era el día en que los *lattes* costaban un dólar y esperaba ese día con ansias para comprarlo. En Minesota era muy difícil salir o hacer vida social sin auto. El transporte público no pasaba por muchos sitios y no me sentía con confianza de pedir que me llevaran. Por consecuencia, salía muy poco y esto me hizo deprimirme los primeros meses. Sentía que había dejado todo en mi país y no tenía nada aquí. Todo era muy incierto.

La gente es educada pero distante. Pasaba mucho tiempo sola. Ni siquiera mi mentor de origen mexicano me invitaba a su casa. Cuando llegó el invierno y anochecía a las cuatro de la tarde, fue aún peor. Había veces que, debido a la nieve, tenía que ponerme bolsas de plástico sobre los zapatos para caminar de vuelta a mi pequeño estudio, que tenía calefacción de radiador. Era tan vieja que no se regulaba la temperatura, de tal forma que a veces subía tanto que dormía en ropa interior mientras afuera estaba a -20 °C. También las paredes transmitían todo y en un par de ocasiones me tocó tener que escuchar gemidos del vecino teniendo sexo. A veces era difícil creer que era una doctora haciendo una maestría en el mejor hospital de Estados Unidos. Años después, me enteré de que esos departamentos eran parte de la sección ocho, un programa federal que subsidia viviendas para gente pobre.

Después estuvo el lenguaje. Aunque era muy competente escribiendo y leyendo, me costaba trabajo entender a nivel y velocidad de conversación, y me tuve que acostumbrar a repetir las cosas múltiples veces y a ver las caras de la gente tratando de entender lo que decía.

Finalmente, vivir con Daniel me ayudó mucho emocionalmente. Fue mi apoyo al iniciar la residencia. Nuestra economía mejoró mucho y por fin tuve mi propio auto que fue un *lease*. Con ilusión amueblamos nuestro departamento, nuevamente con muebles de Ikea, e hicimos toda la mudanza entre los dos. Tardamos como ocho horas.

En la residencia nuevamente sentí que debía probar que era buena médica. Una vez más, solo yo sabía todos mis sacrificios, planeación y dedicación. Ahí era una interna más de otro país con acento y era incierto si podría con la responsabilidad. Sin embargo, siempre tuve buena retroalimentación por parte de los doctores que me supervisaron.

Aprendí muchísimo sobre medicina y a relacionarme con mis colegas y maestros. Seguí en colaboración con mi mentor y, aunque no obtuve la maestría, publiqué mi primer artículo como primera autora en una revista médica importante y obtuve el certificado en Investigación Clínica. Los tiempos difíciles finalmente se convirtieron en tiempos de aprendizaje.

Angeles Estrada/ María de los Angeles González Soto (Oklahoma, Estados Unidos)

Una de las situaciones difíciles que me ha tocado enfrentar ha sido el clima severo que se vive en Oklahoma. A mí me gustaba mucho ver, oír, oler, sentir la lluvia. Ahora que vivo acá muy pocas veces lo puedo disfrutar realmente porque casi todos los días checo el clima, ya que es muy cambiante y lo que más angustia es cuando hay alarma de tornado. Cuando era niña, me gustaba mucho la caricatura del mago de Oz y yo quería viajar con mis zapatillas rojas hacia Kansas. Pues resulta que viajé con mis zapatos negros hacia Oklahoma.

Gracias a Dios, hemos sido muy afortunados porque, aunque he visto el famoso embudo de un tornado, ha estado lo suficientemente lejos. Cuando no teníamos subterráneo, nos salíamos de casa. Tenía preparada la mochila de emergencia, pero ahora con mi hija casi parece que me voy a cambiar de casa. Sin embargo, finalmente, una noche tuvimos que irnos al subterráneo con el que ahora sí contamos. Estábamos mi hija y yo solas, y solo corrí con ella, la linterna y el celular para no estar incomunicada. Aprendí que, definitivamente, solo debo tener lo esencial.

Planeamos la llegada de nuestra niña aproximadamente dos años antes de que naciera. Decidimos que sería concebida en las maravillosas playas de México. En dicho viaje, programamos cita con el ginecólogo para un miércoles en mi ciudad. Previamente pasábamos unos días en la de mi esposo, pues el domingo anterior me sentí muy mal, que el corazón se me iba a salir. Sí había sentido anteriormente una taquicardia, pero nunca me había durado tanto ni se comportaba «de ida y vuelta», con hipertensión arterial y disnea. El martes me sentí mal nuevamente, así que nos fuimos a mi ciudad a ver a mi cardiólogo. Me diagnosticó y se inició el tratamiento. Le comentamos sobre nuestras intenciones de ser padres y él indicó planificación familiar por el momento. Dijo que sería aproximadamente por seis meses, pero se extendió a dos años.

Cuando por fin estuve mejor, previa autorización del cardiólogo, iniciamos «la tarea». Primer mes: retraso, pero falsa alarma. Segundo mes: fui a Los Ángeles, así que supusimos que sería un mes perdido, pero no, alcanzamos mi último día fértil según mis registros. Iniciamos control prenatal y, a la semana doce, tanto la enfermera como el doctor intentaron escuchar el latido cardíaco con un *doppler* fetal. Para mí era obvio que no lo iban a escuchar, pero el doctor me preguntó: «¿Todavía te sientes embarazada?». Sentí la boca seca y me angustié mucho en ese momento, pero contesté que sí. Primer susto. En diciembre, un domingo me tropecé en una colina chiquita, pero rodé. Nuevo susto. Me puse en reposo y me dije a mí misma mis datos de alarma y pasó el susto. Una ocasión más en que no se movía mi bebé: chocolate, naranjas, reposo y nada. Fuimos al hospital y nos dijeron que en ese no era y nos mandaron a otro. Pues en el transcurso, bendito Dios, se movió.

Me programaron para inducción de parto por hipertensión arterial. Luego de casi veinticuatro horas, por fin nació mi niña. No lloraba. Entre la enfermera y yo le frotábamos la espalda. Se recuperó y después el pediatra dijo que le escuchaba un soplo. En la revisión de las veinticuatro horas, después de la 01:00., vino una enfermera a preguntarme si yo podía caminar, pero uno siente y le pregunté si había algo malo. Me dijo que sí.

Mi esposo y yo llegamos con la enfermera adonde estaba nuestra hija, canalizada e intubada. Sientes como que el corazón se voltea, mucha angustia. La bauticé y le coloqué una estampa de la Virgencita de Guadalupe, que permaneció con ella en todo momento hasta el día de su alta. El doctor nos dijo que le habían detectado una malformación cardíaca y que la iban a trasladar a otro hospital, donde quizá requeriría trasplante o que incluso podía morir. No me dejaron ir con ella en la ambulancia. Mi ginecólogo autorizó mi alta por teléfono y nos fuimos al otro hospital. Afortunadamente, nos dejaron estar con ella en todo momento. La estabilizaron y le hicieron sus estudios, y entonces apareció un ángel para nosotros: el cardiólogo pediatra que la recibió. Nos explicó que nació con una estenosis severa de la válvula pulmonar, como malformación única en corazón y en estudios de genética normales. Le realizaron la valvuloplastia con evolución lenta, ya que no podían retirar el oxígeno. Duró tres semanas en Neonatal Intensive Care Unit (NICU) y una más en hospitalización. Actualmente, a sus tres años, continúa en revisión y, probablemente, necesite un reemplazo de válvula. Ha sido un continuo aprender porque siento angustia por no saberla completamente sana, pero también agradezco infinitamente la dicha de tenerla conmigo. La amo con todo mi corazón, aprendemos juntas a cada momento y agradezco su presencia en mi vida: un maravilloso regalo para mí. Te amo, hija.

Mayra Falcón Pineda
(Wisconsin, Estados Unidos)

La vida es una rueda de la fortuna: unos días estás arriba; otros, te toca abajo. Pero ¿qué sería la vida sin todos esos momentos? ¿Qué sería de nosotros sin todos estos matices, llevándonos de una emoción a otra? Sin embargo, hay esos momentos, esos que te marcan la vida para siempre; esos que te harán ser quién eres o serás por el resto de tu vida.

La verdadera felicidad llegó a mi vida un 29 de abril de 2009. Dios me había mandado la mejor y más hermosa bendición que siempre había deseado: mi hermoso Sebastián. No podía pedir nada más. Dos meses después, todo cambió. Se acercaba el 4 de Julio. Inicié con un resfriado común y un poco de tos. Tomé algunos remedios caseros. No podía tomar medicamento, pues me encontraba lactando. Era fin de semana, festejábamos el 4 de Julio en nuestro vecindario. Todo parecía normal. Pasaron los días. Los síntomas del resfriado eran un poco más severos, pero nada importante.

Martes, 7 de julio: llegó la hora de dormir, los niños ya en la cama. Había tenido algunas molestias también de gastritis y reflujo, nada que un antiácido no quitara, pero las molestias empezaron a ser mayores y mayores hasta que le dije a mi esposo que el dolor era casi insoportable, así que tuvimos que tomar a los niños e ir al Servicio de Urgencias. De camino, dejamos a Ty y Samy en casa de su mamá. Sebastián tendría que venir con nosotros, no teníamos familia a quien acudir y no queríamos importunar a nuestros amigos a esas horas de la noche. En camino al hospital, pensaba en todas las posibilidades, pero por la localización del dolor pensé en la vesícula. No fue así. Mi esposo, Sebastián y yo pasamos casi toda la noche en el hospital. Después de un ultrasonido abdominal y estudios de sangre, volvimos a casa solo con medicamento para el dolor y sin un diagnóstico.

El miércoles 8 de julio, el dolor seguía, misma intensidad y características. Un síntoma se agregó: mis manos y plantas de los pies se sentían raras. Era una sensación extraña: adormecimiento con dolor. Acudí a mi clínica, le comenté a mi doctor estos nuevos síntomas y me dijo: «Seguro que es por el dolor que estás hiperventilando». Yo sabía que no era así, era algo diferente. En el estudio de tomografía abdominal que me realizaron solo salía una constipación —estreñimiento— importante, por lo que me mandaron casi un galón de un laxante.

Mi esposo, Sebastián y yo regresamos a casa. El líquido estaba frío y al tomarlo inicié con una sensación extraña en mi lengua, con un sabor diferente y ahora el adormecimiento ya no solo era en las manos y los pies, estaba aumentando. Dejé de tomar el laxante, creí que estaría presentando alguna reacción alérgica. Al día siguiente, mi cuerpo ya estaba completamente adormecido y tal vez mi fuerza muscular un poco disminuida. Decidimos regresar al Servicio de Urgencias; ahí solo me dijeron que seguramente estaba cursando con una deficiencia vitamínica por el embarazo y la lactancia. Me ayudaron a poder evacuar y el dolor abdominal disminuyó.

Una vez más regresamos a casa, sin diagnóstico y con esta sensación tan extraña en todo el cuerpo. Fue entonces al bajar las escaleras cuando mi angustia y miedo aumentaron más. Mis piernas estaban verdaderamente débiles. Al dar el primer paso para bajar el escalón, una de mis rodillas se dobló sin fuerza. Algo no estaba nada bien. Pensé en las causas de debilidad muscular y lo único que pude asociar y de lo poco que recordaba de medicina general fue «botulismo». Busqué síntomas de botulismo y sí, en efecto, enfermedad debilitante, pero en la información decía que únicamente se presentaba en niños y que algo similar que podía ocurrir en adultos era el síndrome de Guillain Barre. Como decimos en medicina, «mis síntomas estaban como de libro». Todo apuntaba a eso: «Enfermedad debilitante que se caracteriza por parestesias que van ascendiendo. Puede ser posterior a una enfermedad viral y llegar a causar parálisis respiratoria». Inmediatamente, le dije a mi esposo: «Esto es lo que tengo». Él, al leer lo grave que podía llegar a ser, tomó a Sebastián y me dijo: «Vámonos».

En el camino al hospital, le escribí a una compañera de la carrera. Le comenté mis síntomas, me aseguré de decirle de mi antecedente de resfriado. Ella contestó: «No te asustes, pero podría ser el síndrome de Guillain Barre». ¿Cómo no me iba a asustar? Estaba confirmando mis sospechas. Todo pasó por mi cabeza: estábamos solos, sin familia, con muy buenos amigos, pero cada quien con su vida. ¿Quién iba a cuidar de Sebastián? ¿Cómo iba a ser esto? ¿Qué secuelas iba a tener? El pánico empezó a inundarme, pero tenía que estar tranquila, tenía que pensar en todo lo que se nos venía.

Esperamos por tres horas para ser atendidos. Ya mi fuerza para poder cargar y alimentar a Sebastián era cada vez menor. Al fin, el médico de Urgencias me recibió. En mi camino hacia el consultorio, noté que mi marcha ya era un poco más torpe, con mayor dificultad. El interrogatorio y la exploración física se inició. Me aseguré de mencionar mi episodio de infección respiratoria aguda de hacía algunos días. Antes de que él terminara, ahora sí le mencioné que yo solía ser médico en México. Fue ahí cuando todo empezó a cambiar. Me preguntó: «¿Y qué piensas tú?». Le dije mis sospechas y las de mi amiga, e inmediatamente concordó con nuestro diagnóstico.

Mi ingreso no se hizo esperar, todo empezó ahí: la marcha que hace unos minutos era diferente, ahora ya era atáxica, ya necesitaba abrir las piernas para poder aumentar mi base de sustentación y no caerme, ya necesitaba que me ayudaran a ir al baño. Empezaron los estudios, la resonancia magnética, la tomografía y demás.

Esa madrugada del viernes 10 de julio me pasaron al piso de Neurología del Hospital de la Universidad de Wisconsin con el probable diagnóstico de síndrome de Guillain Barre. Esa noche Sebastián aún estuvo conmigo y mi esposo. Él estaba exhausto, tenía que cuidar de mí y del bebé. Necesitaba ayuda, pero no quería molestar a nadie, así que llamé a una de las principales personas que nos dieron su apoyo en este proceso: mi mejor amiga y familia en este país.

Ella no lo dudó ni un segundo. A la mañana siguiente, dejó todo y fue al hospital. No me preguntó nada, solo me dijo: «Este no es un lugar para Sebastián, me lo voy a llevar». Mi mundo se derrumbaba, esto no podía estar pasando, pero era lo mejor para él y para nosotros.

Los días pasaron y, a pesar del tratamiento, mi condición empeoraba. El sábado por la noche fue el último día que pude bañarme y caminar sola. Recuerdo tan claramente a mi esposo llevándome al baño. Me preguntó: «Pero ¿por qué caminas así?». Estábamos deshechos. Fue ahí donde los dos nos derrumbamos: yo, sosteniéndome en él, lloramos juntos sin saber lo que nos esperaba.

Todos los días mi miedo era no despertar, no despertar por estar conectada a un ventilador sin poder ver a mi bebé. En algún momento que inicié con dificultad para tragar y que los líquidos se iban hacia mi nariz, me dijeron que necesitaban ponerme un tubo de mi nariz al estómago para alimentarme y evitar que líquido o comida se fueran a mis pulmones. Yo dije: «No tubo, no nada». Tal vez no fue la mejor idea, pero no quería sentirme más enferma. Mis párpados también se paralizaron, mi paladar. Mi voz era diferente. Presenté el más fuerte dolor de cabeza que en mi vida había tenido. Era un efecto adverso a la punción lumbar, era peor al levantarme o sentarme, así que, además de que no podía caminar por la debilidad, tampoco podía moverme de la cama. Mi terapista física me exigía casi que me levantara de la cama, así que, a pesar del dolor de cabeza, lo intentaba ayudada por una andadera y un cinturón por el cual me sostenían. Ahora estaba viviendo en carne propia la discapacidad. Ya no podía hacer nada por mí misma. Tuve que perder el pudor y tener toda la humildad y sencillez para vivir esto, ya no era yo. Después de una semana, parecía que iba mejorando. Al fin mis padres llegaron desde la Ciudad de México y mi corazón descansó un poco. Tendría que esperar una semana más en el Área de Rehabilitación para regresar a casa. No sé si fue el diagnóstico oportuno o si fue mi fuerza y los cuidados de quienes estuvieron ahí, pero mi recuperación fue rápida: quedé con algunas secuelas como dolor neuropático crónico y fatiga que, a pesar de que marcan mi vida, no la detienen.

Durante este proceso, hubo ángeles que vieron por mí, mi hijo y mi esposo; esos amigos que, cuando estás lejos de tu familia, se vuelven tu familia. Quisiera nombrar a cada uno de ellos, quienes estuvieron ahí: ella, que cuidó a mi hijo por una semana como si fuera el suyo; ella, que me bañó, me peinó, me alimentó como lo hace cada día con su hija; ella, que estuvo pendiente de mi esposo y veía si tenía algo para comer; ella, que ayudó y orientó a mis papás. Ellos, que nos visitaron y nos dieron palabras de aliento; que volaron en el primer avión que pudieron tomar en cuanto supieron cómo estaba. Mi mamá, que se desveló noches enteras con Sebastián; que, a pesar del cansancio, cuidó de mí, mi hijo, mi familia y mi casa cuando yo no pude hacerlo; por llevarme con ella de regreso y apoyarme con todo durante mi estancia en México para mi recuperación. Mi papá, que recorrió distancias de norte a sur para llevarme a mis terapias de rehabilitación. Pero sobre todo él, mi esposo, que no se movió ni un minuto de mi lado; que corría de un lado a otro para llevarme a Sebastián al hospital; que corría a casa para checar que todo estuviera bien; que iba por sus hijos para verlos solo unos minutos; que me daba ánimos, a pesar de que no me veía bien; que andaba por el hospital tratando de distraer a Sebastián. Gracias a esta enfermedad porque, aunque a veces se me olvida, la vida tiene otro valor y ahora intento recordar que estoy viva y que dentro de lo que cabe, estoy sana; que no me hace falta nada más. Gracias por el aprendizaje que me dejó y me ha dejado.

Hazel-Ela Jiménez
(Houston, Estados Unidos)

Desde un inicio ha sido difícil: desde tomar la decisión de dejar mi país, decisión que tomé sin pensar lo mucho, solo en mejorar y tener al alcance una vida mejor para mis hijas académicamente y para mí y mi esposo. Fue donde la acción se hizo presente.

Cuando llegué con las niñas a Arkansas, que fue al primer estado, mi prometido ya tenía el departamento perfecto para recibirnos, pero fue difícil salir de casa de mi tía, que era donde comenzó el apoyo. Se sintió un ambiente diferente, yo esperaba que pensaran: «¡Qué padre por ellos, ya van a estar juntos!». Fue raro que la familia entendiera que nos teníamos que mover. Por obvias razones, mi mamá era la más molesta. No noté que ella sintiera mi felicidad por el cambio o porque había encontrado una nueva pareja y que me ofrecía esta vida nueva que pintaba perfecta. Así lo sentí yo, quería estar sola con mi futuro esposo y mis hijas.

Bueno, pues así aconteció la boda: una ceremonia supersencilla. En el patio de la casa de mi tía no preparamos nada en especial más que los ajustes de la corte y licencia para poder casarnos en ese estado. Nos mudamos. Mi esposo ya tenía un trabajo que mi tía le había conseguido. No teníamos muebles, los tres dormíamos en colchón inflable con los edredones y algunas pocas cosas que me traje para tener con qué comenzar. Comíamos en la base de la chimenea o parados en la barra de la cocina. Fuimos comprando en una tienda donde rentas y al mismo tiempo es tuyo, una litera para el cuarto de las nenas y un sillón para la sala. Mi tía, con la que llegamos, nos regaló una televisión de cuadro, de esas antiguas de cajón que nos daba servicio y entretuvo. Mi esposo se trajo dos mesas del trabajo: una era de centro y otra para el comedor que adaptamos con sillas de *camping* y unos bancos que no sé de dónde salieron. Esos eran todos mis muebles. Apenas llevábamos tres semanas ahí cuando, de repente, la vida nos cambió.

Con el continuo contacto de mi suegra por teléfono, le propuso a mi esposo irnos a vivir a Houston para estar cerca de ella o ella mudarse a Arkansas, como ya les conté anteriormente. Yo me opuse. Desde siempre he pensado que vivir cerca de los suegros es mala idea, pero noté molestia en mi esposo. Sentí que tal vez yo estaba siendo egoísta, así que aceptamos. Por iniciativa de ella, le consiguió un trabajo con una de sus hijastras; solo esperamos el término del ciclo escolar, que mis hijas apenas habían comenzado dos meses atrás, y nos mudamos. Teníamos una camioneta usada recién comprada en pagos; al saber eso mi suegra, nos dijo que la devolviéramos, que ella nos daba una de sus camionetas. Yo bendecía el momento de haber encontrado a la señora, así que regresamos la camioneta y nos mudamos como judíos errantes. Regresamos los muebles a la empresa de renta y compra, y nos vinimos otra vez sin nada.

Llegamos a vivir en casa de la señora, quien ya nos esperaba con un cuarto especial para nosotros cuatro. Su esposo y sus dos hijas se veían contentos por tener visitas y, sobre todo, porque era el «hijo perdido», por así decirlo, de la señora. El encanto nos duró dos semanas. Al cabo de ese tiempo, me exigían limpieza; me hacían caras por no hacer cosas que por mi voluntad yo realizaba desde un inicio. Yo mantuve limpio el cuarto donde mi esposo y yo dormíamos en el suelo, y mis hijas, en una cama; barría toda la casa, lavaba los baños, les limpiaba a sus perros, hacía la comida para todos hasta que comenzaron más y más caras por parte de la señora y después de la hija mayor. Me querían dar órdenes. Mientras mi esposo estaba en casa, eran amables, pero nada más se iba eran odiosas conmigo y las niñas. A ellas una vez el señor les dijo que lavaran los platos desechables que habían usado. Fue lo más absurdo que había escuchado en mi vida. Ya no podíamos seguir ahí, pero mi esposo apenas tenía una semana en el trabajo. No nos alcanzaba para buscar un lugar de renta. Nos salió con la sorpresa de que la camioneta ya tenía muchas millas porque era de la hija mayor y que ya no podíamos usarla. Nos escondían las llaves, se iban temprano en fin de semana y nos dejaban encerrados a los cuatro. Yo ya me había gastado todo lo que había juntado de dinero de lo que había vendido de mis cosas y había traído de México. Todo eso se fue en rentas y contratos en Arkansas.

En una llamada telefónica con mi madre, fue inevitable que se diera cuenta de que algo andaba mal ahora con la familia de mi esposo. Le conté lo que sucedía y me ayudó para poder rentar una casa. Una prima también me prestó y estuvo todo el tiempo al pendiente de cómo estaba. Me ofreció su ayuda, lo que nos sirvió para el contrato de la luz y el gas.

Al decirles que nos íbamos, fue una explosión en casa de su familia. Se enojaron tanto. Nos dijeron que estábamos huyendo; que teníamos que quedarnos; que ya habían pensado en comprar una casa con seis recámaras para todos. Casi me reí. Yo creo que querían sirvienta de planta. Al final de todos los alegatos, la mamá de mi esposo le dio un papel que le decía la cuenta total de lo que debíamos por el tiempo que habíamos vivido ahí, con costo de luz, agua, Internet, renta del cuarto. Fue una mentada hecha por su propia madre: ni mi esposo ni yo lo podíamos creer. Obviamente, no teníamos ese dinero, lo que queríamos era juntar para poder movernos.

Así, con todo y más decepción, nos fuimos. Para nuestra suerte, encontramos una casa a dos cuadras de la suya, que tenía cinco minutos con letrero de renta. La señora de ahí no nos pidió depósito, lo que facilitó poder movernos a ese lugar sin cosas. Lo irónico es que la mamá de mi esposo le regaló una base de cama y unos colchones para que tuviéramos dónde dormir y una mesa para comer, lo que parecía algo ilógico si nos estaban cobrando renta. No queríamos aceptar nada, pero, al vernos en el vil suelo, aceptamos; seguíamos con la televisión de mi tía, que jamás pudimos conectar aquí por el tipo de antena. Mi esposo y yo dormíamos en inflable y las niñas en el colchón que nos regaló. En su primera semana de cobro, mi esposo les fue a pagar lo que nos cobró de luz y renta. Yo me rehusaba, pero fue por ego o por orgullo que mi esposo lo hizo.

Poco a poco, pudimos comprar nuestros muebles, sacamos una sala en pagos y un comedor. Eso le estaba dando forma y estabilidad a nuestros días. Al cabo de tres meses, al parecer en su casa nos extrañaban: nos enviaban mensajes amenazándonos con que, si nos volvían a ver, iban a separarnos; que se iban a encargar de que no fuéramos felices. Todo esto lo hacía la hermana de mi esposo. Después el señor le mandó un mensaje diciéndole que tenía que pagar por los regalos que había recibido mientras estuvo en su casa, como unas botas que la señora le dio y unas cajetillas de cigarros. Esto ya era demasiado. Parecía que no íbamos a vivir tranquilos nunca.

Yo busqué la manera de movernos de casa con la misma señora que nos rentó; le pedimos que nos acomodara en otro lugar, pero nunca se pudo. Mientras tanto, los días se fueron componiendo: la señora que nos rentó me ayudó a inscribir a las nenas a la escuela en Houston. Yo no tenía ni idea de cómo era todo el trámite en Texas. Aprendí de todo con ella: cómo se hacen los contratos de servicio de televisión, dónde pagar gas, agua, permisos de la ciudad, etc. No sabía ni en qué tiendas comprar: a las que yo iba eran las mismas cadenas que en México, pero si no ni cómo. No teníamos carro. Obviamente, nos quitaron la camioneta, nos inventaron rayones nuevos y una quebradura del parabrisas que querían que les pagáramos, cosa que no hicimos.

Se me ocurrió llamar a una paciente cuyos hijos viven aquí para que nos recomendara un lugar donde poder comprar un carro y no te pidieran historial de crédito porque no teníamos por apenas haber llegado al país, así que, cuando el hijo de ella se enteró de que no podíamos comprar auto, nos prestó uno por dos semanas. Era otro ángel en nuestro camino después de tanta desgracia que ya no sabíamos cómo superar.

Nosotros como matrimonio no pudimos disfrutar de los primeros días de recién casados ni sé qué es eso. Fue puro estrés. Peleábamos mucho por lo mismo; yo llegué a pensar en regresar a mi México y olvidar el asunto de la nueva familia y el esposo. No merecía vivir lo que estaba viviendo ni ser tratada así por gente que ni conocía solo por estar con mi esposo. Así que le dije que me iba, que cuando él sintiera que era el momento, se podía regresar o quedarse con su mamá. Rápido decidió y dijo que no, que a ella ni la conocía. Le había dado la oportunidad de recuperar el tiempo perdido, como ella dijo, pero lo único que logró fue darse cuenta de que no los unía nada, que él quería una vida conmigo y así era como lo habíamos decidido en un comienzo, que nada de todo esto nos iba a separar.

Me sentí apoyada, sentí que me estaba dando mi lugar como esposa. Así que aquí sigo, en el mismo barco. Siguieron las dificultades, pero al parecer ya con su familia no tanto porque mi esposo les advirtió que, si seguían molestándome o mandando mensajes, los íbamos a denunciar, lo que calmó sus ganas de molestar.

Al cabo de un año, nuestros planes fueron comprar nuestra propia casa, pero el sueldo de uno solo no era suficiente. Yo no podía ejercer hasta no tener mi residencia y un número de seguro social para poder tomar los cursos de revalidación de mi carrera, etc. Para eso mil requisitos que en un capítulo especial hablaremos de eso, pero con todo y prepararse para esos exámenes mínimo tres años, más los trámites que siguen, que significa una cantidad de cinco años para poder ejercer y, la verdad, lo he descartado. Entre mis planes ya no está quemarme las pestañas otra vez. Quiero tener un bebé, quiero seguir teniendo el tiempo de cuidar de mis hijas; vivir tranquila sin tanto «corre, corre» todos los días.

Al llegar el segundo año, parecía que las cosas se componían: el sueldo de mi esposo había mejorado tres veces, pero yo tenía síntomas de enfermedades: dolor de cabeza a diario, mareos. Si no era de un día una pierna que me impedía caminar, el cuello, un brazo, las rodillas; malestares que nunca había sentido ni cuando tuve una vida de malpaso y ajetreo en México. Jamás me había sentido tan mal, además de que caí en una depresión, tristeza por estar así, batallando, viviendo cosas inesperadas. Me sentía frustrada por lo de mi carrera al ver que no era nada fácil ejercer. Ese año fue caótico mi estado de ánimo, pero la mayoría de las personas que he conocido que se han venido a vivir a Estados Unidos coincidían en que después del segundo año todo mejoraba; ya la estabilidad se comenzaría a ver, así que me agarré de eso del tiempo; de que ya estábamos mejor y que a lo mejor ya mis trámites de residencia llegarían a su fin, pero no, sucede un desastre natural el 24 de agosto de 2017: un huracán devasta la ciudad de Houston. Donde yo vivía fue inundado y destruido. El interior de las casas en mi área se llenó a la altura de la rodilla o más. Todas mis cosas que se encontraban a esa altura se perdieron. A otras me aferré a limpiar y lavar y secar para no tirar. Nosotros, afortunadamente, evacuamos a tiempo. No nos tocó vivir la tragedia en el momento, pero al regreso fue devastador porque jamás imaginamos que encontraríamos así nuestras cosas.

La señora que nos rentaba nos pidió desalojar la casa en menos de veinticuatro horas. Fue un *shock* esa noticia porque no teníamos adónde ir ni dónde meter lo que ya teníamos de muebles. Afortunadamente, mientras nos habíamos ido a resguardar con mi prima en Arkansas, un tío de mi esposo lo contactó por Facebook. Tenía más de diez años de no saber de él y, por azares del destino, apareció para ayudarnos. Él nos dio techo por tres días mientras encontrábamos donde vivir.

Una vecina de donde vivíamos pasaba por ahí el día del desalojo y se acercó a mi esposo para ofrecer su ayuda. La verdad, me cuesta mucho aceptar que necesitamos ayuda y pedirla es difícil. Ese día yo dije que no y mi esposo dijo: «Sí, no tenemos donde guardar nuestras cosas». La señora rápido dijo que con gusto ella nos ayudaba a conseguir una bodega y que la pagaba por dos meses para tener ahí a salvo nuestras pertenencias y los muebles. Así fue, solo tuvimos que conseguir que un amigo nos ayudara con su camioneta para llevar todas nuestras cosas.

Logramos conseguir dónde mudarnos a los catorce días de la tragedia. Fueron los catorce días más largos y angustiantes de toda mi vida. Jamás te imaginas que algo así te va a pasar: perder todo, tirar cosas necesarias y verte sin dónde vivir. Lo que más me preocupaba era la estabilidad de mis hijas.

En un chat de WhatsApp con un grupo de amigas que conocí en el Facebook, donde todas somos mamás y doctoras, les hice el comentario de que me desconectaría porque estaba pasando por una situación difícil. Al preguntarme qué pasaba, se les ocurrió solicitar apoyo a todas las doctoras del grupo. En un momento yo dije: «Nooo, no puedo aceptar ayuda y que todo mundo se entere de lo que me está pasando». Se me venían encima las costumbres de mis papás de aparentar siempre, de no decir las cosas como son. Pero llegó un momento de lucidez a mi mente y dije: «¡Basta! Sí, necesito ayuda. No tiene nada de malo que acepte que necesito apoyo». Les di luz verde y una de ellas publicó en el grupo de Facebook lo que me sucedía y comenzaron a llegar depósitos de todas partes del mundo. Jamás lo imaginé, jamás, y bendigo su bondad, ya que sin conocerme me ayudaron. Sé que alguna de ellas leerá este libro y les digo: «Infinitas gracias, gracias, gracias».

Tanta ayuda que recibí fue una bendición: en menos de cuatro días logré completar para rentar un departamento y comprar ropa y zapatos que habíamos perdido. Lloro por la emoción cada vez que recuerdo que veía una a una la notificación de depósito de gente que no me conoce en persona y que lo hicieron por ayudarme: amigas de la infancia, mamás doctoras, familia, tíos, primos, conocidos... Dios los bendiga siempre.

Cada situación que pasa, cada momento difícil, cada instante que desequilibra, es un momento que nuestra vida necesita para entender y aprender algo que no estabas comprendiendo. Agradezco cada experiencia desagradable y difícil porque me ha hecho aprender y crecer como persona. Gracias.

Leticia López Pedraza
(Dallas, Estados Unidos)

Mi psiquiatra me dijo una vez: «Cuando tienes problemas emocionales, te puedes ir a China si quieres, pero eso no te va a hacer feliz». Ojalá lo hubiera sabido y entendido antes.

En mi vida hay cuatro eventos importantes que fueron muy difíciles de afrontar: unas semanas antes de mi cumpleaños número quince, mi hermano fue diagnosticado con esquizofrenia paranoide. Eso fue devastador para toda la familia; aquí comienza la huida, «mi mecanismo de supervivencia». En esos años de adolescente, mis amigas fueron mi escondite. El apoyo de una de ellas fue fundamental en mi vida. Me la pasaba fuera de casa gran parte del tiempo para ocultar mi soledad y para no ser una preocupación más para mis padres. Con la enfermedad de mi hermano, la situación económica en mi casa se volvió bastante difícil. Terminar la Preparatoria en una escuela pública fue asunto mío. Comenzaron una serie de cambios que me llevaron a ser más independiente.

Entrar a la Facultad de Medicina me cayó como anillo al dedo. Es una carrera muy demandante y me mantuvo ocupada y alejada de mi casa mucho tiempo, así mi «huida» continuaba. Gracias a esto, no me tocó vivir todas las crisis de mi hermano, solo escuchar los horribles e increíbles relatos de mi madre. Nunca fue algo agradable ver a mi mamá sentada en un sofá dormida o llorando. Y, aunque sé que ella se esforzaba, creo que todos queríamos gritarle: «¡Voltea a verme a mí, no te dejes! ¡Tienes más hijos!».

Mi mamá ingresó a un grupo de apoyo para pacientes con enfermedades mentales y eso le ayudó mucho a entender la enfermedad de mi hermano. Con esto logró también mejorar su estado de ánimo y esto se vio reflejado en la estabilidad de toda la familia. Lo malo fue que ella sola se hizo cargo de él. Así pasaron los primeros años de la carrera, hasta que mi madre fue diagnosticada con cáncer de seno. Yo ya cursaba el cuarto año de mi carrera y eso sirvió bastante para entender todo el seguimiento de su enfermedad. Los enfermos en mi casa ya eran dos y ambos necesitaban cuidado. ¿Cómo le hice con todo? No tengo explicación; muchas veces me lo he cuestionado. Mi mamá estuvo muy cerca de la muerte en varias ocasiones y para mí era indispensable que ella nunca estuviera sola. Salía de mi guardia y me pasaba al hospital en donde ella estuviera internada para quedarme a cuidarla. Había días que me amanecía estudiando a un lado de su cama y de ahí me pasaba a presentar un examen. No veía la hora de tirarme en cualquier lado para dormir. Fueron días de cansancio extremo. Bueno, y como un plus las desgastadas mentales que tenía con mi hermano, que siempre fueron batallas perdidas. Mi mamá murió en mis brazos. Me tocó dar la noticia al resto de la familia. Mi abuela materna estaba conmigo en ese momento y dijo: «Hijita linda de mi vida, yo te vi nacer y yo te vi morir», palabras cargadas de sentimiento que nunca olvidaré.

El día que mi padre me dijo que mi hermano era responsabilidad suya y no mía, me sentí liberada. Al terminar el servicio social, decidí probar suerte en Estados Unidos, sin miedo a nada porque creí que lo peor que me podría haber pasado ya lo había vívido. De aquí en adelante, no habría nada difícil de superar para esta infalible heroína: ¡qué equivocada estaba!

Muchas veces las personas a las que uno ama profundamente nos lastiman sin tener la intención de hacerlo. Hasta ahora entiendo que todo tiene una razón de ser. Yo dejé de idealizar al hombre perfecto gracias a un secreto que me reservo por respeto a quien me enseñó a perdonar. Mi matrimonio no terminó bien. Mi exesposo tuvo una vida difícil y no supe comprenderlo. Al final sus vicios pudieron más que yo. Yo sentí que algo en mí se moría lentamente junto a él. Cambié mi forma de ser. Me sentía frustrada, de mal carácter, y todo el tiempo estaba a la defensiva. Obviamente, esa actitud empeoró todo. Los dos vivíamos estresados y la convivencia se volvió insoportable. Esperé un milagro que en mi tiempo nunca llegó. En un momento, me miré como aquella mamá llorando en el sofá con miedo y yo no quería esa vida para mi hija. Dejé de ver esfuerzos de su parte. Lo poco que hacía era solo por complacerme porque él no veía nada malo en su actitud. Fue entonces cuando decidí «huir» nuevamente pensando en que él reaccionaría y no fue así. Al principio me apoyaba con todos los gastos de la niña, luego su problema se hizo más grande y se quedó sin trabajo varias veces. Me tuve que enseñar a no depender de él y a estar sola.

Al separarme de mi esposo, caí en una depresión con síntomas muy marcados. La «huida» ya no funcionó. El dolor que venía arrastrando de años por fin me alcanzó. Fue hasta ese entonces cuando decidí poner todo en las manos de Dios y buscar ayuda profesional. Estuve un año en tratamiento con un psiquiatra y una psicóloga. Solo yo sé lo que me costó salir de esa y, sinceramente, no me atrevo a señalar culpables. El tiempo no regresa y no sirven de nada los lamentos. Nunca es tarde para agarrar las riendas y tomar el control de tu vida. Yo no me quería dejar rendir. Mi hija es mi mayor fuerza y yo quiero ser la versión mejorada de mi madre.

Margarita Lovera Maldonado
(Michigan, Estados Unidos)

Cuando llegamos a este país todo fue con ilusión de encontrar algo mejor. En ese entonces mi esposo era aún residente y los tiempos de espera eran de tres a cuatro años, por lo que decidimos que, para no entrar en conflicto con trámites migratorios, lo mejor era estudiar una maestría e inglés para tener un estatus legal en el país. El tiempo pasó muy rápido, al grado de que ni siquiera notamos el cambio tan radical de país. Lo más difícil y complicado empezó justo a los dos años de haber llegado, ya que empecé a experimentar el gran vacío emocional por la ausencia de la familia. En ese momento llegaba a nuestras vidas una de las mejores noticias que hemos tenido: estábamos embarazados. De inmediato llamamos a nuestra familia para compartir ese gran acontecimiento; sin embargo, a lo largo de mi embarazo yo me cuestionaba tanto el estar lejos y el hecho de que nuestra hija naciera en un lugar respecto al cual no teníamos ningún sentido de pertenencia.

Es curioso cómo desde el momento en que me supe embarazada me sentía sumamente feliz, pero había un vacío en mí: me hacía falta el sentido de pertenencia, de convivencia, de compartir. Las personas que llegas a conocer nunca se entregan como tu verdadera familia y, sinceramente, yo no quería eso para mi hija, no quería que ella creciera como un hongo ni deseaba privarla de la gran fortuna que yo tuve, que fue crecer cerca de abuelos, tíos, primos, gente con su misma sangre; gente que, después de sus padres, serían quienes más la amarían.

En fin, las cosas siguieron su curso. Nació mi segunda hija bajo las mismas circunstancias y nosotros creíamos que con el tiempo esa sensación de vacío desaparecería gradualmente. Sin embargo, no desapareció. Al contrario, cada día se va fortaleciendo más y más y ahora, embarazada de mi tercer hijo, estoy totalmente convencida de que este no es nuestro lugar. Yo no quiero que mis hijos crezcan aislados, privados de una cultura riquísima en valores, tradiciones e historia; lejos de México y de la familia, lejos de su patria. Creo que las personas nunca podrán compartir lo que no tienen y eso es justamente lo que siento: simplemente, no puedo enseñarles a amar algo que yo no amo. No puedo darles una identidad que yo no tengo.

A partir de esta sensación de aislamiento es que puedes reconocer lo que es realmente importante en la vida y el papel tan fundamental que juegan la familia y las raíces. Eso ha sido lo más difícil para mí, tanto en lo personal como en lo familiar. Creo que es algo a lo que nunca podré adaptarme. En nuestro caso ha sido sencillo adaptarnos al clima tan adverso, a la comida diferente, al idioma, a la frialdad de la gente y a todo lo que conlleva vivir en un país distinto al de mi origen, pero eso es insignificante comparado con lo que creo que es esencial en la vida: nuestras raíces.

Mucha gente habla sobre una «vida mejor». Para mí ese concepto no existe lejos de la familia. Por muy bien que esté el sistema, por muchos dólares que entren a la cuenta cada quincena y por muy «seguro» que sea el lugar donde vivo. Con todas esas cosas «buenas», no podré subsanar la falta de la familia para mis hijos, para mi esposo ni para mí.

Victoria Martínez
(Atlanta, Estados Unidos)

Y así transcurre el tiempo y, efectivamente, hay días complicados y otros no tanto, y qué difícil es estar en un país donde no hablas el mismo idioma ni conoces prácticamente a nadie más que a tu pareja.

Es aquí donde inicia el proceso de aprendizaje porque ningún curso es válido si no lo estudias en el país donde vives. Nunca se es suficiente, aunque tengamos un 100% de conocimiento de esto o lo otro, en mi caso el idioma, que es por donde estoy iniciando. ¡Cuán complicado es! Mas no imposible, como siempre digo, y más aún tomar el ritmo nuevamente cuando has dedicado tus últimos años, meses y días a la maternidad exclusiva y a las labores del hogar.

Y digo complicado por la cuestión económica. Acudo a un curso de inglés dos días a la semana, dos horas por día porque, como comentaba, estoy sola, así que esos días mi pareja puede cuidar al nene, además de que es un curso que dura nueve semanas. No es tan caro y consta de niveles. Yo empecé desde cero.

Me encantan mis clases, me hacen sentir útil, me divierto, me siento, por decirlo así, «como nueva». Tengo mis propios compañeros y amigos, que ya no son solo las esposas de los amigos de mi marido y no lo digo por hacer menos o más a nadie, sino simplemente no me siento cómoda o a gusto con ellas y sus pláticas. Durante meses traté de aprender cosas con ellas y acoplarme, pero no me sentí cómoda. Así que por ahora disfruto de lo que estoy empezando a construir.

Como he comentado, nunca me imaginé vivir en un país donde no se hablara más que español y me veo aquí y lloro y río a la vez, aprendiendo un idioma que decía yo: «¡Qué difícil!», y que ahora hasta me es divertido el aprenderlo. Y ¿con quién más practicarlo si no con mi marido? Me da mucha pena a la vez: mi léxico y mi poco inglés fueron las barreras, ja, ja, ja, ja, pero ¿quién dijo miedo? Ya me aventé y aquí sigo firme.

Hoy en día al menos ya puedo ordenar mi comida o mi bebida favorita; puedo siquiera ofrecer a mi vecina un café o agua, ya la puedo invitar a pasar a casa con su nena. Estoy aprendiendo a hacer nuevas amistades de culturas totalmente diferentes, ya que mi vecinita es de la India. Tiene una beba hermosa, de la edad de mi niño, y antes mejor daba la media vuelta para evitar hablar con ella por mi nulo conocimiento sobre el idioma y siempre ocupaba como traductor a mi marido, ¡ja, ja, ja, ja!

Él es quien siempre me alienta a seguir; me ayuda y me apoya en lo que puede, pero quien es mi maestro número uno y de quien más aprendo es mi hermoso y maravilloso hijo. Con él hablo más inglés que con nadie. Con su música, sus libros, sus programas educativos y sus películas es como aprendo más y, cuando me pide algo en inglés, es cuando digo: «¡Claro que puedes y tienes el mejor ejemplo!». Es cuando mi marido dice: «Claro que estás aprendiendo y si no chécalo. Es cuestión de que pierdas los miedos y temores».

Lily Monroy Tijerina
(Houston, Estados Unidos)

—¿Did I match?

—We are sorry, you did not match to any position.

Esa fue la respuesta después de invertir todo el dinero que teníamos y el que no teníamos también, y de invertir todo el tiempo de miel que debimos haber disfrutado como recién casados por estar estudiando, apostamos mucho más de lo material en ese *match*: apliqué a más de ciento veinte programas. Para las entrevistas hicimos viajes en carretera de frontera a frontera en un carro compacto y embarazada. Con nuestras expectativas en el cielo, el golpe fue duro hasta el suelo. Para mi matrimonio, este fracaso representó un doloroso duelo.

Fue en marzo de 2017 cuando recibí esta notificación de rechazo a la especialidad. A partir de ese momento, después de unos días de depresión, volvimos a los días de trabajo duro pero triplicado; maternidad sin paga, las deudas de mi aplicación anterior, del hospital, del seguro. En un departamento donde apenas cabía la cuna. Con mi bebé recién nacido, tratando de amamantar, de dormir, de recuperarme de un parto prolongado y complicado y, lo más importante, la preocupación de cómo poder darle una mejor vida a mi hijo.

Esto cambió nuestra dinámica familiar. Mi esposo lo vivió a su manera y yo a la mía; para ambos era un estrés muy grande, lo que significó un ambiente bastante hostil con problemas tras problemas. Pronto nos alejamos el uno del otro, pues los dos estábamos pasando por algo difícil y no logramos tener empatía. Al contrario, cada uno se sumergió en su estrés y, al buscar apoyo uno en el otro, este lo único que hacía era abrumarse.

Intenté ser fuerte para él, apoyarlo, ser positiva. Lo vi trabajando duro, pero también lo vi decaído, cansado, enojado, igual que yo. Estábamos en una crisis económica, personal, profesional e inmigratoria. Pude ver que él también quería aparentar fortaleza y ser mi soporte, pero a los dos nos carcomió el estrés. Nos alejamos tanto que la convivencia se volvió difícil. Decidimos darnos la oportunidad de mejorar, de seguir siendo una familia y salir adelante en este país, trabajar en la misma compañía y volver a intentarlo. Ser felices con lo que teníamos, mientras tanto, y gozar el tiempo de calidad con nuestro hijo, el cual ha sido un ángel lleno de sonrisas en nuestras vidas. Aprendimos a mantenernos unidos, tenernos paciencia y empatía, sin importar qué tan grande fuera la tempestad.

A veces la mejor forma de apoyar al otro es, simplemente, no echarle más a su costal. Si cada quien carga su propio costal, es más fácil andar en tiempos difíciles. No podemos esperar que el otro cargue su costal y un poco de tu costal al caminar. No siempre lo que uno quiere es lo que necesita. Gracias a no haber obtenido una posición para la residencia, estoy disfrutando mucho el tiempo con mi hijo. También estoy trabajando en mí misma: gracias a las adversidades que he estado viviendo, he hecho mucha introspección y me doy cuenta de que todos necesitamos enfocarnos en nosotros mismos con regularidad. Debemos corregir nuestra propia imagen de perfección y dejar de esperar que todos llenen esa imagen, incluyendo a uno mismo. Pero más importante aún, debemos descubrir nuestra propia autenticidad, es decir, deshacernos de las expectativas de lo que debe suceder; desatar todos los nudos que se han formado durante nuestra vida y que contribuyen a nuestro carácter y reacciones ante sucesos de la vida porque nuestra mente es tan maravillosa que aún en la adultez podemos quitar patrones y formar nuevas conexiones neuronales, que nos van a permitir reinventarnos a nosotros mismos y así crear nuestra propia versión de persona fuerte.

Andrea Ponce de León Herrera
(San Francisco, Estados Unidos)

No sé por qué el capítulo se llama «Tiempos difíciles». Será válido que por anticipado supongamos que emigrar es difícil. No estoy diciendo lo contrario, claro que es complicado: mi historia, como las demás, supone un reto a muchísimos niveles y así como el mismo título del capítulo dice, es todo un proceso de aprendizaje.

¿Qué he aprendido? Varias cosas y no todas muy agradables. Primero, he aprendido a conocerme mejor. Quedó claro en el capítulo pasado que he perdido capacidad de adaptación. He aprendido que no soy tan inteligente como pensaba, que integrarte a una sociedad diferente donde todo el mundo está ocupado es muy difícil; que no es lo mismo estudiar a los veintitantos que a los treinta y tantos, y que hacer amigos a esta edad no es tan fácil como lo era antes.

He aprendido que el pesimismo y la autocompasión son mis peores enemigos y que en el fondo sigo siendo esa niña caprichosa que espera que alguien le resuelva sus problemas. Pero también he aprendido que mi espíritu es inquebrantable, que mi dedicación y empeño son constantes y que, después de caer varias veces y después de encontrar muchas puertas cerradas, sigo de pie. ¿Qué es lo más difícil de emigrar? Para mí definitivamente fue dejar mi carrera, dejar de ser la doctora Andrea Ponce de León, oncóloga pediatra, para pasar a ser María Solís, mi primer nombre y mi apellido de casada. Tal vez sea mi ego, pero es algo que aún me despierta en las noches y me causa ansiedad. Muchas veces me descubro pensando: «*¿What have I done? ¿Did I make a mistake?*».

Realmente no me puedo quejar: mi situación migratoria es ideal. Mi esposo es mexicano, pero posee doble nacionalidad desde hace mucho tiempo. A los seis meses de mi llegada, yo ya tenía permiso para trabajar, al año ya tenía la Green Card y es cuestión de tiempo para que me convierta en ciudadana americana. Sin embargo, haber renunciado a mi carrera es un fantasma que me persigue día a día, una sombra que nunca me deja, que siempre está ahí y me atormenta. Me he levantado a medianoche sudando frío con palpitaciones y con ese miedo de saber que nunca volveré a practicar medicina; que todo mi esfuerzo y dedicación de años se fue a la borda. Puedo asegurar que es algo que no me deja ser feliz, es algo que me mata poco a poco.

Creo que es la primera vez que platico esto tan abiertamente. Sin embargo, todas las personas que me conocieron a nivel personal creo que se imaginan lo difícil que ha sido para mí haber renunciado a mi carrera: ser médico y ser estudiosa fue algo que me definió toda la vida. Siempre fui la Hermione de todas las clases, la ñoña, la sabelotodo, la estudiosa. Ahora sin eso me siento vacía, siento que no soy nada ni nadie, que estoy perdida.

Me costó mucho trabajo aceptar que este no es el momento ideal para revalidar mi título de doctora; que hay otras prioridades, entre ellas mi hijo y sacar adelante una familia, pero aprendí que yo, Andrea Ponce de León, o María Solís, soy muy valiosa. Aprendí que no importa cuántas veces te digan «no»; que no importa cuántas solicitudes de trabajo envíes; que no importa que compitas con personas egresadas de Harvard. Yo sigo siendo esa hermosa y curiosa ñoña que es feliz aprendiendo algo nuevo diario, ya sea una nueva palabra en inglés o un *shortcut* en el Electronic Health record o los nuevos criterios diagnósticos para la artritis reumatoide juvenil. Aprender algo nuevo me hace feliz. Y, a pesar de que no estoy prescribiendo quimioterapia ni interpretando resonancias magnéticas, sigo fiel a mí misma; sigo adaptándome día con día y finalmente llegaré a mi meta, ya que esto es solo el principio de mi adaptación: un proceso que al ser humano le ha llevado milenios.

Carla Proskahuer Muñoz
(Michigan, Estados Unidos)

Dejar tu vida, tu familia, tus recuerdos, tus amigos, tu trabajo, puede llegar a ser, según yo, lo mejor o lo peor que puedes hacer en la vida. Todo depende del cristal con que se mire.

Llegando a nuestro nuevo hogar, no teníamos más que dos colchones, una mesa y tres sillas. Eso era todo. Ahí comprendimos que todo lo demás son lujos. Pasábamos el tiempo jugando a la pelota en la sala vacía, comíamos, pintábamos, platicábamos y cantábamos en esa mesa con tres sillas. A pesar de estar vacío, nuestro refugio parecía perfecto: tenía nuestras esperanzas y nuestros sueños dentro.

En esa primera semana decidimos salir, conocer un poco y tratar de animar a nuestra hija, quien, si bien estaba feliz de estar con nosotros de tiempo completo, extrañaba mucho poder jugar con sus amiguitos, así que un día nos fuimos al parque.

Ese día ella estaba temerosa. Como platiqué antes, ella no quería interactuar con nadie más que con nosotros. Y así empezamos a jugar en aquel parque. Ella aún no sabía sostenerse bien en el pasamanos y, en un momento, un segundo solamente de distracción, resbaló, cayendo contra su abdomen de una altura de dos metros aproximadamente. Inmediatamente le preguntamos cómo estaba, y ella solo pudo dar un grito desgarrador para después quedarse sin respirar unos segundos, que parecieron una eternidad. Palideció, los labios se le pusieron azules. La llevamos al pasto, le hablamos y pedimos, suplicamos que tratara de respirar. Recuerdo que con desesperación corrí a un bebedero y entre mis manos tomé agua y se la llevé. Poco a poco, fue recobrándose y fue la primera vez que descubrimos que la gente es extremadamente solidaria en estos casos: todos estaban listos para llamar al 911; todos se preocuparon y preguntaron si podían ayudar en algo. Nos sentimos acogidos y, por primera vez, sabíamos que, a pesar de todo, no estábamos solos.

La aventura parecía tener muchos retos, pero a mí, personalmente, había algo que me preocupaba. Como mencioné anteriormente, meses antes de migrar, fui diagnosticada con lupus: una enfermedad autoinmune, silenciosa y difícil; una enfermedad que, además, es invisible a los ojos del mundo, donde aparentemente luces magnífica, pero el dolor físico te lleva a límites inimaginables.

Y aquí es donde el hecho de migrar se pone un poco más complicado. Cuando estás en tu país y con tu gente, puedes parar, puedes darte un *break* y dejarte consentir por mamá; tener un momento o unos días en que, si la enfermedad se hace presente, puedes parar. Cuando estás lejos y sin esa red de apoyo, simplemente no puedes.

Semanas después de llegar a Estados Unidos, tuve un brote —es el momento en que la enfermedad se hace presente— y parte de las complicaciones de llegar a un país nuevo es conocer y aprender a hacer uso del sistema de salud. Siempre pensamos que sería mucho mejor el tratamiento que pudiera tener. No contamos con que aquí todo lleva un proceso y, para llegar a ver a un médico especialista, primero necesitábamos pasar por el médico familiar. Al buscar la cita, nos la dieron hasta seis meses después. Mientras tanto, yo moría del dolor y tenía que aguantar y hasta mantener la sonrisa en el rostro. Mantenerme fuerte, sobre todo por mi hija, quien no podía verme mal.

Y tuvo que pasar. Ese primer brote pasó rápido, pero hubo algo que ayudó. Pero, volviendo al tema, todo es cuestión de actitud, de ganas. Yo aún no sabía cómo hacer para pasar mis días y empecé a ir a la escuela de mi hija como voluntaria en el taller de matemáticas, donde había un niñito, Hunter, a quien se le dificultaba mucho aprender. Trabajé mucho, mucho con él y, en el peor momento de mi brote, decidí que no me quedaría en casa, que debía ir a ayudarlo, y ese día inolvidable él pudo reconocer y escribir el número tres. ¡Qué gran satisfacción!

Aquel voluntariado en la escuela me dejó no solamente satisfacciones en el trabajo con los niños; ellos mismos me llenaron de energía y de alegría cada día que entraba por la puerta y me iban a recibir con un abrazo grupal. Poco a poco fui aprendiendo mucho más del idioma. Aquellos niños a quienes aparentemente yo iba a ayudar me ayudaron a no sentirme sola, a sentirme querida, útil y valorada. Al mismo tiempo, fui creando una amistad muy linda con quien en ese momento era la maestra de mi hija y con dos mamás de sus compañeras, quienes más adelante me demostraron que no solamente te encuentras gente amable, sino puedes crear grandes amistades con apoyo incondicional. Así, rompiendo barreras culturales, de lenguaje y costumbres, iniciamos un nuevo camino que, por más bueno que parecía, nos guardaba la sorpresa de que lo mejor estaba por venir.

Alejandra Rodríguez Romero
(Arizona, Estados Unidos)

A pesar de ya considerar este país mi hogar, ha habido dos etapas muy difíciles, que me han hecho cuestionar si la decisión de emigrar a este país ha sido la correcta.

La primera fue el darme cuenta de que, por más esfuerzo, tiempo y dinero dedicado a reanudar mi vida profesional, esto se veía cada vez más lejos de volverse una realidad. Después de dos años de estudio intenso y haber aprobado los tres exámenes necesarios para poder aplicar a la residencia médica, comencé a hacer las rotaciones hospitalarias. Estas eran necesarias para demostrar que también se tiene la experiencia práctica en este país, además de poder obtener cartas de recomendación de los médicos tratantes. Esta parte constituyó el mayor esfuerzo de todos, pagando grandes cantidades por realizarlas y tener que viajar a diferentes ciudades. Tenía sentimientos encontrados: estaba feliz por poder integrarme al sistema médico americano, pero a la vez nostálgica por tener que dejar mi hogar y esposo por meses.

Al contar ya con mi certificación, cartas de recomendación y experiencia práctica, me inscribí al *match*, 'sistema de colocación de médicos a las diferentes especialidades'. Aparte de ser muy estresante, este proceso es extremadamente caro. Es necesario pagar una cantidad de dinero por cada hospital al que se aplica y un médico internacional debiera de aplicar a aproximadamente cien o ciento cincuenta hospitales para poder recibir invitación a entrevistas. Primero se pasa un filtro donde cien doctores son seleccionados de entre unos cuatro mil aplicantes. Al recibir la invitación de entrevista, uno tiene que cubrir gastos de transporte y a veces de hospedaje. En dos años recibí un total de siete invitaciones a entrevista. Al terminar la temporada de entrevistas, los hospitales escogen a los nuevos residentes. Los resultados son publicados en Internet. Viví este proceso de aplicación por dos años sin ser seleccionada por ningún hospital. A pesar de recibir bastante apoyo y ánimos por parte de familia y compañeros, mis esperanzas eran ya casi nulas. La competencia es bastante grande y las probabilidades muy pequeñas, pues de cada cien entrevistados, generalmente, solo de ocho a doce residentes son seleccionados por hospital.

Esta etapa, que duró aproximadamente tres años, me dejó desilusionada y con una relación de pareja deteriorada debido al tiempo dedicado a mi vida profesional, llegando así a otra etapa difícil: mi divorcio. Este fue un gran reto, pues proviniendo de una familia funcional, católica y mexicana, el divorciarse es algo casi impensable y muy criticado. Habiendo ya diferencias irreparables y teniendo Chris valores familiares muy diferentes a los míos, este camino fue el único resultado posible.

Después de superar estos tiempos difíciles, decidí tomar un descanso de todo esto y enfocarme en encontrar mi felicidad y disfrutar la vida intensamente. Estas experiencias me hicieron tener un enfoque muy diferente de la vida y aprender cosas invaluables. Entre otras cosas, aprendí que la vida es demasiado corta para no hacer o ser lo que te hace sonreír. Aprendí que las amistades verdaderas perduran para siempre y son esenciales para superar momentos difíciles. Aprendí que solo yo puedo hacerme feliz.

Hasta el día de hoy, ocho años después de haber comenzado esta aventura, aún no estoy profesionalmente donde quisiera estar, pero personalmente me encuentro plena y, cuando el momento sea el adecuado, sé que volveré a dar todo mi esfuerzo por poder lograr mi meta.

Sumie Lorena Rojas Murakami
(Lewisville, Estados Unidos)

Con altas y bajas, trascurrieron nuestros primeros meses en Estados Unidos. Para entonces tenía treinta y nueve semanas de embarazo y, afortunadamente, todo iba muy bien.

La noche del 29 de mayo del 2016 parecía ser una noche normal. Mi esposo llegó del trabajo, cenó y nos fuimos a dormir, pero no podía conciliar el sueño. Me sentía rara, diferente, tenía mucho calor. Duré despierta toda la madrugada, preguntándome por qué me sentía así, quizá ya era momento de conocer a mi bebé, hasta que a las cuatro de la mañana empecé con cólicos y supe que el gran día había llegado.

Desperté a mi esposo y nos fuimos al hospital. Sabía que iba a ser un largo día. Me sentía muy impotente por tener que depender de mi esposo para poder comunicarme con médicos y enfermeras por la limitación del idioma. Entre el dolor de aquel momento recordaba a mis pacientes: en definitiva, es muy diferente estar del lado del paciente, y más cuando eres médico y no estás en tu país, ya que tu opinión como médico simplemente no importa.

Después de casi veinticuatro horas de trabajo de parto, pude tener en mis brazos al amor de mi vida sana y fuerte. Era una mamá primeriza, totalmente inexperta, que sabía de bebés lo que había aprendido en la clase de Pediatría y prácticas profesionales, pero que jamás había cambiado un pañal ni dormido a un bebé. Aquella noche empezó una nueva etapa. Como papás primerizos, no dormimos en toda la noche. Mi bebé no dejaba de llorar y las enfermeras callaban mi preocupación diciendo que era normal, pues se trataba de un recién nacido, aunque mi intuición de mamá y médico me decía que algo no estaba bien.

En los días siguientes, mi esposo iba y venía entre el hospital y el trabajo: siempre ahí para sus dos mujercitas. El día que nos egresaron, llegamos al departamento llenos de emoción y miedo. Estábamos solos con una recién nacida, pero ambos estábamos dispuestos a dar todo para salir adelante.

Conforme fueron transcurriendo los días, nos dimos cuenta de que nos enfrentábamos a algo que no sabíamos cómo manejar. Mi bebé lloraba la mayor parte del día y la noche, dormía lapsos de no más de treinta minutos. Siempre estaba inquieta, irritable, por lo que empezamos una larga travesía entre pediatras, diagnósticos, medicamentos, cambios en mi dieta porque en ese momento la lactaba, fórmulas, etc.

Sin embargo, las semanas pasaban y mi bebé seguía igual, sentía que el día y la noche eran uno solo, pues veía el amanecer, y yo sin dormir, tratando de consolar a mi bebé, que solo lograba descansar por periodos cortos en mis brazos. Me sentía frustrada como mamá y como médico. Mi bebé estaba mal, y yo no podía hacer nada. Estábamos amarrados de manos y pies. No podíamos ir a México en busca del algún pediatra de confianza. Mi esposo, por el trabajo y yo, porque mis trámites migratorios estaban en proceso.

Mientras tanto, yo suponía muchos posibles diagnósticos, pero de nada servía y, a pesar de estar lejos del apoyo de la familia y los amigos, nunca me sentí sola. Mi esposo siempre estaba ahí, dispuesto a todo: desde darle de comer, consolarla, cambiarle el pañal, correr a la farmacia a las cuatro de la mañana hasta preparar mi comida favorita para que me relajara. Fue así como pasaron casi cuatro largos meses, hasta que por obra divina fuimos a dar con una nueva pediatra que la estudió a fondo y a los pocos días tuvimos el diagnóstico de reflujo gastroesofágico y alergia a la proteína de leche de vaca. Le indicaron medicamentos, fórmula y, a partir de ese día, mi bebé empezó a ser otra. Por fin podía estar tranquila, dormía, comía, jugaba como una bebé de su edad.

Desde ese momento hasta ahora, las cosas han mejorado en todos los aspectos. Han trascurrido veinte meses desde que llegué a Estados Unidos. Mi esposo tiene un nuevo trabajo, así que nuestra situación económica ha mejorado mucho. Nuestro futuro es incierto, aún nos planteamos la posibilidad de en un futuro regresar a vivir la frontera, pero por ahora disfruto de los días al lado de mi bebé y de mi esposo. Aprendo cosas nuevas, conozco gente, lugares y me esfuerzo por ser feliz.

Y, a pesar de que no es fácil el cambio de médico a mamá y a esposa, no cambiaría por nada el poder disfrutar de mi bebé las veinticuatro horas del día los siete días de la semana. Por ahora así soy feliz, estoy en paz con las decisiones que he tomado y tal vez más adelante retome mi vida profesional: sé que no será fácil y eso me llena de miedo, pero tengo fe en que vamos por el rumbo correcto.

Ana Laura Sánchez
(McAllen, Estados Unidos)

Después de ver cómo trataba de pasar lo mejor posible los tiempos difíciles, que para mí resultaban ser todos los días, recibí una llamada. Mi buen amigo Erik, cuyas palabras recuerdo perfectamente: «¿Quieres seguir viviendo así o quieres aprender y dejar de sufrir, aunque sea un poco?». Recuerdo que ese día no dormí pensando en cómo carajos iba a lograr eso: comencé a dejar de beber. De un día para otro, dejé de escudar mi tristeza y soledad en el alcohol, y traté de buscar qué opciones podían mejorar mi situación.

De repente, sucedió algo que no podía creer, ¿por qué me sucedían cosas tan negativas a mí? Tuve un accidente automovilístico que me llevó al hospital. Recuerdo que el auto no tenía seguro. Entré en pánico pensando que me llevarían detenida por eso, así que preferí ser llevada al hospital. Por suerte, no pasó a mayores, solo lesiones leves. El problema fue que era el auto de mis suegros y el único con el que contábamos aquí, pero con el apoyo de mis papás pude rentar de momento un auto y dar el enganche para otro, pues el auto chocado ya no era funcional.

Aún sin saber qué haría profesionalmente, sabía que debía comenzar a sacudirme el polvo y avanzar. Ya para estas fechas habíamos realizado el trámite de nuestra visa de inversionistas y había sido aprobada, por lo que ya podía estudiar y trabajar. Si bien toda la vida lo había estudiado, lo primero que hice fue registrarme en clases de inglés, pues sabía que necesitaba mejorar mi nivel y, aunque en McAllen (Texas) se habla mucho español, era obvio que, si aspiraba a buscar algún trabajo, debía dominar el idioma.

Así que entré a estudiarlo a una pequeña escuela cerca de mi casa, donde conocí a una de mis actuales amigas. Su nombre es Ana y a quien agradezco enormemente haber conocido. Estudié aproximadamente por cinco meses, lo cual me ayudó a establecer un mejor nivel.

¡De repente, pasó lo inesperado! ¡Me embaracé! ¡Guau! En ese momento no sabía cómo reaccionar, pero la noticia fue muy bien recibida por mí, mi esposo y toda la familia. Así que decidí disfrutar esa etapa al máximo, pero el gusto me duró poco tiempo. Comencé con problemas severos de náuseas y vómitos, diagnosticada con hiperémesis gravídica, condición médica en la cual los vómitos son demasiado intensos y persistentes, poniendo en riesgo la salud de la madre y el bebé, por lo que mi médico ginecólogo me recomendó internarme para recuperarme un poco. Ya llevaba la semana nueve de embarazo y cuatro kilogramos perdidos.

En ese entonces no contaba con seguro médico en Estados Unidos, pero sí con seguro de gastos médicos mayores en México, por lo que el doctor, mi esposo y yo decidimos que lo mejor sería que me fuera a México para internarme y recuperarme. Estuve internada por dos semanas. Mi esposo solo pudo estar conmigo tres días, pues tenía que regresar a trabajar. Me dieron de alta ya un poco mejor, más recuperada en peso y bajo medicamento para las náuseas y vómitos, pues los padecí durante todo el embarazo.

Decidí quedarme en México más tiempo, en casa de mis padres, quienes cuidaron de mí: pasé un embarazo difícil, pero muy cuidada por mi familia, lo que, la verdad, siempre agradecí. Pasaron los meses y debía regresar a Estados Unidos para terminar de atenderme el parto y que mi niña tuviera la oportunidad de tener la ciudadanía estadounidense. Regresé a McAllen a las treinta y cuatro semanas de embarazo. Estaba triste y desconsolada porque sabía que regresaba a mi martirio, pero traté de vivir esas últimas semanas de embarazo dedicándome a preparar todo para la llegada de nuestra beba.

Durante las últimas semanas de mi embarazo, mis papás viajaron a McAllen para acompañarme. Llegó el día esperado: a las doce en punto de la noche rompí fuente y era hora de ir al hospital. Después de quince horas de parto, al fin llegó al mundo mi niña, esa pequeña que llegaba en tiempos difíciles, pero que me haría aprender tanto. Mi miedo era muy grande, pues no sabía si me ayudaría o me hundiría más.

Comencé a ver las cosas un poco diferentes por sanidad mental y, aún con mi hija en brazos, sintiendo un amor indescriptible, mi vacío profesional seguía siendo demasiado grande. Pasé los primeros seis meses de vida de mi hija a su lado. No niego que los disfruté, pero ya estaba totalmente cansada de estar en casa. Me puse a investigar qué licencia podía obtener para comenzar a trabajar en el medio médico.

Así que me armé de valor: pregunté en varias escuelas, escogí una, apliqué, pasé el examen de admisión y de inglés, y me lancé a la aventura de comenzar los estudios de ocho meses para obtener la licencia de *medical assistant*, la cual cursé con el incondicional apoyo de mis padres, de mi suegra querida, a quien le debo mucho y quien cuidaba de mi hija mientras yo estudiaba. Ahí comenzó mi aventura profesional y mi etapa de aprendizaje para tratar de mejorar los tiempos difíciles, los cuales no terminaron nunca en mi estadía en Estados Unidos, pero claro que lo intenté.

Karla Uribe
(McAllen, Estados Unidos)

¡Qué difícil se me hizo! Tal vez si hubiera sabido no lo habría hecho. Para mí fue un cambio fuertísimo: ¡casi como si me hubiera mudado a otro planeta en lugar de a otro país! Aquí estaba la doctora que en México había establecido una práctica privada como especialista, que le daba para no faltar a ningún congreso, vivir sola y regresando de *fellowship* en Holanda, viviendo en la frontera sur de Estados Unidos —léase área rural—, recién casada y embarazada. ¿Mi especialidad culinaria? Cereal con leche. La única persona que conocía y con la que podía entablar conversación era mi Chuy. En un inicio, la gente aquí me parecía extraña: ni con la cajera del súper podía ir más allá del típico: «Buenos días, ¿encontró todo lo que buscaba?». ¡Con solo recordarlo, vuelvo a sentir desesperación!

Era difícil enterarse de que tus compañeros de residencia cada vez eran más ricos y famosos —o, al menos, eso era lo que decían— o saber que eras el tema de conversación entre ellos.

—¡¡Quedé!!

—¡Se casó y se fue!

—¿¿Y no trabaja??

Esto es aún peor cuando alguien te dice: «Vi a tu paciente Fulanito y te manda saludos». No encuentro las palabras para describir el sentimiento. Además, al inicio de mi matrimonio la situación económica no era la ideal. Más bien era muy diferente a lo que yo estaba acostumbrada. Eso genera un sentimiento de impotencia aún mayor. El motivo por el cual decidí en ese momento poner mi carrera en *stand by* era que quería cuidar de mi hija. Quería ser mamá y sigo pensando que, si voy a tener hijos para ponerlos a que alguien más los cuide —nana, guardería, tía o abuelita—, mejor no los tengo. Aun así, mi lucha interior era enorme, me consumía y me quitaba la paz. Una parte de mí me decía: «Eres mamá, pero ¡también eres doctora!». ¡Qué difíciles esos primeros años donde no es que dudes, sino que quieres ser dos cosas! Donde empiezas a investigar posibilidades y te das cuenta de que el viacrucis que pasaste en la residencia no te sirve aquí absolutamente para nada; que tienes que volver a empezar como si nunca hubieras hecho residencia y que, si decides volver a comenzar, las posibilidades de entrar a la especialidad que tú ya tienes son muy bajas. ¡Qué difícil fue vivir con esa sensación en el cuerpo! Debo confesar que lo viví con mucho enojo: «Yo ya soy especialista, ¿por qué tengo que hacer todo otra vez? ¡¿Por qué tengo que estudiar Bioquímica de nuevo?!».

Con toda esta lucha interior, pasó el tiempo. Llegó el momento donde mi hija de veinte meses se fue al *dallare* porque su mamá tenía que estudiar. Fue muy difícil la separación, pero lo hice. Traía cargando algo muy pesado sobre la espalda, tenía que ser doctora. Después de dos años, presenté el Step 1. En ese momento, sentí factible el hecho de volver a la residencia y me cayó como cubeta de agua helada la posibilidad de dejar a mi hija pequeña al cuidado de alguien más. No estaba lista para dar ese paso. Reprobé el examen, fue otro golpe fuerte. Era el primer examen importante de mi vida que reprobaba. Estuve de luto, literal, como un mes.

Para entonces, mi red de apoyo en el lugar donde vivo ya era muy importante: ¡benditas clases de estimulación temprana de mi hija que me hicieron coincidir con un grupo de mamás primerizas y extranjeras, igual que yo! Sin ellas no estaría donde estoy ahora. En ese momento fueron mi escape y ahora son mi familia, mi apoyo. Gracias a ellas, volví a sentir que pertenecía a un lugar y poco a poco este país fue convirtiéndose cada vez más en mi hogar.

Si lo veo en retrospectiva, creo que todo es un proceso. He crecido y madurado; he aprendido a soltar, a adaptarme y a ser feliz. Me considero afortunada por haber estudiado Medicina; por ser especialista —eso nadie me lo quita—. Doy gracias a Dios porque mi carrera me ha ayudado a tomar decisiones importantes respecto a la salud de mis hijos, mi esposo y la mía. Es un gran privilegio cuidar a mis hijos, casi un lujo. Puedo decir que, si bien el inicio de mi matrimonio no fue convencional, hoy tengo una relación sólida, valiosa y estable. Nunca he dejado de ejercer —mis hijos se enferman, al menos, una vez al año— y ahora que mi pequeño está creciendo, estoy lista para una nueva etapa porque la vida sigue su curso.

Jeannette Uribe
(Michigan, Estados Unidos)

Acostumbrada a ser la mentalmente fuerte de la familia, la que tiene todo bajo control, la que estaba para ayudar y no para ser ayudada o la que normalmente no dormía y no pasaba nada, bajo esa apariencia viví mis primeros meses en EUA. Estaba embarazada de mi primer hijo, quien nació a los tres meses de haber llegado a este país.

Cuando nació mi hijo, fue una experiencia muy hermosa. Todo fluyó de maravilla. Mi cuñada me ayudó mucho; ella, experta en cocina, me preparó mi obligatorio caldito de pollo con verduras para el posparto. A partir del segundo día, «la mujer maravilla» empezó a hacer todo: bañar al bebé, limpiar la casa, lavar ropa, luchando para mantener una lactancia materna exclusiva y hasta me daba el lujo de estudiar para mi examen.

El quinto día cursé con infección de vías urinarias. Mi esposo estaba trabajando cuando mis síntomas empezaron. Yo, cuidando de mi bebé, corriendo al baño para hacer nada y con esa disuria que ya no sabes si mejor aguantarte. Lactando a mi bebé y con el dolor lumbar por la IVU, fiebre, malestar general y, ¿por qué no?, hasta depresión posparto. Aún recuerdo cuando llegó mi esposo del trabajo y no hice más que soltar el llanto.

Aprendí mi lección, aprendí que el hecho de pedir ayuda no te hace una persona débil. Aprendí que para ser una excelente mamá tenemos que cuidarnos de pies a cabeza a nosotras mismas. También me di cuenta de que ahí siempre estuvo ese amigo o confidente que tanto necesitaba para externar mis sentimientos. Ese era mi esposo, lo único que tenía y la única persona que podía comprenderme.

Las cosas mejoraron poco a poco, tuvimos la posibilidad de comprar una MiniVan por mil dólares, apodada La Venenosa. Ahora tenía mi licencia para conducir y, por lo tanto, la libertad para desplazarme a mi antojo. Para cuando esto pasó, ya vivíamos con mi hermano en Michigan.

Fue una difícil decisión porque dejábamos a la familia de mi esposo, pero fue lo mejor porque me permitió abrir mis alas y enfrentar al mundo real por mí misma. Empecé a conocer la ciudad, a visitar las bibliotecas, parques y organizaciones. Tomaba clases de inglés por la mañana y seguía estudiando para mi Step 1. Los fines de semana, fungía como voluntaria en el hospital local mientras mi esposo cuidaba de nuestro bebé.

Durante los dos primeros años vivimos con serias limitaciones económicas. Definitivamente, mejoré mis habilidades administrativas. Esta experiencia nos ayudó a crecer como familia porque aprendimos a ser felices con poco y a ver nuestras comidas como banquetes.

El tercer año empecé a trabajar en el laboratorio del hospital, nuestra situación económica mejoró. La Venenosa dio su último suspiro y fue sustituida por una más joven que ella. También le dimos la bienvenida a nuestro segundo hijo, nuestra felicidad fue viento en popa, así como nuestros gastos. Finalmente, comprendí que ser humilde, amigable, respetuoso, estar dispuesto a escuchar, a ayudar y a aprender; ser paciente, pero, sobre todo, ser muy perseverante en tus actos, es lo que te guiará a cumplir tus sueños.

Talia Wegman-Ostrosky
(Maryland-Estados Unidos)

Preparar la mudanza a otro país y empezar de cero no es fácil. Llegamos a una casa vacía y poco a poco la convertimos en nuestro hogar. Nos sentíamos solos, aunque sin internarlo, de repente nos rodeamos de gente maravillosa. Tenía miedo de una nueva cultura, para nuestra sorpresa esta nueva cultura se trataba de la combinación de múltiples culturas, ya que llegamos a una zona donde difícilmente se encuentra a alguien nativo del lugar. Todos nuestros conocidos llegaron de otra ciudad u otro país.

¿Qué fue lo realmente difícil? Si ya leyeron los dos capítulos anteriores, mi respuesta no será ninguna sorpresa. Sí, acertaron: el embarazo. Hay mujeres que se sienten muy bien durante el embarazo, incluso lo disfrutan. No es mi caso: me sentí mal «todo» —y no es exageración— el embarazo y a todas horas. No podía comer: todo me sabía horrible; extrañaba mucho mi comida mexicana. Tenía náuseas y sueño durante todo el día y lo peor era que no tenía energía para hacer nada. Más que nunca necesitaba esa energía vital. Por un lado, tenía que trabajar duro, apenas me estaban conociendo en este nuevo lugar de trabajo y, por el otro, debía dejar en claro que vine a aprender y a producir. Además, sentía la responsabilidad con mi familia de que estuvieran bien. No los traje a kilómetros de nuestra casa para que pasaran dos años terribles. Quería que fuera una buena experiencia que pudiéramos recordar y disfrutar como familia. Estábamos casi solos: no tenía a mi mamá ni a mis amigos o a mi familia para que pudieran ayudarme.

Hubo días que lo logré, pero otros días, no tanto. Una de mis grandes lecciones fue que tenía que aceptar lo que estaba sucediendo con mi cuerpo en ese momento porque, a pesar de todas las responsabilidades que tenía, la más importante sucedía dentro de mí: estaba creando vida. Así que aprendí a aceptar la situación.

Fui poco social durante esos meses. Los fines de semana los dedicaba a dormir. También aprendí que necesitaba dormir en las tardes. Tuve que decirles «no» a clases, conferencias, cursos y varias oportunidades que se me presentaron en el trabajo. Mi yo antes del embarazo habría estado involucrada en muchas actividades, pero esta yo tenía que enfocar su energía en sus metas muy específicas del trabajo sin aceptar otras oportunidades y dedicarle tiempo a su familia. Así que aprendí a priorizar y a decir «no». Entonces, me di cuenta de que no pasaba nada: tantas veces en la vida me dio tanto miedo decir «no» y he de compartirles que es muy liberador poder decirlo, además de que la mayoría de las veces las consecuencias de decir «no» son mucho peores en nuestra cabeza de lo que son en la realidad.

Otra de las cosas que aprendí fue a apreciar nuestro sistema de salud mexicano. Es fácil quejarse de nuestro sistema de salud. El sistema público está colapsado por la cantidad de gente; las colas son largas y la burocracia puede hacer que un simple trámite se convierta en una pesadilla, pero ese sistema mexicano se vuelve una bendición cuando se compara con el de EUA, un sistema donde te puedes quedar sin ningún tipo de cobertura de salud, donde una gripe te puede costar miles de dólares, pero, sobre todo, donde no existe el contacto con el médico.

Finalmente, uno de mis grandes aprendizajes fue que escogí a la pareja adecuada. Mi esposo entendió bastante bien por lo que estaba pasando, a pesar de que yo era una persona diferente a la que él conocía. Me dejó tener este espacio de internalización que tanto necesitaba, me permitió descansar todo lo que pedía. Más de una vez, dejé la comida que me había preparado porque ahora «eso» me daba náuseas y hasta enfrentó sus propios miedos.

Giovanna Zanella (California, Estados Unidos)

Lo más difícil para mí fue decidir entre regresarme a mi adorado México o quedarme en EUA y presentar los Steps para poder revalidar y hacer residencia. Yo extrañaba mucho mi país, familia y amigos. Sentía que en México tenía todo más fácil y la oportunidad de continuar con mi carrera. Pero decidí seguir con mi plan de quedarme aquí en Estados Unidos porque ya estaba feliz y adaptada trabajando en el laboratorio, lo cual me hacía sentirme cerca de la medicina y a la vez podía aprender mucho.

Lo que más aprendí en ese momento de mi vida fue a tener paciencia y confiar en Dios porque todo sucede a su tiempo, ya que yo me desesperaba al ver a mis compañeros y amigos practicando, viendo pacientes, continuando con sus estudios y yo estaba todavía lejos de conseguirlo. Quería tener contacto con pacientes, rotar en hospitales; hasta las guardias extrañaba. Conocí a una amiga de Israel que estaba estudiando para su Step 1, así que empecé a estudiar con ella y, al mismo tiempo, seguía en el laboratorio. Eso me ayudó porque al menos conocía a alguien que estaba en las mismas que yo y nos apoyamos mucho, ya que mis amigas no tenían nada que ver con Medicina y, en cierta forma, eran una distracción para mí.

Capítulo 4
Mi familia en México y yo

Leticia Farfan Cruz
(Talara, Perú)

Este es un tema difícil de tratar, pero ahí vamos: mi familia en México está constituida por mi madre y mis tres hermanos, ya que mi padre falleció hace tres años. Cabe mencionar que yo soy la mayor de cuatro hermanos y la única mujer.

Bueno, al principio era muy difícil estar lejos y tenía que contenerme mucho para no llorar al hablar con mi mamá. Esto fue pasando poco a poco, ya después hablaba con ella con más serenidad. Con mi papá la comunicación no era tan frecuente, ya que por diversas situaciones estábamos distanciados; la relación con mis hermanos empezó a ser más fluida gracias a las redes sociales, ya que esto facilitó el poder comunicarnos más frecuentemente.

Después, la comunicación ya no solo era con mis hermanos y padres, sino también con demás familiares, lo cual tuvo sus ventajas y también sus desventajas. Siempre es grato reencontrase con las personas que son parte importante de mi vida, pero, por otro lado, también empezaron las preguntas: «¿Por qué te fuiste tan lejos?»; «¿qué estás haciendo por allá? Acá tu familia te necesita»; «¿cuándo te regresas?», etc.

Así también empezaron los comentarios incómodos hacia mi persona, tales como «dices que extrañas a tu familia y ni les hablas»; «según tú, querías mucho a tu papá y ni siquiera viniste al entierro»; «¿piensas venir cuando tu mamá ya no esté?». Cuando este tipo de comentarios viene de las personas que son tu familia, duelen mucho.

A raíz de este tipo de opiniones, opté por distanciarme de ciertos familiares y mantener contacto directo únicamente con mi mamá y hermanos, quienes para mí son lo más importante. Actualmente, me comunico con ellos una vez por semana, ya sea vía telefónica, videollamada, y me siento mejor así. En ocasiones, mi mamá y mis hermanos también me preguntan mucho cuándo iré a México; sin embargo, comprenden mis razones para de momento no viajar. Durante estos años lejos, como en todas las familias, hemos tenido altas y bajas, pero, aun con defectos y virtudes, son mi familia y la amo con todo mi corazón.

Alma X. Ortega
(Costa Rica)

Creo firmemente que Dios nos prepara para la siguiente etapa de nuestras vidas. Así lo sentí cuando, de ser una persona que no podía estar lejos de su familia, a la que su papá tenía sobreprotegida y, por lo tanto, era por demás dependiente, tuve que experimentar el abandono de esa figura paterna, ser independiente y trabajar desde que cumplí la mayoría de edad y, si me hubieran dicho en ese tiempo que iba a terminar viviendo en el extranjero, no lo habría creído. Todos estos cambios en mi vida me hicieron una persona fuerte y valiente, y por eso mismo creo que he afrontado mejor el proceso de vivir en el extranjero, alejada de la familia, hecho que no ha sido tan sencillo para otras en mi lugar.

El que mi papá nos abandonara y descubriéramos que tenía otra vida, otra mujer y otros hijos en Estados Unidos fue una gran decepción para mí. Ese héroe de mi infancia se caía a pedazos y el saber que su familia conocía de esta otra familia fue algo que fracturó la ya de por sí maltratada relación con mi familia en México, la que vivía en otro estado de la república y que no veíamos desde hacía muchos años.

Para que el lector tenga una mejor idea de la situación, mencionaré que mis padres decidieron que tanto mis dos hermanas y yo nos mudáramos al norte de México y dejáramos atrás a toda la familia extendida. Allí en el norte, mi padre sucumbió ante el sueño americano y en un inicio se encargaba de proveer para nuestra familia hasta que se hizo de una nueva y, sin nosotros saber por qué, dejó de tener comunicación hasta que yo me dediqué a investigarlo y descubrí todo: nada diferente a lo que han experimentado tantas familias en México.

Antes de venirme a vivir a Costa Rica, decidí cerrar ciclos y visité a mi padre en Estados Unidos, ya que él no puede trasladarse pues su condición es ilegal y no se puede casar con su actual pareja, pues nunca se divorció de mi madre. No puedo decir que ya no me duela, pero, por lo menos, ya no me lastima y más bien pienso en él con tristeza. A pesar de mis esfuerzos por mantener comunicación con él, el sentimiento de culpa en él es tal que pareciera que prefiere apartarse del mundo y vivir en una realidad ficticia en donde sus hijas no son ya unas adultas casadas y donde él es abuelo. Tiene una hija pequeña, tan solo dos años mayor que mi hija de dos años, y otros dos hijos de edad muy similares a mi sobrina mayor. La diferencia de edad entre la de mi media hermana menor y la mía, que soy la mayor, es de treinta años.

Por supuesto que extraño a mi mamá y hermanas, y ahora también a sus esposos e hijos. Cada año voy a visitarlos y los días me parecen muy cortos. También me hacen mucha falta mis amigas, que son como de mi familia y que más que otros familiares están al tanto de mí, pero gracias a la tecnología pareciera que no nos hemos separado.

Sin embargo, algo que he notado es que conforme pasan los años, este lugar se vuelve más mi hogar y ya no tengo el sentimiento de volver a casa cuando viajo a México, sino que ahora en donde estén mi esposo y mi hija es adonde yo pertenezco.

Xóchitl Palacios
(Brasil)

Definitivamente, las mudanzas ponen en crisis los nexos familiares: hay quien entiende, quien acepta, quien se llena de rabia, quien se entristece, quien sufre y hasta quien irónicamente se congratula.

Mi familia consanguínea no es el mejor ejemplo de unión: desde que mi madre murió en mi infancia, atravesamos muchas facetas y crisis. Cada hermano vivió con alguna tía diferente, por periodos cortos o largos. Algunos vivieron solos; con un padre que, lejos de buscar el cuidado, huía de las responsabilidades familiares. Estas situaciones nos llevaron por caminos diversos y con reencuentros esporádicos, pero, afortunadamente y gracias a la resiliencia y madurez, aprendimos a valorarnos y a procurar el contacto, el apoyo, la fraternidad y la sororidad.

La extensión de la familia materna en Oaxaca y Puebla es lo que más echo de menos: esos grandes y prolongados desayunos que se transforman en comidas y luego cenas al calor de la conversación de sobremesa; los sabores de la cocina de las tías. Pese a las dificultades en sus logísticas laborales, en nuestro segundo año de estancia en Brasil nos visitaron tres de mis personas favoritas de la familia y eso ayudó a mermar la nostalgia y a fortalecer los lazos.

Mi familia por elección, aquellas amigas, las de décadas, las que se quedaron en México y que invariablemente llevaré en mi corazón, mis entrañables confidentes, hermanas elegidas que se hacen presentes en lo cotidiano porque sus enseñanzas transformaron mi vida, las de las mejores fiestas, las que me obligaban a reflexionar, las que sanaban mi corazón y si no al menos acompañaban con limón y tequila a mis ojos lluviosos, las que me impulsaron en lo profesional, con las que crecí en lo espiritual, mis enormes maestras de vida; las que, pese a la distancia, sé que estarán allí incondicionalmente, con ellas duele ser la amiga que nunca está. Me he perdido los nacimientos de sus hijos, se perdieron el nacimiento de mi segunda hija, nos hacemos falta, nos echamos de menos, pero las conversaciones y videollamadas ayudan a acortar la distancia, muchas veces a deshoras con la comprensión de la «no urgencia» en la respuesta que siempre llega.

Por otro lado, ahora están las amigas nuevas, las que hice aquí, que me abrieron su hogar y familia, con quienes compartimos dudas y temores sobre nuestras nuevas vidas y que sin más ahora partieron y se encuentran explorando otras tierras y conociendo otros idiomas.

Me gusta la gente que habla y se presenta por sí misma; la que evita poses forzadas y no mide sus risas. Es tan poco el tiempo que tengo libre para conocer gente nueva que realmente soy cautelosa eligiendo a quién se lo entrego. Cuando llegué, conocí innumerables personas. A casi tres años de vivir aquí, puedo decir que cuento con los dedos de una mano a mis verdaderas amigas, mi familia elegida.

Olga A. Tinajero Castañeda
(Panamá)

Realmente, no sé qué tan complicado pudo haber sido para mis papás la idea de que yo saliera del país. Recuerdo claramente que mi papá siempre nos dijo que nunca detuviéramos nuestro camino: si en algún momento debemos alejarnos físicamente, estaremos cerca a través del corazón, pero hoy se me ocurre pensar que esa pudo haber sido su manera de suavizar su realidad, ya que, por motivos de trabajo, él estaba mucho tiempo fuera de casa viajando: regresaba cada fin de semana y nuevamente el domingo en la noche partía. Finalmente, dos de sus tres descendientes —mi hermana y yo— estamos fuera del país. Escuchamos tanto el «no te detengas» que no hubo frontera que pudiera contenernos.

Recuerdo muchas ocasiones que aprovechamos el trabajo de mi papá para pasear, ya que en periodo de vacaciones escolares nos organizábamos para ir con él a donde quiera que tuviera que presentarse. Siempre había oportunidad de agregarnos a sus planes. Durante esos días, mis hermanos, mi mamá y yo éramos sus acompañantes en carretera porque, una vez llegado al destino, nosotros disfrutábamos del hotel y mi papá seguía con sus compromisos.

Si mis papás estuvieran en México, seguramente mi papá habría buscado la manera de andar manejando de un lado a otro, pero tengo la suerte de tenerlos conmigo. Simplemente, un día mi mamá me comentó que estaban considerando vender su casa y salir de Veracruz, a lo que de inmediato hice mi aporte y les propuse venirse a Panamá. Para mi sorpresa, ambos aceptaron sin problemas. Claro está que influyó mucho que ese mismo año mi hermano salió de casa de mis papás para formar su familia y mi hermana también estaba en los mismos planes, pero rumbo al norte y un poquito más allá de la frontera.

Confieso que el argumento con el que terminé mi trabajo de convencimiento era que, una vez organizados, podrían comprar su casa y estar independientes, pero al mismo tiempo cerca. Sin embargo, cuando ya los tuve conmigo, encontré un millón de razones para olvidar esa absurda idea de hacerlos viajar desde tan lejos y seguir usando el teléfono para poder comunicarnos por no estar en la misma casa, o sea, dicho en buen panameño: «¡¡Tanto *pa* la misma vaina!!». No era sostenible y, además, yo los necesitaba; para nosotros son un gran apoyo.

Antes de que mis papás estuvieran aquí, mi hijo llegaba de la escuela y se quedaba con la persona que nos ayudaba con el aseo, pero no era una situación que me dejara tranquila; saber que sus abuelos van a estar para acompañarlo no tiene comparación y, con lo complicado que es conseguir una persona que te ayude, cuando se les antoja no llegan, de buenas a primeras ya no regresan y debes confiar en meter a alguien que se queda «dueño y señor» para decidir sobre tu hijo y tu casa mientras tú no estás. Dios es grande y nos ama porque jamás permitió que algo malo sucediera y esta situación no duró mucho tiempo porque recién que empecé a trabajar, aún estábamos con mis suegros y mi bebé estaba en buenas manos y, posteriormente, mis papás recibieron la «estafeta» y llegaron al desquite de la situación.

Me aproveché de mis hermanos al traer a mis papás conmigo. No los consultamos, solo les avisamos. Coincidió con el momento en que ellos estaban iniciando cada uno su vida de pareja, así que me tocó el premio gordo.

Angélica Cuapio
(Alemania, Austria, Suecia)

Mi papá y yo somos los primogénitos de la familia. Eso nos coloca en posiciones, unas veces privilegiadas y otras veces inconvenientes; privilegiadas porque, a falta de experiencia de los padres, la mayor atención y cuidado se le dedica al primer hijo y siempre resulta una sorpresa la «primera vez» en cada fase del desarrollo, la primera palabra, el primer paso, la primera bicicleta, el primer graduado, etc. Esto no quita valor ni apreciación de las sorpresas de los siguientes hijos, pero ya se sabe lo que se espera. Hace treinta y cinco años, mi padre se fue a España a hacer su maestría en Ingeniería Nuclear. Fue el pionero de la familia que salió al extranjero por cuestiones de índole académico. Yo resulté siguiendo sus pasos una generación más tarde.

Cuando me fui de México, toda mi familia paterna se reunió y me despidieron con un desayuno familiar. Se sintió extraño tener un evento familiar dedicado especialmente a mí. Normalmente, mis cumpleaños eran mínimamente celebrados y siempre en un ambiente familiar reducido a mis hermanos y padres. Extrañamente, las familias materna y paterna me despidieron como si me fuera para siempre. Aunque todos sabían que inicialmente me iba por tres o cuatro años, la mayoría me expresó más tarde que creían que no estaría pronto de vuelta viviendo en México y tuvieron razón.

La despedida con mi papá en el aeropuerto fue quizá la más fuerte de mi vida. Sin decir mucho, solo con derramar la única lágrima que le he visto, entendí que él antes que yo sabía que esa era una partida de la cual quizá no regresaría. Muy a su estilo, con palabras frías, bien elegidas y calculadas, me hizo pensar que se sentía orgulloso de su hija. Esa es mi egocéntrica interpretación, pero me hizo sentir que estaba en el camino correcto.

Mi familia sabe que estoy bien y viceversa, así todos estamos contentos y despreocupados. Las situaciones adversas que he experimentado por estar lejos de mi país han sido la muerte de mi abuelita Gra, la de mi tío Gus y la de mi tía Chuchi, tres familiares a quienes quería mucho. Estar lejos en ese tipo de eventos genera un descontento y malestar personal agregado: el no estar cerca de la familia cuando más se necesita apoyo y compañía.

La llegada de mis hijos a la familia ha generado una unión especial y ha despertado en mis papás y hermanos una devoción y cariño inimaginables por los niños. Esa felicidad contrasta con el sentimiento amargo de no estar presentes en su crecimiento. Esta ha sido la mayor desventaja que encuentro al no estar en México: la falta de expresión personal de ese cariño único que tienen los abuelos y tíos por los nietos y sobrinos.

En México, la disponibilidad de la familia para apoyar en el cuidado de los niños es muy diferente a en Europa. En México es común que los abuelos se desvivan por cuidar a los nietos o, al menos, que tengan la disponibilidad de hacerlo. Aquí no es tan común encargar a los hijos con los abuelos o tíos; el uso de las niñeras es más común.

La desventaja de tener a mis papás lejos para que vean a sus nietos crecer —y de paso que me los cuiden un rato— genera desgaste físico y económico. Tengo la fortuna de que mi mamá ha querido y podido venir en tres ocasiones y por varios meses para ayudarme con los pequeños. De otra forma y sin familiares a la vuelta de la esquina, viviríamos muy estresados. Los padres de Feli nos visitan cada dos meses y tratamos de organizarlo de una forma que su visita coincida cuando la carga en el trabajo es mayor, para que su ayuda sea bien aprovechada.

Desde que me fui de México, mi mamá se ha mantenido siempre en contacto conmigo por correo electrónico y, aunque a veces no tengo tiempo o concentración para contestarle, ella siempre ha estado presente a pesar de la distancia. Ella es quien me mantiene al tanto sobre cómo está la familia, cómo van las cosas en la colonia. También siempre me echa porras por ejemplo cuando sabe que tengo que dar una presentación sobre mis avances científicos. A esta altura, a pesar de que ya he dado multitud de presentaciones en público, sigo pidiéndole que piense en mí cuando esos eventos suceden y siempre recibo de ella un correo electrónico o un mensaje antes de mis intervenciones. Eso me hace sentir bien, además de que me demuestra su cariño.

Hace una semana llegamos a Suecia. Nuestro viaje fue en auto desde Viena hasta Estocolmo, que son aproximadamente 2000 km. Nos trasladamos en auto con los niños porque queremos conservar el vehículo y, de paso, para transportar algunas cosas de valor. Fueron cuatro días y tres noches; fue un viaje exprés considerando que viajamos con dos niños pequeños de uno y dos años, respectivamente. En una semana llegan mi hermana y hermano para pasar Navidad juntos. Mi papá viene en Semana Santa para llevarse a pasear a los niños a las islas del archipiélago sueco aquí en Estocolmo.

Susana Ramírez Romero
(Barcelona)

Como describí en el primer capítulo, nos tocó pasar la primera Navidad solos. Estar lejos de la familia, de la típica familia mexicana —numerosa, grande y bulliciosa—, se resiente y mucho.

Nosotros no teníamos ningún lazo familiar por estas tierras, pero incluso comprobé que, también teniendo familia política aquí, ésta nunca sustituye a la familia mexicana. Una de las canguros de mis hijos está casada con un catalán y, hablando sobre las Navidades, yo le decía: «Al menos tú tienes la suerte de tener la familia de tu esposo aquí y pueden tener una reunión familiar en esas fechas que tanto se necesita el calor de hogar», a lo cual ella me contestó:

—Paso la Navidad con la familia de mi esposo, pero no tiene comparación; aquí las reuniones son frías y formales. Cuando llegamos, la mesa está perfectamente puesta, muy elegante, pero los platillos son totalmente diferentes: faltan los romeritos, el pavo, las ensaladas de Navidad, el ponche, la música y las piñatas. Además, la reunión empieza con la comida, después un café, abrazos y, antes de la cena, ya estamos de regreso a casa.

Por ello, desde el segundo año y hasta la fecha, nos hemos hecho el propósito de ir a México cada diciembre haciendo el esfuerzo que conlleva a nivel económico, así como de horarios de trabajo y de escuela. Nos llena de ilusión aprovechar esas fechas para visitar a la familia y reconectar con los amigos.

Ir a México es toda una celebración llena de chispazos de alegría. Disfrutamos cada parte del viaje: el preparar las maletas, comprar detallitos para que la familia sepa que, pese a la distancia, no les olvidamos ni un solo día y luego el proceso de abordar el avión con niños, lo cual es toda una aventura. Hemos viajado con escala en Frankfurt, París, Ámsterdam, Madrid, y siempre, invariablemente, hay alguna otra mamá mexicana en el vuelo a la que identifico rápidamente por el acento y porque lleva el mismo brillo en los ojos que yo; la misma ilusión contagiada a los niños de visitar nuestro hermoso, ruidoso y colorido México.

A la llegada al aeropuerto de la Ciudad de México siempre hay hermanos y tías sonrientes, abuelos con algún regalito esperando a los nietos que solo ven de cuando en cuando. No lo puedo evitar, soy una romántica y disfruto viendo el recibimiento no solo de los míos, sino de los cientos de mexicanos que, por diversas circunstancias, vivimos en el extranjero. Somos un pueblo cariñoso y efusivo donde los lazos familiares van más allá de las fronteras.

Me gusta que mis hijos sientan el cobijo de los abuelos, la complicidad con los primos, el ambiente festivo y optimista de los mexicanos; que prueben el chile y que aprendan a comer un taco con las manos sin que se les salga todo por el otro extremo; que los inviten a Las Posadas; que hagan nuevos amigos; que sepan romper una piñata y esquivar «los palos»; que se sientan queridos de la manera más auténtica. Ya que tenemos la fortuna de tener familias numerosas, no queremos perdernos la oportunidad de convivir con ellos, al menos, una vez cada año. Así hemos recuperado la ilusión por la época decembrina.

Hoy en día el Facebook, el WhatsApp, el correo electrónico, los teléfonos móviles y el wifi se han convertido en una herramienta valiosísima, especialmente para quienes vivimos fuera, pues nos permite acortar distancias para poder sobrevivir lejos de la familia. Recuerdo cómo una tía de las muchas que tengo vivió en Inglaterra por los años ochenta y, en una ocasión, me dijo: «Ay, mija, no sabes la suerte que tienes. En mi época, cuando yo quería comunicarme con mis hermanas, la única opción era gastar un dineral en una llamada telefónica, o bien mandar una cartita que fácilmente les iba tardar en llegar varios meses, de modo que, para cuando llegaba la carta anunciando el embarazo, el niño ya había nacido».

No obstante, con todo y los avances tecnológicos, la lejanía pesa: siempre terminas perdiéndote alguna boda, casi todos los bautizos y las graduaciones. Pero pesa especialmente cuando se trata de la salud. Desafortunadamente, desde que estoy aquí, tres familiares muy cercanos —mi madre, mi tía y mi sobrino— fueron diagnosticados con cáncer, convirtiéndose nuevamente en una etapa más de tiempos difíciles. En estos casos, uno quisiera acortar distancias y poder estar ahí, de manera inmediata, abrazando, acompañando y orientando, pero no siempre es posible. Nuevamente, gracias a que vivimos en la era digital, se pueden compartir los resultados de las analíticas, de la tomografía del PET TC y los informes médicos. Actualmente, puedo mandar mensajes instantáneos a mi familia o incluso a los colegas médicos que han estado involucrados en el diagnóstico y tratamiento.

Una vez más me siento realizada y feliz por haber estudiado Medicina, pues aún en la distancia he podido intervenir de alguna manera en la recuperación de la salud de mi familia. Nunca me imaginé que volvería a cruzar los pasillos del INCAN (Instituto Nacional de Cancerología), donde tuve la fortuna de ser aceptada para realizar mi servicio social en investigación, solo que ahora como familiar de un paciente. Esta experiencia me permitió ver cómo todo en la vida está conectado y más que nunca entendí por qué conocí a los patólogos de dicho hospital, pues años después volvían a extenderme la mano, ya no revisando laminillas para mi proyecto, sino corroborando el diagnóstico de mi madre.

Estaré infinitamente agradecida con mis amigos, especialmente con mis amigos médicos, que estuvieron tan cerca de mi familia poniendo de manifiesto su vocación amorosa a la Medicina, su gran profesionalismo y vertiendo siempre todos sus conocimientos. A todos ellos, algunos compañeros de generación, otros amigos de esta aventura migratoria, un «gracias» que no me cabe en la boca ni en el corazón. Y, por supuesto, a toda esa familia bulliciosa y unida que siempre ha estado ahí acompañando, apapachando, aportando, ¡muchas gracias!

Luana Sandoval Castillo
(Barcelona, Dinamarca)

Recuerdo que la primera semana nos llamábamos a diario por Skype y dejaba conectado el Messenger por si pasaba algo trascendental durante la tarde de México. Podía enterarme de inmediato al despertar.

Ya no tenía hecho el súper y mucho menos la comida caliente llegando a casa. Hubo días que no comía por no tener con quién compartir la hora de la comida y otros, compartía con mis compañeros de piso la dura tarea de cocinar y cenábamos viendo la tele o hablando sobre nuestro día.

Ahora que lo pienso y minimizo la nostalgia de esos ayeres, muchos días se escuchaban carcajadas en el piso, poníamos música para cocinar y hasta nos echábamos unos pasitos de salsa de vez en cuando. Hubo días donde Jaime se quedaba conmigo hasta tarde mientras yo estudiaba y me preguntaba los criterios de tratamiento de la fibrilación auricular. Hicimos un itinerario para dividir la limpieza de la casa, pero para cuando mi madre tenía que llegar puse a los dos a sacarle brillo a los cristales y por supuesto que ella vino a inspeccionar con ojo de mamá cada rincón de la casa.

Viajó por Lufthansa. Su vuelo llegaba retrasado y una chica de la aerolínea me tranquilizó al decirme cuándo llegaría. Me contó que ella iría a México a visitar a un posible galán en turno y preguntó dónde podía quedarse. No lo dudé ni por un momento: «En mi casa —le dije—. Bueno, la casa de mis papás». Así que una semana más tarde, Olga dormía en mi antigua cama y disfrutaba de mi familia.

Durante la estancia de mi mamá, los papás de Olga nos invitaron a comer y entre mamás se intercambiaron sutilmente la responsabilidad del cuidado de las hijas.

Mientras mi mamá estuvo en Barcelona, fui la niña consentida y claro que mis compañeros de piso también. De hecho, creo que ellos sufrieron más la despedida de mi mamá que yo misma. Cada vez era más difícil comunicarnos debido a los cambios de horario, los compromisos sociales y las guardias. Era una época donde el FaceTime y el WhatsApp aún no existían. En España ya no me tocó la conexión por cable del ordenador, o sea, la «compu». En México dejé esa que te dejaba conectar solo una computadora a la vez y se tardaba un buen rato en conectar mientras el teléfono hacía ruido.

Extrañaba poder hablar con mi hermana. En casa de mis papás dormíamos en literas y, cuando llegaba la noche, hablábamos horas de cama a cama sin necesidad siquiera de encender la luz. Pero ahora no estaba cerca y me hacía falta su consejo.

Cada vez las llamadas se fueron alargando y ya era Navidad. Habían pasado ocho meses de vivir en Barcelona y mis papás catalanes, los de Olga, me acogieron para cenar, me sorprendieron con canciones que solía cantar con mis papás, así que no pude evitar llorar un poquito por la nostalgia.

Aunque no era programado el contacto, sí que era indispensable. Creamos un vínculo basado en llamadas, mensajes largos y cortos, solo para hacernos saber que nos pensábamos. Siempre agradezco sus consejos y al día de hoy, cuando ya soy mamá de dos niñas, busco sus opiniones y sus palabras me tranquilizan. Hemos ido descubriendo lugares nuevos solo con la excusa de estar juntos. Esa es mi familia.

Sandra López-León
(Israel, Holanda, España y Nueva York, Estados Unidos)

Cuando mi abuelo llegó a México de España, ya no volvió a ver a la mayoría de su familia. Pasaron décadas antes de poder volver a ver a sus padres. Recibía noticias una vez al mes a través de cartas que tardaban un mes en llegar. Cuando uno dejaba su país, desaparecía de la misma manera que desaparece un muerto.

Ahora es diferente: podemos comunicarnos más rápido con personas al otro lado del mundo que con las personas que están junto a nosotros. Podemos hablar y vernos a diario con ellos a través de nuestro teléfono y podemos viajar a verlos varias veces al año. Esto hace que uno esté cerca de la gente que quiere, pero también hace que la adaptación sea más difícil porque uno tiene un pie en un país y otro en el otro.

Cuando dejé México para irme a Holanda, nunca me cuestioné nada. Yo nada más estaba lista para la aventura. Nunca me pregunté cuándo iba a regresar, cuándo iba a volver a ver a mi familia, si me iba para siempre. Al principio no extrañé a nadie. Empecé a extrañar a mi familia y amigos en situaciones y fechas importantes: celebraciones, cumpleaños, graduaciones, bodas, bautizos, enfermedades y entierros.

No fue sino hasta que nació mi primer hijo, tres años después, cuando me di cuenta emocionalmente de que mis hijos no iban a tener ni abuelos ni tíos cerca en sus vidas. A partir de eso, todos mis ahorros se iban en viajes a México para poder pasar Fin de Año y verano cerca de mi familia. Nos veíamos durante una semana y nos despedíamos como si fuera la última vez que nos fuéramos a ver en la vida.

Frecuentemente hablaba con mis papás y estábamos más cerca emocional e intelectualmente que nunca. Pero me hacían falta y nosotros les hacíamos falta a ellos. La vida es tan corta y el tiempo que estamos con las personas se va tan rápido que se me hacía una tontería tener que estar lejos de ellos. Mis padres son hijos únicos y mis hermanos vivían en Estados Unidos. Ellos aceptaron que no querían envejecer lejos de la familia y que no querían quedarse solos. Mi padre es español y tenía sus estudios de Medicina y Psiquiatría revalidados en España. Así que hicimos el plan de todos irnos a vivir a España. Primero, nos mudamos nosotros y, al poco tiempo, llegaron ellos. El día que llegaron mis padres a vivir a España por primera vez pude poner mis dos pies en un país.

Unos años más tarde se dio la oportunidad de irnos a vivir cerca de mis dos hermanos en Estados Unidos. Fue muy bello que por primera vez mis hijos tuvieran tíos y primos cerca. Conforme pasa el tiempo, valoro más a mi familia. Es esta la que nos da fuerza, la que nos apoya, la que está para celebrar y la que está para abrazar. Para mí no importa el país donde vivo; para mí importa estar cerca de la gente que quiero. Mi familia son mi país, mi estabilidad y mi felicidad, y soy muy afortunada de ahora poder vivir con mi esposo, mis hijos; cerca de mis padres, hermanos y sus familias.

Patricia Bautista Rivera
(Kentucky, Estados Unidos)

Han pasado muchos años desde que me mudé a vivir a Estados Unidos por primera vez y puedo afirmar que lo más difícil de haber cambiado nuestro lugar de residencia es el estar lejos de nuestra familia. El estar lejos no solo en los momentos de celebración, sino en los momentos de dificultad, de enfermedad y de dolor. Es precisamente en estos últimos que es aún más difícil el no estar con ellos. El enfrentar la enfermedad y el deterioro de las personas que amas a la distancia es inmensamente doloroso.

Como ya he compartido previamente, al principio de nuestra llegada a este nuevo país el mantenernos en contacto con la familia era muy difícil, aún no había globalización. Aunque el Internet ya existía, aún no estaba disponible para la población en general. Así que el único contacto y comunicación con nuestra gente querida era el correo a través de cartas —a la antigua, que, por cierto, el recibirlas nos llenaba de un gusto inmenso— y llamadas breves —a veces, muy breves— por teléfono, dado que los precios por cada llamada eran elevados y el presupuesto era limitado. Fue a través de breves llamadas por teléfono que mi esposo y yo nos enteramos de la muerte de nuestras respectivas abuelas. El duelo llega. Aun estando lejos y en esos momentos en los que no podíamos viajar, las emociones fueron intensas. Aunque yo no había tenido una relación estrecha con mi abuela, tenía muy buenos recuerdos de ella, le tenía cariño y su muerte me dolió.

Cuando finalmente tuvimos acceso al Internet, la comunicación se hizo mucho más rápida, estrecha y fluida. Ahora comunicarse es mucho más barato, fácil e instantáneo. El acercamiento con la familia se ha estrechado, así como con los amigos que están en México, aquellos con quienes casi se había perdido el contacto. Ahora, a través de los grupos de chat, ha habido reencuentros. Las amistades se han restablecido, crecido y estrechado.

Cuando mi esposo terminó su entrenamiento, regresamos a vivir a la Ciudad de México. La readaptación a la ciudad no fue nada fácil, pero nos llenaba de una alegría infinita el saber que estaríamos cerca de nuestras mamás y hermanos y, mejor aún, que nuestros hijos conocerían y tendrían la oportunidad de convivir y conocer a su familia. Y así fue, cada fin de semana atravesábamos la ciudad para ir a visitar a una abuela o a la otra, para cocinar con ellas, y comer con la familia, para disfrutarlas. Además de la familia, tuvimos la dicha de convivir nuevamente con nuestros amigos, y de crear nuevas relaciones de amistad.

Al cabo de unos meses de haber estado viviendo de regreso en México, mi esposo recibió una oferta de trabajo y, ante la inseguridad de nuestra ciudad y la posibilidad de un mejor ingreso, decidimos regresar a vivir a EUA. Lo más difícil de la mudanza fue el separarnos una vez más de nuestra familia y amigos. Pero en esta ocasión regresamos a vivir a la misma ciudad en la que ya habíamos vivido, lo que facilitó la adaptación.

Ahora estamos nuevamente aquí, manteniendo el control de diabetes de mi mamá, y dando recomendaciones médicas por teléfono, tratando de ayudar aún a distancia.

Ya viviendo en EUA por segunda ocasión, mi suegra tuvo diagnóstico de cáncer. Recibió tratamiento, diagnóstico de curación; luego un diagnóstico de recaída y, finalmente, murió. Mi esposo viajaba a México casi cada fin de semana para acompañar a su mamá. Todo esto que he escrito en un par de renglones tiene un gran significado emocional que aún aprieta el corazón y lo seguirá haciendo por el resto de nuestras vidas. Es difícil expresar a través de la escritura todo el dolor, la ansiedad, la angustia y la pena que nos embargó y aún nos embarga. El resto de nuestra familia, que también ha tenido diagnósticos preocupantes, «ahí la llevan». Y nosotros desde aquí, agradecidos por la presencia de ellos, que, aunque a miles de kilómetros, están de forma constante en nuestro corazón.

En esta ciudad también hemos tenido la bendición de haber encontrado una familia adoptiva. Los padrinos de bautizo de mis hijos los han adoptado como si fueran unos más de los nietos. Y, como buena familia, con ellos celebramos todas y cada una de las fiestas religiosas y no religiosas que el resto del país festeja y conmemora. No debo olvidar el mencionar a otra de nuestras familias en esta ciudad: la que vemos y con la que interactuamos cada domingo al ir a misa. Y ahora, también gracias a la globalización, a todo el grupo de nuevos amigos latinos que viven en esta ciudad.

Paulina Cruz
(Misuri, Estados Unidos)

Mi familia es muy pequeña. Mis papás y mi hermano siguen en México. Hablo con frecuencia con mis papás gracias a la tecnología del FaceTime y WhatsApp. Nos vemos entre dos y tres veces por año. Me gusta que vengan a visitarme. Mi mamá me ayuda mucho en la casa y, además, cocina la comida más deliciosa que se imaginen. Mi papá es muy bromista, pero es fácil de ignorar cuando sus bromas te cansan. Los dos están relativamente sanos y son bastante funcionales, pero en el tiempo que llevo acá, mi mamá ha tenido dos cirugías y mi papá una. Ha sido duro no poder acompañarlos ni ayudarlos en esas rachas. Tenemos buena comunicación. El tener mi propia casa me ha hecho sentirme rara cuando voy de visita a la que fue mi casa. Ahora que mis papás se mudaron a un departamento, pues me es aún más raro. Mi mamá tiene muchas cosas que a mi parecer no necesita y mi estilo es minimalista, así que me estresa ver todo lo que tiene guardado y a la vista. Mi hermano renta un departamento y vive solo desde hace varios años. Hablamos en ocasiones y ha venido a visitarme dos veces. Somos muy distintos. Yo siempre fui muy enfocada y con metas muy delineadas, y él siempre fue muy amiguero y despreocupado. En mi familia no hay muchas tradiciones. Mi papá siempre ha pensado que todo se debe demostrar en vida; mi mamá no es cercana con su familia. Así que nunca hemos puesto altar del Día de Muertos o ido al panteón. El Día de la Independencia, mi mamá siempre hacía pozole y lo pasábamos en casa. La Navidad es lo que más recuerdo como una época de estar en familia. No somos religiosos. Mi mamá es la más, pero no acostumbramos ir a misa en Navidad y Las Posadas se volvieron más bien fiestas con amigos. Por lo general, mi mamá cocina y cenamos juntos. No acostumbramos rezar. Escuchamos villancicos y decoramos. En enero acostumbrábamos la rosca de Reyes. Cuando éramos niños, mi hermano y yo creíamos fervientemente en los Reyes Magos, pero al dejar de creer tampoco se quedó como una gran tradición. Al no ser religiosa, tampoco celebro la Pascua.

Conservar tradiciones mexicanas viviendo en Estados Unidos ha resultado por consecuencia difícil para mí. A veces creo que debo de empezar de cero a cultivar tradiciones para mostrarle a mi hijo. Así que en Navidad pongo el pino y villancicos en español.

Angeles Estrada/
María de los Angeles González Soto
(Oklahoma, Estados Unidos)

Por los planes del teléfono estando aquí, le hablo más seguido a mi mamá que cuando vivía allá. Todos los días a las 10:00, a veces la agarro modorra, pero para mí es importante hacerlo. Aun así, hay veces que platicamos más de una hora. Quisiera que me contara cada detallito que pasa no me acostumbro y les extraño mucho. Cuando tienen alguna reunión, me llaman y mi mamá platica conmigo y allá como si yo estuviera ahí sentada con ellas, en la mesa de la cocina, que es el lugar típico de las reuniones en su casa, tomándonos un delicioso y famoso café que ella prepara acompañado de galletas o pan.

Aquí donde estoy no tenemos wifi. Por lo tanto, no podía usar esas aplicaciones con cámara. Afortunadamente, desde hace como un año, es que ya las uso: ha facilitado tanto la comunicación. A veces no sé si para extrañarnos menos; otras veces, siento que se extrañan más.

He podido ir cada año y medio aproximadamente. Llegar allá y querer comer hasta los dulces como jamoncillo, biznaga, camote, es sorprendente porque yo no era muy dulcera, pero hasta esas delicias se me antojan. Me encanta cuando vamos ver la cara y el abrazo tan cálido de mi mamá, mis hermanas, que hasta han pedido el día en sus trabajos para reunirnos ese primer día que nos vemos. En una ocasión, mi sobrino no sabía que íbamos. Fui por él a la escuela y el pobre casi se infarta. Me abrazaba y lloraba. Yo le tenía mucho miedo al dicho «santo que no es visto, no es adorado», pero, gracias a Dios, las personas importantes de mi vida ahí están y sigo con ellas.

Ahora con mi hija, quiero que conozca todos esos hermosos lugares por donde yo crecí, las maravillas con que cuenta mi ciudad. Ella solo ha ido una vez a los casi dos años e iba hablando cinco a diez palabras, pues al volver llegó toda una tarabilla. Le encantó México. Mis hermanas decían: «Vamos a la calle», y para pronto mi hija tomaba su bolsita.

Se han alternado entre mi mamá y una de mis hermanas al visitarnos, y estoy muy emocionada porque ya también mi otra hermana y mi sobrino vendrán: que vengan es una gran emoción y, cual buena familia mexicana, quieres agasajar a los tuyos con comida, pues me encanta hasta pensar en cocinarles, ya que yo tenía la fama de que «hasta el agua se me quemaba» y sorprenderles es maravilloso.

Algo con lo que me ha tocado lidiar es con la idea de que en ciertas ocasiones no me contaban problemas para no preocuparme. Ya hablé con ellas y les dije que, si yo hablo a diario, es porque quiero estar al pendiente y si me preocupo o no es decisión mía y, aunque sí lo haga, son mi familia y tengo derecho y quiero estar al tanto de todo. Es mi familia allá en México y la amo. Entiendo que estar lejos no solo es difícil para mí, también para ellos, pero es algo con lo que estamos viviendo. Mis padres son un orgullo para mí: les debo todo y estoy tan agradecida que no me alcanza la vida. De una forma o de otra, mis hermanas y mi sobrino son un gran apoyo invaluable también. Soy muy afortunada de tenerles y siempre adonde voy van conmigo en mi corazón.

Mayra Falcón Pineda
(Wisconsin, Estados Unidos)

Es casi vísperas de Navidad, tal vez el momento indicado para escribir sobre mi familia en México y yo o tal vez no. Estas son las fechas en las que más añoro a mi familia y a mi México. Las cosas se viven tan diferentes lejos de ellos.

Aún recuerdo que hace justo cinco años, cuando me mudé a este país, mi familia estaba planeando un gran viaje a Cancún para Navidad. No solo iría mi familia primaria, sino todo el resto de la familia: tíos, primos y más. ¿Se imaginan lo que fue para mí? Sería mi primer Navidad lejos de ellos y, además, todos ellos estarían en Cancún. Yo no podía ir, tenía que estar en este país, pues mi residencia estaba en trámite y tenía que estar aquí hasta que llegara la famosa Green Card. Así que mi contacto con ellos fue el maravilloso FaceTime, pero realmente no quería hablar con ellos. Me sentía enojada y muy triste. Nada es igual que en México, nada era igual lejos de ellos.

Nosotros éramos de ese tipo de familias muégano: adonde iba uno, íbamos todos; comidas familiares casi todos los domingos, cumpleaños, Día de la Independencia, Día de Muertos, Día de la Madre: todo era un pretexto para reunirnos. Siempre fueron fiestas grandes, pues somos una familia numerosa. Lo mejor eran las Navidades: todos nos reuníamos en casa de la abuela; todo empezaba desde temprano. Por un lado, el tío preparaba buñuelos mientras la tía hacía los romeritos; por allá el bacalao, la pierna, el pavo... ¡Qué festín! Y, mientras, todos los niños jugando en el patio, esperando la piñata y los dulces. Éramos una verdadera familia tradicional mexicana. ¡Qué bellos recuerdos!

Ahora es todo diferente, pero, aun así, cada vez que regreso a México intento reunir a toda la familia. Cada vez ha sido más difícil, pero no pierdo la oportunidad de estar allá y poder hacer la visita de las siete casas para poder abrazar y saludar a cada uno de mis tíos y primos. Sé que nada podrá ser igual, ya cada quien tiene sus vidas; cada quien tiene una familia, pero, de verdad, cómo añoro esa parte de mi vida y mi niñez. Cómo me duele que mis hijos no tenga o tendrán la oportunidad de vivir y crecer en una hermosa familia como la mía.

Actualmente, busco siempre un pretexto y a la primera oportunidad me escapo a México, aunque a veces solo sean cinco días. El viaje es largo, es casi un día completo, pero todo vale la pena. Con mi familia primaria intentamos reunirnos una vez al año, ya sea que ellos vengan para acá o nos reunamos en algún lugar de la república. A veces, es desesperante no poder estar cerca, pero la tecnología nos ayuda. Nuestros principales aliados son FaceTime, Skype, WhatsApp... Creo que no habría podido estar lejos de ellos sin la ayuda de estas aplicaciones.

Mamá, papá, hermano y hermana, gracias por ser parte de mi familia; gracias por estar ahí; gracias por leerme y por escucharme. Habría deseado nunca alejarme de ustedes, pero la vida tiene tantas interrogantes que aquí estoy, lejos de ustedes, pero cerca de corazón y pensamiento.

Hazel-Ela Jiménez
(Houston, Estados Unidos)

La verdad no fue muy difícil separarme de la familia, ya que vivía lejos desde hacía tiempo del lugar donde crecí. Poco a poco, me fui alejando y acostumbrando a que no en todos los acontecimientos de fiestas o reuniones importantes estaría presente, tenía que pasarlas sola.

Cuando llegué a Estados Unidos, sobre todo mi mamá fue la más sorprendida por mi decisión de mudarme y sentirme más lejos por las nietas, pero, gracias a que puede entrar y salir del país fácilmente, no fue muy difícil la aceptación. La primera Navidad vinieron ella y mi hermano adonde ya teníamos seis meses rentando, empezando poco a poco a sobrevivir y a aprender el movimiento de la vida aquí en Houston. Fue muy emocionante tenerlos de visita y que fuera en mi casa a la que llegaran. El entusiasmo era mutuo al parecer, sin contar con las excepciones de carácter que a mi hermano y madre les —y nos— caracterizan, pero, dentro de todo, estábamos felices por estar juntos. Mis hijas y mi esposo estaban igualmente emocionados. A lo largo de ese siguiente año, las visitas fueron menos programadas y mi mamá decidía de un día a otro venir a vernos; las nenas estaban felices con su abuela en casa. Lo triste era cuando se acercaba el día de su partida a México: eso era doloroso para todas. Tanto el día de la partida como en los posteriores, mis hijas lloraban todas las noches extrañando a su abuela. Conforme pasaban los días, eso cada vez se volvía más ligero.

Así las conversaciones telefónicas ayudaban para aligerar esos episodios de extrañar a su abuela y se volvía más sencilla la espera a la otra Navidad: aprovechábamos a encargar dulces y cosas que aquí no hay o es muy caro encontrar. Los esperábamos con mucha alegría, pero esta segunda Navidad solo mi mamá podría venir; al siguiente año, las llamadas fueron menos, las visitas igual, hasta que llegó a la tercera Navidad. Para este entonces no podía salir del país aún por estar en espera de mis documentos en trámite. En esta ocasión, ya no tuvimos visita de nadie.

La familia en sí se ha ido distanciando por los mismos problemas de divorcio y separación de mis padres, que llevan ya más de diez años peleando aún. Yo creo que todo eso ha influido en que en nosotros tres —mi hermano, mi madre y yo— la unión no sea el principal ejemplo y es parte de lo que yo, como cabeza ahora de familia, estoy aprendiendo para mis hijas y mi esposo. Procuro que siempre exista unión y apoyo, con amor y respeto para que, cuando mis hijas hagan su familia, siempre estemos cerca sin importar los kilómetros.

Leticia López Pedraza
(Dallas, Estados Unidos)

La distancia se hace presente, sobre todo, durante el otoño y el invierno. Los días sin sol son muy traicioneros. Muchas veces he añorado Las Posadas, Navidad, Año Nuevo y hasta pasar Halloween en México y, aunque esta última es una tradición más norteamericana, en mi casa también se celebra el cumpleaños de mi hermano y, desde que tengo memoria, esta fecha era día de fiesta segura. Puedo imaginar los recorridos de mi familia en los días previos a la Navidad. Los preparativos para estos días de fiesta se vuelven parte de la tradición.

Busco rodearme de personas que tienen costumbres similares a las mías, pero en realidad no hay nada que se compare con mi familia. Probablemente, muchos pensarán igual que yo. Por más que trato de que mi hija crezca en un ambiente similar al mío, creo que no lo he logrado, ya que la mayoría de mi familia vive en México. Cada integrante de mi familia es único e insustituible; no hay nada que iguale a mis primas: cada una tiene sus locas ideas, que siempre superan mis expectativas, o los hermanos que dan órdenes, te defienden y luego desaparecen; en fin, ¡¿qué diera yo por convivir más seguido con todos ellos?! Aunque parezca masoquismo, yo quiero mi dosis de tortura familiar, por lo menos, una vez al año. Ya con eso me doy por bien servida. La familia ha ido creciendo. Todo esto hace que para todos sea muy difícil coincidir, pero el día que los veo me sigue dando igual de gusto.

Mi abuela materna murió hace unos meses a la edad de noventa y un años. En sus años de juventud, fue una madre muy estricta y dedicada a su familia al 100%. A mí el cielo me hizo justicia al dejarla a nuestro lado por más tiempo del que nos dejó a mi madre. A la falta de mi madre, el cariño de mi abuela era lo más parecido. Recuerdo que, después de que me separé de mi esposo, en una de mis visitas a casa de mi abuela, ella me dijo que los tiempos ya habían cambiado y que ella, con el paso de los años, había también cambiado su forma de pensar; que yo debía hacer lo mismo. Me sorprendieron sus palabras y la seguí escuchando atenta. Me explicó que las mujeres antes toleraban mucho por los hijos, por el lado económico y porque eran criadas para dedicarse a atender el hogar. Después dijo:

—Ahora las cosas ya no son así y menos para las mujeres tan preparadas como tú. Las mujeres ya no tienen la necesidad de tolerar ni depender de un hombre que no te hace feliz solo para sacar a sus hijos adelante. Ya verás que te saldrá un «valiente», aún eres muy joven. Tú nada más fíjate bien que sea un hombre muy trabajador y que te respete.

Me sorprendió aquella señora de fe y costumbres conservadoras firmes. Sus años de experiencia me decían que tenía razón y sus palabras me ayudaron a aliviar el peso de cargar con un matrimonio fracasado.

Así como lo hacía en vida, el día de su funeral una vez más mi abuela reunió a toda su familia. Todos nos sentamos en el patio de su casa a platicar tantas anécdotas. Fue como celebrar su vida en una tarde inolvidable. Así es como yo veo a mi familia: a veces, dispersa porque cada uno sigue su camino, pero unida cuando realmente se necesita.

Margarita Maldonado
(Michigan, Estados Unidos)

Me siento afortunada por tener la familia que tengo, por haber crecido en un lugar donde todos convivíamos y haber recibido tanto de todos. Ahora que estamos lejos, valoro todos los momentos en los que tengo la oportunidad de tener contacto con mi familia, ya sea física o tecnológicamente, y digo tecnológicamente porque hoy en día, gracias a las redes sociales, es posible mantener una comunicación efectiva e instantánea. Gracias a esto, el contacto familiar ha sido sencillo y, al mismo tiempo, ha reforzado la necesidad del contacto físico y nos ha permitido valorar a cada uno de los integrantes de nuestra familia en lo individual y en lo colectivo.

Favorablemente, por nuestras circunstancias actuales, se nos facilita mucho visitar a la familia en México, llegando al extremo de hacerlo en ocasiones un par de veces en un solo mes, lo cual ha aliviado mucho el sentimiento de vacío. Nos encanta visitar México y estar cerca de nuestros seres queridos.

Por el lado de mi esposo, es interesante la percepción que algunos familiares y amigos tienen, quienes, si bien lo estiman y aprecian, cuando él manifiesta la necesidad de verlos y estar cerca de ellos, inmediatamente se extrañan y les asombra el hecho de que él anhele regresar a México, donde las cosas, según ellos, están «muy mal». Él solo responde en plan de broma: «¿Mal? Mal en Estados Unidos, donde no eres blanco colateral, sino blanco directo». A fin de cuentas, creo que sus amigos hablan con base en su experiencia y nosotros con base en la nuestra.

Después de mucho platicar, mi esposo y yo creemos que lo que determina el apego y la añoranza a tus raíces y, específicamente, a tu familia está dado en función de las circunstancias familiares, económicas y sociales particulares de las que cada familia proviene, es decir, de cómo era tu vida en México. Si provienes de familias fracturadas, miseria y pobreza; rechazo social, desesperanza, falta de actuación en el escenario social, etc., es natural que lo que menos desees sea regresar al lugar y a la familia que nada te han dado. Por el contrario, si provienes de familias integradas y funcionales; de gente que lucha y se aferra a salir adelante; de gente que se educa y busca que las cosas ocurran, etc., ¡claro que deseas regresar y ser parte de ese vibrante y dinámico juego social!

Victoria Martínez
(Atlanta, Estados Unidos)

Los que estamos viviendo hoy en día son tiempos maravillosos y siempre hay que sacar lo positivo de los avances tecnológicos: gracias a ello, puedo sentirme un poquito cerca de mi familia en México. Compartimos momentos, fotos, vídeos y, lo principal, los «buenos días» y «buenas noches».

Tenemos grupos en común por medio de WhatsApp donde estamos en constante comunicación a diario: intercambiamos imágenes chuscas, fotos de mi madre, cuñados, sobrinos, hermanas y hermanos, y lo más curioso es cuando se forman subgrupos, por poner un nombre, donde tocamos temas delicados con un toque de misterio o, simplemente, para pelear.

Justo unos días atrás, recordábamos las cosas chuscas que nos pasaron cuando éramos niños. Era media noche y cada quien estaba recordando esos momentos que sabían a gloria. Somos ocho hijos en total y cada cual contaba sus aventuras. Fue un momento único e inigualable. Moría de risa acostada a un costado de mi marido; él solo decía: «En verdad, no sé de qué tanto ríes». ¡Ja, ja, ja, ja, ja! Solo le respondí: «De la vida, amor».

Otros tantos días platicamos vía Facebook porque ahí podemos conectarnos casi todos por vídeo, principalmente los domingos. En tantas ocasiones, llamo a mi madre por teléfono «de vez en diario»; también llamo a mis hermanas para poder escuchar su voz e intercambiar ideas y cosas o sucesos de la vida diaria.

Por otro lado, existen días en particular que me siento como excluida del clan, en donde mi mami me reclama y me cuestiona la decisión que tomé de hacer mi vida lejos de ella y de mi profesión y de lo que decidí estudiar; que cómo es posible que me quemara las pestañas y no ejerciera, y esté a la merced de mi marido, y más sabiendo la historia que les conté en capítulos anteriores, cuestionando si realmente vale la pena el esfuerzo y él me compensara. Hoy en día es totalmente diferente. Dice que ella siempre está para apoyarme y, si en ocasiones me equivoco y la vida no me paga como debería, ella siempre estará ahí para mí y que su casa siempre es y será mía; que no importa las veces que decida empezar algo nuevo, ella siempre estará para apoyarme. Me ha costado un poco hacerles esa idea. Mis hermanos me cuestionaban siempre si realmente valía la pena empezar otra vez y con la persona que una vez me falló. Nos dejábamos de hablar, nos enojábamos por días porque eso no era lo que quería escuchar, y menos viniendo de parte de ellos porque siempre crecimos como en una esfera donde nadie podía entrar más que nosotros y, cuando cada cual decide tomar su camino y la más pequeña del clan decide irse lejos, pues ha sido una noticia difícil de digerir.

Sin embargo, hoy en día la relación con ellos es aún más fuerte, sólida y llena de amor: sí, ese amor que creció y sigue creciendo. Solo son etapas donde no podemos estar peleados toda la vida y donde aprendemos el día con día de la vida. Puedo presumirles que tengo una magnífica familia donde existen errores, desaciertos, aciertos, unión, pero sobre todo existe confianza, amor y comunicación, valores que yo llamo pilares para que sea sólida. Por eso y muchas cosas más, los extraño mucho y creo que Dios nunca se equivoca cuando nos manda a cada familia y a sus integrantes.

Eso hace que cada vez que los veo lo haga con más ganas y entusiasmo; planeo visitarlos en las temporadas que están todos reunidos, pero los planes hasta ahora no han salido como yo quisiera, ya que la última vez que nos vimos fue en el funeral del que fue mi padre. Todo fue tan de repente, sin tener el plan listo ni las condiciones para vernos, pero ahí comprobé una vez más todo el amor y cariño de mi familia, y más esa unión que tanto llenaba de orgullo a papá.

Así que las veces que he regresado a México, no ha sido de acuerdo con mis planes, pero actualmente planeo regresar a fin de año para compartir esas fechas con ellos porque aún no rompo los lazos y deseo tanto pasar una Navidad con ellos después de cuatro años.

Este año, lejos de ser malo y triste por la muerte de mi papi, fue algo gratificante, ya que invité a mi hermano menor a que tomara sus vacaciones con mi marido y mi nene, y fue así como le cumplí su sueño, que en alguna ocasión también fue mío, de ir a conocer a Mickey Mouse. Eso fue genial. Cabe mencionar que él siempre fue, es y será mi cómplice favorito: los compañeros eternos de aventuras.

Quien deseo que venga y conozca otras tierras es mi madre y demás hermanas. Para ser sincera, me ha costado mucho trabajo convencerla, pero ya vamos avanzado en el proceso y, al menos, ya dijo que sí. Lo demás son vueltas para trámites de documentación.

Monroy Tijerina
(Houston, Estados Unidos)

Como mujeres, tendemos a necesitar charlas emocionales catárticas; como médicos sin licencia internacional, tendemos a sentirnos retadas y frustradas; como inmigrantes, tendemos a sentirnos solas. Este conjunto de emociones nos orilla para ver el camino de modo difícil, largo y complicado. Yo he caído en el error de la desesperación y en las reacciones viscerales y muchas veces, aparte del apoyo marital, mi familia en México me ha demostrado su apoyo incondicional, sus palabras de aliento y su manera de impulsarme para, en lugar de rendirme, resolverlo; crecer y ver las cosas desde otra perspectiva; tener paciencia y aceptar el camino que Dios escoge para mi vida en este momento.

Es difícil tener un pariente médico dedicado de corazón a su profesión: muchas veces me he ausentado en eventos importantes para mi familia y amigos por atender mi vocación. Aun así, considero de suma importancia procurar a la familia y amistades, pues como seres humanos tenemos la necesidad de vivir en sociedad y construir nuestro sistema de soporte. Yo me considero bendecida por tener excelente calidad de amigos y familia que me apoya en mis decisiones y las respeta. Me siento privilegiada por haber podido mantener esas relaciones después de varios años de estar lejos.

No es fácil mudarse y extrañar la convivencia familiar, sobre todo si es la primera vez que alguien en la familia emigra. Este cambio abrupto de estilo de vida se va haciendo más fácil con el tiempo y al mantener comunicación constante; en mi caso, gracias a WhatsApp, hablo con regularidad con las personas más importantes en mi vida. También hago videoconferencias con familiares y amigos, y eso me ha ayudado mucho a no sentirme aislada y a sentir que todavía soy parte de mis grupos sociales. Por medio de Facebook, mantengo contacto ocasional con familiares lejanos.

Pero lo más importante es que como madres el motor más grande para levantarse después de cualquier derrota es el sentimiento de responsabilidad por salir adelante y ser la mejor versión de uno mismo no solo en lo profesional, sino también en el carácter perseverante para alcanzar un mejor futuro: esa necesidad de ser ejemplo.

Andrea Ponce de León Herrera
(San Francisco, Estados Unidos)

—¡Hola, *ma*! ¿Cómo estás?

—¿Y ahora qué te pasó? ¿Ya chocaste? ¿Te quedaste sin dinero? ¿Qué necesitas?

Así era como solían iniciar las esporádicas llamadas por teléfono que le hacía a mi mamá durante el tiempo que viví en la Ciudad de México, cuando era residente de especialidad y subespecialidad. Tengo que aceptar que, efectivamente, solo llamaba a mi mamá cuando necesitaba algo o me había pasado algo.

Vivía a dos horas de la casa de mis padres. Sin embargo, casi nunca iba a verlos por miles de pretextos: trabajo, estudios, exámenes o cualquier cosa. A veces, más bien eran ellos quienes iban a visitarme a la Ciudad de México. Lo que es tener a tus padres cerca y no valorarlos: sabía que cualquier cosa los tenía a solo dos horas en carretera. Lo que daría por tenerlos igual de cerca ahora, ¡qué tonta fui!

No fue hasta que me convertí en madre que realmente valoré a mis papás; especialmente, a mi mamá. Recuerdo la primera vez que vinieron a verme a los Estados Unidos. Estábamos recién casados y aún sin bebé: nos la pasamos muy bien conociendo la ciudad, paseando y disfrutando. Cuando se fueron, derramé dos lágrimas por compromiso en el aeropuerto y tantán: ¡*that was it!*

No sé qué me sucedió: en el momento que quedé embarazada, un *switch* se prendió y empecé a valorar y necesitar más a mis papás. También las hormonas me convirtieron en un manojo de sentimientos y lágrimas a flor de piel: hasta yo me desconocía. Cada despedida en el aeropuerto es todo un drama. Al contrario de lo que pensaba, cada vez se me hace más difícil despedirme.

En realidad, no puedo quejarme. Mi situación no es tan complicada. El viaje para ver a mis padres y viceversa no es tan largo, son dos horas en carretera de Puebla al aeropuerto, un vuelo de cinco horas y una hora en tren a Concord. A lo que aún me cuesta hacerme a la idea es de que mi hijo no verá a sus abuelos cada fin de semana; que fechas importantes, como cumpleaños, aniversarios y Navidades, las pasaremos separados; que si tengo algún contratiempo, no tengo a mi papá cerca para que me ayude. Gracias a la tecnología, podemos vernos a través del teléfono, si no todos los días, por lo menos, tres veces por semana. A diario hablo, por lo menos, dos veces con mi mamá. Sé que no es lo mismo que verla cada semana, pero de esta forma nos sentimos conectados y juntos. Nuestra meta es vernos, por lo menos, una vez cada seis meses, ya sea que ellos vengan o nosotros viajemos a México. Hasta el momento, lo hemos conseguido en estos casi cuatro años que llevo viviendo fuera y sé que así seguirá.

Carla Proskahuer Muñoz
(Michigan, Estados Unidos)

Familia. Hablar de familia en mi casa siempre fue papá, mamá, mi hermano y yo; siempre nos fue inculcado que todos los demás eran familiares, pero que el núcleo familiar éramos nosotros. Creo firmemente que esa ideología entró tanto en mí que realmente en ese aspecto no me costó trabajo dejar mi país y a mi gente porque, finalmente, estoy con «mi» núcleo familiar.

La relación con mi familia siempre ha sido un tanto compleja. En ocasiones, me siento «la oveja negra» porque nunca fui precisamente de querer seguir reglas, aunque siempre terminaba haciéndolo. Cuando decidimos dejar México, mi mamá se hacía cargo casi al 100% de mi hija: la llevaba a la escuela, comía con ella y estaba la mayor parte de la tarde con ella. Ese cambio fue muy radical para las dos; abuela y nieta se extrañaron inmensamente, pero mi nena tenía a su mamá de vuelta. Mis papás se quedaron sin su nieta, sin su hija y sin su hijo, quien dos años antes había emigrado a Colombia.

El decidir vivir fuera de tu país te puede dar una de dos opciones: o mantenerte al tanto de todo lo que pasa sin cortar el cordón, o entender que esta es tu nueva realidad y ahora es tu nuevo hogar. El decidir no saber lo que pasa no es por querer ocultar alegrías ni tristezas, sino aprender a vivir en un nuevo entorno con nuevos retos y nuevas emociones. Incluso decirles adiós a familiares y/o conocidos a distancia ha sido duro, pero es parte de entender que ya no vives ahí.

Sin duda, las redes sociales han sido nuestra mejor herramienta para mantenernos en contacto, aunque, en mi caso, contrario al de mi hermano, pedí que no me enviaran fotos de comida; que no me incluyeran en videoconferencias en fiestas familiares, etc. En mi particular punto de vista, creo que estar lejos ha sido una excelente manera de saber quiénes, a pesar de la distancia, están contigo.

Durante todo este tiempo, hemos procurado mantener contacto constante: nunca faltan los «buenos días» ni las «buenas noches». Ha habido momentos de mucho estrés, como el pasado terremoto del 19 de septiembre. Esa impotencia, esas ganas de querer abrazar a los tuyos, esa desesperación de estar lejos... Como familia, en mi caso no solo considero al que fue mi núcleo familiar; la vida te va poniendo personas en el camino que se vuelven parte de tu corazón; amigos a quienes llamar «amigo» no basta; con quienes has derramado lágrimas, compartido triunfos y alegrías; quienes, a pesar de todos los kilómetros que nos separan, ahí están, siempre al pie del cañón, y tú para ellos y en definitiva, una vez más, las redes han hecho su labor.

Este período nos ha unido más a algunos, pero también separado de otros. Sin embargo, nuestro mayor reto fue mantener escondido un secreto, que como familia —mi esposo, mi hija y yo— prometimos no revelar hasta que visitáramos nuestro país, lo cual sería casi un año después de llegar a nuestro nuevo hogar y el cual sería un parteaguas en nuestra nueva vida.

Alejandra Rodríguez Romero
(Arizona, Estados Unidos)

Mi familia inmediata —nuclear— consistía en mis padres, mi hermana y yo. Siempre hemos sido muy unidos. Mi primer desprendimiento de ellos fue al irme a estudiar la carrera de Medicina a Guadalajara cuando tenía dieciocho años. Tres años después, mi hermana decidió ir a estudiar el último año de Preparatoria a Houston (Texas), donde vive mi familia materna, decidiendo quedarse a vivir ahí. Por esa razón, solo mis padres y mi familia paterna se encuentran actualmente en México.

Al llegar a este país, la ciudad donde viví los primeros dos años fue Tucson (Arizona), la cual por fortuna se encuentra solo a cuatro horas de mi ciudad natal, Hermosillo (Sonora), donde aún viven mis padres. De cualquier manera, fue bastante difícil, pues al principio, por el proceso de migración, tuve prohibido salir del país. Este periodo duró aproximadamente cinco meses, los cuales me parecieron bastante largos. Mis padres me visitaron un par de veces durante este tiempo y, una vez que recibí mi residencia temporal, casi inmediatamente realicé un viaje a México para visitar a familia y amigos. Durante estos años, he procurado visitar México frecuentemente.

Hace unos años, por cuestiones laborales y personales, viví un tiempo corto en los estados de California, Texas y Oklahoma, y durante esos periodos era más complicado ver a mi familia. La mayor parte de la comunicación era por teléfono y videollamada. Para fechas importantes, como Navidad y Año Nuevo, siempre tratamos de juntarnos todos. La situación de estar lejos de mis padres y hermana se ha hecho un poco más desafortunada desde que me convertí en madre. Es anhelar poder compartir más momentos juntos como lo hace la mayoría de mis amistades que radican en la misma ciudad que sus familias; como las reuniones de fines de semana, de cumpleaños o simplemente visitas frecuentes. No obstante, me siento muy agradecida con mi familia por siempre estar presente en los momentos más importantes de mi vida. A pesar del tiempo y la distancia, mi familia fue, es y seguirá siendo un gran pilar en mi vida. La relación cambió a ser más de calidad en vez de cantidad, pues cada vez que nos vemos es con una alegría inmensa, disfrutándonos al máximo.

Espero en un futuro poder vivir en la misma ciudad que mis hijos y más cercana a mi familia y poder compartir no solo esos momentos especiales, sino también los del día con día. Pero, si las cosas no se dan de esta manera, lo aceptaré y continuaré manteniendo los lazos de comunicación fuertes como hasta ahora.

Sumie Lorena Rojas Murakami
(Lewisville, Estados Unidos)

En México dejé tantas cosas, pero sin duda lo que más me dolió dejar fue a mi familia, principalmente a mis papás y a mi hermana. Sé que para ellos ha sido doblemente difícil, pues no solo se fue una hija y una hermana, sino que, además, se fue una nieta y sobrina a quien no verán crecer de cerca. Dejé a todos esos familiares que no frecuentas, pero a quienes al estar lejos extrañas y a los amigos que sin lazo de sangre se vuelven parte de tu familia. Empecé una nueva vida, a la cual trato de adaptarme todos los días, pero no dejo de imaginar cómo sería si mi hija tuviera cerca a sus abuelos, a sus tíos, a sus primos, ¿qué cambiaría? Incluso algunas veces me cuestiono si tomamos la mejor decisión y la vida día con día en un sinfín de circunstancias me muestra que sí lo fue.

Desde que vivo en este país, me volví amante de la tecnología: los mensajes, las fotos y las videollamadas se convirtieron en la ventana sin frontera para mantener unida a la familia. Fue así como mi hija conoció a su familia en México y yo conocí a mi primera sobrina, quien nació unos meses después que nos mudamos; así también vi salir a mi mamá del quirófano después de una cirugía y así hemos compartido cada uno de los momentos especiales, los logros y las tristezas.

A pesar de que no es fácil viajar por más de nueve horas para venir hasta donde estamos, mi familia nos ha visitado en varias ocasiones. La primera vez que vinieron mis papás fue unas semanas después de que nos mudáramos: una visita que, al igual que todas, me dejó un sabor dulce con tintes agrios de nostalgia; siempre supe que, si un día me tenía que alejar, me harían mucha falta, pero hay momentos de la vida en que el «extrañar» se convierte en «necesitar». Cada visita está llena de momentos muy emotivos, tales como el día que conocieron a la nieta o la primera vez que vinieron mis papás, mi hermana y su familia. Los bebés de ambas ya habían nacido y fue la primera vez que pudo estar la familia completa.

Por cuestiones del trabajo de mi esposo y de mis trámites migratorios, en los casi dos años que tenemos viviendo en este país, solamente hemos podido ir a México en una ocasión. Fue un maravilloso viaje lleno de sentimientos encontrados, que aún no logro definir. Mi hija tuvo la oportunidad de estar con toda su familia y a su corta edad —quince meses entonces— pudo palpar un poco de lo que son sus raíces y su cultura.

Estar lejos siempre duele: a veces, más; otras, menos. En los buenos y en los malos momentos y en todos esos que no son ni buenos ni malos, sino solo momentos cotidianos, pero que extrañas compartir con los tuyos. Nunca los voy a dejar de extrañar y, si algún día las circunstancias nos ponen cerca nuevamente, mi corazón se sentirá completo.

Ana Laura Sánchez (McAllen, Estados Unidos)

Sin duda este capítulo es uno de los más dolorosos para mí. Siempre fui muy unida a mi familia: a mis padres, mi hermana y mi hermano, tíos, primos, amigos que eran familia, en fin. Al irme a Monterrey para realizar el quinto año de la carrera de Medicina, me separé de mi familia y de ahí no regresé a vivir con mis padres de nuevo. Siempre me apoyaron en la distancia como hasta el día de hoy y, aun lejos de casa, sabía que estaba cerca, a tan solo una hora y media en avión.

Cuando me mudé a Estados Unidos, la cubetada de agua fría fue para todos: una de las ilusiones de mi mamá era que sus hijos no vivieran en México; que vivieran en el extranjero con mejores oportunidades, pero cuando yo me mudé fue difícil para todos. Al principio, como lo platico en capítulos anteriores, la sensación de vacío era enorme: era despertar y saber que no había nadie a mi alrededor; que no podía simplemente subirme al auto y conducir a su casa. Comencé a llorar cada vez que había una reunión, y yo sabía que no podría asistir a bodas, cumpleaños. Era ver en redes sociales fotografías de todos disfrutando juntos y yo no ser parte de eso. Hasta el día de hoy, perdí la cuenta de todos los eventos familiares y de amigos que me he perdido. Empecé a ver cómo varios amigos de México comenzaban a alejarse de mí, amigos que se alejaron y a cuyas vidas dejé de pertenecer. Sin embargo, fue un buen momento para darme cuenta de quiénes eran y son mis amistades reales, esas amistades reales que dejaba en México y que nunca me abandonaron; que siempre tenían tiempo para un mensaje o una llamada, para solo saber cómo estaba. Gracias, Karla, Isabel, Sergio, Memo, Héctor, Martha, Erik, Cynthia, Carmina, Landy, Elizabeth, Viani, por siempre tenerme presente, aun en la distancia.

Es terrible sentir ese vacío de necesitar un abrazo y no tener físicamente a quien abrazar. Sin embargo, debo reconocer que eso me hizo más fuerte y comencé a crear lazos con personas en McAllen que me permitieron arroparme y que, aunque hasta el día de hoy sigue siendo doloroso, me han mitigado ese dolor.

Y entonces sucedió uno de los días que más he llorado: la muerte de mi abuela paterna, una mujer que, más que ser mi abuela, era mi mejor amiga; con la que compartí tanto y que se llevó tantos secretos míos a la tumba. Hasta el día de hoy, no me perdono el no haber podido acudir a su velorio. Debo confesar que la sueño constantemente con ese sentimiento de deuda hacia ella. Hoy siento que debí estar a su lado sus últimos días y que, definitivamente, haberle faltado de esa forma no valió la pena por mi estadía en Estados Unidos. Ese sentimiento es constante con respecto a mis padres y hermanos: «¿Y si algo les pasa y no estoy cerca?». ¡Esa pregunta me atormenta todos los días!

Karla Uribe
(McAllen, Estados Unidos)

Desde acá, el corazón extraña siempre México, sus tradiciones, su gastronomía, sus playas y demás. Sin duda, como México no hay dos. La sangre siempre llama y es difícil vivir los eventos familiares a través de las redes sociales. Con el tiempo, aunque nunca deja de ser difícil, el corazón duele un poco menos, tal vez aprendes a vivir extrañando y no importa cuánto tiempo pase, las despedidas siempre son dolorosas.

Me atrevo a decir que la parte más difícil para mí acerca de la mudanza, con la implicación de no tener licencia médica en este país y dedicarme a ser esposa y mamá, fue el desacuerdo de la familia con mi decisión. ¡Cómo duelen los reproches! «Yo no te preparé para esto», «como no tienes dinero», «ya no eres doctora», «no son tus pacientes», fueron algunas de las frases que me tocó escuchar. Aunque ahora que soy mamá entiendo que es inevitable para los padres tener ciertas expectativas de los hijos y debe ser difícil aceptar cuando se rompe el esquema mental que tienes de ellos. Las palabras pesan: no son fáciles de olvidar y, sin duda, complican el proceso de adaptación. El tiempo es la mejor medicina; a través de él hemos aprendido a respetarnos y valorarnos como una misma familia, y también como familias independientes. Lo segundo ha sido lo más difícil, creo. Me derrito al ver a mis papás en su papel de abuelos: son superconsentidores, aunque tres semanas después siga batallando para volver a la rutina con los niños. Y, aunque creo que no van a superar nunca el hecho de que no «trabaje como doctora», en el fondo siguen estando orgullosos de mí.

Jeannette Uribe
(Michigan, Estados Unidos)

Provengo de una hermosa y humilde familia conformada por padre, madre, dos hermanos y una hermana. Actualmente, todos viven en México. Mi padre, un trabajador incansable que en su juventud trabajó de todo. Cuando nos mudamos a su tierra natal, por fin encontró, creo yo, el lugar perfecto para criar a sus hijos. Dedicado a la ganadería y a la agricultura, esta última más como afición que como ingreso, dadas las condiciones climáticas del estado, mi padre fue estricto con respecto a nuestra educación y comportamiento; de ese tipo que da miedo, pero a la vez es un hombre noble, sabio y quien siempre tendrá el mejor consejo para mí como hija.

Mi madre, ama de casa, siempre ayudando a medio pueblo, de esas mamás sociables, presidenta de todo. En otras palabras, una abogada sin título. Una mujer para la que nada, absolutamente nada, es imposible y no acepta un «no» como respuesta.

Mi hermano mayor vive actualmente en México, pero muy pronto estará de regreso para reunirse con su familia. Mis otros dos hermanos, menores que yo, recién graduados como licenciados en Derecho, trabajan y viven con mis padres.

En mi familia crecimos muy limitados económicamente. A pesar de eso, mi familia siempre fue de mucha fiesta y celebración; de regalos en Navidad y no se diga el Día de Reyes. El no poder estar en los cumpleaños ni en las graduaciones de mis hermanos u otros eventos especiales es la parte que más extraño al vivir lejos de ellos.

En cuanto mis papás obtuvieron su residencia, vinieron a visitarnos. Durante un mes estuvieron en la casa de mi hermano, en la que también vivíamos nosotros. Desafortunadamente, yo no tenía vacaciones en mi trabajo, por lo que no disponía del tiempo suficiente para salir con ellos. Sin embargo, mi hijo de tres años en aquel entonces disfrutó al máximo la compañía de sus abuelitos y ellos también disfrutaron de él.

El tipo de vida de mis padres es abismalmente distinta al tipo de vida que yo podría ofrecerles en este país, al menos, por ahora. No quisiera verlos deprimidos solo por el hecho de quererlos tener cerca o porque convivan con sus nietos. Prefiero verlos felices en su hábitat, disfrutando de su rancho, conviviendo con sus amigos y vecinos. A mi papá le hace feliz soñar con proyectos de construcción. Su casa cuenta con un rodeo, una cabaña, un quiosco, un salón de fiestas y, por supuesto, hornos para hacer barbacoa. Entre todos mis hermanos nos organizamos económicamente para ayudar a mi papá a cumplir sus sueños, que, *a posteriori*, son un beneficio para todos, especialmente cuando de fiestas se trata. El lugar donde viven es seguro, tienen Internet, celular y usan las redes sociales, lo cual nos permite mantenernos comunicados y compartir momentos importantes. A mis hijos les hablo sobre sus abuelitos y casi todos los días el mayor me pregunta cuándo va a ir a México.

Espero que el próximo año mis papás y mis hermanos puedan visitarnos, incluyendo a mi hermana, que nunca ha viajado fuera del país. Será algo planeado para poder ofrecerles el mayor tiempo posible y, si Dios nos concede, será en nuestra nueva casa, que, aunque chiquita, estará llena de amor para todos.

Talia Wegman-Ostrosky
(Maryland, Estados Unidos)

Tal vez este debería ser mi último capítulo y les quitaré mucho de la sorpresa de mi historia en las siguientes líneas: mi familia es la razón por la que el próximo año regreso a México.

Esta no es la primera vez que vivo en un lugar diferente a mi familia; la primera vez fue durante mi servicio social cuando tenía veinticinco años; la segunda vez fue en Guadalajara, donde estudié la maestría y el doctorado. Cuando estaba en Guadalajara, fui por unos meses al DF para hacer algunos de los experimentos necesarios para mi tesis de doctorado. Un día, durante esos meses, me tocó ir con mi mamá a un evento importante en su vida profesional y pensé para mis adentros: «¡Qué suerte que estuviera en ese momento con ella!». Entonces me cayó el veinte: estar con mi mamá en un momento importante no debería de ser algo de «suerte»; estar con mi familia debería ser una prioridad. Un par de meses después, regresé al DF. Tengo que decir que mi tutor y profesores me apoyaron mucho para que pudiera acabar la tesis en tiempo y en forma desde lejos. Y así fue: todo se acomodó.

Ahora que estoy viviendo «el sueño americano», muchos me preguntan por qué no me quedo. Lo he pensado mucho, pero la respuesta es compleja y tiene muchos matices. A pesar de que en muchas cosas la calidad de vida es mejor aquí —para empezar, la calidad del aire—, y que la investigación que se realiza aquí es mucho más rápida, tiene muchos más fondos y recursos y, por lo tanto, tiene el potencial de generar mayor impacto, regresaré a México. Y lo haré porque no quiero que mis hijos crezcan sin familia. No quiero que la relación de mis hijos con su abuela sea a través de Skype. No quiero que sus primos sean eso niños distantes a los que ven una vez al año. La verdad es que no solo es por mis hijos. Yo también quiero estar con mi mamá. Mi papá murió cuando tenía diecinueve años por un cáncer cerebral. Desde que lo diagnosticaron, sabía que no había muchas esperanzas y que tenía que disfrutar de estar con él cada día que le quedara y lo hice dentro de esos terribles meses de enfermedad. Tengo recuerdos maravillosos de viajes, pláticas y comidas que atesoro en mi corazón con mucho amor. Ahora que puedo, quiero aplicar esa lección de aprovechar el tiempo con los seres queridos en estos años en que tengo largas conversaciones con mi mamá sobre ciencia, sobre maternidad, sobre la vida.

Giovanna Zanella
(California, Estados Unidos)

Mi familia ha sido mi gran apoyo y siempre hemos sido muy unidos, aunque creo que ahora lo somos todavía más. Gracias a Dios, los veía muy seguido. Mi mamá venía cuatro veces al año a visitarme y se quedaba de uno a dos meses. Eso fue lo que más me ayudó a no sentirme sola. Aunque sí extrañaba mucho a todos mis amigos y familiares, siempre tuve la oportunidad de viajar seguido o ellos venían a visitarme.

La mamá de mi amiga que vivía en Rusia venía también tan seguido como la mía y se turnaban, así que siempre estábamos acompañadas.

Mis mejores amigas se convirtieron en mi familia: una es de Rusia; otra de Arabia Saudita y otra de Turquía y, aunque ellas tienen otras carreras, sufren lo mismo al extrañar a su país y sus familias, pero eso nos ha unido aún más porque juntas pasamos muchas festividades, cumpleaños o momentos especiales.

Es difícil estar lejos de tu país: extrañas la comida, la gente, las tradiciones, pero, gracias a la tecnología y avances, ya no es tan difícil comunicarte con tus seres queridos.

Capítulo 5
Mi nueva vida y yo

Leticia Farfan Cruz
(Talara, Perú)

Mi nueva vida, un nuevo comienzo, una nueva forma de vida.

Al llegar a un lugar sin conocer nada ni a nadie, siempre es difícil volver a empezar de cero, ir adaptándose a nuevas costumbres, otra forma de alimentación, otra forma de expresión, evitar algunas palabras que para mí son normales, pero que aquí son consideradas malas palabras y al revés, ya que por aquí dicen algunas palabras que, si las dijera de manera cotidiana en México, serían altisonantes.

Es difícil vivir en un lugar nuevo donde no conoces a nadie más que a tu familia. En mi caso considero que los dos primeros años fueron los más duros porque ese tiempo fue dedicarme a realizar trámites migratorios y de convalidación profesional, motivos por los cuales no trabajaba y me dedicaba exclusivamente a las actividades del hogar. Solo me la pasaba en casa. Aprendí a movilizarme en la provincia, ya que afortunadamente es un lugar pequeño y esa parte fue fácil, pero lo difícil era vivir sola, sin conocer a nadie ni tener a nadie con quién compartir mi sentir. Esa etapa fue dura, ya que al sentirme sola me deprimía y me la pasaba llorando en casa, tratando de que mi hijo no se diera cuenta porque, aunque era pequeño, si él me veía llorar, también lloraba.

Una vez que mi trámite de convalidación fue exitoso, todo cambió, ya que, al poder obtener mi cédula profesional aquí en Perú, entré a trabajar en una clínica y ese hecho cambió mi vida, pues empecé a conocer gente; a relacionarme con personas del ámbito de la salud y de otras áreas, lo cual fue bueno para mí. Empecé a aprender cosas nuevas en cuanto a un sistema de salud. Reinicié mi actividad como profesional y eso fue maravilloso.

Gracias a que ingresé a trabajar, conocí excelentes personas a quienes actualmente considero mis amistades: grandes seres humanos que día con día me hacen sentir querida y que han estado conmigo en buenos y malos momentos. Realmente me siento agradecida porque, gracias a estas grandes personas, ya no me siento tan sola: son parte de mi familia.

Por otro lado, debo decir que he aprendido a tener lazos más estrechos y de afectuoso cariño con mis suegros, mi cuñado y mi sobrinita, quienes para mí son personas a quienes quiero, admiro y respeto, y a quienes agradezco infinitamente el apoyo que me brindan día con día. Realmente, debo decir que son incondicionales y, por ello, mi cariño es sincero e incondicional también.

Obviamente, mi esposo y mis hijos son mi motor, mi fuerza, mi corazón, mi compañía. Son mis grandes tesoros y amigos: los amo con todo mi ser. Con ellos lloro, río y también me enojo, pero siempre están conmigo en todo momento.

Con sus tiernas sonrisas, sus miradas inocentes y su amor incondicional, mis hijos me enamoran día con día y así también mi esposo, quien es mi confidente, mi compañero de vida, quien ha dedicado su tiempo a cuidarme y apoyarme cuando más lo necesitaba, cuando por un accidente dependía de él para poder movilizarme. Realmente, debo decir que mi familia es fantástica y los amo infinitamente. Son mis deseos de superación. Simplemente, son todo para mí.

Alma X. Ortega
(Costa Rica)

El mudarme a Costa Rica implicó no solamente irme a vivir a otro país, sino también el iniciar una nueva vida como mujer casada. En un inicio veía con entusiasmo el que me tomaría un tiempo sin trabajar, pues mi situación migratoria no me dejaría hacerlo hasta obtener la residencia, pero, al cabo de unos meses, esa espera me desesperó y no me satisfacía el ocuparme de la casa solamente. Mis días consistían en limpiar la pequeña casita en la que mi esposo y yo vivíamos, probar una a una las recetas que veía en Internet para sorprender a mi marido con un rico desayuno y cena, y esperar a que llegara el fin de semana para poder pasar más tiempo juntos. Leí varios libros que, mientras estudiaba Medicina y luego la maestría, no podía darme la oportunidad de disfrutar. Pasé de tener tres trabajos de medio tiempo más la tesis a tener todo el tiempo del mundo hasta para meter a mi gata de diez años a competir a un concurso de belleza. ¡Y lo hice, ganamos el tercer lugar, por cierto!

Después de unos largos seis meses, por fin obtuve mi estatus de residente y me lancé en la búsqueda de un trabajo. No fue tan sencillo, pues mi título de médico no había sido homologado —esto último tardó en total dos años—, pero, gracias a mi dominio del idioma inglés y a mi experiencia en investigación, un empresario canadiense me contrató y comencé a trabajar en una recién creada empresa de distribución de equipo médico y medicamentos. Desde entonces, he ido ascendiendo puestos en la empresa hasta tener en la actualidad el de gerente general y cinco años de experiencia en el ámbito laboral costarricense.

Logré cambiar mi estatus migratorio de residente temporal a ciudadana, además de homologar el título y maestría, e incorporarme al Colegio de Médicos de Costa Rica. También, en cuanto a mi vida personal, llevo casi seis años de matrimonio y tengo una hija de dos años que hacen mis días más felices. Al día de hoy de nuevo no tengo tiempo de leer los libros que quisiera, pero estoy escribiendo uno: ¡creo que eso cuenta como punto extra!

Xóchitl Palacios
(Brasil)

Vivir en Brasil siendo extranjero tiene un sinfín de matices que pueden complicar el día con día. Es conveniente estar informado antes de tomar la decisión de emigrar, pues no es un país al cual se puede llegar como turista y decidir quedarte porque te ha gustado. Habrá sus excepciones de personas que han tenido éxito y se han establecido de esa manera, pero son las menos.

El primer punto que considerar es el idioma: el portugués se habla en todo el territorio; es diferente al portugués de Portugal y con algunas diferencias al hablado en otros países. Al ser una lengua romance, tiene sus similitudes con el español y en un inicio es posible comunicarse, sobre todo porque los brasileños son muy hospitalarios y ayudan a los extranjeros. Sin embargo, si la meta es establecerse a nivel profesional, es conveniente realizar cursos formales sobre el idioma: existen numerosos centros de lenguas donde aprender portugués, con diversidad en precios y velocidad de aprendizaje. Dos veces al año, se abre la convocatoria para realizar el examen Celpe-Bras, que es la acreditación del idioma portugués para extranjeros. En algunas instituciones educativas y laborales, es un requisito obligatorio. En otras no y con lograr comunicarse es suficiente.

Otro punto importante es la economía: la moneda oficial de Brasil es el real brasileño. Dependiendo la región y ciudad donde se pretende vivir, hay que tomar en cuenta que puede llegar a ser sumamente caro comparando con México, algunos productos y servicios tienen un costo de dos a tres veces más. Conviene tener un buen seguro médico para asistencia completa. Los impuestos en Brasil pueden llegar a ser otro dolor de cabeza y se paga mucho más que en México.

Trabajar en Brasil puede ser complejo y se requiere estar apegados a las leyes para no incurrir en delitos. La forma más fácil para trabajar en Brasil es por contrato de alguna empresa local o transnacional. En estos casos, los trámites administrativos se realizan muchas veces por medio de la empresa. Hay quien se enamora y decide casarse para regularizar su residencia para, a partir de allí, iniciar los trámites para permisos laborales.

Hay algunas profesiones que requieren de homologación del título universitario por alguna universidad. En general, las leyes laborales de Brasil son mejores que en México. Existen más privilegios y protección para los empleados.

Para los médicos, eventualmente se abre la convocatoria para el programa Mais médicos, que consiste en un contrato por tiempo definido para laborar en una unidad de salud, preferentemente en las áreas rurales, con sueldo y viáticos fijos mensuales.

El clima es un aspecto que puede hacer de tu estancia un paraíso o un infierno: hacia el sur en general es templado a frío en época de invierno; en el centro del país, hacia el norte es caluroso y puede ser verano todo el año. La calidez de los brasileños facilita la adaptación al país. Sin embargo, no para todos es así: recordemos que Brasil cuenta con un enorme problema de racismo y se han registrado ataques. También existe poca aceptación a la diversidad LGTB+ y no hay leyes de protección para este grupo. Brasil tiene altos índices de violencia doméstica y violencia de género. La violencia vivida por el crimen organizado, en algunos estados y ciudades más que en otras y en algunas zonas específicamente.

La experiencia de vida cotidiana puede ser muy diferente dependiendo la ciudad que se elija para residir: las ciudades grandes como São Paulo, Río de Janeiro, Brasilia, tendrán el problema del tránsito, más filas, más tiempo de espera para atención en tiendas y oficinas, mayores índices de delincuencia. Para moverse dentro de la ciudad, se requieren los cuidados y precauciones básicas de cualquier ciudad cosmopolita.

En la elección de vivienda, pese a ser más costoso, es más conveniente optar por un apartamento con todas las medidas de seguridad. Puede dar más tranquilidad que vivir en una casa particular.

Es importante crearse una buena red de apoyo al llegar. En el caso de los mexicanos, en Brasil y, en particular, en São Paulo existe una enorme comunidad. En Facebook, Internet o en el consulado se proporcionan las informaciones sobre las fechas de reuniones y convivencia con los connacionales. En São Paulo hay una enorme comunidad de hispanohablantes de diversas nacionalidades y, en el caso de las mujeres, hay diversos grupos con reuniones mensuales para intercambio de experiencias, capacitación, altruismo o, simplemente, para ayudar a las recién llegadas facilitando la adaptación. Los colegas de trabajo pueden ser otra fuente de apoyo y consejo. Los grupos de padres de familia de las escuelas, los conocidos del club, de la placita o del parque; algunos vecinos.

Otro aspecto curioso es que las personas realizan despedidas de persona a persona y es frecuente dar un abrazo y beso a cada uno de los participantes de una reunión, desearse una buena noche, buen final de semana, un buen día festivo, buenas vacaciones, todo lo mejor para la familia. En algunas ciudades de Brasil, el aspecto físico y cuidado del cuerpo y apariencia son muy importantes. Esto es más marcado en algunos grupos sociales que en otros.

A tres años de vivir esta experiencia brasileña, puedo decir que es un país magnífico para vacacionar; sin embargo, para vivir se debe prever la seguridad económica para no sufrir en el día con día y no vivir con eternas deudas bancarias y, como en otras experiencias, se debe estar abierto a las nuevas posibilidades y al aprendizaje constante.

Olga A. Tinajero Castañeda (Panamá)

Noviembre, 2008. Tengo ya cuatro años en Panamá: no es mucho tiempo para todos los cambios que hemos enfrentado. ¡Qué bien se siente ver que nuestros esfuerzos han sido correctamente encaminados y se han obtenido resultados positivos! No deja de sorprenderme la evolución tan radical que conseguimos: llegamos con un bebé de seis meses, sin trabajo, con muy escasos ahorros, sin apoyo para alguna recomendación o referencia laboral. ¡Ah, pero con toda la decisión de hacer lo necesario para comenzar y protegidos por la bendición de Dios!

Mi esposo siempre ha sido muy tenaz y desde que llegamos encontró el mejor entorno para hacer uso de ese recurso en diferentes condiciones, siempre con buenos resultados y grandes beneficios. Consiguió un nombramiento institucional en el seguro social que nos ha puesto a flote. Ya tiene tres años allí y, a pesar de lo cansado que es manejar en carretera durante una hora para llegar al hospital, no hay punto de referencia cuando se compara entre tener trabajo o no tenerlo. Recuerdo cómo salía temprano de la casa con copias de su hoja de vida y resuelto a dedicar el tiempo necesario para esperar la oportunidad de entrevistarse con la persona encargada de ubicar nuevos recursos. Fueron semanas insistiendo hasta lograrlo. A la par se presentó la ocasión de iniciar su consulta privada con una excelente oportunidad, ya que los papás de uno de sus grandes amigos decidieron invertir en la compra de un consultorio en un hospital que acaban de construir. Ellos desean anticiparse al momento que su hijo regrese a Panamá y que pueda contar con un espacio seguro para comenzar. Mientras tanto, llegaron a un acuerdo en el que mi esposo utiliza el lugar, así como el lugar que se asigna en el rol de guardias a los propietarios. Por supuesto que ha sido un gran apoyo, pero también conlleva un trabajo adicional, ya que mi esposo es responsable de administrar, buscar médicos que deseen compartir y, en general, estar al pendiente del manejo de gastos, pagos de servicios y la hipoteca.

La casa también se logró por la perseverancia de mi esposo. Un día llegó a decirme que vio un anuncio donde mencionaban próxima construcción en una zona bien ubicada, tomó los datos, buscó la compañía y se comunicó. Le informaron que aún no iniciaban y tampoco tenían planos de los terrenos. Eso no fue contratiempo, él mantuvo comunicación constante hasta que todo estuvo listo y fuimos los primeros en tener los planos disponibles para elegir terreno. Se entregó la cifra para apartar, cumplimos con los trámites bancarios y a esperar que la constructora avanzara. Nos tocó ser testigos de todo el proceso: desde la limpieza del área y poco a poco el adelanto del trabajo, hasta que entregaron las primeras casas y, más o menos, durante un año convivimos con los trabajadores que continuaban realizando labores hasta concluir el proyecto completo.

El conjunto residencial es muy bonito y seguro; la casa es grande y con las remodelaciones que hicimos quedó aún mejor. Estoy viviendo una realidad que nunca pensé.

En el camino decidimos no depender uno del otro para movilizarnos y sacamos un segundo carro. Yo me fui consolidando en el área de investigación y, recientemente, tengo un mejor puesto en una institución que forma parte del Gobierno para dirigir actividades y desarrollo de estudios clínicos.

Mi bebé está en prekínder. Aunque se trata de niños chiquitos, el colegio es muy exigente, no tenemos dificultades académicas, únicamente estamos lidiando con la conducta: mi hijo es muy activo y, como en casa es el único niño, entiendo que cuando llega a la escuela no lo ve como un lugar para aprender, sino el sitio donde se encuentra con sus amigos. Las maestras son intensas con el tema. Yo intento tomarlo con tranquilidad, la consigna es cansarlo. Entre semana, asiste a clases de natación y los sábados a karate, pero también ahí ocurre lo mismo: cumple con el ejercicio y, mientras es turno de otro compañero, comienza a jugar, a pesar de que el maestro le habla fuerte. Hace unos días, estando en las gradas viendo la clase de natación, me senté a un lado de otra mamá que, cuando relacionó quién era mi hijo, me comentó: «¡¡Usted es la mamá del famoso Sebastián!! Es el nombre que más se escucha en toda la piscina». No pude más que fingir una sonrisa.

Mis papás tienen poco tiempo de haber llegado y ya no como visita. Vienen a quedarse y estoy muy feliz. Es una tranquilidad enorme saber que estarán en casa y mi pequeño no puede estar en mejor compañía. Son un gran apoyo porque cada vez me es más difícil llevar a mi hijo a sus actividades vespertinas. Además, mi mami me consiente con mis antojos porque muchos de los ingredientes necesarios los podemos encontrar en el comercio local, así que puedo disfrutar desde un delicioso pozole, chilaquiles, quesadillas, enchiladas y los postres que desde niños nos prepara y tanto me gustan. Tener a mi mamá en casa es un lujo. También considero positivo tenerlos conmigo porque podré estar al pendiente de ellos. Mi mamá es hipertensa y, en alguna ocasión que estuve con ellos en vacaciones, me dijo que había tenido dolor de cabeza desde temprano, pero no quiso molestar antes. En conclusión, pasamos un buen rato en Urgencias hasta que controlaron la presión y siento que se hace necesario mantener una supervisión para ambos. Mi papá también nos ha hecho otras, así que mejor no esperamos que sucedan más anécdotas incómodas.

Así mi vida en Panamá va tomando forma: ya no es quedarme en casa a cuidar un bebé y esperar a mi esposo al regresar de su recorrido del día; no es ver en la televisión qué sucede hoy. En este momento todos tenemos una actividad que cumplir, misma que nos hace sentir útiles y con la cual contribuimos a nuestro proyecto de familia. Nunca existió una seguridad de lo que podríamos lograr, pero las ganas y el esfuerzo para motivar que las cosas ocurran ha sido la diferencia. Habrá quien puede esperar que un amigo o familiar le ayude con un contacto o, directamente, tenga la opción de ofrecerle un puesto de trabajo. Esa no fue nuestra situación y eso nos da la oportunidad de reconocer nuestras destrezas emocionales ante un desafío de este tipo, valorar el mérito del sacrificio, así como el ímpetu que somos capaces de generar para no detenernos en el camino.

Por otro lado, no puedo evitar hacer una comparación y pienso que en México no habría sido suficiente el trabajo de cuatro años para lograr lo que aquí hemos conseguido, ¿será que estoy equivocada? No lo creo; sé que tendríamos trabajo, un ingreso seguro y una situación estable, pero sin llegar a la comodidad que aquí hemos logrado. Además, es justo mencionar que la calidad de vida en la ciudad de Panamá es buena. A pesar de ser una ciudad grande y moderna, aún no se compara con el trajín de la Ciudad de México y, en tema de seguridad, también hay un mar de diferencia. Mi conclusión es que en México no hay un resultado justo, equitativo o directamente proporcional al trabajo realizado. Yo debo dar gracias por el lugar en el que estoy, que no me regala nada, pero que me permite aplicarme con tenacidad y tener la seguridad de que habrá un resultado. Gracias, Señor, por poner oportunidades a nuestro alcance y recompensar con justicia el esfuerzo realizado.

Angélica Cuapio
(Alemania, Austria, Suecia)

El primer año en Alemania, mientras encontrábamos un piso adecuado para ambos, Feli y yo vivimos en casa de sus padres. De esa forma me adentré a conocer la cultura, comida e historia alemanas. Algunas veces visitábamos a la abuela en Bremen, quien contaba de vez en cuando lo que recordaba sobre la Segunda Guerra Mundial, algo paralelo a lo que en México mis abuelos me contaban sobre la Revolución mexicana y la guerra de los cristeros.

Cuando llegué a Hamburgo, me compré una bicicleta de segunda mano, La Ramona. Esa bicicleta me gustaba tanto, me parecía muy europea y la usaba para transportarme a diario al instituto, pero era muy pesada. Por esta razón, decidí invertir en una bicicleta nueva: si era mi vehículo del diario, entonces que al menos fuera bueno. La bicicleta fue producida y ensamblada a mano en Hamburgo, con partes como el manubrio o los pedales hechos a mi medida. Esa bicicleta simbolizó para mí un cambio respecto a mi vida en México.

En México tuve varias bicicletas durante la infancia, pero nunca me atreví siquiera a pensar en la posibilidad de ir de mi casa hasta Ciudad Universitaria en bici. Si me hubiera tocado pedalear en las ciclopistas de la Ciudad de México en los últimos años, tal vez intentaría irme hasta la uni o al hospital en bici, pero creo que la contaminación y el ruido de la ciudad me quitarían las ganas.

En cuanto a mi doctorado, me dediqué mucho y estudiaba durante las tardes-noches. A diario me llevaba a casa los fólderes donde estaban mis documentos y trataba de analizar los resultados en casa. Mi doctorado estuvo basado en la movilidad intereuropea y cada seis meses el grupo financiado por la Comisión Europea al que pertenecí organizó reuniones en distintos países con la intención de acercar a todos los participantes —nueve estudiantes de doctorado y nuestros respectivos tutores— y actualizarnos sobre el desarrollo de los diferentes proyectos que cada grupo realizaba, así como buscar posibles colaboraciones mediante intercambios con los diferentes grupos. Nuestras reuniones tomaron lugar en universidades de Francia, España, Portugal, Holanda y Alemania. Con esos intercambios, varios de mis colegas en otros países fueron a mi laboratorio a hacer rotaciones donde les di cursos sobre citometría de flujo. En mi caso, me fui a Charité en Berlín por tres semanas para aprender una técnica de detección de citotoxicidad celular. Todos estos intercambios y viajes motivaban para desempeñarme de la mejor forma en mi doctorado: como era la única mexicana en el grupo, no quería hacer quedar mal al país al que representaba.

En cuanto a la vida fuera del trabajo, también me divertí y aprendí. Fui a infinidad de fiestas, festivales y conciertos de *rock* con Feli y amigos cada fin de semana. Me conocí casi todos los bares del Reeperbahn, hice infinidad de amigos, conocí Hamburgo de día, pero más de noche. También pude darle rienda suelta a conocer varias ciudades alemanas y algunos países europeos. Además, hice deporte, me metí a un grupo de kayak y de remo en el lago Alster, lo cual continué brevemente en Austria en un equipo de kanupolo. Conocí y recorrí la mayor parte de Hamburgo en bicicleta. En conclusión: ¡la pasé bomba!

En Hamburgo vivimos con amigos de Feli en un piso compartido enorme: éramos cinco adultos y tres niños pequeñitos. Esa fue una interesante experiencia porque en México solamente compartí piso con Feli y, por un corto tiempo, también con mi amiga Eli. Antes de eso, viví siempre en casa de mis padres.

El cambio de Alemania a Austria no fue tan impactante en mi vida como el gran salto de México a Alemania. Como en Austria también se habla alemán y, además, como las ciudades en Europa se parecen en varios aspectos —arquitectura, cultura, gente, clima, etc.—, Viena me gustó, pero no me causó tanto impacto como Hamburgo.

Venir a Viena fue por cuestiones de interés científico. Medio año antes de mudarme a Viena, fui a un congreso sobre células asesinas naturales. En el congreso encontré publicada una posición de posdoctorado en NK cells (natural killer cells). Un grupo llamado NATURIMMUN, recientemente financiado por la Comisión Europea para un proyecto de cuatro años, estaba reclutando doctorantes y posdoctorantes para trabajar con células asesinas naturales para su uso como inmunoterapias. Ese día me brillaron los ojos, las ideas y la motivación para aplicar. Pasé por un largo proceso de selección y al final me invitaron a Viena a una entrevista y a dar una presentación sobre mi experiencia científica. Éramos cerca de veinticinco candidatos y al final fui seleccionada y tuve la oportunidad de elegir entre una posición en París o en Viena. Elegí la segunda por motivos más de conveniencia que de encanto. París siempre me había atraído y fascinado, y hasta el momento actual aún sueño con vivir en esa ciudad, pero en el París bohemio, no el superficial. Esa fue una de las oportunidades que me han dejado pensando por largo tiempo en el «y si lo hubiera elegido». Me decidí por Viena por la relativa cercanía con Alemania, porque ahí también podría continuar con aprender y hablar bien el idioma alemán y, además, porque Feli tiene familia ahí, así que preferí ir a otro lugar teniendo al menos la sensación de compañía.

Nunca me arrepentí de haber elegido Viena, esa ciudad tiene un gran encanto. Ahí he conocido los atardeceres más lindos de mi vida; ahí viví un tiempo lo que siempre quise, conocer la escena bohemia que tanto me fascinaba desde pequeña. Viví en un lugar que parecía palacio, conocí a quien es ahora mi mejor amigo. Ahí mejoró mi alemán y la cereza en el pastel: en Viena nacieron mis hijos.

Durante el posdoctorado en Viena, estudié las características de las células asesinas naturales en leucemia aguda y en cáncer de colon. Como investigadora de posdoctorado, también formé parte de un grupo de investigación del Programa de Marie Curie financiado por la Comisión

Europea. Siguiendo el principio de movilidad, durante mi tiempo en Viena también asistí a reuniones con mis colegas de otros países y así tuve la oportunidad de presentar los resultados de mi investigación en universidades de París, Jerusalén, Barcelona y Cambridge. Estas experiencias de intercambio no solamente científico, sino también cultural, me han enriquecido profesional y personalmente.

Hoy es día de Navidad y desde hace veinticuatro días me encuentro ya establecida en Suecia. Aquí empezaré con mi segundo posdoctorado y continúo siendo fiel a mis queridas células asesinas naturales. En esta ocasión me concentraré en infecciones virales, en particular en la encefalitis por mordedura de garrapata, que es muy común en Europa y más aún en Suecia. Iniciaré con una posición por dos años como investigadora de tiempo completo. A estas alturas de la vida y con una familia a cuestas, me pareció que lo más razonable es que nuestra permanencia en Suecia no sea tan corta para que los nenes tengan cierta estabilidad. Hace poco escribí un proyecto de investigación para aplicar a un financiamiento de la Comisión Europea y poder extender mi contrato por otros dos años. En caso de que no sea elegida, seguiré aplicando a otras instituciones. Eso no me detiene.

El cambio a una nueva vida en Suecia ha sido dramático, nos encontramos frente a una gama de novedades: cultura, casa, idioma, clima, sociedad, comida, bebida, etc. En un par de semanas empezaré a trabajar y, entonces, sabré qué significa estar más inmerso en la sociedad sueca.

He tenido una serie de experiencias diferentes viviendo en Europa que no habría podido conocer en México. Sin embargo, la situación que más ha definido una nueva vida para mí es el hecho de ser madre: tengo dos hijitos de uno y dos años, respectivamente. Esos pedacitos de luz han llegado para darme, además del agotamiento, desveladas y despeinadas bárbaras, una felicidad extraordinaria que no conocía. Me siento muy inspirada para dar los siguientes pasos en mi carrera y en mi vida personal. Ese par es una parte fundamental del combustible de mi motor. Mi nueva vida en Suecia apenas empieza y, aunque no arrancó tan perfecta ni tan rápidamente como pensaba, sí puedo augurar un tiempo agradable en este país por el tiempo que aquí nos quedemos, sea corto o largo.

En este momento, mis hermanos, mi madre y una querida amiga nuestra están aquí y nos disponemos a deleitar una suculenta cena. ¡Feliz Navidad!

Susana Ramírez Romero
(Barcelona)

Tras ocho años de vivir en el extranjero podemos decir que ya tenemos una rutina y una estabilidad tanto laboral como económica.

El día a día consiste en levantarnos a las 08:00 o poco antes, pues aquí en Barcelona los colegios empiezan clases entre 09:00 y 09:30. Además, debes escoger entre los colegios que te queden cerca de casa y así puedes llevarlos caminando, lo cual se agradece, ya que es más divertido y ecológico que coger el coche. La contraparte es que si entran tarde pues salen tarde. Las clases terminan a las 17:00, lo cual es un suplicio en invierno, pues al oscurecer temprano queda muy poco sol para disfrutar de la tarde y terminamos encerrados en casa haciendo deberes o, en el mejor de los casos, leyendo cuentos.

En mi opinión, la educación deja mucho que desear en cualquier tipo de colegio, ya sea privado, concertado o público. Por eso, es habitual que los papás llenen a los niños de actividades extraescolares, tratando de suplir los huecos que deja la escuela y no es raro que algunos niños lleguen a casa a las siete de la tarde dos o más días a la semana. A pesar de que también existe lo que es la educación en casa, no le he adoptado, ya que tampoco me parece que sea lo más sano, pues los niños se pierden la oportunidad de interactuar con todo tipo de compañeros y profesores, lo cual en el plano social es importante. Personalmente, he logrado ajustar mis horarios de trabajo para aprovechar las dos horas que tienen a mediodía para comer, platicar y practicar música. De manera que, por la tarde, además de hacer deberes, tengan tiempo libre para jugar, aburrirse, crear y descansar, ya que considero que los niños tienen derecho a una infancia sin tanto estrés.

A pesar de vivir en una ciudad, creo que he logrado vivir lo más relajadamente posible. Después de llevarlos al colegio, me voy a mi trabajo en metro, el cual normalmente funciona bien y puntual. Llego en diez minutos y evito el estrés de irme peleando con el tráfico. No obstante, conducir en Barcelona es bastante sencillo. Eso sí, hay que pasar el engorroso examen de manejo. Tenemos un coche, pero lo utilizamos únicamente para salidas en familia o bien para ir al supermercado y traer las compras. Hay que recordar que en domingo todos los comercios cierran.

Actualmente, ya se encuentra de todo en los supermercados habituales, incluyendo tortillas de maíz, salsas y otros productos latinos, claro que a un precio superior al que pagaríamos en México. Además, somos tantos mexicanos por el mundo que cada día hay más restaurantes de comida mexicana, desde taquerías hasta un restaurante mexicano con una estrella Michelín. Incluso para el Día de Muertos consigo calaveritas de chocolate, de azúcar o de amaranto, así como delicioso pan de muerto hecho por una excelente panadera mexicana.

A nivel laboral yo elijo mis horarios de consulta, lo cual es bueno; lo que no elijo es el costo de la consulta. En España, la medicina privada prácticamente no existe. Todo está tomado por las aseguradoras, que son las que fijan el precio de la consulta, el cual es bastante bajo y el trabajo del médico en general no es bien remunerado. Inicialmente, me dio mucho coraje saber que cobraba más un cerrajero que yo. Como en todo el mundo, también en España la salud ha sufrido recortes presupuestales. No obstante, se puede trabajar con más insumos que con los que actualmente se trabaja en un hospital público de México y el salario es ligeramente superior.

Como en cualquier ciudad, lo habitual es vivir en pisos o departamentos, y una de las cosas que más me llamó la atención fue la ley de convivencia vecinal, la cual estipula que no hay que hacer ruido después de las 22:00, entre otras muchas cosas. De hecho, me enteré de esta ley debido a un caso muy sonado de una señora que demandó a su vecina por tocar el piano y la culpaba de sus trastornos de ansiedad. Esta demanda me pareció tan absurda, pues cuando era niña tuve unos vecinos en Puebla que tocaban el piano y la trompeta. Al principio era un poco molesto, pero a medida que mejoraron, disfrutábamos cuando Julio o Paty tocaban el piano. Nunca nos pareció motivo de demanda. Recuerdo también que Chucho, el vecino de enfrente, tenía partida de dominó los jueves y tenía música hasta tarde. Yo ya sabía que los jueves me iba a dormir con música de fondo. Nunca me imaginé que la gente pudiera ser tan poco tolerante como para demandar al vecino por ruidoso.

Por todo ello, al principio vivía con miedo de que mis hijos hicieran mucho escándalo. Tener que callarlos por reír a carcajadas, por gritar de emoción o incluso no permitirles llorar a gusto si estaban tristes o enojados, me hacía sentir inhumana, así que nos mudamos a una casa donde al menos no tenemos vecinos por debajo y a los lados nos separa un par de muros. Sin embargo, todo esto es algo importante a tomar en cuenta si se decide migrar a un país europeo. Los espacios y las viviendas casi siempre son pequeños.

Nosotros, como buenos mexicanos, somos fiesteros y, ahora que ya tenemos amistades, organizamos fiestas en casa un par de veces al año, claro que empezamos temprano para acabar temprano. Cabe mencionar que la demanda a la pianista no prosperó y la artista no tuvo que pagar la enorme cantidad demandada gracias a que en alguien del juzgado cupo la cordura.

Así son mis días en el extranjero, extrañando todo lo lindo que tenemos en México y, por otro lado, disfrutando las mieles de vivir aquí. Me refiero, por ejemplo, a la seguridad de que puedo andar sola a cualquier hora en cualquier tipo de transporte sin miedo a que me roben. La tranquilidad de ponerme un *short* si tengo calor sin miedo a que me violen; la seguridad de que nadie va a secuestrar a mis hijos o de que la Policía realmente va a hacer todo por encontrarlos; la paz de saber que reciclo la basura, la serenidad de que gran parte de mis impuestos lo veo en el alumbrado de las calles, en la calidad del pavimento que tránsito y en los parques donde juegan mis hijos; la simple y sencilla tranquilidad de cruzar la calle sabiendo que el conductor se va a detener y no me va a arrollar. Estas pequeñas tonterías, pero que son mi cotidianeidad, son lo que nos mantiene aquí. Al final el día a día es lo que cuenta. El pasado ya es un recuerdo y el futuro son solo sueños que quién sabe si los viviremos.

Luana Sandoval Castillo
(Barcelona, Dinamarca)

Tras ocho años en Barcelona, una especialidad, un trabajo como adjunta y guardias en otros dos hospitales, ya había terminado una media maratón y me había casado dos veces. Eso sí, con el mismo chico.

Ya era tiempo de incluir otra variable a la vida: ser mamá. Nunca había sido una de mis prioridades; de hecho, ni siquiera estaba incluido en mi lista de proyectos, pero más rápido cae un hablador que un cojo.

A pesar del pronóstico que amenazaba por haber tardado tanto en empezar, La buena noticia se haría realidad para un seis de marzo de 2015. Sin embargo, empezaban a surgir las dudas de dónde sería el mejor lugar para empezar con nuestro nuevo proyecto: ¿volver a México? ¿Quedarnos en Barcelona? ¿Buscar un futuro en Dinamarca?

En el último año de mi especialidad, apliqué para hacer una rotación externa en Dinamarca, busqué varios proyectos que me llamaban la atención. Después de contactar con varios médicos de apellidos impronunciables, me aceptaron para iniciar en el Hospital Hvidovre, al oeste de Copenhague.

Tras la aceptación en el hospital, contacté con la embajada de Dinamarca en Madrid para iniciar el visado para mi estancia; además del papeleo en el hospital donde hacía la residencia para que siguieran pagando mi sueldo en euros para gastarlo en coronas danesas durante los siguientes cinco meses.

Llegué un septiembre a un invierno que duró casi medio año, así que mis compañeros de trabajo, que pronto serían mi familia de adopción, me dieron la bienvenida oficial con mi nueva tarjeta de invitada y los códigos para acceder al sistema del hospital y me llevaron de compras para poder tener una chamarra con las características necesarias para sobrevivir el invierno danés.

Tenía claro que quería descubrir mi propio Dinamarca, quería tener la oportunidad de hacer mis propios amigos y saber si podía ser nuestro próximo hogar. Obviamente, su familia me abrió los brazos y su tía, quien acababa de perder a su pareja, me ofreció su casa.

Inicialmente, me hospedé a un kilómetro del hospital donde yo haría mi rotación y me prestaron una bicicleta para llegar aún más rápido a mi nuevo trabajo.

Por medio de un programa llamado Meetup conocí a un grupo de chicas de entre veinte y treinta años, todas profesionales y admirables de todas partes del mundo. De vez en cuando, iba a Copenhague, que me quedaba a unos veinte minutos en tren, a tomar algo, a bailar o hasta a un intercambio de ropa, es decir, esa ropa de temporada que ya no usas la intercambias y así renuevas el clóset sin necesidad de un quinto. El resto de ropa que nadie usa se dona a la Cruz Roja.

Copenhague me enamoró, así que me di a la tarea de buscar un piso en la ciudad. No fue fácil, pero en una de las reuniones de Meetup organizaron una conferencia en la que hablaba sobre lo raro que eran los daneses, la cual me pareció sumamente interesante; lo malo es que hubo toque de queda por una tormenta de viento tan fuerte que tiró árboles y desvió trenes. Ya habían pasado dos horas y organizaron grupos para que pudiéramos desplazarnos, por lo menos, acompañados. Así fue como llegó a mi vida Żaneta, una chica polaca que también quería irse a Copenhague. Buscamos piso a doble banda para mudarnos juntas. Después de dos semanas, nos contactó un chico que nos recibió a media luz y, tras mis intentos por hablar danés, cambiamos al inglés y me invitó una cerveza.

La historia de mi futuro compañero de piso era que su exnovia, con quien compartía el departamento, lo había dejado y estaba tan enojada que lo dejó hasta sin lámparas. Por eso, lo de la «media luz». A estas alturas yo empezaba mi rotación en Rigshospitalet, hospital de referencia y de alta especialidad de Copenhague. Me quedaba a siete minutos de mi nueva casa en bicicleta, donde me ofrecieron una estancia para hacer un *PhD* y, posteriormente, en el Hospital Bispebjerg. También me ofrecerían una plaza en la asistencia clínica. Así que ahora tenía la oportunidad de regresar a Dinamarca con el galán.

Con lo que no contaba era con que mi galán danés no tenía la menor intención de volver a casa, me dijo: «Yo aquí, en Barcelona, tengo trabajo, tengo playa y tengo sol, así que nanay, de aquí no me voy».

Pero la crisis llegó a España y arrasaba con los trabajos más estables, entre ellos el de mi danés. Yo trabajaba en mis tres hospitales con una vida muy ajetreada y para ese entonces ya estábamos embarazados. Fue cuando de él salió la propuesta de mudarnos a Dinamarca.

Yo estaba feliz, pero no contaba con lo difícil que sería, sobre todo aprender danés a un nivel profesional médico para poder tener conversaciones relevantes con colegas y pacientes. Hoy, a tres años de distancia, puedo mirar atrás y decir que es lo más difícil que he hecho en mi vida aun cuando tuvimos esa cesárea de emergencia, afortunadamente sin ninguna consecuencia. Pero el idioma, ¡vaya que me costó trabajo, eso sí! Ambas cosas valieron la pena.

Hubo un periodo de incertidumbre porque las homologaciones no se resolvían. Mi nacionalidad seguía pendiente. Se acababa mi baja maternal de España y yo ya era mamá de una niña de cuatro meses. En Dinamarca, en las instituciones no aceptan a niños menores de seis meses, así que tomamos la decisión de renunciar a España y empecé a trabajar gratis en lo que todos mis papeles estaban en regla. Iba al hospital unas horas mientras mi galán cuidaba de la niña. Mi mejor amigo era el sacaleches, me acompañaba a la hora de comer para sorprenderme con unos escasos cien mililitros de leche en lugar del litro que yo tanto esperaba.

Total, que después de unos meses, mis papeles ya estaban en orden, pero mi idioma danés aún era patético. Mi jefa logró convencer al jefe de departamento para abrir una posición específica para mí, donde trabajaría por horas, solo los lunes de 08:00 a 15:00. Cabe mencionar que con solo ese día de trabajo ganaba casi lo mismo que en uno de mis hospitales en Barcelona con cinco guardias al mes, pero para llegar a fin de mes alguna que otra vez tuve que viajar a Barcelona para hacer guardias de días festivos, con una niña aún lactante, mientras seguía perfeccionando mi danés y mi galán buscaba un mejor trabajo.

Para él tampoco fue fácil volver: todos sus contactos y sus años de experiencia habían quedado en Barcelona, pero, después de ir pasando voces, se fue reactivando su red de contactos y hoy es muy feliz planeando su permiso paternal por nuestra siguiente hija, que viene en camino

Sandra López-León
(Israel, Holanda, España y Nueva York, Estados Unidos)

En cada país que he vivido ha sido como si hubiera vivido una vida diferente.

Fui a Jerusalén cuando tenía veintitrés años y viví ahí por un año. Durante los primeros meses viví en los dormitorios de la Universidad Hebrea y tomé el Ulpan, que es un curso para aprender la cultura y el idioma. Estaba rodeada por personas de todos lados del mundo de edades entre dieciocho y veinticinco años. Fue una fiesta y viaje continuos. Los fines de semana íbamos a *tours* organizados a diferentes partes de Israel y nos quedamos en varios kibutz. Conocí todo Israel de norte a sur. Fue mucha aventura desde senderismo y rapel en la frontera de Líbano y Siria hasta buceo en el mar Rojo. Durante el resto del año visité Egipto, Turquía y Jordania.

La segunda etapa de este viaje fue cuando hice el internado rotatorio en el hospital Hadassah. La mayoría del tiempo me la pasé en el hospital. Comía y cenaba en la cafetería, estudiaba en la biblioteca, y mis amigos eran los otros internos y residentes. La mayoría del tiempo me la pasaba viendo pacientes y entrando a cirugías. Si tienen la oportunidad de estudiar o vivir en otro país antes de casarse, se los recomiendo muchísimo, ya que es lo que nos abre los horizontes, los ojos, la perspectiva.

Llegué a vivir a Holanda un año después. Me acababa de casar y acababa de graduarme de Medicina. Sabía que para poderme adaptar tenía que aprender el idioma. Así que los primeros diez meses me metí a una universidad a aprender holandés. Nuestro día a día era que mi esposo se iba a trabajar. Yo estudiaba holandés unas ocho horas diarias y caminaba por la ciudad descubriendo cosas nuevas. Tenía dos lugares favoritos: la biblioteca central de La Haya y la playa Schevening. Yo estaba acostumbrada a ir a la playa una vez al año. Ahora podía ir a diario. Me gustaba ir con mi esposo a caminar a la orilla del mar, ver el atardecer y comer 'arenque y anguila' (*haring en paling*).

La biblioteca era una maravilla, es un edificio enorme como de cinco pisos. Tenían un café donde comía *lunch*, varias exposiciones, pláticas y cursos, además, obviamente, de una cantidad impresionante de libros, revistas, periódicos, CD de música, películas y partituras de todos lados del mundo y de todas las épocas de la historia.

Durante ese año mi prioridad era encontrar un lugar para seguir mis estudios. La biblioteca fue esencial para encontrar el programa perfecto de maestría y *PhD* que yo quería estudiar. La integración es poco a poco, pero creo que, si uno aprende el idioma y encuentra algo que estudiar o en qué trabajar, uno se adapta más rápido. No había pasado ni un año de estar en el país y yo ya había pasado el examen de holandés como segundo idioma y era estudiante en la Universidad Erasmus de Rotterdam. Mis nuevos compañeros eran médicos de mi edad, con intereses comunes a los míos y venían de todos lados del mundo. Estaba muy feliz de encontrar el lugar adonde pertenecía.

Los siguientes cinco años básicamente iba a la universidad de 08:00 a 17:00, tomaba clases, estudiaba, hacía investigación y comía con mis amigos. Luego iba a recoger a mi esposo a su trabajo. Nos poníamos a cocinar, cenábamos y nos dormíamos. El sábado era el día que teníamos que ir de compras porque el domingo cerraban todas las tiendas. Así que juntos hacíamos las compras de la semana. En la calle donde vivíamos estaban el quesero, la panadería, la pescadería, la florería y un *snack bar* donde comprábamos fritos y croquetas. Era increíble que en menos de cuatro horas podíamos visitar Francia, Bélgica y Alemania.

No fuimos a Barcelona en el año 2007. Mi hijo grande tenía seis años, mi hijo mediano, tres y estábamos a punto de concebir a mi hija menor. Mis papás se acababan de mudar a Barcelona. Vivíamos justo enfrente del Colegio Americano adonde iban mis hijos. Vivíamos en los edificios de La Mayola: un conjunto de casas y edificios muy bonitos, llenos de jardines y parques. Abajo de mi casa había un supermercado, una panadería, una pescadería, un bar, mi dentista y la peluquería. Vivíamos en una de las zonas con más extranjeros de Barcelona (Esplugues). Cerca de donde vivíamos, también lo hacían personas conocidas: en el bar de abajo de mi casa nos encontramos al cantante de ópera Josep Carreras y al jugador del Barça Piqué.

Mi día consistía en que mi esposo llevaba a mis hijos al colegio caminando y yo me iba al trabajo. Trabajaba en una compañía farmacéutica haciendo investigación. En la cafetería de mi trabajo, al igual que en todo el país, se comía sano y delicioso. Me encantaba que todos los jueves en los menús del día tenían paella o fideuá. Salía a las 16:00 y me iba al colegio por mis hijos. Todas las tardes nos íbamos al parque que estaba enfrente del colegio y estábamos ahí durante una hora. Mientras los niños jugaban, yo hablaba con mis amigas. La mayoría de nuestras amistades eran del colegio, pues eran familias que venían de otros países y era con ellas con quienes nos sentíamos muy a gusto.

Todos los viernes íbamos al bar toda la tarde. Los niños jugaban fútbol y corrían y las mamás nos sentábamos en el bar a comer tapas —jamón serrano, queso manchego y tortilla— y tomar vino o cerveza. Si quería ver amistades, solo me iba al bar de abajo; si quería comer rico, había un montón de restaurantes cerca de mi casa; si quería cultura, estaba Barcelona y, si quería viajar, podía ir a cualquier parte de Europa a precios accesibles y en un par de horas.

Ahora llegamos a mi vida actual. Vivimos en un fraccionamiento lleno de niños, con alberca, parque y canchas para hacer deporte. Los costos de las casas son tres veces menores a lo que cuestan en Europa. En Estados Unidos, generalmente los niños van al colegio donde viven, así que primero escogimos el colegio, donde queríamos que nuestros hijos fueran y luego la casa. Donde vivimos hay mucha naturaleza: está lleno de plantas, flores, bosques y lagos. También hay muchos animales: osos, venados, conejos, ardillas, pájaros y tortugas. Se puede pescar en la esquina de mi casa. También hay muchas granjas donde compramos frutas, verduras, leche, huevos y queso. Vivimos en el campo, verdaderamente campo, pero si queremos ir a la ciudad, en una hora podemos ir a Pensilvania o Nueva York.

Mi trabajo está como a cuarenta minutos de mi hogar, pero si quiero puedo trabajar en casa. Me encanta ir al trabajo porque es ahí donde más amigos tengo. Me gusta ir a comer con ellos y platicar. Además, es un lugar increíble, muy bonito y moderno. Es una pequeña ciudad donde hay cafeterías, tiendas, gimnasios, farmacia y lugares recreativos. Disfruto todo inmensamente porque sé que nada es para siempre y ¿quién sabe dónde pueda estar viviendo en unos años?

Patricia Bautista Rivera
(Kentucky, Estados Unidos)

Después de haber conocido a mi amiga española, en una ocasión, leyendo un boletín de avisos del vecindario en donde vivíamos, encontré un anuncio en el que había una invitación para participar en un grupo de juego para niños, llamé por teléfono y nos integramos. Era un grupo de mamás americanas, quienes nos dieron una cordial bienvenida y nos introdujeron al amor por la jardinería, a los grupos de juego programados una vez por semana y a los paseos en el campo con picnics.

A los casi dos años de mi hija, descubrí un programa para niños preescolares que ofrecía cuatro horas al día de juego, interacción, música, todo en inglés, uno o dos días a la semana en una iglesia cerca de donde vivíamos. Fue aquí donde ella emprendió el aprendizaje de su segundo idioma. En casa como regla decidimos mantener el uso del español como idioma primario, pues es más fácil para los niños aprender de sus compañeros de la escuela y amigos el idioma inglés.

Si alguien me preguntara qué es lo que hace diferente la vida en EUA de la de México, lo primero que me viene a la mente es la sensación de seguridad y justicia que se tiene de este lado de la frontera, aunque habrá algunas personas que no estarán de acuerdo con mi opinión. Si bien la impartición de justicia en este país no es perfecta, es mejor en comparación con muchas otras naciones del mundo.

Es importante también saber que como mujeres la cantidad de trabajo en la casa aumentará, dado que la ayuda para la realización del trabajo doméstico es sumamente cara y la mayor parte de quienes nos mudamos a este país estamos empezando desde cero. En la ciudad en la que vivo fue sorprendente el darnos cuenta de que, aunque eficiente, el sistema de transporte público no abarca todas las áreas o las rondas son esporádicas, por lo que el tener un coche es necesario.

A través de los años y después de haber tenido un segundo hijo, he continuado al cuidado de mis hijos como mamá de tiempo completo. He participado en cuantos programas de voluntariado existen en las escuelas, con las organizaciones de padres de familia; en las actividades extraescolares y también en la iglesia a la que pertenecemos. El ser voluntaria ofrece una buena oportunidad para interactuar y aprender las costumbres de la sociedad a la que llegamos. También he continuado mi rotación semanal en el consultorio, por lo que ahora ya no solo veo pacientes pediátricos con alergias, sino también adultos.

Hablando de actividades extraescolares, mi familia se sumó al ajetreo y continua actividad característica de los americanos y mis hijos han participado en *ballet* —diez años—, grupo de percusión —diez años—, fútbol —nueve años, aunque no participó en clubes, solo con los equipos de la escuela—, violonchelo, *hockey* sobre pasto, atletismo, banda de guerra y algunas otras actividades, para las cuales mi presencia en casa ha sido fundamental para su transporte.

Paulina Cruz
(Misuri, Estados Unidos)

A las 06:20 suena el despertador. Casi todas las mañanas al pie de nuestra cama encontramos a nuestro hijo de cuatro años durmiendo. Ya intentamos luz de noche, espantamos todos los monstruos, pero, aun así, nos visita. Mi esposo se levanta y alista primero, y yo aprovecho el espacio extra en la cama por diez minutos más. Llega mi turno de alistarme, me levanto, hago un café en mi Keurig. Me doy un baño rápido y me pongo un poco de maquillaje. Alisto el *lunch* de mi hijo y pongo las cosas en el auto. Mi esposo ya se ha ido y ha dado de comer al perro.

Los últimos diez minutos son los más cortos de la mañana. Dejo a mi hijo en la escuela y de ahí voy a mi trabajo. Con excepción del lunes, trabajo en el centro médico: soy endocrinóloga. El centro médico cada año sale dentro de los quince mejores hospitales de Estados Unidos según *US News & World Report*. El garaje está bastante lejos de mi oficina. Por lo general, tomo un *shuttle* ya que mi *laptop* es bastante antigua y pesada, y cuando caminaba me ocasionaba dolores de espalda. Al llegar a mi oficina, organizo mi día: empiezo por leer correos, muchas veces desde que voy en el *shuttle*. La mayoría de los días trabajo en el Servicio de Diabetes del hospital. En la división de Endocrinología somos doce endocrinólogos clínicos (*clinical track*) y hay otros más que primordialmente hacen investigación (*tenure track*). Yo hice mi subespecialidad aquí.

Llegué con mi esposo a San Luis (Misuri) el 28 de junio del 2013. Habíamos visitado la ciudad una sola vez para buscar departamento para rentar. Previamente, vivíamos en Chicago. Ahí hicimos la residencia. Vivíamos en un departamento muy chico y teníamos la esperanza de comprar una casa pronto. Así que los primeros seis meses en San Luis, ¡vimos como cien casas! David, nuestro agente, era superpaciente y nos mostraba cuanta casa le pedíamos. Casi estábamos por rendirnos cuando David nos llamó diciendo que nos quería mostrar una casa que acababa de salir a la venta ese día. El único problema era que, para poder verla, pedían una carta de que teníamos ya el préstamo asegurado. Daniel estaba por cambiar de trabajo y nuestro historial de crédito era limitado. Con su ayuda conseguimos la carta por medio de un 'prestador' (*lender*). Al entrar a la casa, nos enamoramos. Todo lo vi perfecto: era la casa de mis sueños. Estaba fuera de nuestro presupuesto inicial, pero, aun así, era asequible.

Daniel está haciendo su *waiver*, 'trabajo en un área en desventaja' por tres años. Inicialmente, trabajó en una pequeña ciudad a veinte minutos de San Luis. Trabaja como hospitalista, ve solo pacientes hospitalizados desde que se admiten hasta que van a su casa. Días antes de comenzar su trabajo, el programa de hospitalista que lo había contratado le notificó que había perdido el contrato con el hospital y lo más cerca que podían cambiarlo era en Indiana, a cinco horas. Con nuestro hijo de seis meses de edad, eso no era una posibilidad. Así que logró conseguir un trabajo elegible para *waiver* a hora y media. Su horario consiste en siete turnos de doce horas por una semana y luego una semana de descanso. *Seven on*; *seven off*. Su semana «*on*», él se quedaba en un hotel en el pueblo donde trabajaba, viajaba los lunes cuando terminaba y luego volvía el siguiente lunes. Estuvo así entre tres y cuatro meses hasta que consiguió que lo contratara el nuevo grupo de hospitalistas del hospital anterior. Así pudo volver a estar cerca y a vivir con nosotros. Volviendo a la compra de la casa, finalmente obtuvimos el crédito y aprobaron nuestra oferta.

Fue uno de los mejores momentos de mi vida. Nos mudamos con nuestros muebles tamaño departamento y aún muchos comprados en Ikea. Llegamos a la nueva casa un mes antes de que nuestro hijo cumpliera un año.

Así pasaron dieciocho meses y llegó el día de mi graduación de la subespecialidad. Yo había empezado a buscar trabajo en la misma ciudad, ya que mudarnos no era lo ideal. Mi esposo nuevamente necesitaría un trabajo *waiver*, al igual que yo. Había hecho rotaciones en el VA, así que pensé que podría trabajar allí y mandé un correo electrónico al director médico. A la semana me llamó el jefe de la división de endocrinología, básicamente el jefe de todos, y me preguntó por qué había mandado ese correo electrónico sin comentarle nada. Yo estaba temblando y pensando qué contestar cuando me dijo: «¿No quieres trabajar para mí?». Y en ese momento seguí en *shock* y no sabía qué está pasando. Soy muy gestuda y dudé que hubiera disimulado con éxito, así que prosiguió: «Me gustaría que trabajaras en la universidad y fueras parte del Faculty: todos hablan muy bien de ti. Nos encargaremos de tu visa y todos los trámites. No contestes ahora, ve a casa y evalúa junto con tu esposo».

La verdad, seguía en *shock*, pero pronto me dio muchísima felicidad, ya que eso significaba quedarnos en la misma ciudad, trabajar en el mismo lugar donde ya estaba y donde me gustaba la gente. Los detalles de mi contrato no fueron ideales, ya que no tuve nada de tiempo libre, pues tenía que empezar a trabajar de inmediato en cuanto saliera el *waiver*. Básicamente, terminé la subespecialidad el jueves y el viernes comencé mi trabajo. También la medicina académica tiene una paga menor a la medicina privada, pero la tranquilidad y el excelente ambiente de trabajo, más los beneficios de la universidad, lo compensan. Entonces, ahora a las 17:15 cada día salgo corriendo al garaje para recoger a mi hijo en la escuela antes de las 18:00, llego a casa a la 18:20 y preparo la cena.

Mi esposo llega como a las 19:00, a menos que sea un día muy malo. Cenamos juntos y jugamos con nuestro hijo. De ahí empezamos la rutina de dormir: ponerse pijama, leer un par de libros y acostarnos. Tratamos de que esté dormido a las 22:00. A esa hora yo trato de leer un poco o distraerme en el teléfono para empezar un nuevo día. Esta es mi rutina.

Angeles Estrada/ María de los Angeles González Soto (Oklahoma, Estados Unidos)

Cuando empecé a pensar en vivir en un país ajeno al mío, no me parecía descabellado. Por el contrario, se me hizo algo emocionante. Mi vida cambió radicalmente.

Desde que tengo uso de razón, quise ser doctora y la lucha por llegar a serlo no solo fue mía, muchas hermosas personas fueron cómplices de este camino divino. No puedo nombrarlos porque no me perdonaría a mí misma el omitir a alguna.

Entre estudios, guardias, trabajos, lucha por promedio para mantener la beca y muchas dificultades que se me atravesaron en el camino, llegué a pensar que esa vida tan demandante nunca se iba a terminar. Pero después de que tuve la oportunidad de trabajar en un hospital comunitario fue cuando sentí que un gran sueño se había hecho realidad.

Venirme a Estados Unidos significaba la posibilidad de no ejercer medicina, pero sin duda también es darle una oportunidad a la unidad familiar. Es cuando empezó a verse la segunda montaña de mi dibujo. Mi familia es lo que me ha mantenido a flote porque sin duda sí he escuchado que me digan: «¿Y tanto estudiar?» o «¿y no extrañas ejercer?». Por un tiempo, la medicina fue mi objetivo y, por supuesto, no menos importante que mi familia. Ahora le doy la prioridad a mis seres queridos.

Llegando a este país, investigué sobre lo necesario para ejercer medicina. Entre exámenes y estudiar una especialidad, decidí que me iba a dedicar completamente a mi familia. Resulté ser más hogareña de lo que me imaginé. Mi primer reto era la cocina, pero gracias a mi mamá y mi tía, que me compartieron sus ricas recetas por teléfono, ya fuera que las escribiera en mi libretita especial, o bien, como lo hice muchas veces, que grabara por audio a mi mamá y así no se me escapaban detallitos. Afortunadamente, en una ocasión mi esposo me dijo que le mentí al decirle que no sabía cocinar. No es que me eche flores, pero es algo que me parecía difícil de imaginar que yo hiciera.

Mi papá siempre decía que le gustaría verme cocinar porque decía que yo no sabía. Yo le contestaba que sí sabía. Claro, huevos estrellados y eso a duras penas. Él decía que le hiciera un mole de olla y pues no, ¿de dónde iba a saber cocinar eso si casi no me metía a la cocina? Hace poco cociné dicho platillo porque una mami doctora me pasó la receta y no pude evitar llorar y pensar en mi papá. Definitivamente, la vida cambia de forma total y de la manera que menos nos imaginamos. Precisamente, él no llegó a saber que yo vivía por estas tierras. Ahora pienso que me ve y que seguramente estará contento, y más porque él tenía muchas ganas de venir por estos rumbos.

Lo que me gusta mucho de Estados Unidos es su naturaleza multicultural. Conocer a personas de diferentes partes del mundo, sus costumbres, su cultura, su alimentación. Compartir con ellos, también dándoles a conocer mis raíces; sorprenderlos e igualmente sorprenderme con sus historias. Ha sido muy agradable que en ocasiones representantes de diferentes países estemos reunidos en una habitación, compartiendo. Todo esto lo he podido realizar yendo a clases de inglés o en nuestra iglesia, donde no solo son compañeros, sino que incluso se llegan a convertir en amigos.

Cuando era niña, y aun ya mayor, y veía a las personas sentadas afuera de sus casas, casi siempre adultos mayores, yo me preguntaba: «¿Qué se sentirá vivir en un mismo lugar toda tu vida?». Pero también me agrada mucho el haber experimentado el vivir en un lugar diferente al que nací.

Por mi hija ya empezamos a disfrutar festividades que para mi esposo y para mí son nuevas. Por ejemplo, este año estudié a fondo la festividad de Pascua porque mi hija, como buena niña, estuvo muy emocionada por sus huevos de Pascua y el conejito antes, durante y después de dicha temporada.

Algo que tampoco imaginé es que yo llegara a ser ama de casa. No ha sido del todo fácil. A veces, más por la presión externa y la misma presión que me genero a mí misma. Estar al tanto de todo en mi hogar es algo que me ha gustado; por supuesto que también lo harán muy bien madres que trabajan fuera de su casa. Es ahí donde me siento afortunada por hacer algo que me gusta y dedicarme a ello, porque yo, como ellas y sin menospreciar a nadie, trabajamos y tenemos responsabilidades, solo que en diferentes grados.

Debemos parar con el prejuicio a las profesionistas que decidimos dedicarnos a nuestro hogar. No es que me sienta menos; ahora no, pero sí hubo un tiempo en que «escuché» tanto que dije: «¡Basta!», sobre todo porque me sentía en deuda con todo aquel que, de una u otra forma, me ayudó a llegar a ser doctora. Después comprendí que quien me ha ayudado es porque me quiere y, por tanto, quiere que yo esté bien. Así pues, gracias a Dios, estoy bien. Cada uno tiene que dedicarse a hacer lo mejor que pueda aquello que esté haciendo en ese momento.

Ahora puedo disfrutar pequeños detalles que antes ignoraba y más con mi hija, que está en la edad preescolar, donde puedo sentarme a verla jugar en el jardín, regalarme flores o piedritas; hacemos papalotes juntas, nos ponemos a cocinar galletitas, nos lavamos juntas los trastes y ella, muy feliz, me ayuda a trapear y sacudir. Está aprendiendo estos quehaceres domésticos a modo de juego y está bien para ella: así aprovecho para enseñarle lo que mis padres siempre nos han dicho a mis hermanas y a mí: «Si va para pobre, lo sabe hacer; si va para rica, lo sabe mandar». Juntas nos divertimos haciendo todo esto que no me imagino haciendo en mi vida ajetreada de ninguna manera. Quizá me «amañaría» para pasar tiempo de calidad, pero de cualquier manera esto es algo que ahora disfruto.

Desde que estoy en Estados Unidos, he vivido en dos lugares diferente y ambos me han gustado mucho. Actualmente, vivimos en las afueras de un pueblo chiquito, donde te saluda hasta con quien te cruzas en el camino mientras se va manejando. Yo al principio decía: «¡Guau, qué popular es mi esposo!», hasta que un día le comenté que conocía a mucha gente y me dijo que aquí era algo que se acostumbraba. La gente se saluda muy efusivamente, aun sin conocerse. Sí, pienso en las grandes ciudades y más oportunidades, sobre todo para mi hija, pero después de meditarlo, a mi parecer, me agradó que disfrutase de lo sencillo como la naturaleza, que tenga donde correr sin tanto pensar en la contaminación. Ya veremos en el futuro.

Como mi mamá me ha dicho que haga un hogar en el lugar donde habite, este es mi hogar ahora: donde mi familia está. Claro que mis padres, mis hermanas y mi sobrino son mi familia y, por lo tanto, siempre los voy a amar. Sin embargo, mi esposo y mi hija son la familia que nosotros decidimos formar y como tal estamos haciendo lo mejor que se puede para cultivarla en el suelo donde nos encontramos y aprovechando al máximo de lo que hoy nos rodeamos para vivir. Aunque por momentos sí nos sentimos como dijo La India María: «Ni soy de aquí ni soy de allá». Finalmente, somos muy bendecidos al tenernos aquí y ahora y gozar del cariño de nuestras familias y seres queridos de aquí, este lindo país que nos acoge y de allá, nuestro México querido.

Hazel-Ela Jiménez
(Houston, Estados Unidos)

Desde que tengo memoria, recuerdo que me gusta experimentar y vivir cosas nuevas. Eso ha hecho de mi vida una aventura constante y que, donde sea que esté, me acople siempre a las circunstancias.

Cuando viajé por primera vez a EUA, mi impresión fue de fascinación en todos los aspectos. Tenía doce años. Desde las ciudades, la arquitectura, la gente, todo lo que a mi alrededor era nuevo y diferente a mi ciudad de México. Entonces, cuando decidí vivir aquí, fue algo muy emocionante para mí y esa misma emoción fue trasmitida a mis hijas. Así que hemos aprovechado, disfrutado absolutamente todo desde un principio. Como todo, comenzamos con piedras en el camino y aprendizajes, pero muy felices por tener tantas experiencias y crecimiento personal que el vivir aquí nos ha dado.

Primero, fue adaptarme al sistema de las escuelas: el tipo de procedimientos de inscripción y juntas ha sido algo maravilloso porque es muy diferente. Todo se maneja por distritos escolares según la región en donde uno vive. El distrito escolar de Arkansas envió la documentación de las nenas, así que aquí solo era actualizar datos de dirección y responsables, pero en el sistema ya tenían prerregistro de las niñas. El sistema de educación del Gobierno es bastante bueno, sobre todo, porque el recurso que se destina para cada escuela se nota en las instalaciones, mobiliarios, tecnología y personal. Obviamente, el idioma fue algo básico porque ya traían algo de noción por los cinco años que estudiaron en México en escuela bilingüe. Su adaptación al idioma fue sencilla y rápida y, al cabo de dos meses, ya dominaban el idioma al cien.

El transporte escolar es gratuito y a la puerta de la casa coincidía la ruta que pasaba por ellas y las dejaba de regreso. Al comienzo de nuestra llegada, solo teníamos un auto. Entonces fue una elección perfecta y servicio gratuito igual que agradezco. Después de dos años, pudimos comprar otro auto y ahora la experiencia de ir y venir en bus ya pasó de moda para ellas porque se vuelve un tanto incómodo comparado con venir en auto con mamá.

La comida y la compra de despensa era otro tema igual de drástico porque ya tenía tiempo desde que viví fuera de la ciudad de México, que solo compraba en súper o alguna tienda de la esquina como es común allá, pero aquí lo único cerca que tengo como tienda de la esquina son las tiendas de las gasolineras, que yo no sabía, pero lógicamente son más caras. Entonces debía esperar a que mi esposo estuviera con tiempo en casa para poder ir al supermercado y comprar la despensa de la semana cada ocho días.

Pero también era emocionante porque aquí no eran comunes las cosas que yo acostumbraba comprar para cocinar en México, además de que hay bastantes cosas nuevas e ingredientes que ni idea tenía, así como muchas comidas preparadas que vuelven la vida del gringo práctica y rápida por el ritmo de vida del país. Eso también era fascinante para mí: poder comprar y tener al alcance todo lo nuevo y desconocido que siempre me ha entusiasmado, así que la adaptación se fue dando sin pensarlo.

Al inicio era de comprar y buscar lo típico que yo hacía para preparar en México, pero ahora he caído en la practicidad y busco cosas más sencillas, ya sean precocidas o hasta enlatadas y congeladas para no estar tanto tiempo en la cocina y tener tiempo de hacer algo para mí.

Por la espera de mis documentos, por el momento no era posible trabajar. Entonces tenía todo el tiempo del mundo para hacer algo que nunca había podido por trabajar en México y a lo que ahora sí podía dedicarle tiempo. Empecé por cocinar de manera más elaborada y a innovar en platillos y hornear postres, algo que me fascina. Después, estudié con vídeos cómo hacer uñas de acrílico para poder ponérmelas yo sola. Me compré todas mis herramientas y lo necesario, y un tiempo fue un *hit* hasta con las niñas.

Después de meses, ya pasaba la atención a ello y, por ayudar a la economía de la casa, comenzamos a vender tacos de desayuno en el trabajo de mi esposo. Me levantaba temprano para prepararlos y él los llevaba a la hora que se iba a trabajar. Por un tiempo, eso nos ayudó hasta que otros compañeros empezaron a hacer lo mismo y bajó la venta. Después, lo cambiaron de trabajo y ya no era posible seguir con ese plan de ingresos.

Pasó un tiempo e intenté comprar en mayoreo productos de belleza para que en conjunto con otras amigas pudiéramos conseguirlos barato y si querían los vendieran. Lo hice y del lugar donde compré las cosas por Internet no me enviaron lo que pedí. Perdí dinero, traté de no quedar mal con las amigas que habían invitado y les di lo que pude de mis cosas para que solo yo perdiera y ellas no. No funcionó, pero mis intenciones por ayudar y sentirme útil seguían, así que por un post de Facebook donde comentaban que una manera de generar ingresos extras con pequeña inversión podía ser un tema financiero, invirtiendo en mercado de divisas, pues me metí a investigar. Llamó mucho mi atención porque no necesitaba salir de casa y podía aprender en mis ratos libres desde mi hogar.

Entré a una empresa donde me inscribí para recibir toda la capacitación y enseñanza del tema, que era totalmente nuevo para mí. Al inicio pensé en desistir por no poder entender nada, pero mi cabeza y mi lucha constante no me permitieron rendirme, así que busqué otros medios de apoyo. Ya era mucho dinero lo que seguía pagando a la empresa para no tener una guía, así que seguí, pero por otro medio en línea: descargué libros, entré a grupos y foros de *trading* hasta que aprendí. Me convencí de que eso era lo que quería hacer, ya que el tema de la medicina ya lo había descartado, que no he mencionado y que trataré en el capítulo siete.

No sé qué me deparará el futuro, si es esta ciudad en la que viviré o tal vez otro país me espere, pero me entusiasma la idea y que la vida nueva que tengo me gusta es un hecho. Quiero y agradezco lo que tengo hoy.

Leticia López Pedraza
(Dallas, Estados Unidos)

Aunque ya llevaba varios años fuera de México, mi vida comenzó de nuevo cuando decidí darme otra oportunidad. El tratamiento para la depresión fue el parteaguas para volver a vivir. Recuerdo bien aquellos días tristes, sin dormir, siempre cansada, distraída y sin ganas de nada. Las consecuencias de todo esto ya se me estaban materializando y todas esas actitudes equivocadas que yo tenía se estaban convirtiendo en mi estilo de vida. Sin querer, las cosas se comenzaban a salir de control. Siempre estaba distraída: un mal día choqué mi carro, lo perdí y, además, quedé endeudada. Era muy desordenada para comer y subí mucho de peso en muy poco tiempo. Mi aspecto físico no ayudaba en nada a mi autoestima. A mí no me funcionaba eso de «quiérete como eres» y, por si fuera poco, el sobrepeso repercutió en mi salud, en el hígado, para ser más específica.

Recuerdo bien que un fin de semana estaba acostada con mi bebé, por un lado, sin ganas de levantarme como ya era costumbre, y mi niña me despertaba para jugar y yo la ignoraba por ratitos, pero fue tanta su insistencia que con sus deditos separaba mis párpados para que mis ojos se abrieran. Lo consiguió: abrí los ojos y me sentí culpable al caer en mi realidad. Esa pequeña inocente solo me tenía a mí. Claramente, me di cuenta de que primero tenía que estar bien yo para que mi hija también pudiera estarlo.

Seguir con esa actitud solo sería someter a mi hija a una vida miserable a mi lado. En aquellos días tan confusos, lo único que tenía claro era la clase de madre que «no» quería ser. Me aterraba la idea de convertirme en la versión eterna de aquella madre deprimida en el sofá o, peor aún, convertirme en una mujer llena de amargura, odio y rencor. ¡No y mil veces no! Eso no fue lo que me enseñaron en casa.

Mi mamá fue un gran ejemplo de fortaleza para mí. A pesar de su enfermedad, la de mi hermano y de sus problemas, ella siempre fue una mujer de mucha fe; siempre tranquila y alegre. Ahora la entiendo y la admiro más. Comprendí que era normal tener ratos de quebranto, pero no podía desperdiciar mi vida lamentándome y convirtiéndome en una víctima de mis propias acciones y eso era precisamente lo que estaba haciendo.

La depresión es como un círculo vicioso que te estanca, te paraliza y no te deja vivir: sin duda de las peores cosas que me ha tocado afrontar y me atrevo a decir que aún sigo en la lucha para no recaer jamás. Cada día que pasa, veo menos factible esa posibilidad. Ahora entiendo que no hay límites para el amor. Entre más creces como ser humano, hay menos espacio para los sentimientos negativos.

¿Por qué habría yo de tirar la toalla si ya tenía en mis brazos a uno de mis mayores anhelos? Las fuerzas que en algún momento creí no tener sin duda las tomé de esos ojitos alegres. Cada día me dediqué a ser mejor en muchos sentidos. Escuchar los inocentes halagos de mi hija a su corta edad era sin duda la mejor señal de que iba por buen camino, así que asistía puntualita a mis terapias, sin falta, y comencé a cambiar hábitos de salud. Cuando uno aprende a quererse, se cuida más, así es que todo se fue dando en conjunto poco a poco.

El ejercicio ha sido fundamental y son tantos los beneficios que hasta el día de hoy no lo he dejado y no pienso hacerlo. A lo largo de todos estos años, he practicado pilates, aquaeróbic, zumba, yoga y actualmente ya participo en carreras de cinco kilómetros. El tiempo que le dedico al ejercicio lo veo como tiempo exclusivo para mí, sin mi hija y sin interrupciones. Es una de las mejores formas que tengo para consentirme. En pocas palabras, me encanta y disfruto mucho este tiempo conmigo. Agotada físicamente es mucho más fácil conciliar el sueño: así le dije adiós al insomnio. Sin duda, un cuerpo ejercitado es un cuerpo más sano. Como dato curioso, cuando inicié con mis clases de yoga y aquaeróbic, yo era la única hispana y también la más joven en ambos grupos. Eso siempre me llamó mucho la atención. Aquí experimenté lo que es ser minoría y no sé si decirles como cosa buena o mala que más de una vez me dijeron que yo era una mexicana diferente.

El cambio a una vida más activa no fue fácil y más para una mujer casi sedentaria como lo era yo. Confieso que en ocasiones llegaba casi en rastra al gimnasio con la esperanza de que al llegar la clase estuviera cancelada por cualquier motivo: de ese tamaño era mi entusiasmo en ese entonces. Llegar a una clase y estar rodeada solo de mujeres de la tercera edad fue una experiencia bastante peculiar. Al principio yo solo iba a cumplir con una de las recomendaciones de mi terapeuta y al final salí ganando más de la cuenta porque, gracias a ellas, me deshice de esa horrible apatía. La mayoría de mis compañeras estaba enferma con problemas de circulación sanguínea o de artritis. Por eso, hacían ejercicio en la alberca, pero, a pesar de sus problemas de salud, ellas siempre llegaban con mucho ánimo para seguir las rutinas y siempre terminaban diciendo algo así como «¡qué bueno que estamos aquí!», «en la mañana me dolían mis piernas, pero me siento peor cuando no vengo».

Es verdaderamente envidiable escuchar hablar a alguien que disfruta de su vejez. Es como si gozaran exprimiendo hasta la última gota de vida con aquel entusiasmo que contagian a cualquiera. Me recuerdo escuchando sus relatos y a la vez pensando: «Ya quisiera yo llegar a su edad y tener la mitad de su buen ánimo». Son lecciones que nos da la vida. Mis respetos para ese inolvidable grupo de aquaeróbic porque, después de conocerlas, dejé de encontrar pretextos para no hacer ejercicio.

Con el ejercicio y llevando una dieta más saludable, bajé de peso mucho más rápido y, después de varios meses, mis enzimas hepáticas volvieron a la normalidad. Otro puntito a mi favor fue el cambio en mi cuerpo porque bajé varias tallas y me volví a sentir bien frente a un espejo. De las mejores sensaciones, en especial para una mujer, es ir a comprar ropa, entrar al vestidor y darte cuenta de que todo te queda bien. ¡Es muy gratificante y la autoestima se eleva al triple! ¿A poco no?

Por algo suceden las cosas y, aunque a veces no resulten agradables, siempre hay que buscarles el lado bueno. En muchas ocasiones, lo único que podemos hacer ante ciertas circunstancias es cambiar nuestra actitud y ya con eso estaremos haciendo la gran diferencia. Con el tiempo me enseñé a no depender de nadie. Mi hija y yo nos mudamos solas a un departamento. Me dejó de importar el hecho de ser madre soltera. Perdí el miedo a estar sola, comencé a ir al cine y a conciertos sola. Hice cosas que antes jamás habría hecho sin compañía.

Me he dedicado a trabajar y a criar a mi hija. Trato de ofrecerle lo mejor de mí. Ella es mi principal motivación. Ahora veo la vida con otros ojos y pinta mucho mejor. Disfruto mucho las cosas sencillas que esta ciudad me ofrece. Vivo cerca de un lago y me encanta pasar por ahí casi a diario. A veces me doy tiempo de pararme solo para contemplarlo. Mi imagen favorita es durante el invierno y, aunque no me gusta el frío, la imagen de ese lago al oscurecer parece de película. En lugar de lamentarme por lo que no tengo, mejor busco, disfruto y aprecio lo que aquí hay. Esta ya es mi nueva filosofía y la aplico para muchas cosas como comida, trabajo, familia y amistades.

Mi hija ha ido creciendo a mi lado, pero la mayor parte del tiempo está bajo el cuidado de otros, así es que yo trato de compensar esto durante los fines de semana. Es algo difícil y agotador: ella es hija única y muchas cosas las voy aprendiendo junto con ella. Yo tuve una infancia muy buena y eso es un punto a favor para mi hija porque hago cosas que a mí me gustaba hacer cuando era niña. Siempre le atino. En realidad, los niños son fáciles de complacer. La cuestión es dedicarles tiempo, así que recurro a mis recuerdos para ir formando los de ella y hasta ahorita creo que esto me ha funcionado bien.

Yo nunca he sido una persona muy fiestera. Para mí esa época ya la viví cuando era más joven, así es que el hecho de no salir a divertirme y conocer gente nueva no me afectó tanto. Yo creo que la gente que me conoce tenía más prisa que yo para que rehiciera mi vida con alguien más. ¡Qué chistoso, pero así pasa! Todo el mundo comienza a dar opiniones y sugerencias. Yo no estaba cerrada a la idea de volver a enamorarme, pero quería esperar a alguien que fuera soltero, sin hijos, sin ninguna clase de vicio, trabajador y lo principal, que me aceptara con todo y mi hija. A veces mis conocidos se reían de mis requisitos porque a mi edad ya es más difícil encontrar a alguien así y sin tener mucha vida social, ¡pues menos! Cuando llegaba alguien que ponía interés en mí y le faltaba alguna de esas cualidades, simplemente no le daba oportunidad. ¿Para qué?¡Qué bueno que seguí mi instinto! Después de no sé cuántos años de estar sola, llegó aquel «valiente» que mi abuelita y yo tanto esperamos. Las cosas se fueron dando mejor con el tiempo y ahora tenemos una relación más formal.

Al fin creo que la vida me ha ido cambiando y siempre ha sido para mejorar. De esto sí me siento muy orgullosa porque solo yo sé lo que tuve que vivir para lograrlo. Mis errores se han convertido en experiencias que no quiero repetir. Lo bueno es que mi sufrimiento no ha sido en vano porque he aprendido a levantarme sola. No digo que en mi vida ahora todo es color de rosa o que siempre seré infinitamente feliz porque no lo sé y porque hay muchas cosas sobre las cuales nosotros no tenemos control, pero tengo la certeza de que soy una mujer más fuerte que ayer. Ahora que las cosas parecen estar un poco más estables en mi vida, he vuelto a soñar con algunas otras que ya estaban quedando en el olvido. Estoy atenta a todo lo bueno que pueda llegar a mi vida y también a lo que yo tenga que salir a buscar. Ya no tengo tiempo para dejar pasar oportunidades. Además, mi cerebrito es muy activo y siempre me pide más. Mi vida ahora es así: con muchas ganas de vivir y de aprender cosas nuevas.

Margarita Lovera Maldonado
(Michigan, Estados Unidos)

Mi nueva vida en los EUA ha estado llena de desconciertos y sentimientos encontrados al convivir estrechamente con personas locales, así como con inmigrantes como yo. Al conocer mejor este sistema, he podido comprender que tanto la gente local como la que migra tienen problemas similares o mayores a los de mi país de origen.

No puedo evitar sentir lástima por tantos migrantes que se aferran y autoengañan, cayendo muchas veces en la negación de eventos por demás evidentes y catastróficos.

Para respaldar lo anterior, me enfocaré en los aspectos básicos de una familia. Primero que todo, está prohibido enfermarse: la cita médica más próxima es en dos o tres meses, tiempo suficiente para que la mayoría de las enfermedades no graves hayan sanado por sí mismas, llevando a las personas a vivir en una especie de autocuración al estilo medieval, que me ha hecho pensar si eso es un artificio del sistema de salud, lo que en sí mismo me parece una idea aberrante y maquiavélica del sistema. Espero estar equivocada y pensar que es consecuencia del colapso del sistema de salud antes que la idea de un grupo de poder.

Otro aspecto que ha llamado mi atención es ver cómo las personas en este país viven en una muerte lenta y con una calidad de vida sumamente disminuida —y cada vez más rápida—, consecuencia del estilo de alimentación que llevan. Comer sano aquí es realmente costoso, por lo que la gente promedio opta por comida rápida de muy baja calidad. De esta forma, mi nueva vida está llena de altos costos en la alimentación, que he visto compensado con las limitadas visitas al colapsado sistema de salud y que afortunadamente hemos requerido mínimamente.

No puedo evitar sentir gran tristeza al observar los hogares de mis vecinos, donde ambos salen a trabajar diariamente a las cinco o seis de la mañana para regresar pasadas las ocho o nueve de la noche. Ambos deben trabajar arduamente para poder costear la hipoteca millonaria de treinta o cincuenta años y que tristemente la visualizan como su fondo de retiro. Una vez que la paguen —si lo hacen en vida—, esperan venderla e irse a vivir a una casa de retiro o apartamento, si es que en el proceso no son víctimas de la hipoteca inversa.

En el proceso de todo esto, los hijos crecen como pueden con la ausencia de sus padres. Yo personalmente decidí quedarme en casa y criar a mis hijos y educarlos. No vine a este país para darles menos de lo que les daba en México. He aprendido a vivir sin servidumbre, que es un sueño en este país. La fórmula aquí es trabajar y trabajar para vivir al día.

La interacción es un chiste comparado con la interacción en México. Evito reír cada vez que veo grupos de mexicanos, colombianos, rusos, etc., que se buscan y reúnen desesperada y frenéticamente. Al final del día es la única interacción que pueden tener al no aceptar o acostumbrarse a la nula interacción de la gente local. No alcanzo a entender por qué recorrer miles de kilómetros para no esforzarse y empaparse de la cultura local. Sin embargo, al interactuar con gente local, te das cuenta de que la cultura es de plástico y nada trascendental.

Una de las cosas que más han impactado mi nueva vida es el vivir con miedo: la mayoría de los migrantes vienen huyendo del terror, la muerte y la violencia de sus países y aquí la encontramos en cada esquina, escuela, restaurante, teatro, cine, etc. En mi país me sentía insegura siendo víctima colateral. Aquí me siento aterrorizada siendo víctima objetivo. Este mundo de terror que nadie quiere reconocer me ha llevado a replantear mi estancia y la de mis seres queridos, así que puedo decir que mi nueva vida está llena de miedos. Cada vez que envío a mi hija a la escuela, evito pensar en las masacres masivas que se han vivido constantemente en este país. ¡Qué seguridad tan ridícula puedes tener cuando cualquier persona está armada hasta los dientes! Cuando entiendes que este país está basado en la guerra y en el abuso, comprendes también que mucha gente interna y externamente nos quiere hacer daño.

En el aspecto laboral, mi esposo describe el escenario como «gris»: gente que llega, trabaja y se va. Se olvidan de que ahí estarán una tercera parte de su vida. Son personas que solo trabajan, sin mencionar que gran parte de ellos padecen depresión crónica, que, sumada a la facilidad de acceso a las armas, es una combinación fatal.

En el aspecto financiero, hemos sido disciplinados al no caer en el juego del crédito, por lo que en ese terreno estamos sanos, cosa que no podemos decir del norteamericano promedio que vive al día.

Otro aspecto interesante es la manera en la que mis vecinos «nos cuidan»: no es posible realizar cualquier actividad dentro de nuestra propiedad sin que los vecinos «nos protejan» reportándonos a las oficinas del Gobierno, es decir, «poniendo dedo» a cada momento. En este país debes aprender a vivir con la sombra de las sobrerregulaciones y de los vecinos «sobreprotectores», que al no tener cómo divertirse, enfocan sus energías en el «cuidado de los demás».

Creo que estos son algunos de los aspectos que más han impactado en mi vida y que vale la pena comentar.

Victoria Martínez
(Atlanta, Estados Unidos)

¡Nueva vida, nuevas experiencias! ¡Y vaya que sí! Todo es totalmente diferente a lo acostumbrado, a la comodidad y familiaridad con que ya estás bien definido, pero, como siempre digo, todo es un proceso y qué bien que esté lleno de nuevas experiencias, malos ratos y otros muy buenos, que son los que realmente cuentan.

Tal vez, como yo lo hice, pensarían que acá la vida es más fácil y ¡claro que no! Sí, vives cómodamente, pero también es difícil realizar ciertas cosas, como escoger un buen colegio para el nene. Y, hablando de colegiaturas, o comes, o pagas, que es mi caso, porque aquí la educación pública es a partir de los cinco años, claro que varía en cada estado. Tan solo conseguir quien te cuide el bebé un día es carísimo respecto de como estamos acostumbrados en México, tal vez a abusar a veces de la abuelita o a recurrir a estancias infantiles. Existen dependencias que te apoyan a partir de los tres años de manera gratuita, pero claro que debes apartar tu cupo.

Qué difícil es siquiera poder salir a cenar o al cine en pareja. Eso sí debes planearlo bien y aprovechar el tiempo al máximo, hasta al decidir determinado día para hacer las compras quincenales del supermercado —en mi caso los jueves o miércoles que el marido descansa y, si no respeto esos días, se arma un caos, ja, ja, ja—. Actualmente, no sé usar el transporte público, bendito Uber y los días que me toca compartir la camioneta con mi chico, aunque prefiero mil veces la primera opción porque me siento más libre.

Algo que es sumamente importante y que he aprendido muy bien acá es a respetar las vialidades; así como si fuera conductor, a la hora de cruzar las calles, respetar los semáforos, estar alerta para cuando sea mi turno porque, si como peatón tampoco respetas los señalamientos, eres merecedor de una multa.

Tengo la fortuna de vivir en una ciudad donde encuentras hispanos y tiendas hispanas. Claro, debes surtir todo en una sola vuelta porque acá no tengo la tiendita de la vecina, ¡ja, ja, ja, ja! Encuentro de todo y, aunque el sabor no es el mismo, trato de cocinar lo más parecido a la comida a la que estoy acostumbrada y, como me encanta cocinar, lo disfruto mucho. Ahora es mi pasatiempo favorito: me encanta marcarle a mamá para que me comparta sus recetas deliciosas. Así también de vez en cuando salgo a comer y disfruto muchísimo la comida china y japonesa.

Los cumpleaños de mi nene deben planearse con tiempo y contemplar los invitados, así como obtener permiso para realizar el convivio y ver qué tanta gente vendrá a casa, ya que es pequeña: buscar un buen lugar donde comprar un pastel rico, ver qué ofreceré de comer a mis invitados y buscar invitados niños, ya que conozco poca gente.

Cada quien vive su vida en su casa; la relación con los vecinos es de «buenos días» o «buenas noches» cuando los llego a ver y más aún porque no hablamos el mismo idioma. Justo mis vecinos de al lado tienen una nena de la edad de mi pequeño, pero ellos son de la cultura india. Aun así, con mis clases de inglés y lo poco que he aprendido, puedo comunicarme con ellos e invitarlos a un café o una bebida. Son una familia muy cálida y buena gente, aprendo mucho de ellos.

Existen horarios y días determinados para la recolección de la basura, ya que vivo en un complejo de departamentos donde ya incluye este servicio, que es de domingo a jueves de 18:00 a 20:00. Debes separar muy bien tu basura y colocarla en la puerta de la casa a ese horario y si no tú debes ir a dejarla a su lugar. Me agrada tanto el sistema de reciclaje que acá, si uno lo respeta, es hermoso porque, como en todo, existe gente que no lo respeta.

Como siempre digo, me encanta su naturaleza; los parques que cuando es temporada de calor aprovecho para llevar a mi pequeño a jugar. Las albercas tienen sus horarios bien establecidos, así como la temporada del año en que están abiertos. Nada que ver con mi lugar de infancia, donde estaban abiertos todo el año por ser un puerto con playa y calor. Aun así, disfruto cada época del año que aquí están bien marcadas: guardas tu ropa de primavera y verano, y ocupas la de frío, otoño e invierno, y viceversa. Poco a poco, mi cuerpo se acostumbra más al frío, ya que, en días anteriores, me sentía morir por la inflamación de los músculos de la espalda, que me impedían moverme y levantarme de la cama, y todo por no protegerme del frío y la nieve. Son cosas que voy aprendiendo con el paso de los días, meses y años.

Y así transcurre el tiempo con nuevas experiencias y aprendizajes, tan sencillos, pero a la vez nuevos, porque acá debes respetar las reglas, desde pedir un permiso para podar un árbol, pintar la casa, realizar una fiesta o reunión, respetar los lugares de estacionamiento determinados para cada persona o conductor. Está prohibido tirar basura en la calle, ¡qué bonitas son las calles acá! Todo debe respetarse, incluso a la hora de criar a nuestros nenes. Está prohibido levantar la voz y la mano en público porque ya mismo te envían a la Policía, bueno, eso dicen y lo creo. ¡Por fortuna, no he pasado por eso!

Así también es el tema de educación con los hijos. Claro, debes inculcarles las dos culturas totalmente diferentes porque es muy triste ver nenes de familias donde papi y mami no dominan el inglés y se les olvida totalmente inculcar nuestras culturas. Es muy común ver pequeños de ambas culturas que no saben el himno nacional ni de un país ni de otro o ver cómo se burlan de la cultura de los padres. También hay nenes que, a la hora de ir a la escuela, no saben una sola palabra en inglés y eso da pie a que cada semana seas llamado a la escuela para recibir una amonestación por no enseñar a tu hijo el idioma del país donde nació o donde actualmente reside. En mi caso es difícil, pero yo aprendo junto con mi nene.

Recuerdo en meses anteriores tener que salir a las lavanderías, a veces tener que soportar el frío o calor insoportable. Ahí se iba todo mi fin de semana; ahora estoy más cómoda porque lavo en casa. Hay departamentos que no incluyen ese espacio y a veces debes compartir departamento o casa para que rinda el dinero, o bien, pedir permiso para poder poner el color de tu agrado en el interior de la casa, cosas que desconocía totalmente. Es igual para adquirir una casa propia: se necesitan buenos ahorros y un estatus legal, pero todo es un proceso y vale la pena por la importancia de formar una nueva familia e iniciar desde cero.

Algo que siempre menciono es el sistema de salud al cual no me acostumbro totalmente: las citas con mi nene, mi chequeo anual, la fecha que no encuentro el pediatra de mis sueños como en México o lo difícil que es decir adiós a mi ginecólogo. Aún no estoy satisfecha en ese tema, por lo que aún hago mi chequeo en mi país. No me puedo desprender de eso por el momento.

Lily Monroy Tijerina
(Houston, Estados Unidos)

Mi vida en Houston ha sido justamente eso: una nueva vida. He aprendido a conocerme de una manera diferente; a quererme y ordenar prioridades y salirme de las normas de la sociedad en la que vivía. Hay reglas de sociedad no escritas pero aprendidas por observación y todos se apegan a ellas, de modo que todos encajan. Por ejemplo, en Monterrey todas las mujeres usan maquillaje y cabello estilizado para ir a trabajar o a la universidad. En Houston es raro que las mujeres hagan eso para ir al trabajo. Al inicio de mi vida laboral aquí, yo usaba maquillaje, cabello y ropa al estilo al que estoy acostumbrada, pero al pasar los días notaba que yo era la que estaba fuera de lo regular. Le bajé a mi tono y me acoplé a las normas de esta nueva sociedad. Así, en todas las diferentes áreas geográficas, encontrarás distintas modas sociales y, con el paso del tiempo, se vuelven tus propias costumbres y comodidades.

En específico, la vida en Houston es bonita, tiene muy buen clima, excepto por las lluvias que tan seguidas son que ocasionan inundaciones. Hay muchísima diversidad en la población, por lo que llegas a aprender mucho sobre otras culturas.

También hay crimen, calles con baches, zonas en las que no debes estar en altas horas de la noche, así como hay zonas muy bonitas y seguras. La vida social nocturna es cara comparada con la de México, la despensa es más cara, sobre todo si estás comprando productos importados como el aguacate o el limón. La renta de departamentos y casas también es más cara. Comprar muebles es barato y fácil de financiar. Hay lugares que te los venden hasta por cinco años sin intereses. Aquí es muy importante construir crédito, así que tan pronto seas elegible, debes sacar tu primera tarjeta de crédito para que más adelante sea más fácil comprar o financiar carros y casas.

Yo vivo en la ciudad, en el centro médico y muy cerca del centro. En esta área, una gran parte de las personas vivimos en departamentos por contratos anuales. Muy seguido cambias de vecinos. Casi todas las personas se mantienen muy privadas y no es tan común hacerse amigos de los vecinos. Algunos te saludan, otros no. Incluso en el trabajo, a las personas les gusta mantener su vida personal aparte, por lo que puedes tener amigos durante horas laborales, pero difícilmente van a empezar a salir juntos los fines de semana.

Hay muchos lugares bonitos para visitar, tales como parques grandísimos que cuentan con pequeños lagos y trenes; un teatro, en medio de un parque con eventos gratis para niños y adultos, que puedes ver desde el zacate. El zoológico y todos los museos tienen un día de la semana en que la entrada es gratis. La gente en general es muy amable y respetuosa adonde quiera que vayas y difícilmente te vas a sentir juzgado.

Otra cosa que me encanta es la practicidad de los lugares. Nadie te cobra estacionamiento, comprar en cualquier tienda tiene muchas facilidades, por ejemplo, si solo vas a comprar unas cuantas cosas, puedes ir a las cajas de pago automático y tú mismo lo escaneas, pagas, tomas tu recibo y te vas. Muchos lugares tienen sistemas de puntos, cupones y modos de ahorro, y muy seguido ponen ofertas muy convenientes.

Por ejemplo, cuando yo me mudé al departamento donde vivo ahorita, tenían una promoción en ese momento del primer mes de renta gratis y con eso ahorré casi 1300 dólares. Las compras en línea son también algo muy conveniente y mi tienda favorita para eso es Target. Con su tarjeta de crédito, tienes todos tus envíos gratis y un 5% de descuento en todas tus compras, así que yo hago la mayor parte de la despensa en línea y llega a mi casa dos o tres días después. De ese modo, solo vamos a comprar los productos perecederos cuando hacen falta. Siempre puedes confiar en que todo lo que pediste estará ahí y, si por alguna razón algún producto llega dañado, solo lo reportas en línea y te devuelven tu dinero. Sin hacerte pasar por mil procesos burocráticos, ellos creerán en tu palabra y serán justos contigo.

En cuanto a la medicina, como aquí hay muchos recursos es más fácil usar *gold standards*, obtener estudios rápidamente y hacer tratamientos oportunos. La medicina preventiva juega un rol muy importante y el tratamiento es siempre multidisciplinario. Los seguros médicos son un mundo diferente a México y la atención al sector público y privado está mezclada, es decir, imagina que solamente existen hospitales privados y consultorios privados en donde tú con tu seguro de GNP puedes ir a donde quieras siempre y cuando acepten tu seguro, te atienden y pagas un porcentaje únicamente o nada, dependiendo del servicio brindado. De la misma forma, una persona con un seguro público, llámese seguro popular o IMSS, puede ir al mismo hospital y consultorio privado, obtener la misma calidad y rapidez de atención médica y el IMSS o seguro popular hace el pago al médico o institución que lo atendió. Esa parte tan organizada de la medicina de Estados Unidos es de lo que más me gusta. Yo lo veo como un servicio en el que no se hace distinción socioeconómica al paciente y a todos se les trata con la misma calidad. Este sistema equitativo es lo que más me gusta de mi vida profesional en Houston.

Andrea Ponce de León Herrera
(San Francisco, Estados Unidos)

Me encontraba en plena preparación para el USMLE, con un paso constante, estudiando a diario ocho horas al día y descansando solo un día a la semana. Estaba tan concentrada que ni siquiera quise ir a pasar a México Navidad ni Año Nuevo, argumentando que estaba cien por ciento dedicada al estudio. Era el primer año que estaba viviendo en Estados Unidos. Sin embargo, a mitad de diciembre me entró la melancolía, así que sin mucho trabajo convencí a mi mamá de que viniera a pasar las primeras semanas del año conmigo. Así mi madre, un ejemplo de entrega y amor, tomaba un avión para visitar a su querida hija, aun sabiendo que ella estaba muy ocupada y probablemente no le dedicaría mucho tiempo.

Creo que fue a las cuarenta y ocho horas de haber llegado a EUA que mi mamá me dijo: «Andrea, ¿qué te pasa? Estás diferente y no son los estudios; yo te conozco». Verdaderamente, no hay nadie que te conozca mejor que una madre y quedó comprobado: ella notó antes lo que yo aún desconocía. Desde luego que me sentía cansada, pero yo lo atribuía a las largas horas de estudio. Después de que mi mamá me mencionase que me notaba rara, caí en la cuenta de que hacía un buen tiempo que no veía mi periodo. No me preocupé ni nada porque siempre he sido muy irregular.

Estudiaba ocho horas al día. Mi mamá hacía de comer. Comía con ella y después seguía estudiando. Por la tarde, todos cenábamos juntos: mi mamá, mi esposo y yo. Después del comentario de ella, me quedé con la duda: «¿Estaré enferma de algo? Me voy a checar la tiroides: a lo mejor ando hipotiroidea. Bueno, me voy a hacer una prueba de embarazo».

Resultado positivo: a pesar de no haber sido planeado, no pudo haber alegría más grande. Fue algo muy deseado y me sentía superfeliz, pero a la vez llena de miedo. Lo tomamos con cautela dada mi edad y que se trataba solo de una prueba casera de embarazo. Mi esposo y yo decidimos no contarle a mi mamá, quien aún estaba con nosotros, pero que regresaba a México en unos pocos días. Preferimos esperar y no dar la noticia hasta tener confirmado el embarazo.

Muir Woods es una de las atracciones más bonitas del área de la bahía: llena de *redwoods*, «los arboles más altos del mundo». Es un bosque bello y eterno. Un día antes de que mi mamá volviera a México decidimos ir de paseo a Muir Woods. Fue un día memorable, lleno de naturaleza y largas caminatas que duraron casi todo el día. Una vez que llegamos a casa, decidimos ver una película y cenar para despedir a mi mamá: estábamos a media película cuando, ¡zas!, presenté un sangrado. Llamé inmediatamente a mi esposo quien me dijo:

—¿Qué hacemos?

Consideramos varias posibilidades:

—Vamos a Urgencias, que mi mamá pierda su vuelo o no le decimos nada, y tú —me referí a mi esposo— la llevas al aeropuerto.

Después de meditarlo un rato decidimos decirle a mi mamá e ir al hospital. Al fin y al cabo, lo más posible era que perdiera el embarazo. Según mis cálculos, tenía menos de ocho semanas y ya estaba presentando sangrado.

—Ciento cincuenta fuerte y claro —fue lo que me dijo la ginecóloga en Urgencias—. La frecuencia del feto está estable, no hay nada que hacer más que esperar.

Obvio salí de Urgencias con una sonrisa de oreja a oreja. Mi pobre esposo estaba supernervioso, pensando que me estaban haciendo un legrado, y mi mamá desparramada y casi babeando en una silla de la sala de Urgencias. Antes de salir, la pobre ya se había tomado la medicina para dormir.

No cabe duda de que todo pasa por algo: todo se acomodó perfecto para que mi mamá estuviera aquí y me cuidara mientras mantuve reposo en cama. Todo marchó de maravilla. Ya no volví a sangrar y, una vez pasado el peligro, mi mamá regresó a México. No había pasado ni un mes que mi mamá había vuelto a México cuando regresé a los estudios.

Creo que después de una semana me di cuenta de que no es posible estudiar cuando el 75% del gasto cardíaco, o sea, de la sangre que bombea tu corazón, se va directamente a la placenta, dejando solo un pequeño porcentaje para el resto del cuerpo, incluyendo el cerebro. Me dormía encima de los libros: estaba tan cansada que difícilmente podía seguir un plan de estudio.

Así arrumbé mis libros y tanto los libros como mis conocimientos se volvieron a llenar de telarañas mientras yo me dedicaba a la labor más bonita y a la vez extenuante de criar a un hijo.

Fueron dos años de estar completamente dedicada a mi bebé: fueron los mejores días para mí. Me siento muy afortunada por haber pasado ese tiempo con mi bebé. Sin embargo, no fueron tiempos sin eventualidades: recién nacido mi hijo, mi esposo perdió su trabajo y tardó un poco desempleado. Afortunadamente, encontró un buen trabajo, el cual está a casi dos horas de casa, por lo que el niño y yo pasábamos solos la mayor parte del día.

Aprovechando que no trabajaba, puedo hacer otro tipo de actividades: ir a la biblioteca cada semana, llevar a mi bebé a clases de natación y gimnasia. Fueron unos días muy provechosos y felices. Fue increíble verlo crecer día con día. Sin embargo, yo me sentía incompleta. Había entendido que este no era el tiempo ideal para ponerme a estudiar; es imposible con un niño tan pequeño y aparte, sin trabajar. No podíamos costear guardería para mi bebé. Sin embargo, yo sentía que mis conocimientos se estancaban más y que cada día me oxidaba más. No me da pena admitir que la verdad es que estaba muy frustrada. No veía por dónde estudiar para los Steps, entrar a estudiar alguna maestría o buscar un trabajo. ¿Trabajo? ¿Pero de qué?

Decidí empezar una infructuosa búsqueda de trabajo. Realicé mí currículo y lo mandé a donde pude, solicitando empleo hasta como recepcionista, pero no tuve suerte. Esto me deprimió verdaderamente y me hizo perder la confianza en mí misma; sentía que no valía nada, que todo mi estudio se había ido a la basura.

Un día, cuando escuchaba la radio, oí por primera vez de UpWardly Global, una *non profit* que ayuda a inmigrantes y refugiados con preparación universitaria a retomar en algún sentido su carrera. Como pude, anoté el teléfono y la siguiente semana ya tenía una cita con ellos. Fue como un rayo de luz para mi vida: tomé un curso con ellos de seis semanas, me ayudaron con mi CV, me prepararon para entrevistas y me consiguieron oportunidades de trabajo.

En menos de cuatro meses de haber entrado a su programa, me contrataban como *medical scribe* y *health educator* en una clínica de la comunidad. Este trabajo ha sido una bendición para mí. Me siento útil, siento que utilizo mi conocimiento y que sigo siendo una persona productiva, pero lo más importante es que me ha devuelto la confianza en mí misma. La única desventaja es que está muy lejos de mi casa; en total manejo alrededor de cuatro horas diarias.

Llevo más de un año en este trabajo. Los doctores con los que trabajo me han animado a que me prepare y presente los USMLE. Según me comentan, ven un potencial en mí. Siento que ahora he alcanzado una zona de confort: el trabajo me gusta, me siento útil, no pagan tan mal, lo disfruto, pero estoy lista para salirme una vez más de esta comodidad. Mi plan junto con mi esposo es mudarme más cerca de nuestros trabajos; probablemente, el próximo año, una vez eliminado el tiempo que perdemos en transporte, estoy decidida a iniciar nuevamente con el estudio y preparación del USMLE. Cuento con el apoyo de mi esposo. Mi hijo ya no depende tanto de mí, ya tiene tres años y, lo más importante, mis ganas de superación y conseguir lo que deseo siguen intactas; lo único que espero es que esta sea una historia con final feliz y el día de mañana me encuentre en el lugar que quiero. Sé que si no lo intento me arrepentiré toda mi vida.

Carla Proskahuer Muñoz
(Michigan, Estados Unidos)

Empezar de cero. Iniciar todo otra vez tiene dos maneras de mirarse: o lo amas, o lo odias; es lo que he aprendido a lo largo de este tiempo y yo decidí amarlo.

Cuando te encuentras fuera de tu zona de confort, te conoces más; conoces más a tu pareja e incluso a tus hijos.

Mi nueva vida estaba por comenzar y había que tomar todas las fuerzas necesarias para hacer de esta transición algo divertido, algo bueno y, sobre todo, algo mucho mejor porque ese era el principal objetivo.

Hemos sido muy afortunados: la empresa para la que mi esposo trabaja y que fue la que nos trajo a vivir aquí ha traído, igual que a nosotros, a muchas familias mexicanas y entre todos hemos formado una red de apoyo y de amistad incondicional.

Justamente hablando de aquellas familias mexicanas, hay una a la que no conocíamos; irónicamente y a pesar de no ser amigos propiamente, tiempo atrás habíamos ido a su boda en México. Ella quiso sorprender a su ahora esposo con una canción y precisamente mi esposo, quien canta hermoso, fue quien la cantó en la boda a petición de ella. Esa era nuestra única relación con ellos hasta que, a los pocos días de estar aquí, mi hija y yo fuimos a un día de campo organizado por él, donde por primera vez nos sentimos parte de algo; donde vi por primera vez a mi hija jugando feliz en el parque y conviviendo, además, en su propio idioma. Ese día fue un parteaguas porque ahora tanto ella como yo sabíamos que podríamos encontrar amigos como ellos, a quienes conocimos en ese momento y a los que ahora llamamos «familia».

Desde que llegamos, nos propusimos crear una rutina que, a pesar del clima, pudiéramos seguir fácilmente. El invierno es muy duro por estos lugares: el día es muy corto y, si no tienes actividades planeadas, es muy fácil caer en depresión. Yo, con antecedentes de la misma, no quería pasar por ello, así que decidimos inscribirnos inmediatamente a un gimnasio y fue la mejor decisión. Mi hija, quien desde mucho tiempo atrás había pedido clases de natación, se aplicó tanto que en una semana ya sabía nadar y esto se hizo parte de su vida; al menos por un momento, hasta que decidió que, ya sabiendo nadar, ahora quería aprender algo más. Y así pasaron los meses, empezó el otoño y con este, el frío.

Yo siempre pensé que no sería capaz de sobrevivir al frío y aquí estoy, viviendo mi segundo invierno, mucho más crudo que el primero y disfrutándolo enormemente.

El 19 de noviembre para nosotros fue un día muy esperado e inolvidable: por primera vez, vimos nevar. Recuerdo perfectamente el momento: los tres corrimos a ponernos chamarra, guantes, gorros, botas y salimos. Al sentir la nieve recorriendo mi rostro, al ver a mi hija corriendo feliz por la nieve y la cara de sorpresa de mi esposo, fue tanta la emoción que no pude hacer otra cosa más que llorar. Fueron las primeras lágrimas de alegría que derramé aquí y han sido más, muchas más.

Desde que llegamos, supongo que por soledad, mi hija, todos los días sin falta, nos pedía una hermanita: cada mañana y cada noche, así que empezamos a platicarlo. Habíamos tenido una historia bastante trágica en cuanto a embarazos y ahora, aunado a esto, mi enfermedad; creíamos que era una locura, pero decidimos hacer la locura más dulce de nuestra vida. Recuerdo que una noche, a los cuatro meses de estar aquí, al verme en el espejo y después de ver el brillo en mis ojos, corrí a ver a mi marido, me le puse enfrente y le grité:

—¡Mira!

Él se espantó:

—¿Qué pasa?

—¡Estoy embarazada!

—¡¿Cómo crees?! Para nada.

Y esperé. Y esperé hasta que una semana después ya no pude esperar: y sí, la prueba era «positiva». Sentí mucha alegría, pero al mismo tiempo sentí bastante miedo. No quería volver a vivir una pérdida; deseaba con todas mis fuerzas ser mamá otra vez.

Decidimos guardar el secreto: no queríamos preocupar a nadie de nuestra familia ni amigos en México, así que decidimos que no lo diríamos hasta que fuera inminente hacerlo público. Así descubrí que el sistema de salud funciona y de maravilla: en cuanto llamamos para hacer la cita con el obstetra y dijimos todos los antecedentes, fui enviada para tratarme de inmediato. Fueron mil laboratorios, médicos y estudios, pero, en menos de dos semanas, mi embarazo y mi lupus estaban más que controlados.

Para la temporada navideña, estábamos confiados en que todo saldría bien. No había certezas, pero teníamos todo de nuestro lado, así que estábamos listos para dar la noticia a la persona más importante: nuestra amada hija. Unos días antes de Navidad, fuimos a una villa navideña donde estaba «Santa» y los niños se sentaban en su regazo a pedirle presentes: lo que más deseaba mi nena era un hermanito, así que tomó todo el valor que tenía, fue con Santa y en inglés le dijo: «*I wish a baby for my mom*». La cara de Santa fue de sorpresa. Inmediatamente, volteó a verme y realicé un ligero movimiento en forma afirmativa con mi cabeza. Él se dirigió a mi nena, ella regresó conmigo y me dijo: «Ya está: Santa me va a traer a mi hermanito». Días más tarde, le entregamos una playera que decía: «*I'm going to be a big sister*» y, entre la confusión del idioma y del momento, con toda la emoción del mundo, descubrió lo que venía.

Mantener el secreto no fue sencillo. Generalmente, mantengo a mi familia y amigos al tanto de mi vida por medio de redes sociales y comparto muchas fotos de mi día a día, así que no dejé de hacerlo. Sin embargo, muchos meses, únicamente se veía mi cara o incluso algún objeto o persona frente a mí hasta que llegó el momento: teníamos que hacer la renovación de la visa, iríamos a México y daríamos la sorpresa; primero, a nuestros papás y tíos cercanos. Se prepararon muy lindos para recibirnos con música mexicana y, al abrir la puerta, los sorprendidos fueron ellos. ¡Qué emoción! Aún recuerdo el momento y se me pone chinita la piel. Entre abrazos y gritos de sorpresa, uno de los queridos abuelos gritaba: «¡Bebé! ¡Bebé!», y señalaba mi panza mientras el otro estaba petrificado y al borde del llanto. Sin duda fue un momento inolvidable, pero aún faltaba dar la noticia a todos los demás, para lo cual organizamos una fiesta para «mi hija». Su cumpleaños había sido cinco meses atrás, pero eso era lo de menos; era la manera más sencilla de juntar a toda la familia y amigos, y también hubo muchos gritos, muchas lágrimas y mucha emoción. Se organizó un *baby shower* exprés y todos nos mostraron apoyo y alegría por la llegada de la nueva integrante.

Regresamos a casa y, a lo largo de mi embarazo, mis ahora amigas, quienes en esos momentos eran mamás de compañeritas de la escuela de mi hija, me dieron un apoyo moral incondicional y también nos llenaron de regalos para la llegada de mi nena. Para el final de mi embarazo, una de mis mejores amigas —mexicana, por cierto—, organizó otro *baby shower*, y nos sentimos nuevamente muy acogidos, muy queridos y más emocionados que nunca.

Después de unos meses, mi sueño estaba a punto de cumplirse. Mi mamá viajó para apoyarme los últimos días de mi embarazo y durante los primeros meses de mi nena con nosotros, así que llegó el gran momento: nos levantamos a las 04:00 y partimos hacia el hospital. Mi doctor, quien al principio de mi embarazo estaba conmovido y a la vez nervioso por todos los antecedentes, mostraba mucha emoción por el momento. Las enfermeras entraban y salían, y entramos a quirófano: todo fue como un sueño, un sueño hermoso en el que al final pasó lo más maravilloso que pudiera pasar: escuché finalmente el llanto de mi preciosa nena. El doctor comentó que estaba muy grande y gordita y, después de limpiarla un poco, me la pasaron. La vi, la besé y una vez más llegaron las lágrimas de felicidad.

Y así se inició un capítulo más de nuestra vida; un total «borrón y cuenta nueva». Debo decir que, entre tantos miedos que viví durante mi embarazo, había uno que me tenía muy intranquila; aún no sé si todas las mamás viven eso, pero, aunque yo anhelaba a mi bebé con todo el corazón, también estaba llena de dudas: ¿cómo iba a repartir mi amor? ¿Cómo lograría amar a alguien más? ¿A cuál de mis hijas iba a amar más? ¿Sería verdaderamente igual? Las respuestas a esas preguntas no tardaron en llegar: el día en que mi bebé llegó a mi vida, ya la tenía entre mis brazos y seguía preguntándome lo mismo y fue un instante. Estábamos las dos solas en la habitación, yo la cargaba y de pronto abrió sus ojos, me miró, la miré y descubrí que existe el amor a primera vista. Me enamoré de ella y supe que, efectivamente, el amor de una madre no se divide, se multiplica.

Alejandra Rodríguez Romero
(Arizona, Estados Unidos)

Antes de llegar a este país, mi mayor meta y sueño eran el ejercer mi profesión tal como lo había visualizado desde pequeña y como vi a mis padres hacerlo. Después de cuatro años de dedicarme casi en su totalidad a entrar a la residencia médica en este país y sin haberlo logrado aún, decidí darme un descanso de toda actividad enfocada a esto y, aunque este sigue siendo una meta que realizar, mis prioridades han cambiado.

La oportunidad de conocer y relacionarme con las diferentes culturas en este país me ha llevado a tener una mentalidad más abierta y al mismo tiempo a saber exactamente qué cualidades quiero adoptar de ellas y cuáles no. Una de las virtudes que admiro de los mexicanos son nuestros valores familiares, los cuales son mucho más firmes que los de algunas otras culturas con las que he convivido, donde todo es desechable: si ya no me gusta o no funciona, lo desecho, en lugar de tratar de buscar alguna solución o arreglo. Esto se traduce no solo a relaciones interpersonales, sino también a trabajos, estudios, etc.

Hay una frase de un autor desconocido que leí en algún sitio de Internet algunos años atrás que ha venido a revolucionar mis pensamientos y estremecer quien pensé que era yo y dice algo así como «el mundo necesita menos profesionistas y más seres humanos buenos».

Al haber podido experimentar esta sociedad por varios años y ver el mundo en decadencia, me es claro que el concepto de esta frase es parte del cambio que este planeta necesita. Convencida de que lo que me dará la mayor satisfacción en un futuro no es el haber sido un gran médico, sino el haber sido un gran ser humano, todo lo que he realizado o abandonado desde entonces ha sido con esta convicción.

En julio de 2013 obtuve mi primer trabajo en este país para una compañía farmacéutica genética. El trabajo duró unos escasos seis meses, los cuales fueron muy productivos y en un ambiente laboral muy amigable. Posteriormente, entré a trabajar a la Cruz Roja americana para el Departamento Biomédico durante dos años. Pude darme cuenta de que, aunque no estaba ejerciendo mi profesión aún, me encontraba muy satisfecha con mi vida. Esta realización permitió enfocarme aún más en mi felicidad y sentirme muy agradecida por todas las experiencias vividas, que me dejaron un cúmulo de enseñanzas y amistades sinceras.

Complementando aún más mi existencia y reavivando una parte de mi vida que había estado ausente por un tiempo, conocí a mi ahora esposo durante esta época y comenzamos este camino de la vida juntos. Con gran gozo e ilusión, en marzo de 2016, me convertí en madre de una preciosa niña: Zoe Isabella. Esto vino a fijar aún más en mi mente todos mis ideales mencionados antes.

Sé que es posible el balance de una vida profesional y personal, siendo mis padres el claro ejemplo de esto, pues siempre hicieron del bienestar familiar una prioridad sin postergar sus vidas profesionales.

Las situaciones y circunstancias que se me han presentado hasta este momento han sido un tanto desfavorables para mi vida profesional. No obstante, esto no es causa de ningún arrepentimiento; al contrario, considero mi situación ideal, ya que me encuentro viviendo en una sociedad y tiempo donde soy testigo de la necesidad de una relación más estrecha entre padres e hijos.

Actualmente y por decisión propia, me encuentro totalmente dedicada a mi familia. Esto me hace muy dichosa y me proporciona tranquilidad, pues mi mayor prioridad es estar presente para mis hijos en sus primeros años de vida: los más importantes en su formación. Deseo seguir inculcándoles los valores que me fueron dados e instaurar cimientos sólidos que permanezcan con ellos por el resto de sus vidas.

Los capítulos de mi vida se han escrito de una manera perfecta hasta este momento y sé que continuarán plasmándose de la misma manera. Mi vida profesional se encuentra en pausa, pero no olvidada. El saber que en este país las oportunidades profesionales están disponibles sin importar la edad me reconforta y concede una meta a futuro.

Han pasado casi nueve años desde mi llegada a los Estados Unidos y aún extraño muchas cosas de mi México lindo. La calidez de su gente, la comida, las fiestas tan llenas de vida y color; entre tantas otras cosas. Sin embargo, hay un sinfín de cualidades de este país como lo son el conocer tantas culturas y personas maravillosas. El poder salir al parque o a caminar sin el temor de la violencia; las oportunidades académicas y profesionales son cosas incomparables. No obstante, lo mejor de haber venido a este país ha sido el encontrar quién verdaderamente soy yo y mi felicidad.

Sumie Lorena Rojas Murakami
(Lewisville, Estados Unidos)

Aquel 24 de mayo del 2016 desperté a mi nueva vida, dejando atrás los días como médico para hacerme cargo de una familia.

Pasaba la mayor parte del día sola, así que tenía mucho tiempo para pensar, para leer, incluso para llorar. Mis días se tornaban difíciles y, a pesar de que mi esposo siempre está para mí, me hacía falta el consejo y el apoyo de una amiga y, sin saber hablar inglés, teniendo solo vecinos estadounidenses y sin carro, me resultaba casi imposible en un principio hacer amistades.

Hablaba con mis amigas en México, pero con el paso del tiempo con algunas empecé a sentir que ya no encajaba, que ya no era parte de su mundo.

Hasta que el 30 de mayo de 2016 mi vida realmente cambió: me convertí en mamá. La amaba tanto desde que supe que vendría al mundo, pero cuando nació estaba tan asustada. Aquella fue la primera noche de muchas que no dormí debido a la alergia a la proteína de leche de vaca y al reflujo que padecía mi bebé. Empezaba un largo camino, el día y la noche eran uno solo: me había olvidado de mí. Mi único objetivo era conseguir que mi bebé estuviera bien.

Fueron días de fuertes pruebas para mi matrimonio, sabía que esta etapa nos fortalecería o nos fracturaría, ya que mi bebé exigía toda mi atención. Afortunadamente, nos fortaleció. Mi esposo siempre está ahí, dispuesto a todo y a cualquier hora, haciéndonos sentir amadas y cuidadas.

Después de algunos meses difíciles y de que mi bebé recibiera el tratamiento adecuado, mi vida tomó un giro diferente. Los paseos en familia se hicieron más frecuentes, sin miedo a que mi bebé tuviera una crisis de llanto que no pudiéramos controlar. Empezamos a acudir a reuniones y a hacer amigos.

Fue entonces cuando empecé a pensar en la posibilidad de ponerme a estudiar y presentar los exámenes correspondientes para poder revalidar mi título y hacer una especialidad, pero, después de mucho analizar pros y contras, llegué a la conclusión de que no cambio por nada el poder estar con mi bebé de tiempo completo, así que, por el momento y hasta dentro de un tiempo indefinido, he decidido seguir en mi papel de mamá y esposa.

Más adelante, cuando sienta que estoy lista, mi plan hasta este momento es estudiar una maestría que me permita laborar en alguna rama relacionada con la medicina. Por una infinidad de razones, entre las cuales están el tiempo con mi familia y tal vez tener otro hijo en el futuro. Ya no está por el momento dentro de mis planes presentar los exámenes para revalidar mi título y hacer una especialidad.

Es de gran importancia mencionar que, durante mi estancia en este país, gracias a la tecnología, por medio de las redes sociales me agregaron a un grupo al que pertenecemos mujeres mexicanas que somos médicos y mamás, donde posteriormente se crearon subgrupos por estado y uno muy especial de las que vivimos fuera de México, gracias al cual me siento en sintonía con alguien: con ellas no me da miedo o pena hablar sobre mis miedos o frustraciones; con ellas encontré a esas amigas que no te juzgan, te escuchan o, en este caso, te leen, te entienden, te aconsejan, un hermoso grupo de doctoras, mamás, mujeres y amigas dispersas por el mundo, gracias al cual hoy tengo la fortuna de poder compartirles mi historia y también gracias al cual conocí a una hermosa mamá, médico y ser humano. Vivimos muy cerca y eso ha permitido formar una hermosa amistad entre nosotras y entre nuestras familias.

Además, entré a grupos de mexicanas y de latinas viviendo en la ciudad en donde estoy, lo que me ha permitido conocer gente maravillosa, con la cual he formado hermosos lazos de amistad y que mi bebé pueda convivir con niños que tienen sus mismas raíces culturales.

Después de dos años, empiezo a sentir que este es mi hogar: ya no me siento una extraña cuando viajo por las calles, pero no descarto la posibilidad de regresar a vivir a la frontera, aunque sé que por el momento no es una opción, mi esposo tiene un nuevo trabajo, y nuestra vida parece ir tomando rumbo poco a poco.

Estoy convencida de que estar ahí ha sido la decisión correcta y, aunque a veces no es fácil, sé que estoy donde debo estar.

Ana Laura Sánchez
(McAllen, Estados Unidos)

Durante todo este tiempo, he tratado de explicarme a mí misma o tratar de entender en qué consistíamos mi nueva vida y yo. En definitiva, creo que no he logrado definirlo aún, pero es algo en lo que sigo trabajando.

Todos los días me despertaba pensando que no debería plantear toda la aventura que he vivido en Estados Unidos como «nueva vida», sino más bien como continuidad a lo que ya era mi vida antes. Sin embargo, con el paso del tiempo me di cuenta de que en definitiva no podía ser continuidad y que en realidad todo era nuevo para mí.

En mi esfuerzo por querer aceptar lo nuevo y tratar de adaptarme fue cuando comencé a sentir y a saber que sería realmente difícil para mí acoplarme a eso «nuevo». Comencé a asimilar que las personas a mi alrededor hablan otro idioma que yo tendría que dominar para poder avanzar; que las calles no tenían banqueta por donde caminar; que los semáforos no estaban sincronizados para que los peatones cruzaran; que el transporte público es una red pequeña; que no pasan taxis por las calles y así un sinfín de cosas que poco a poco fui aceptando como nuevas y que hoy ya puedo dominar, pero que sin duda me costó trabajo.

Dentro de esta nueva vida, comenzaban las nuevas rutinas. Mi esposo ya tenía una rutina establecida: despertaba, se dirigía a su negocio y ahí pasaba el resto del día hasta la noche, cuando nos veíamos de nuevo. Todo era muy distinto: yo despertaba y me daba cuenta de que no tenía un trabajo a donde dirigirme; por meses despertaba y me sentaba por largo tiempo a la orilla de la cama pensando y analizando qué estaba haciendo en Estados Unidos mientras unas lágrimas salían de mis ojos. Trataba de animarme y pensar en nuevas cosas y actividades que pudiera hacer. Sin embargo, al intentarlo me daba cuenta de que mis opciones no eran muchas y, en la soledad que me acompañaba, prefería que el alcohol disminuyera mi sentir y así pasaban los días enteros.

Al darme cuenta de que mi nueva vida me estaba causando más problemas que alegrías, cuando me embaracé, decidí hacer una pausa y, por complicaciones del embarazo, regresar a México un par de meses, los cuales me sirvieron para retomar fuerzas y regresar intentando aceptar la frase «nueva vida».

Al regresar comencé a abrirme camino, perfeccionando mi inglés, realizando el curso de *medical assistant*, que me permitiría obtener una licencia para trabajar como asistente y comenzar a conocer el medio médico de Estados Unidos; a entender mi rol de madre y buscar caminar en el sendero de la nueva vida.

Siempre he sido muy amiguera; nunca he tenido problemas para entablar relaciones y decidí que tenía que comenzar a tener amistades aquí; comenzar a salir de ese cascarón que tampoco me ayudaba en nada y recobrar un poco de lo que era yo. Así que comencé a hacer nuevas amistades, a salir para buscar divertirme como lo hacía antes y, gracias a Dios y a la vida, tuve éxito, pues en mi camino encontré a personas increíbles que hicieron que buscar esa adaptación fuera mejor y más rápida. A día de hoy agradezco que me tendieran la mano en este proceso. Siempre tuvieron una palabra de aliento y no solo me dieron la mano en los momentos más difíciles, sino también un momento de sonrisas; un corazón y cariño sinceros por brindarme. Gracias, Ana, Luis, Lizbeth, Itshely, Marina, Gaby, Grace, Jessica, Naiara, Norma, Denisse, Rodrigo, Leda, Isela, Aurora, Nadia y Emily.

A mis queridas mamás doctoras de McAllen, que me abrieron los brazos: Jazmín, Irma, Karla U., Karina, Marchuy, Keren, Karla B., Sialy, a mi ángel de lejos, Hazel, y a mi amigo Marco, que sin conocerme me abriría las puertas a mi regreso a México.

Los años pasan y me doy cuenta de que sigo sin aceptar lo nuevo que todo el tiempo se presentaba, pero que, aun así, el amor por mi familia y mis ganas de superación podían más que mi rebeldía de regresar a mi antigua vida, por lo que me doy a la tarea de iniciar mi maestría en Ciencias de la Salud y Nutrición por la Universidad de Texas Rio Grande Valley y me doy la oportunidad de buscar esa «nueva» vida.

Aprendí que la vida da giros inesperados; que un día estás y al otro no y que eso nuevo debes aprender a vivirlo, pero, sobre todo, aprender a disfrutarlo.

Karla Uribe
(McAllen, Estados Unidos)

Hace diez años que salí de México, llena de incertidumbre, pero también llena de ilusiones; con muchos planes y con la convicción de ejercer medicina en un país que no era el mío. Sabía muy poco acerca de los exámenes y los procesos que seguir para conseguir una licencia médica en Estados Unidos. Sin embargo, estaba segura de que era el camino que quería seguir.

Sin embargo, no pasó mucho tiempo antes de darme cuenta de que estaba en una etapa distinta de mi vida; que ahora no solamente era doctora, también era mamá. En ese momento, la concepción de mi lugar y mi misión en la vida cambió por completo. Mi compromiso mayor era ahora con esa personita que dependía por completo de mí porque, como he comentado antes, no tenemos familia cerca para podernos apoyar y Chuy trabajaba todo el tiempo posible. Mi corazón y mi razón no me permitieron dejarla en un *daycare*. Mi idea de ser mamá no era solamente tener una hija, sino cuidar de ella. Así que mi sueño, mi proyecto de vida, cambió de ser Dra. Uribe ORL a familia M-Uribe.

Esa era yo ahora, la mamá de María, la esposa de mi Chuy, quien me acompañó a cada paso tratando de resolver el conflicto de identificarme con mi nuevo yo, de reencontrarme. ¡Qué proceso tan complicado cambiar la adrenalina en el quirófano por interminables canciones infantiles, caricaturas y fiestas de cumpleaños, besos y cuentos antes de dormir, y noches de guardia por fiebres y dientitos nuevos en vez de Urgencias y pacientes posoperados! Darme cuenta de que lo más cansado que había hecho en la vida no era el internado y el R1, sino esta nueva aventura donde el trabajo no se acaba jamás; donde el dinero no es para viajes y maquillajes o para la lámpara más *cool* de la consulta, sino para moños y zapatitos rosas, fiestas de cumpleaños y regalos de Navidad; donde en los cafés con tus amigas no pláticas sobre el paciente de la guardia, sino sobre las gracias y novedades de tus hijos.

Hoy estoy convencida de que esa transición ha sido mi reto más grande; lo que más trabajo me ha costado en la vida. Sin embargo, puedo decir que me siento muy satisfecha con las decisiones tomadas y hasta ahora no me arrepiento. Hoy tengo dos hijos, por los que nunca me voy a cansar de luchar, un matrimonio sólido, una familia construida sobre tierra firme, de lo cual me siento profundamente orgullosa. También he visto crecer a mi Chuy, desarrollarse en su trabajo, terminar su maestría y tener el trabajo que se merece, y me doy crédito por ser una partecita de ese logro también.

Como los tiempos de Dios son perfectos y así como el grupo de amigas de la estimulación temprana de mi hija me salvó de la locura por aislamiento, justo cuando mi hijo menor empezó la escuela, apareció en mi vida otro grupo de personas que ha cambiado mi vida y que me ha dado el impulso necesario para salir de mi zona de confort y buscar nuevos horizontes. Una nueva etapa de crecimiento y desarrollo personal: las mamás doctoras.

El Foreign Molusco Squad me ha dado mucha paz. Me ha hecho sentir identificada; no sentirme sola y ver que el mundo está lleno de posibilidades y no se limita a los Steps. Ha sido una gran bendición. Aunque claro, nada te va a remunerar jamás de la misma manera que la práctica médica, hay muchas otras opciones de desarrollo: investigación, maestrías, *coding*, *physician assistant*, enfermería.

Gracias a este grupo he encontrado mi primer trabajo en Estados Unidos: soy *medical scribe*. Y, aunque eso de ser mamá que trabaja ha resultado más cansado que ser solo mamá, me siento contenta, satisfecha, y me parece que es una buena manera de volver al mundo laboral, de desempolvar la mente y de darme cuenta con mucho orgullo que «lo que bien se aprende, no se olvida».

Jeannette Uribe
(Michigan, Estados Unidos)

Dada mi temprana exposición a la vida escolar, mi proceso de maduración fue diferente; a los cuatro años inicié la escuela Primaria y a los veintiséis terminé mi especialidad en Ginecología. Durante las vacaciones de verano, antes de entrar a la Preparatoria, conocí al amor de mi vida, ahora mi esposo, mi novio desde los trece años, mi compañero de vida, quien aguantó hasta que terminé la carrera de Medicina, internado, servicio social y la especialidad.

Mi esposo trabajaba aquí en EUA e iba a México a visitarme durante mis vacaciones. Él siempre fue muy respetuoso de mi tiempo. Mi relación con mi novio-esposo me ayudó mucho para tener esa estabilidad emocional y enfocarme en mis estudios.

Cuando concluí mi especialidad, tenía veintiséis semanas de embarazo; decidí asistir a la feria de las plazas del IMSS en la Ciudad de México con la esperanza de encontrar una base cerca de casa. Sin embargo, no fue así. En mi mente ya había procesado la idea de venir a EUA para tratar de revalidar y practicar en este país. Tomar esta decisión no fue fácil, pero era el mejor momento considerando mi embarazo y el no tener trabajo en ese entonces.

Después de haber vivido en tantos lugares, mi proceso de adaptación no fue tan difícil. Mi personalidad me permitió hacerlo. Soy extremadamente pacífica y tolerante, pero lo más importante: soy feliz con poco.

Lo primero que hice al llegar a los EUA fue buscar a un ginecólogo para que llevara el control de mi embarazo, el cual ya estaba avanzado, por lo que no cualquiera quería tomar la responsabilidad. Al fin encontré a un grupo de ginecólogos y parteras, el trato que recibí fue excelente. Cuando inicié mi control prenatal no tenía seguro médico; la clínica nos pidió un depósito en efectivo por el paquete completo, incluyendo la atención del parto.

Extrañé mucho mi vida como residente, el hospital, las pacientes, mis compañeros y demás colegas; pero, al mismo tiempo, me di la oportunidad de tomar un respiro, disfrutar de mi embarazo y gozar del privilegio de ser madre. Ser ama de casa y madre es como estar de guardia todos los días. Sin embargo, no cambiaría por nada del mundo el regalo que Dios me mandó al permitirme ser madre de dos hermosos hijos varones; verlos felices, disfrutar con ellos, reír con ellos y educarlos es un privilegio que agradezco infinitamente que se me haya otorgado.

Cuando mi primer hijo cumplió dos meses, nos mudamos a Michigan con mi hermano mayor, con el que vivimos por cuatro años. Él y su esposa nos ofrecieron ayuda y apoyo mientras nuestra situación económica mejoraba un poco. Mi esposo empezó un nuevo trabajo y yo continué tomando clases de inglés, ahora por la mañana y por la tarde.

Antes de finalizar el año, me registré para ser voluntaria en el hospital local: mi objetivo era conocer gente, tener una actividad extracurricular, lo cual es de suma importancia aquí en los EUA y también practicar inglés. Durante seis meses me dediqué a partirme en cuadritos para asistir a mis clases, estrenarme como mamá, hacer de comer —vivíamos en modo ahorro—, limpieza de la casa, etcétera. Mientras mi hijo tomaba sus siestas, me ponía a estudiar para mi Step 1 (USMLE).

Estábamos en México cuando, al mes del examen, obtuve mi resultado. Para ser honesta, pensé que no lo había pasado, pero no fue así. Mi resultado no fue ni siquiera bueno, pero lo había pasado. Me dije a mí misma: «Confía en ti y obtendrás mejores resultados». En otras palabras: «¡créetela!». Empecé a buscar médicos que me permitieran hacer una rotación como observador con ellos, toqué muchas puertas. Debido a cuestiones de mala práctica y protección del paciente, no está permitido que te den «chance» y no cualquier médico pondrá en riesgo su licencia médica para ayudarte.

Cumplí con mi objetivo de tener los requisitos básicos para aplicar para la residencia en 2015. Las invitaciones para entrevistas nunca llegaron, cada correo electrónico que decía «su solicitud ha sido rechazada» era como un golpe a mi autoestima. Era deprimente el saber que no era suficiente todo el esfuerzo que había hecho.

Mi familia confiaba en mí. Mi papá decía: «Algún día, no te desanimes». Cada mañana me preguntaba a mí misma si estaba en el lugar correcto; si debía seguir o dejar de intentarlo; ¿qué había hecho mal? Hubo ocasiones en que explotaba con el pobre de mi esposo: de esas veces que no sabes si estás gritando o llorando. Él siempre me escuchaba y decía: «Lo que sea que decidas, yo te apoyo», pero ahí estaba el problema, no saber qué decidir.

Inicié mi primer y actual trabajo en el campo de salud en 2016 como flebotomista en el laboratorio del hospital. Al siguiente año nació mi segundo hijo: un parto prematuro por ruptura de membranas a las treinta y cuatro semanas. El día que me dieron de alta, estaba nevando en la calle y también en mi corazón. El volver a casa sin tu bebé es una sensación de vacío profundo que te desmorona por dentro, pero tenía que ser fuerte por mi esposo y por mi otro hijo.

México siempre será mi país y su gente, mi gente definitivamente. Allá tengo mi casa, la casa de nuestros sueños, que construí junto con mi esposo. Sin embargo, EUA posee ciertas diferencias que, aunque insignificantes para algunos, para mí son cruciales en decidir de qué lado permanecer. Por ejemplo, la tranquilidad que te da el hecho de saber que, si la vida te premia con una mejor estabilidad económica, no tienes que esconderte bajo las piedras u ocultar tus bienes por temor a ser víctima de la delincuencia; sabes que la Policía casi siempre está para ayudarte y no para extorsionar. En casi todos los trabajos, tu esfuerzo, además de remunerado, es recompensado. Tus supervisores te celebran, no solo te reprimen. Si deseas continuar tu educación, la mayoría de las compañías te apoyan e incluso te pagan dichos estudios de posgrado. En fin, son muchas las ventajas y no estoy hablando de la diferencia abismal en cuanto a salarios, porque esto, a final de cuentas, es relativo: así como se gana, así se gasta. Los impuestos, los servicios básicos, las guarderías, comida, servicios médicos, educación, etcétera, todo, absolutamente todo, tiene un costo muy elevado comparado con México.

Aún tengo la esperanza de que un día no muy lejano vea realizado mi sueño de practicar medicina aquí, en los EUA. La pregunta que me atormentaba todos los días sobre si mejor volver a México y trabajar como ginecóloga ya está resuelta: el destino puso en mi camino a mamás doctoras que ya habían vivido o estaban viviendo situaciones similares a la mía. Ellas aplaudieron mi esfuerzo, reconocieron mi perseverancia y me alentaron a no desistir y a luchar por mi sueño.

Talia Wegman-Ostrosky
(Maryland, Estados Unidos)

Vivir con el tiempo prestado tiene algo de encantador, sabiendo que tu estancia tiene fecha límite: hace que cada momento se vuelva especial. Algo que hemos disfrutado es el cambio de estaciones: es increíble cómo cada estación es totalmente diferente en colores, clima, olores, fauna, sabores, ropa y hasta horarios diferentes. En verano todavía tenemos sol a las 21:00 mientras que en invierno a las 16:30 ya anocheció. En verano, la ciudad se llena de energía: todos quieren estar en el exterior, comiendo, trabajando, haciendo ejercicio. El otoño viene a tranquilizar un poco las cosas, pintando la ciudad de colores hermosos y lleno de festividades y comida rica. El invierno trae la hermosa y divertida nieve y también nos trae muchos momentos de familia en casa. Y en primavera, cuando por fin empezamos a salir de nuestras casas, tenemos el *Cherry Blossom*, donde todo se llena de hermosas flores.

Algo parecido me pasa en el trabajo: estando en el National Institute of Health, todos los días hay oportunidades diarias, grandes conferencias, seminarios superinteresantes, cursos de liderazgo y grandes proyectos de investigación desarrollándose. Tengo una pequeña —a veces no tan pequeña— ñoña interna que a todo le quiere decir: «¡Sí!». Quiero poder aprovechar cada curso, cada junta, cada reunión en donde pueda hacer *networking*. Pero también tengo una familia en casa. Cada vez que le pregunto a mi esposo:

—Amor, ¿debería ser la representante de los estudiantes?

Él responde:

—Sí.

—¿Debería entrar al curso de liderazgo?

—Sí.

—¿Debería escribir un libro?

—Sí.

Siempre me apoya, pero también sé que la infancia de mis hijos solo sucederá una vez y para ellos solo hay una mamá, así que intento no exigirme de más, pero no lo negaré: algunos días siento que fallo con las dos cosas.

Otros días creo que por fin he entendido cómo encontrar ese balance. Intento basarme en todas las bondades del sistema de Estados Unidos para hacerme la vida más fácil; casi todo se encuentra en Internet y/o se puede pedir a domicilio, así que cuando algo hace falta. No dudo en buscarlo todo literalmente en la palma de mi mano: el celular. También el sistema tiene otras bondades. En general, el sistema de educación pública es muy bueno. La escuela que le toca a tus hijos solo depende del lugar donde vives, así que es algo muy frecuente que la gente elige dónde vivir dependiendo de la escuela que les toca a los niños. La escuela pública tiene muchas bondades: es gratis, es buena y tiene transporte escolar.

Sin embargo, el sistema también tiene sus elementos muy complicados: el principal, su sistema de salud. Todo está basado en el pago de seguros privados, *medicare* y *medicaid*. Si no se tiene Green Card, solo se puede acceder a estos sistemas bajo condiciones muy particulares, como fue mi caso al principio, estando embarazada. Pero, al día siguiente de tener a mi bebé, dejé de estar asegurada. Después de hacer muchas cuentas, reparé en que la mejor opción era tener un seguro de gastos médicos mayores de México con cobertura en el extranjero. Esto quiere decir que una cita médica que no se trate de una urgencia no está cubierta. El tema de los seguros médicos me ha quitado el sueño más de una vez, pero no solo es el tema de seguros: mientras escribo estas líneas, tengo a mi bebé enfermo a mi lado. Si estuviera en México, sé que podría mandarle un mensaje a la pediatra de mis hijos, aun un sábado de noche, solo para verificar que mi manejo es el adecuado y quedarme más tranquila o para que me indicara si necesita revisarlo. Pero aquí no hay forma de hablar con el médico nunca: si tengo una duda en estos momentos, mi única opción es ir a Urgencias.

Para cerrar este capítulo de lo que es mi vida, puedo decir que vivir lejos ha sido una gran experiencia que me hace querer disfrutar y vivir cada cosa como si fuera el último día. Pero esta es una lección con la que me quiero quedar toda la vida porque, finalmente, así es la vida: cada momento es especial y no regresa; cada día tenemos la opción de tener grandes oportunidades y esas grandes oportunidades pueden ser crear momentos mágicos en la memoria de mis hijos.

Vivir lejos me ha hecho sentirme orgullosa de quién soy y lo que he logrado. Y estar sumamente agradecida por todo lo que tengo cada día.

Giovanna Zanella
(California, Estados Unidos)

Este capítulo es muy especial para mí porque estoy escribiéndolo en este momento en trabajo de parto. Mi esposo me dice que estoy loca y que las coordinadoras van a entender si lo escribo otro día, pero este libro es como otro bebé para mí y me distrae de las contracciones y de la tan larga espera por conocer a mi pequeño.

Un par de años después de estar viviendo en California, conocí al amor de mi vida en una de las mejores noches de mi vida. Fue amor a primera vista de parte de los dos. Yo fui al baño y el chef, amigo de mi esposo, me vio y le dijo a mi esposo que viniera a verme cuando yo saliera del baño. Yo salí y el chef me detuvo y en eso vi que se acercaba el hombre más guapo del mundo: un europeo alto y encantador. En ese momento sentí algo que jamás había sentido. Platicamos un poco y toda la noche me estuvo mandando jugos porque le dije que no tomo y me vio que estuve bailando toda la noche. Eso se me hizo un gran detalle y me enamoró aún más.

El restaurante tenía una zona de *lounge* donde ponían música árabe y latina; el *mix* perfecto para mis amigas y yo. Al final de la noche, se acercó y me dijo: «¿Cuándo me invitas a bailar?». Yo le contesté: «Cuando quieras». Me pidió mi número celular y al día siguiente me invitó a salir y desde ese día nos veíamos casi todos los días. Estábamos muy enamorados y a los cinco meses me pidió matrimonio y nos casamos en Florida, adonde nos mudamos por su trabajo. Esa fue otra dura decisión, porque yo ya tenía un camino avanzado en Medicina, tenía mis amigas; ya estaba completamente adaptada y me encantaba mi vida ahí. Además, justo cuando mi esposo me propuso matrimonio, el doctor con quien trabajaba me había propuesto ayudarme para hacer una maestría y doctorado. Yo estaba muy enamorada y, aunque fue difícil, decidí seguir al amor y no me equivoqué.

Vivir en Miami fue otro gran cambio para mí: empezar de nuevo sin conocer a nadie en una ciudad diferente. Al principio sí me costó mucho adaptarme. Al poco tiempo me embaracé y empecé a ir a clases de yoga prenatal: ahí fue donde conocí a mis amigas de Florida, todas latinas y embarazadas. Fue bonito compartir el embarazo con ellas. Cuando nació mi primera hija, llegó la alegría más grande a nuestro hogar: todo era nuevo y emocionante para nosotros. ¡Nuestra casa era puro amor!

Ahora tengo una hermosa familia con una hija, esperando un bebé, y un esposo maravilloso. No me arrepiento por nada de haber tomado esa decisión. Soy muy feliz y, aunque sí extraño los hospitales, pacientes, etc., mi familia es lo que siempre quise tener y toda mi vida soñé y lo que me llena completamente. Gracias a Dios, mi esposo tiene un buen trabajo, el cual me permite dedicarme en tiempo completo a mi familia. Mi hija y yo hacemos yoga, vamos al parque, museos, etc. Desde que decidí quedarme en casa, supe que no sería para ver la tele o ponerle la tele a ella; nuestra casa es *screen free* y, aunque me cuesta trabajo entretenerla, quiero hacerlo lo mejor que se pueda con todo lo que tiene que ver con ella: desde que era bebé, toda su comida se la preparo yo. Jamás le di un frasco de comida y siempre hacemos actividades para estimular su desarrollo. Gracias a eso, come de todo: le encantan las verduras y está muy avanzada para su edad porque me dedico *full time* a ella, claro, sin descuidar la vida con mi esposo. En sus días libres siempre hacemos algo nuevo: a mi esposo y a mí nos gusta mucho viajar y conocer cosas y lugares nuevos.

En este momento estoy aplicando para un programa en la universidad donde apoyan a los médicos graduados en el extranjero.

Capítulo 6
Revalidé o me dediqué a otra cosa

Leticia Farfan Cruz
(Talara, Perú)

La revalidación fue un tema que desde antes de viajar ya había acordado con mi esposo. Él siempre estuvo de acuerdo y me brindó todo el apoyo en todo sentido para poder realizar dicho trámite en su país.

Los primeros meses antes de realizar la homologación del título tuve que obtener mi carné de extranjería, el cual me dio estancia legal en el país. Una vez que obtuve dicho documento, inicié los trámites de homologación.

Aquí en Perú, para realizar dicho trámite me solicitaron tener mi título visado por entidades mexicanas como la Secretaría de Relaciones Exteriores, Gobernación, SEP, consulado de Perú en México y acá en Perú, por el Ministerio de Relaciones Exteriores. Estos sellos que tiene mi título fueron para que tuviera validez aquí y así poder realizar la homologación, que en ese momento podía realizar por dos vías: la primera era otra vez de una universidad de mi elección y de acuerdo con lo que dicha universidad considerara necesario: cursar las materias que consideran pertinentes; la otra opción, por medio de la Asamblea Nacional de Rectores —sería como la Secretaría de Educación Pública en México—, que fue la que elegí.

Para todo este trámite, aparte de mi título, me solicitaron el plan de estudios firmado y sellado por autoridades de la facultad donde estudié en México. Realicé un pago en esa época de aproximadamente 1500 soles —al cambio, cerca de ocho mil pesos—. Una vez realizado el pago, entregué la documentación requerida: título, plan de estudios, carné de extranjería, pasaporte vigente, comprobante de pago. También copia del manual de servicio social y de mi informe final del servicio social. Cabe mencionar que realicé este trámite en Lima, ya que en la provincia donde vivo no se realiza ningún trámite de esta índole.

La primera fase de este trámite fue netamente administrativa; la segunda fase fue realizar una pasantía de seis meses en un hospital de segundo nivel rotando por Medicina Interna, Cirugía, Ginecobstetricia y Pediatría. Para esta fase, la Asamblea Nacional de Rectores emitió un documento para que yo buscara el hospital cerca de mi lugar de residencia y así cumplir con este requisito. Cabe mencionar que fueron solo seis meses porque ya tenía más de tres años de experiencia como médico general en México; de lo contrario, se realiza un año. La siguiente fase fue examen teórico-práctico en Lima y, aprobando dicho examen, lo siguiente fue ir al Ministerio de Salud para que le pusieran un sello a mi título y lo visaran. Una vez que realicé este trámite, mi título quedó homologado.

Realicé la última fase en el Colegio Médico de Piura, el cual está a dos horas de la provincia donde vivo. Ahí hice un pago, realizaron una ceremonia y me entregaron mi cédula profesional de Perú, que aquí se llama «colegiatura» y recién ahí ya pude ejercer. Todo este trámite fue en un lapso de aproximadamente dos años.

Desde 2012 me encuentro ejerciendo como médico general: trabajo en una clínica privada y en un consultorio, ya que, para trabajar en el Estado, tendría que realizar un año de servicio social y este sería en alguna comunidad en Lima, lo cual no haría porque tendría que separarme de mis hijos y esposo. Así que solo me dedico a la práctica privada y me siento muy bien.

Alma X. Ortega
(Costa Rica)

Desde el momento que mi esposo y yo decidimos que viviríamos en Costa Rica una vez que concluyera mis estudios de maestría en Estados Unidos, siempre estuvo en mi mente el homologar todos mis estudios. Una de las características de las que me siento más orgullosa, aunque a veces puede generarme altos niveles de estrés, pero que, por supuesto, me salva de un mayor estrés posterior si no lo hiciera, es el ser muy precavida e investigar antes de dar cada paso. Así es que antes de mudarme y casarnos, ya tenía los requisitos para homologar el título de médico, además de los requisitos para casarme en este país. Unos meses antes de mudarme a Costa Rica, viajé a la ciudad de México y a Cuernavaca, mi ciudad de nacimiento, para emprender la «aventura» de obtener mi acta de nacimiento y certificado de soltería —siempre me ha parecido gracioso el nombre— y después sellarlos en la Secretaría de Gobierno, el Ministerio de Relaciones Exteriores y el consulado de Costa Rica en México, junto con los requisitos para homologación del título tales como título, por supuesto, y las calificaciones. Todo esto en tiempo récord, pues solo disponía de dos días de permiso que pedí en la maestría para ausentarme y realizar los papeleos.

Nunca me han gustado los trámites burocráticos —¿a quién sí?— y pues esto es la burocracia con todas sus letras: tuve que recurrir a suplicar en el Ministerio de Relaciones Exteriores que me ayudaran agilizando los sellos, pues ya solo tenía el tiempo contado para que me los sellaran en el consulado de Costa Rica y, finalmente, conseguí los montones de firmas y sellos para tomarme una foto con las decenas de páginas añadidas a mis documentos posando triunfantes en mis manos y quedando inmortalizados en una foto en donde mi cara refleja una felicidad que solo podría asemejarse a la de Rocky Balboa ganando la pelea contra Apolo. Ahora las cosas son distintas y de eso me di cuenta cuando vine a Costa Rica porque, a pesar de que el proceso para la certificación de documentos en México era ya lo suficientemente largo y tedioso, sin sumarle que a cada entidad hay que pagarle su correspondiente tarifa, esos documentos no tendrían la validez en el país si no pasaban por «la casa amarilla», que no es nada más que el Ministerio de Relaciones Exteriores en Costa Rica, que tendría que certificar mis ya muy certificados documentos y para lo cual hay que ir muy tempranito y esperar un promedio de dos horas para obtener los ansiados timbres para por fin tener los documentos listos para usarlos en el país.

Así fue como se inició mi odisea. Sin embargo, antes de que lo olvide, mencionaba que ya las cosas han cambiado, pues mis papeles los hice en noviembre del año 2011 y al llegar a Costa Rica en diciembre 2011 me di cuenta de que Costa Rica se había incorporado a la Convención de la Haya y a partir del 14 de diciembre de 2011, por lo que los documentos para usar en Costa Rica podrían ser fácilmente apostillados, lo cual agiliza muchísimo el trámite, pues la única institución involucrada es la Secretaría de Gobernación, federal o estatal, según corresponda, a la emisión del documento. El proceso sigue siendo algo caro, similar al de la certificación; el costo es de aproximadamente cien dólares por documento, pero se puede hacer a distancia y, además, enviarlos al país donde se requieren por aproximadamente el doble, lo cual termina siendo como casi doscientos dólares por documento si se hace individualmente. Esto lo supe cuando durante el proceso de homologación me solicitaron el certificado de internado con ciertos requisitos, como calificación por rotación de las diferentes especialidades, para lo cual tuve que enviar a mi hermana al hospital para solicitar dicho documento, luego apostillarlo y recibirlo para poder continuar con el trámite. Dicho sea de paso, según el director de enseñanza, esos requisitos eran más estrictos incluso que lo que solicitaba Estados Unidos para homologación.

La organización que se encarga de la homologación de títulos profesionales en Costa Rica se llama CONARE y es adonde hay que acudir para solicitar el trámite. Para esto, hay primero que hacer un pago de cuatrocientos dólares, entregar los documentos apostillados que antes referí —título y calificaciones—, además del programa de Medicina de la institución y el certificado de internado. Además, si nadie en el país ha hecho homologación de la universidad de donde se emitió el título, hay que conseguir un documento que avale a la institución. No estoy muy segura de los requisitos, pues yo no tuve que hacerlo porque mi universidad ya estaba certificada.

Aproximadamente nueve meses después de entregar los documentos, me informaron que ya habían sido aprobados y que debía realizar el examen: tenía dos semanas para estudiar, pues la próxima fecha estaba muy cercana. Total, que hice el examen y no tienen idea de lo complicado que es. A pesar de ser opción múltiple, cuando te hacen preguntas de Bioquímica, Neurofisiología, Farmacología, etc., tan rebuscadas, no hay lógica que sirva: o sabes, o no sabes.

Por lo general, el examen consta de cien preguntas y solo se aprueba con setenta: no hay redondeos ni curvas. Por lo mismo, el porcentaje que lo aprueba es incluso menor al 5%. Hay algo que no sabía, pues en México, que yo sepa, no es la norma: se pueden hacer apelaciones. Esto era algo nuevo para mí, pues en México la respuesta es definitiva, pero aquí sí puedes justificar tu respuesta con bibliografía y puede ser que te la tomen por buena.

Para no hacerles el cuento largo, a la tercera pasé el examen. Este sea aplica solo dos veces por año y, en la ocasión en que lo aprobé, fuimos más de cien aplicantes; solo tres pasamos y eso con apelaciones. Me faltaban tres preguntas para aprobar y apelé doce de las que me aceptaron solo las tres que necesitaba. Estaba extasiada de felicidad: no lo podía creer. Este examen todos los médicos que quieran homologar su título en el país tienen que tomarlo, por lo que hay especialistas de años de experiencia y el porcentaje que lo pasa es muy bajo. De hecho, en la lista había médicos de las universidades más prestigiosas de México y no lo pasaron, y esta humilde graduada de la Universidad Autónoma de Ciudad Juárez pudo lograrlo.

Ha sido un gran logro en mi vida. Pero aquí no se termina la lista de trámites burocráticos y pagos. Luego hay que cumplir con una lista de requisitos para incorporación al Colegio de Médicos de Costa Rica. Es un requisito obligatorio en el país el ser miembro del Colegio de Médicos, donde, además de los requisitos antes solicitados por CONARE para homologación, hay que presentar el certificado de bachillerato (Preparatoria), el cual, por supuesto, había perdido y tuve que solicitar en México uno nuevo y además apostillarlo.

Es algo muy gratificante que al pasar el examen hagan una ceremonia de graduación y toda la cosa, así como la en la juramentación se hace una ceremonia muy solemne. Así es como logré homologar mi título, ya el de la maestría también lo he incorporado al Colegio de Médicos, pero esa es otra historia. Aunque pude hacer la homologación, actualmente sigo laborando para la misma empresa en la que empecé a trabajar aún sin homologación, como gerente general encargada de venta y distribución de equipo médico y medicamentos. Sin embargo, solo Dios sabe lo que me tiene deparado el futuro y el contar con la homologación me abre las puertas, ya sea para estudiar una especialidad clínica —esa también es otra historia, pues es un proceso también muy competido y difícil, ya que hay muy pocas plazas por año— o laborar como médico con especialidad en Salud Pública si es que consigo entrar al sistema de salud del país sin contar con influencias. Por lo pronto, ha sido un gran logro personal y confío en que habrá valido la pena al final, pues, como dice la frase de una de mis películas favoritas, *Big Fish*: «Cuanto más difícil es hacer algo, mayor es la recompensa que te espera el final».

Xóchitl Palacios
(Brasil)

Mi plan inicial sería aprender el idioma y revalidar mi título para comenzar a laborar en integrarme a la sociedad brasileña de médicos y sexólogos; sin embargo, mi plan se modificó por mi segundo embarazo con algunas complicaciones, además de las dificultades para la adaptación de mi primer hijo coincidentes con sus «terribles dos años». Decidí entonces dedicarme totalmente a mi embarazo y a mi familia durante algunos años y valorar la revalidación basándome en los planes que se presentaran más adelante. Para realizar cursos en instituciones y escuelas públicas, generalmente es necesario tener la revalidación del título, pero en algunas instituciones privadas y para cursos en línea es posible realizarlos únicamente con RNE (Registro Nacional de Estrangeiros) y el CPF (Cadastro de Pessoas Físicas). Cuando mi niña menor tuvo un año y medio retomé mi actualización en el Área de Sexología con diversos cursos en línea y otros presenciales. Esto fue muy satisfactorio por la oportunidad de conocer sexólogos brasileños, así como tener otra perspectiva del ejercicio de la sexología en una cultura diferente.

En Brasil existen dos maneras para trabajar como médico: la primera es validar el diploma de médico y la segunda es incorporarse al programa Mais Médicos. Referente a la revalidación del diploma de médico en Brasil, es necesario realizar el Examen Nacional de Revalidación de Diplomas Médicos expedidos por instituciones de Educación Superior Extranjera, más conocido como revalida. Para esto se debe inscribir a una universidad conveniada, donde se entregan los documentos solicitados para la revalidación en Brasil. Se realiza un examen con ciento diez preguntas y cinco preguntas abiertas: los temas son de Biología Celular y Molecular, Salud Pública, Medicina Preventiva y Comunitaria, Principios de Farmacología y Ética Médica. En caso de que sea aprobada la primera etapa, los candidatos realizan diez pruebas prácticas de habilidades clínicas. Normalmente, las universidades abren una convocatoria dos veces al año, donde participan médicos brasileños que han estudiado fuera del país y médicos de otras nacionalidades.

El tiempo para realizar la revalidación del diploma de médico depende de la velocidad en el aprendizaje del idioma, la apertura de las convocatorias para el examen Celpe-Bras y las convocatorias de la universidad donde el candidato pretenda validar su diploma. Una vez iniciado este último paso, puede demorar un año o dos.

La segunda opción es el programa Mais Médicos, que aún en 2017 tuvo apertura de convocatoria en Brasil y diversos países por medio de sus embajadas. Este programa es creado para mejorar la atención de los usuarios del Sistema Único de Salud, llevando médicos donde hay escasez o ausencia. Este programa está presente en todos los municipios y próximo a todas las comunidades. Pueden integrarse a este servicio los médicos formados en instituciones de educación superior brasileñas o con diploma revalidado en Brasil, médicos brasileños formados en instituciones extranjeras con autorización para el ejercicio de la medicina en el país donde laboran, médicos extranjeros con autorización para el ejercicio de la medicina en el exterior. En estos casos se requiere de conocimientos básicos de la lengua portuguesa sin la obligatoriedad del certificado Celpe-Bras. A partir de 2015 hay apertura de plazas cada tres meses.

Agrego algunos enlaces para profundizar en la información:

Celpe-Bras: http://inep.gov.br/celpe-bras.

Revalidación de diploma de Medicina: http://www2.fm.usp.br/revalidacao/ http://www.medcel.com.br/blog/revalidacao-de-diploma-medico-como-funciona-o-processo.

Programa Mais Médicos: http://maismedicos.gov.br/conheca-programa.

Olga A. Tinajero Castañeda
(Panamá)

Recién terminada la especialidad, el punto número uno del plan en Panamá era ingresar a trabajar de manera institucional tanto mi esposo como yo. Era obvio que para mí el proceso sería muy diferente, aunque en ese momento no sabía los detalles, así que me dediqué a preparar mis documentos personales, créditos y título para tenerlos legalizados y apostillados.

Una vez llegados a nuestro destino y ya instalados, visitamos el hospital y específicamente el servicio que atiende el área de especialidad en la que yo me preparé, me presenté con los médicos adscritos y dejé mi CV. Esto fue realmente por curiosidad, para conocer cómo se manejaban en el hospital y confirmar que hay muy pocos especialistas. En mi cabeza estaba la idea de que, al tener necesidad para cubrir un servicio, podría existir apoyo para un proceso expedito en mis trámites, pero lo que me puso en contexto sobre mi situación fue presentarme al servicio de migración. Allí supe que solo los panameños pueden ejercer como médico, lo que obliga a un trámite de naturalización.

Para iniciar la naturalización, primero se tiene que probar que se cuenta con cinco años de residencia en el país y para estar de manera legal esos cinco años pues es otro proceso. Total, que comenzamos con el principio: al entrar a Panamá llegas como turista, el periodo en que una persona puede estar en esas condiciones en el país es de seis meses, así que buscamos un abogado para iniciar la solicitud como residente permanente. Después de una residencia de cinco años, se puede proceder con la naturalización. Una persona ya naturalizada, que desea lograr la idoneidad para ejercer como médico, debe someter los documentos que acreditan su grado académico a evaluación del Consejo Técnico de Salud y cumplir con dos años de internado: acá no hay lo que en México conocemos como «servicio social».

Transcurrieron mis primeros meses en el país preparando y entregando papeles a las instancias correspondientes —Migración y Ministerio de Trabajo—, cumpliendo entrevistas y en ese período, un médico radiólogo, conocido de mi esposo, le habló sobre una doctora mexicana que estaba trabajando en investigación y me puso en contacto con ella. Tuve la suerte de que al poco tiempo se necesitara una persona para trabajar en la misma área y entonces comencé. En resumen, aunque mi intención era cumplir los requisitos para poder ejercer mi especialidad, simplemente me dejé llevar, tomé la opción que en el camino se presentó y que en ese momento estaba disponible, además de que me resolvía dos puntos importantes que estaban pendientes: primero, tener un ingreso que necesitábamos como familia y el otro, que ya era necesario salir de la casa para lograr mi espacio y mi crecimiento personal, aunque no fuera estrictamente ejerciendo mi profesión.

Y así fue como inicié mi recorrido en la investigación clínica, que, gracias a Dios, es una actividad que no me aleja del ambiente hospitalario, que me permite ser parte del desarrollo de información científica dirigida a la atención de pacientes y que es una actividad en la cual mi preparación académica ha sido de gran valor: no riñe una cosa con la otra.

Yo tardé en realizar mi trámite de naturalización porque me siento muy cómoda con lo que hago, independientemente de que el mismo proceso no es rápido. Fue por la insistencia de mi esposo que lo hice, aunque ya no estoy 100% convencida de hacer el internado para regresar a la atención de pacientes.

¿Qué me detiene? La comodidad: ahora mismo tengo un horario de 08:00 a 17:00; los fines de semana son míos solamente: no tengo que faltar a mi casa ninguna noche ni tengo que quedarme los fines de semana en el hospital. Puedo estar pendiente de mi hijo y ya la situación económica es estable. A esto agrego que ya no estoy en los veintes ni en los treintas y, aunque algunas veces los recuerdos, me llevan a sentir añoranza por estar frente un paciente, realizar una historia clínica o una buena evaluación física para identificar un posible diagnóstico y corroborar o descartar con estudios de imagen y laboratorios. Siento miedo de todo el tiempo que he estado fuera de la práctica y esa añoranza no ha sido suficiente para vencer ni la comodidad ni el miedo.

Yo puedo decir que «caí en blandito», me tiré al vacío y de allá arriba, donde tanto me quieren, pusieron paja justamente donde ya estaba programado que sería mi «aterrizaje», ya que uno de los campos de acción de la medicina es la investigación. Yo nunca lo había considerado y es lo que me ha colocado en una posición privilegiada en la que tengo la oportunidad de elegir. No es lo mismo poder decidir lo que te conviene o deseas hacer a tener que cumplir con algo porque no hay más opción, sea bueno, malo, difícil o como sea.

Sin embargo, quiero ampliar mi reflexión al respecto de lo que considero que es el detalle que marca la diferencia; es algo que se ajusta para todo y para todos, no solamente en el caso de personas que salen de su país y buscan comenzar su vida laboral o familiar en un nuevo lugar de residencia; es algo fundamental para cualquier persona en cualquier situación o circunstancia y me refiero a la actualmente muy mencionada «resiliencia», la que todos conocemos coloquialmente como «adaptación»: 'La capacidad que todo ser humano posee, es capaz desarrollar y debe explotar para superar obstáculos y, en condiciones más extremas, para sobrevivir'.

Entendámoslo de manera sencilla: se trata de ser consciente del momento y no poner resistencia para que el cambio lastime menos; es aprovechar los recursos disponibles, es apegarnos al significado de la frase ya conocida por todos y nunca bien ponderada, además, diría yo, muy mal utilizada: «Flojito y cooperando» o, como diría mi mamá: «De lo perdido, lo que aparezca es bueno». Todo lleva al mismo punto: se trata de lograr tus planes sin limitar posibilidades u opciones; hay más de un camino para alcanzar los resultados propuestos, siempre que tengamos claro cuál es nuestro interés principal y adónde queremos llegar. Para mí es claro que el principal interés es mi vida familiar. Por eso, en primer lugar, está compartir con mi hijo, con mi esposo; dedicar tiempo a mi casa y después, lo profesional. Por eso no me duele ser un médico especialista que no practica la atención de pacientes, aunque en algún momento ese habría sido mi plan de vida.

Ahora veo que en varias oportunidades he echado mano de esa capacidad de adaptación y búsqueda de opciones que han tenido mayor o menor trascendencia de acuerdo con el momento, pero que definitivamente me han preparado para salir adelante y no detenerme. La práctica hace al maestro y sí, efectivamente, he practicado en diferentes momentos.

Angélica Cuapio (Alemania, Austria, Suecia)

Han pasado ya casi diez años desde esos momentos en que decidí que no quería trabajar en la clínica y en que buscaba activamente conocer y trabajar en otro país. Mi historia en Alemania y después en Austria siguió un trayecto con la mira hacia una carrera académica. Aún sigue siendo vigente esa visión, más adelante veremos si hay que hacer ajustes o no.

En Austria, después del primer posdoctorado y casi al final del primer embarazo, tuve una crisis emocional, quizá la crisis de los treinta; más bien de los treinta y cuatro. Ya no estaba segura de adónde quería ir, si continuar en la academia o salirme para hacer una carrera en la industria farmacéutica, la cual deja dinero, pero trunca la libertad investigativa; o quizá me decidía por algo completamente diferente, como hacer dinero desde casa jugando en casinos en línea.

Medio año antes de tal crisis, presenté mi trabajo en un congreso de Hematología en Estados Unidos. Después de hablar con diferentes colegas del medio, regresé a casa con dos ofertas de trabajo y una de posdoctorado, las tres en Estados Unidos. Sentí que aún no era momento de ir a los Estados Unidos y lo que vino a confirmarlo fue un monigote que nos quitó completamente las ganas de irnos: ya se imaginarán todos a quién me refiero.

Decidí irme de Austria porque ahí hay pocos grupos especializados en mi campo de investigación y los que hay trabajan principalmente en modelos animales. Mi interés sigue siendo las células asesinas naturales y su papel en diferentes patologías humanas. Esta es la razón por la que me fui a Suecia.

El día de ayer fue uno de esos buenos: firmé mi contrato con el Instituto Karolinska y en el día de hoy continúo sacando chispas. Después de dos años y medio de estar en casa entre desempleo, dos embarazos, dos bebés, cambios de casa y de país, y todos los grandes eventos que tomaron lugar en mi vida en este tiempo, el lunes regreso a trabajar. ¡Estoy un poquito nerviosa pero feliz!

Hasta ahora sigo muy convencida de que la mejor decisión que pude haber tomado en relación con mi carrera profesional fue darle un giro para hacer investigación e irme al extranjero. Hacer investigación es lo que me gusta y lo que sigo disfrutando. Vivir en el extranjero también me gusta, pero empiezo a extrañar mi tierra.

Supongo que la búsqueda de la felicidad es lo que nos impulsa a cometer locuras, a inventar, a crear, a vivir. Yo sigo en esa búsqueda, pero solo relativamente porque normalmente me siento feliz y quiero seguir siéndolo. Me gusta viajar, enfrentarme con lo desconocido, me gustan los retos y no quedarme fija. Quizá por esa razón quiero seguir haciendo y deshaciendo. ¡Skål!, 'salud' en sueco.

Susana Ramírez Romero
(Barcelona)

Revalidar mi título desde que estaba en México me permitió ejercer la medicina paulatinamente. Fui mamá de tiempo completo por un año y, posteriormente, lo combiné con días de consulta. Actualmente, doy consulta de lunes a jueves y reviso protocolos de investigación los viernes.

Luana Sandoval Castillo
(Barcelona, Dinamarca)

Inicialmente revalidé el título de médico cirujano en España:[1] requisito indispensable para presentar el MIR, que es como el ENARM; existen cursos, presenciales y a distancia del MIR:[2] Asturias, famoso por estar adaptado a un sitio donde no hay nada más que estudiar.

Otros como el CTO, http://www.grupocto.es/, con sede, entre otras ciudades, en Madrid y Barcelona. También con modalidad de fin de semanas, como el que yo cursé, ya que estaba en el Servicio de Cardiología del Hospital del Mar donde me pagaban por hacer guardias y así podía pagar el curso.

A tiempo pasado, mi mejor recomendación es que en medida de lo posible se dedique «todo» el tiempo a preparar el MIR, ya que se compite con nacionales españoles que tienen más plazas abiertas que nosotros, los extranjeros. Básicamente, uno aprende a mecanizarse para responder un examen. Cuando ya se ha pasado el MIR, uno obtiene un número de plaza y con ese número te citan en Madrid para escoger una especialidad disponible, según tu posición: toda una ceremonia, ya que anuncian tu nombre y tu plaza en voz alta.

Como siempre, hay tendencias cada año, pero en general se escogen las subespecialidades quirúrgicas y médicas y así sucesivamente, con lo cual se debe tener claro tus prioridades de especialidad vs. comunidad en donde se desea hacer la residencia.

Fueron unos años muy intensos, con guardias, donde era obligatoria la posguardia, lejos de casa, pero definitivamente guardias que «no» se comparan con las que hice en el internado. Durante mi primer año de residencia, llegó a tocar la puerta de casa el amor de mi vida:

---

1 https://www.mecd.gob.es/serviciosalciudadanodecd/catalogo/educacion/gestion-titulos/estudios-universitarios/titulosextranjeros/homologacion-educacion-superior.html

2 http://www.curso-mir.com/Informacion-para-edicosextranjeros/movimientos-migratorios.html

mi danés, quien se mudó conmigo a Barcelona, pero tras un tiempo España pasó por un proceso de «retalladas», es decir, recortes debido a procesos políticos y económicos, orillándote a tomar varios trabajos para conservar el nivel de vida, así que cada vez se volvía más tentadora la idea de nuevamente migrar a otro país.

Mi primer contacto con Dinamarca fue en 2013 cuando me aceptaron para una rotación externa, pagada por mi sede de residencia en Barcelona. Entonces aproveché para investigar el proceso que debía realizar para la homologación de mi título de especialista.

Aquí todo funciona vía en línea. Me puse en contacto con Sundhedsstyrelsen, https://www.sst.dk/, que es el Ministerio de Sanidad, donde me explicaron que, por ser de un tercer país, es decir, otro fuera de la Unión Europea, debía iniciar, además, el trámite de homologación con una carta de buena práctica clínica expedido por el Colegio de Médicos de Barcelona, https://www.comb.cat/, un certificado de cumplimiento de la directiva 2005/36/CE, con un punto aclaratorio que acredita el ejercicio profesional de tres años en territorio español conforme a lo previsto en el artículo 3.3 de la misma directiva. Expedido por el MECyD.[3]

Todo el proceso duró aproximadamente ocho meses y para ese entonces ya me habían otorgado la nacionalidad española, con lo cual mi caso pasaba a ser de un extranjero de un segundo país y mi homologación se volvía íntegra al mismo nivel que tenía en España. De otra forma, habría tenido que presentar un examen general de Medicina, probablemente repetir el internado y el servicio, llamado aquí KBU e Introstilling; repetir la especialidad y acreditar los cursos obligatorios de danés con un mínimo de 7,7, 10,[4] en una escala que va del -3 al 12,[5] que finalmente realicé por mi propia conveniencia.

---

3 https://sede.educacion.gob.es/catalogo-tramites/gestiontitulos/estudios-universitarios/titulos-obtenidos-en-espana/acreditacion-titulos-directivacomunitaria.html

4 https://fpagrado.com/estudiar-en-dinamarca-evaluacion/

5 http://www.internacional.us.es/sites/default/files/tabla_conversion_Ministerio_Educacion.pdf

En mi caso el aprendizaje del idioma me tomó un año, de forma que pudiera dominar el contacto con los 'pacientes/familiares', *lægmand dansk*, 'colegas', *læge dansk*, y secretariado, ya que cuando llegué, aún tenían un sistema de dictado en danés, pero con mucha terminología en latín.

Actualmente, la 'plataforma de trabajo', *sundhedsplatformen*, en Region Hovedstaden, Región Capital, es «hágalo usted mismo», así que más vale ser intuitivo y muy bueno en gramática.

Puedo resumir que, después de ese primer año donde la mitad del mismo trabajé sin remuneración, pero ya en contacto con el danés día a día, todo fue más fácil y los daneses, tanto colegas profesionales como pacientes y familiares, han sido muy amables y receptivos: pocas veces me ven con cara de «¿w*hat?*».

Pasados seis meses me ofrecieron una plaza no clasificada, donde ya podían remunerarme como especialista con guardias físicas de 08:00 a 17:00, el resto en domicilio con pago extra por cada llamada; en el caso de tener que desplazarme al hospital, el pago era aún mayor, incluyendo el transporte, la posguardia en casa y en el caso de hacer una guardia de viernes / domingo, la siguiente semana no se trabaja para compensar las horas extras de trabajo.

Diez meses más tarde, me ofrecieron una plaza permanente como *afdelingslæge*,[6] algo así como 'un adscrito joven con condiciones de trabajo de ocho a quince horas sin guardias' y, en el caso de trabajo extra, a partir de las 15:00 —cada quince minutos—; se puede remunerar económicamente o con tiempo libre. No ha sido fácil, pero ha valido la pena. En conclusión: totalmente recomendable intentar venir a Dinamarca, algunas compañías que pueden ayudar en el proceso son: https://medicarrera.com/; https://www.konzenta.dk/. Otra opción es realizar un *PhD* o trabajar con la industria como Medical Advisor por ejemplo: Sanofi Denmark, Lundbeck o Novo Nordisk, entre otros.

---

[6] https://www.laeger.dk/yngre-laeger-i-regionerne-loen; https://www.laeger.dk/yngre-laeger-loen-tjek-din-loenseddel.

Sandra López-León (Israel, Holanda, España y Nueva York, Estados Unidos)

El proceso de revalidación de medicina en otros países es complejo, ya que es tardado, burocrático y costoso. Además, generalmente uno tiene que pasar exámenes muy difíciles o tiene que volver a estudiar los años básicos de Medicina.

En el momento que me gradué de Medicina, empecé a revalidar mis estudios en Holanda y en España. Uno tarda varios meses en tener todos los documentos que piden. Todos tienen que tener apostilla y para Holanda todos tenían que estar traducidos al holandés. Al mismo tiempo, me puse a averiguar qué podía estudiar con los estudios que ya tenía. Los Ministerios de Educación de Holanda y de España tardaron más de seis meses en contestarme.

Si quería hacer una residencia médica en Holanda, tenía que hablar perfectamente holandés y estudiar tres años más de Medicina. Además, en el futuro si me iba a vivir a otro país, como Estados Unidos o Canadá, no me revalidarían la especialidad. El Ministerio de España me contestó que tenía que presentar un examen de los ciclos básicos, pero tendría que mudarme a España para hacer la residencia médica. También me enteré de que uno podía estudiar una maestría y un doctorado sin tener que revalidar títulos. Además, si yo conseguía un *PhD* iba a ser válido en todo el mundo.

Como encontré justo el programa de estudios que quería, me decidí a hacer una maestría cuando acabé un doctorado y después un *PhD*. Esto me llevó aproximadamente ocho años. Al mismo tiempo, tuve dos hijos. Puedo decir que haber escogido hacer un *PhD* esa una de las mejores decisiones que he hecho en mi vida. Además de que me apasiona mi trabajo, es completamente compatible con tener una familia; también he podido mudarme de país en país y conseguir trabajo.

Asimismo, revalidé mi título de Medicina en España, ya que solo era cuestión de presentar un examen. Estudié durante seis meses a diario una hora y presenté mi examen en la Universidad de Barcelona. Se dice fácil, pero es mucho papeleo y mucha burocracia. Además, no me preguntaron nada de lo que me dijeron que me preguntarían. Lo pasé sin problema porque la mayoría de lo que me preguntaron era sobre Genética y ya tenía un doctorado en Genética. Una vez que revalidé mi título, me pude inscribir en el Colegio Médico de Barcelona.

La revalidación va cambiando con el tiempo. Van cambiando las leyes y también depende de cuándo estudió medicina uno. Por ejemplo, a mis hermanos les revalidaron los estudios de medicina en España automáticamente, sin tener que hacer examen; pero a mí sí me hicieron hacer examen. Todo cambia y todo depende del contexto. Así que les recomiendo que averigüen su caso particular y no se basen solamente en la experiencia de otros.

Patricia Bautista Rivera (Kentucky, Estados Unidos)

Después de convertirme en mamá y con el plan de regresar pronto a México, no se me había ocurrido revalidar mis estudios de medicina. Cuando mi hija tenía dos años, a través de un amigo cirujano y pediatra que estaba en entrenamiento en Tennessee descubrimos que un matrimonio de amigos, excompañeros del INP, se había mudado a Boston. Inmediatamente, nos pusimos en contacto con ellos. Mi amiga me motivó para que presentara los exámenes de revalidación, lo que me permitiría actualizarme, por lo que decidí hacerlo. Pasé los exámenes USMLE (United States Medical Licensing Examination) y obtuve el certificado del ECFMG (Educational Commission for Foreign Medical Graduates) que validaba mis estudios en medicina. Desafortunadamente, no hay validación para los estudios de especialización.

Una vez a la semana, cuando mi hija asistía a un programa preescolar del tipo de Mother's Day-Out, me iba al consultorio, donde continué siendo observadora, practicando medicina bajo supervisión, a manera de voluntariado, dado que no estaba autorizada a ganar dinero ni tampoco tenía licencia para practicar medicina. Una vez pasados todos los exámenes de revalidación —Steps 1, 2, 2 clinical skills y 3—, un médico debe hacer un año de internado, que en Estados Unidos es el primer año de residencia, y entonces ya puede solicitar una licencia médica. Por ello, para practicar medicina en EUA es indispensable ingresar a residencia médica. Han pasado muchos años desde que presenté los exámenes. El periodo de validez de los exámenes de revalidación es de siete años: en caso de decidir regresar a hacer una residencia, tendré que presentar nuevamente los exámenes y obtener calificaciones altas para poder ser considerada para entrevistas como candidata.

Dentro de las metas que me planteé al llegar a Kentucky figuraban el aprender inglés; aprender a manejar y perderle el miedo al agua —aprender a nadar—. Sobre el primer objetivo, puedo compartir que ya domino el idioma, no me cuesta ningún trabajo expresar ideas, emociones o sentimientos, que me parece es lo más difícil de hacer cuando empiezas a comunicarte en otra lengua. En lo que respecta a manejar, después de algunos años de vivir aquí, me he vuelto eficiente manejando: conozco la mayor parte de la ciudad y he aprendido rutas cortas y atajos. En cuanto al miedo al agua, creo que ya no falta mucho.

Mis hijos han crecido, pero aún siguen en la escuela, por lo que decidí regresar a la escuela. Empecé una maestría en Salud Pública en la universidad de la ciudad en la que vivo. Aún estoy considerando presentar los exámenes de revalidación por segunda vez e intentar iniciar nuevamente entrenamiento en Pediatría o Medicina Familiar, lo que significa un enorme compromiso y me provoca ansiedad, pero definitivamente practicar medicina es, sin duda, mi pasión y creo que puedo ayudar a la comunidad en la que vivo. Estoy al inicio del último semestre de la maestría con la que he aprendido muchísimas cosas nuevas y asimismo me encuentro superagradecida por esta nueva oportunidad de crecimiento. Así que «¡a darle!».

Paulina Cruz
(Misuri, Estados Unidos)

La primera vez que escuché con un poco de detalles el proceso de revalidar mi título, cursaba el segundo año de la carrera de Medicina. El papá de mi entonces novio era radiólogo y practicaba como técnico radiólogo en Brownsville (Texas). Él había intentado revalidar su título hacía muchos años, pero su nivel de inglés era intermedio y era un gasto fuerte, ya que en ese entonces tenía tres hijos pequeños. Hizo un curso en una escuela llamada Kaplan, que te prepara para el USMLE (United States Medical Licensing Examination) y tomó el primer examen, en ese entonces, escrito. Desafortunadamente, no lo pasó y sus responsabilidades económicas lo hicieron sacar título de técnico y al vivir en frontera practicaba como médico en el lado mexicano y como técnico en el lado americano. Esa era toda la información que yo tenía. En ese tiempo ya era muy común tener Internet en casa y me puse a leer sobre el USMLE: son cuatro exámenes que todos los médicos de escuelas alópatas de Estados Unidos realizan durante la Escuela de Medicina y la residencia.

En el caso de extranjeros, estos exámenes son necesarios para obtener la acreditación —o validación— del título de médico. Coloquialmente le llaman los Steps, 'pasos', y consisten en tres: Step 1, Step 2, que a su vez se divide en CS y CK, Step 3. Aprobar el Step 1 y 2 es necesario para ser certificado por el ECFMG (Educational Commission for Foreign Medical Graduates). Esta es la organización que coordina y acredita tu título de médico para que uno sea reconocido como tal en Estados Unidos. Aunque es suficiente con tener el pase mínimo, explicaré que eso no es lo ideal.

El Step 1 es el examen de ciencias básicas. El examen está dividido en bloques de cincuenta minutos y dura aproximadamente ocho horas. El Step 2 tiene dos componentes: el que se realiza en el centro *promedic* y consiste en bloques de preguntas con duración aproximada de nueve horas y evalúa las materias clínicas (Clinical Knowledge o CK) como Medicina Interna, Cirugía, Pediatría, Patología, etc. Se realizan en los centros *prometric* y se pueden hacer fuera de Estados Unidos pagando una cuota adicional foránea. Para más información, incluyendo costo, número de preguntas, buscar un centro *prometric*; la página a consultar es usmle.org

El componente práctico del Step 2 (Clinical Science o CS) se realiza con un paciente estandarizado —un actor— en forma de casos, en los que hay que pretender que son pacientes reales. Son doce casos; igual hay una duración de ocho horas para completarlos. Este examen se realiza únicamente en ciertas ciudades de Estados Unidos.

El Step 3 no es requisito para obtener el certificado del ECFMG. Este es el último paso que se pide para poder obtener la licencia para practicar medicina. Los estudiantes estadounidenses lo realizan durante el primer o segundo año de la residencia. Son casos clínicos de todas las ramas principales: Medicina Interna, Pediatría, Cirugía, Ginecología y Obstetricia, Salud Pública. El examen tiene dos sesiones: una sesión por día, casi siempre en días consecutivos. Si no se tiene mucha experiencia práctica, como era mi caso, es preferible esperar y tomarlo durante la residencia, como el resto. Se hará más fácil y algunos programas ayudan a cubrir el costo del examen.

Ahora, ya que di una revisión a los Steps, ¿cómo hay que prepararse?

Es muy importante entender que el tipo de pregunta es muy diferente al que se utiliza en México, así que es indispensable adquirir material de estudio con el estilo de preguntas del examen. El curso Kaplan es el que había escuchado y resulta ser uno de los más tradicionales y mejor estructurados. Tienen cursos en vivo, con clases, y cursos a distancia, con vídeos y acceso a preguntas. La información a detalle se puede consultar en Kaplan.com

Yo tomé el curso en vivo para el Step 1. Incluía clases desde las 08:00 a las 17:00 durante seis semanas, en las cuales se cubre todo el material. Ellos te dan un libro para cada material como guía. También tienes acceso a vídeos pregrabados de estas clases para repasar en el tiempo libre temas más complicados y acceso a un banco de preguntas llamado Qbank, así como a un examen prueba que dura la mitad que el examen real.

Como mencioné antes, el examen es muy largo, así que, además de conocimientos, hay que estar muy familiarizados con el estilo de las preguntas, el formato del examen y desarrollar resistencia. Es decir, ser capaz de contestar todas las preguntas sin que nos venza el cansancio y mantener un buen rendimiento durante todo el examen. Así que es superimportante, no lo puedo enfatizar más, practicar y practicar preguntas y hacer sesiones en modo examen —es decir, con tiempo— y hacer el examen de práctica.

Otro recurso altamente recomendable y que yo hice para todos los Steps fue el banco de preguntas y el examen prueba del usmleworld.com.

El Kaplan auspicia la visa de estudiante o F1; es la opción más recomendable si se va a estar más de dos meses. Como turista y con las condiciones actuales, no hay garantía de que te den estadía por el tiempo necesario. Hablaré más a detalle en el capítulo que trata sobre visas.

Hice el curso en el centro Kaplan de Houston, ya que ahí se me acomodaban mejor las fechas y, además, tenía hospedaje casi gratuito con los abuelos de mi exnovio.

El curso duró cuatro meses y seguí practicando preguntas dos meses más antes de tomar el examen.

Se puede tomar el Step 2 antes que el 1, pero no el 3. Desde mi punto de vista, el uno es el más difícil y hace más sentido hacer ese primero porque muchas de las bases del uno siguen en el dos.

Hice mis exámenes prueba que correlacionan con la nota y al final para el Step 2 CK solo hice el curso a distancia. Tuve acceso a los libros, vídeos y nuevamente compré el banco de preguntas del usmleworld. Mi estudio fue un poco más lento, ya que terminé el servicio social y durante ese año hice rotaciones en Estados Unidos; luego trabajé en el lugar donde realizaba mi servicio y de ahí me mudé a Minesota para empezar mi pasantía en investigación. A los dos meses de llegar a Estados Unidos hice el Step 2 CK.

El Step 2 CS es tal vez el más fácil, ya que es el más predictivo. Los casos varían poco, pero en esencia son las mismas patologías y la clave es ensayar los casos con un amigo y practicar hacer las notas. Ese lo realicé al inicio de mi servicio social en Houston.

Los resultados tardan entre cuatro y ocho semanas, y llegan en forma de correo electrónico donde viene el enlace al que hay que acceder para ver el reporte completo. Para cada examen se aplica siguiendo las instrucciones en la página del ecfmg.org. Se necesita tener un Kardex certificado y traducido al inglés. Una vez graduado, hay que enviar el título, copia con traducción original. Las copias deben ser notariadas. En Estados Unidos es muy fácil conseguir un notario, ya sea en la escuela, el banco y no hay costo por hacer pasar ante notario los documentos.

Yo hice las traducciones en la Facultad de Filosofía y Letras de mi universidad, que cuenta con una oficina de traducciones. Mi mamá y varias amigas me ayudaron a llevar y traer muchos de los documentos, así como enviármelos por DHL.

El secretario académico, que es el equivalente del deán, tiene que firmar una verificación de que todos los papeles son correctos. Si uno es estudiante, esta verificación se tiene que realizar con cada examen. Cuando te has graduado, solo es necesaria una vez.

Me daban el papel en un sobre con cinta y luego sellado sobre la cinta y yo les proporcionaba un sobre ya con guía prepagada con remitente a nombre de la universidad y la secretaria lo enviaba.

Yo tuve que hacer esto tres veces: para el Step 1, el 2 CK y el 2 CS. Es muy importante no perder todas las copias traducidas y notariadas; siempre que traduzcan, por ejemplo, el Kardex o el título, hagan unas tres copias porque se ocuparán en diversas cosas.

Una vez que me llegó mi nota sobre que aprobé el CK, que fue el último examen que tomé, enseguida empezó el trámite del certificado ECFMG de forma automática y solo hay que mantener siempre actualizada nuestra dirección en nuestro perfil del ECFMG porque lo envían por correo. También al aplicar a los Steps, den clic para que les manden un Kardex a ustedes mismos y así tengan su nota oficial en forma de Kardex. Será útil para luego aplicar a la licencia o para hacer maestría, por mencionar algunos casos.

La licencia de Medicina puede ser temporal o permanente. Esa es dada por cada estado y en la página del Departamento de Salud Estatal viene la información y requisitos.

La licencia temporal es la que se obtiene una vez que uno es aceptado a la residencia médica. La institución u hospital es quien auspicia y no se puede practicar de forma independiente, sino siempre en la institución donde se está haciendo el entrenamiento.

Para la licencia permanente se necesita aprobar el Step 3 y tener mínimo un año de residencia médica. Igualmente, los requisitos varían según el estado.

Además de tener licencia, que sería lo equivalente a cédula profesional, se debe contar con cédula para prescripción de narcóticos. A nivel federal se aplica directamente en la página de la DEA (Drug Enforcement Agency), algunos estados como Misuri requieren una licencia local para la prescripción de narcóticos.

Asimismo, al iniciar la residencia se necesita registrarse en el directorio nacional médico, donde se nos asigna un número identificador (National Provider Identification o NPI) y donde igualmente hay que mantener actualizada la información de perfil.

Hasta el momento no he descrito cómo entrar a la residencia. Considero que es un proceso totalmente separado de los exámenes; sin embargo, se requieren de los dos y de mucha planeación. Las residencias médicas se pueden encontrar en el sitio FREIDA de la American Medical Association: es un directorio de todas las residencias en el país; se puede buscar por lugar o por especialidad.

Aquí los programas voluntariamente ponen información y requisitos para aplicar; en ocasiones no está actualizada y es preferible dar clic en el enlace del sitio oficial del hospital o universidad y leer la información desde ahí.

Es un proceso tedioso, pero es la base de datos oficial: hay compañías a las que les das tus datos y ellos te dan un listado de programas usando un *software* que te ahorra tiempo de buscar y por ahí te da opciones a las que nunca hubieses dado clic por tu cuenta. Por otra parte, utilizan datos sobre cuántos médicos graduados fuera de Estados Unidos hay (International Medical Graduate o IMG), y a esto es a lo que le llaman IMG-friendly. Hay que tener cuidado con esto: a mi parecer, en ocasiones indica un programa que no atrae a graduados americanos y hay que estar conscientes del porqué. Al menos varios programas en Nueva York son conocidos como tener insuficientes recursos y depender más del residente y ser menos didácticos. Esto es muy difícil de saber sin conocer a nadie del programa, pero es un punto importante si es que se realiza una entrevista en estos programas. Mi esposo usó una de estas compañías; yo hice toda la búsqueda de manera manual.

El proceso de la aplicación es anual y empieza con el ERAS (Electronic Residency Application System) *token* o ficha, lo cual quiere decir que tienes tu perfil creado donde vas a empezar a descargar muchísima información a la que se llamará ERAS application. Con base en el formato tendrás que llenar un perfil, hacer un CV y descargar tu personal *statement* —hablaré sobre este en un momento—. Se requiere de una foto con ciertas características de píxeles y por ahí mandas la invitación a los que están escribiendo tus cartas de recomendación para que las descarguen directamente. No puedo enfatizar más en que es importantísimo que no haya errores ortográficos ni de sintaxis, así que hay compañías de redacción que revisan tu personal *statement* por un precio bastante moderado y de igual forma pueden revisar tu CV. Se paga por página y te tardan de entre veinticuatro y cuarenta y ocho horas. Yo usé una de estas compañías. Es importante destacar que no alteran el contenido, pero sí la puntuación, gramática y algunas veces cambian palabras para evitar la repetición o enfatizar el enunciado.

La ERAS *token* se puede obtener desde principios de junio de cada año y la fecha para enviar la aplicación es, por lo general, el día primero de septiembre.

Es altamente recomendado aplicar el primer día, ya que las aplicaciones son revisadas en el orden en que se reciben y como IMG, esto da una ventaja de que se te invite a entrevista si tu aplicación es vista al principio que en el sitio mil.

Desde que se da clic a SUBMIT, no queda más que esperar y checar el correo electrónico obsesivamente en espera de entrevistas. Mientras se espera, hay que inscribirse al *match*. Esto es un organismo llamado

National Residency Matching Program (NRMP) que funciona de forma computarizada por medio de un sistema de *ranking*. El candidato hace una lista de programas de mayor a menor preferencia y cada programa envía una lista de los candidatos de mayor a menor preferencia y el sistema toma al candidato uno y va a su opción uno y digamos que el programa opción uno puso al candidato uno en la opción cien y el programa opción uno solo tiene cincuenta plazas, así que tentativamente el candidato uno hizo *match* en la opción uno hasta que hubo cincuenta candidatos que estuvieron en un puesto más alto en el *ranking* y entonces el candidato uno quedó en el puesto cincuenta y uno y fuera de ese programa, por lo que entonces ahora irá a su opción dos y así sucesivamente hasta que haga *match* o quede sin hacerlo.

Esto ocurre un miércoles en marzo. El sitio de nrmp.org tiene estadísticas por especialidad de cada año, donde se puede ver con mayor detalle.

Ese día miércoles todos los candidatos recibirán un correo electrónico que diga: «*Congratulations, you've matched*» o «*Sorry, you did not match*».

Si estás en el segundo, hay que ir al *scramble*. Eso es cuando los programas que no llenaron y tienen plazas tratan de hacer *match* con los candidatos que igual no hicieron *match*. Implica estar llamando por teléfono todo el día y, por lo general, se tienen cuarenta y ocho horas para agarrar una plaza. El viernes es el día que se recibe el lugar donde se hizo *match*.

Ahora, es importante tener una estrategia según la especialidad. En el sitio de NRMP se pueden ver estadísticas que dan idea sobre qué tan competitiva es una especialidad y cuántos extranjeros hacen *match* en ella. Así que en Cirugía Plástica y Dermatología hay años en que ningún extranjero hace *match*, mientras que Pediatría, Medicina Interna y Medicina Familiar son donde más extranjeros hacen *match*.

¿Qué buscan los programas en ti?

Buscan buenas notas en los Steps; notas mayores a doscientos cuarenta son excelentes; notas mayores a doscientos diez son buenas. También buscan que tengas experiencia con el lenguaje médico, con la estructura de las notas, idea sobre cómo funciona el sistema médico, así que haber hecho rotaciones de estudiante en Estados Unidos serán muy valiosas y de ahí se pueden obtener las cartas de recomendación. Trabajar en un área de investigación clínica también es valioso, especialmente si se realiza alguna maestría y se obtienen publicaciones.

Observerships y trabajos de voluntario los dejo en último lugar porque no son tan valuados, pero es claro que es mejor a nada.

Entre más competitiva la especialidad, mejores credenciales se necesitan. Conozco el caso de un médico que se graduó con primer lugar de la UNAM y fue a hacer investigación en Neurociencias a la Universidad de Columbia. Tuvo varias publicaciones en un laboratorio importante y consiguió entrar a la residencia de Neurocirugía de esa universidad. Es claro que era brillante y tenía notas de más de doscientos cuarenta en todos los Steps; sin embargo, su trabajo en el laboratorio lo impulsó aún más a destacar por encima de otros aplicantes.

Finalmente, para concluir, la residencia es otra oportunidad para desarrollar relaciones profesionales, explorar subespecialidades y tener actividades extracurriculares si es que se desea competir por una subespecialidad. El proceso es parecido en tanto que hay una aplicación ERAS, entrevistas y culmina en un *match*. Es menos intenso y menos incierto: ya hay familiaridad con el sistema y más confianza en uno mismo.

Angeles Estrada/ María de los Angeles González Soto (Oklahoma-Estados Unidos)

En cuanto decidimos establecernos en Estados Unidos, investigué qué se necesitaba para revalidar. Yo me imaginaba que era algún examen y ya. En México soy médico general y tenía un diplomado en Urgencias Médicas; trabajaba en consulta externa en un hospital comunitario, pues quería hacer algo similar.

No fue fácil investigar qué se necesita, sobre todo porque lo más que tenía de Internet era el 2G de mi celular.

Llamé por teléfono a varios lugares y me presenté en persona, donde finalmente se me informó que para ejercer debo tener una especialidad médica; de lo contrario, es imposible.

Después supe e investigué el programa de la UCLA: https://www.uclahealth.org/family-medicine/img-program, un excelente programa que al final te vincula a trabajar en comunidades rurales, exactamente lo que me gusta. Sin embargo, en un principio no pude ingresar por estar en trámites migratorios y después porque ya había pasado el tiempo máximo que piden de egreso de la universidad.

Aunque compré los libros de estudio para los Steps, en este momento no tengo pensado hacer una especialidad. No es una decisión fácil porque significa no ejercer como doctora, como ya lo he mencionado; para realizarme como persona, es importante para mí hacer lo que ahora hago: soy la directora ejecutiva en mi hogar, cargo compartido con mi esposo. Antes de que naciera mi hija, trabajé un tiempo en un restaurante limpiando mesas y eso me ayudó a crecer más como ser humano.

Fui a México y a Los Ángeles, pasé tiempo maravilloso con mis familiares.

De regreso a casa, me esperaba mi mejor regalo: la llegada de mi hija ha sido una gran bendición. Al ser mi primogénita me enrolé en un programa desde el embarazo, donde una enfermera y una traductora me visitaban cada quince días con pláticas orientativas. Cuando nació y dejamos el hospital, ese programa continuó por dos años más. A las pocas semanas, me dijeron que no había traductora disponible y si quería el programa por estos otros dos años, tenía que conseguir ya fuera un traductor, o bien desplazarme a la clínica para recibir las pláticas. Entonces les dije que yo sabía poquito inglés y que podríamos tratar si podía entender y si no, pues entonces ya vería qué opción tomaba. Así fue como, gracias a Dios, gozamos del beneficio y me ayudó bastante a reforzar el inglés.

Primero mi esposo y yo dijimos que yo no trabajaría seis meses porque le iba a dar lactancia materna exclusiva al bebé; después, durante esos seis meses, estuve investigando mucho sobre lactancia y me adentré tanto en el tema que dije: «No, pues mínimo le voy a dar otros dos años más», y finalmente, bendito Dios, anda cumpliendo cuatro años y todavía le doy gotitas de oro líquido con todo mi amor.

Así es como se ha pasado el tiempo y me he dedicado la mayor parte de él a mi hogar. A ratitos llena de preguntas y otros muchos más, llena de un agradecimiento inconmensurable con Dios, mi familia y mis seres queridos por su maravillosa presencia en mi vida.

Mayra Falcón Pineda
(Wisconsin, Estados Unidos)

Antes de mudarme a este país, las cosas parecían tan sencillas y fáciles: nunca se me cerró una puerta; nada se me complicaba. La búsqueda de trabajos era fácil y rápida, así que pensé que sería igual de sencillo aquí. Hasta la fecha no he podido revalidar absolutamente nada, en este país pareciera que nada de lo que haces es válido y tienes que volver a estudiar todo. Creo que todo es más fácil si ya vienes con un plan establecido; de lo contrario, pierdes tiempo y más tiempo tratando de planear y hacer todo lo que quieres.

Debido a mi pobre inglés, me costó mucho trabajo poder investigar y saber qué camino tenía que seguir, así que mi esposo me ayudó mucho a buscar y tocar puertas. De alguna manera, nos enteramos de que tenía que mandar mi tira de materias a que fueran evaluadas por una asociación de este país para saber qué grado me darían. Fue así que mi esposo encontró ECE (Foreign Credential Evaluation Reports). Ahí me dieron el título o revalidación de doctor en Audiología o AuD. En Estados Unidos y otros países, Audiología no es una residencia médica; es una maestría, así que yo ya solo necesitaba tomar el examen del estado para obtener mi licencia. Pensé que no tendría mayor problema: me sentía confiada. Me preparé por algunos meses, pero mi inglés seguía siendo malo. El examen no fue tan fácil como había pensado y, por la barrera del idioma, fue aún peor. Esto trajo desilusiones y desanimo. Aun así, seguimos buscando.

Tiempo después entre a trabajar al distrito escolar de mi ciudad. Necesitaba salir de casa y hacer algo más. Ahí me di cuenta de que había audiólogos escolares, me interesó y busqué lo que necesitaba para poder hacerlo. Solo tenía que tomar tres clases y practicar con un audiólogo escolar, parecía sencillo. Tomé las clases que necesitaba. Yo estaba embarazada y mi fecha probable de parto era casi junto con el final del semestre. Pensé que la libraría, pero no. Sebastián decidió llegar unas semanas antes, así que no pude terminar mis clases. Sin embargo, platiqué con mis profesores. Tenía la oportunidad de tomar mis exámenes finales unos meses después; desafortunadamente, dos meses después me enfermé del síndrome de Guillain Barre y no pude terminar mis clases.

Después de mi recuperación y regreso a Madison, dejé la idea de ser audióloga y busqué la maestría de *physician assistant* (*PA*). Un *PA* no es médico, pero ve sus propios pacientes, aunque trabaja bajo la supervisión de un médico. He aplicado tres veces, pero es tan competitiva que es difícil entrar. No quito el dedo del renglón y seguiré intentándolo.

Por ahora, trabajo como asistente de enfermera en una escuela Primaria. Tal vez aquellos médicos o personas que lean esto podrán preguntar que cómo pasé de doctor a asistente de enfermera, pero esto me ha dado la suficiente humildad para seguir adelante con todo esto. Ha sido un camino largo, cansado y frustrante, pero sé que al final todo valdrá la pena y tendré una gran recompensa.

Hazel-Ela Jiménez
(Houston, Estados Unidos)

Yo creo que me siento muy satisfecha de mi profesión y el tiempo que ejercí en mi país; tanto trabajo y opciones que tuve de crecer en su momento. Estoy muy agradecida con Dios y con la vida que me tocó porque pude ayudar a mucha gente físicamente: le di trabajo a muchas personas con mis negocios de farmacias, por lo que, al llegar aquí, estoy satisfecha. Ahora que cuento con el apoyo económico de mi pareja y no sentirme presionada para solventar gastos, pude con calma aceptar el cambio de ya no practicar medicina por lo difícil y con tantos requisitos que son los Steps; pude decidir de manera clara qué quiero hacer y qué planes quiero para mí y mi familia ahora.

Así que encontrarme que el revalidar el título era más complicado de lo que imaginé, me facilitó la decisión porque no quiero ser exclusiva de un lugar y un horario sin tener otra vez el tiempo para estar con mi familia. Mi visión de los negocios seguía en pie desde que llegué; no sabía qué tan difícil o fácil era poner farmacias y hacer lo mismo que hice en México. Investigué un poco y, primero que nada, necesitaba el capital para mi idea, así que debía generar primero ese dinero. Mientras mi esposo trabajaba encontrando la mejor opción, yo me dediqué a mis *hobbies*: aprendí a hacer uñas de gel, cocinaba postres y platillos siguiendo recetas con vídeos. Cuando menos lo pensé, encontré una opción que parecía buena sobre cómo invertir, pero primero tenía que aprender finanzas, así que me enfoqué al tema financiero como prioridad, estudié finanzas y economía un año en modalidad en línea. Al inicio fue superdifícil: no entendía nada; de hecho, pensé que haber estudiado Medicina me había quitado la habilidad en los números, pero no me rendí y seguí. Me gustó y elegí dedicarme a la inversión en el mercado de divisas extranjeras. Por fin le vi frutos y puedo apoyar a mi esposo. Me siento superagradecida con las circunstancias que me llevaron a esto.

Quité el dedo del renglón para poner negocio, así como a ejercer; quiero libertad financiera para hacer mi pasión, que es viajar, todo sin atarme a un trabajo. Me queda claro que el que debe trabajar es mi dinero; no yo. Me dedicaré a Forex: es con lo que ahora estoy practicando y sigo desarrollando más habilidades en este tema tan fascinante que me da el tiempo de estar en mi casa, genero un ingreso extra, puedo cuidar a mis hijas, mi esposo, y puedo planear la llegada de un nuevo integrante para hacer crecer la familia, lo que me llena de entusiasmo y con ganas de seguir adelante, además de que decidí compartir, por idea de una mamá doctora, lo que sé. Preparé un curso y les enseño a hacer lo que hago y a cambiar la visión que nos inculcan como latinos, de trabajar y trabajar para poder tener lo quieras: no es así. Quiero ayudar a más personas a cambiar la idea y a cumplir sus sueños, disfrutar a su familia, hacer lo que les gusta y tener tiempo y libertad.

Así que, si alguna vez piensas que el panorama es muy oscuro, no te aferres: fluye y seguro que encontrarás señales que indiquen que el camino de tu vida es otro.

Leticia López Pedraza
(Dallas, Estados Unidos)

Para ejercer medicina en Estados Unidos es necesario acreditar el USMLE. Hay programas que se encargan de prepararte para este proceso. Yo intenté con Kaplan: cuando lo hice ya tenía varios años de haberme graduado y estaba alejada del área por completo. Trabajaba, estudiaba y cuidaba a mi hija, pero siento que apresuré las cosas y no pasé el examen. Me faltaron muy pocos puntos para pasarlo, pero, según tengo entendido, reprobar uno de estos es casi un error fatal a la hora del *match*.

Yo tengo un trabajo de oficina: hago cosas extremadamente sencillas. Ha habido tiempos en que me he sentido esclava del trabajo. Esto lo digo porque nunca he podido dejar de trabajar ni para cuidar de mi hija ni para dedicarme de lleno a estudiar y eso me entristece porque tengo una profesión que a los ojos de cualquiera es envidiable.

Tenía este mismo empleo cuando me preparé para el Step 1. Tengo un compañero de trabajo que desde aquel entonces y hasta la fecha me llama por teléfono cuando se siente mal o cuando duda del diagnóstico que le da su doctor.

Antes casi no me gustaba decir que soy doctora porque la reacción de todo mundo es «¿qué haces aquí?». En cambio, ahora veo las cosas de diferente manera y sé que mi profesión me acompañará siempre.

Les platico qué fue lo que me hizo cambiar mi forma de pensar, solo entre doctores nos entendemos mejor y hay sentimientos muy afines. No hay nada más satisfactorio que ver cómo un enfermo se recupera y mejora su calidad de vida sin importar quién sea. Hay una frase muy bella: «Quien no vive para servir, no sirve para vivir». No es exclusiva para doctores, pero aplica muy bien.

Por otro lado, nadie como nosotros vive la enfermedad de un ser querido sin sentir impotencia al saber que no hay nada más que hacer; es un golpe muy duro, primero con la sospecha de que algo no anda bien y luego al tener un diagnóstico, con el corazón frío, piensas en el pronóstico y te dibujas el camino que te queda por recorrer a su lado. Desde mucho antes de que las cosas empeoren, puedes sentir los tragos amargos que te esperan, medio te preparas, te haces a la idea y aprecias la vida mucho más. ¡Qué decir cuando uno es el paciente y se tiene la plena conciencia de lo que sucede dentro de ti y del manejo que otros colegas te están dando! No es lo mismo estar atrás en la silla que acostada en la camilla; a estos últimos detalles yo les llamaría la «imperfección» de la profesión. Creo que un doctor sufre más en estos casos y, aunque yo no ejerzo mi profesión, no me escapó de sentir las «imperfecciones».

La mayoría de las personas idealiza al doctor como sinónimo de «perfección», «felicidad» y «dinero». Pero no saben el camino que hay detrás de la persona con la bata blanca: hay que sacrificar muchas cosas para tener ese título y hay que hacer otras tantas para mantenerlo. Es difícil, mas no imposible. Mis respetos para todas aquellas madres extranjeras que lo han logrado y también para todos aquellos quienes las han apoyado. También comprendo a todas aquellas madres que se dedican a otras cosas siendo profesionistas, y más a las mamás doctoras porque creo que somos juzgadas un poquito más.

Margarita Lovera Maldonado
(Michigan, Estados Unidos)

Revalidar título es un chiste, mejor digan «volver a estudiar». En mi caso, decidí dedicarme a mi familia y conocer el sistema, el país y la cultura; viaja. Ya invertí varios años de mi vida estudiando Medicina en México y no lo tiraré a la basura. En mi caso particular, espero regresar a México y hacer buena medicina allá, libre de las restricciones de la mafia de las compañías aseguradoras que controlan nuestra profesión en este país.

Victoria Martínez
(Atlanta, Estados Unidos)

Como he venido mencionado, no tenía metas específicas ni bien definidas, pero siempre es bueno conocer nuevas personas, nuevas amigas que enseñan muchísimo más de lo que uno cree encontrar, conocer y saber, y de ahí comencé nuevamente: actualmente, estoy tomando un curso de inglés que inicié desde cero por medio de la asociación latina del lugar donde resido, ya que, por el momento, económicamente es lo más accesible que tengo, aunque el curso es muy leve, ya que consta de niveles y terminarlo en sí lleva alrededor de cinco años. He de reconocer que me revivió el estar ahí: aprendo cosas nuevas, me divierto y, como digo, «son mis horas de relajación».

Y es aquí que, por compañeros de dicha clase, conoces universidades con cursos intensivos, por llamarlo de algún modo, pero con precios que por el momento no puedo pagar.

Así también de todo esto surgió la idea de revalidar mi título, pero para esto necesito tener muy buen inglés. Me llama demasiado la atención también realizar una maestría en nutrición. Aún tengo poco tiempo acá; estoy investigando universidades y programas. Debo ser sincera y confesarles que recién llegada dije: «Me dedicaré a otra cosa:

mi casa, mi hijo y alguna otra actividad que me dé solvencia económica», pero, después de conocer y escuchar tantas historias, me convencí de seguir adelante y hacer lo que más me gusta: la medicina o la investigación. Sin embargo, debo empezar por el inglés y eso es lo que estoy haciendo actualmente.

Lily Monroy Tijerina (Houston, Estados Unidos)

En Estados Unidos, como médico graduado internacional si quieres practicar medicina tienes tres opciones: Ser *medical doctor*, *physician assistant* o *nurse practitioner*. Yo decidí tomar el camino de *medical doctor*.

Mi título está revalidado en Estados Unidos por medio de ECFMG. Sin embargo, mi cédula o licencia para practicar no es válida y, para poder ejercer medicina aquí, es necesario pasar por un programa de residencia. Para obtener el certificado de ECFMG, hay que pasar dos exámenes llamados USMLE Steps. Todos los estudiantes de Medicina de este país también tienen que hacer los Steps y sin una residencia tampoco pueden ejercer. Así que el trato a los extranjeros es equitativo y a todos nos miden y califican con base en el mismo material.

Una vez aprobados los Steps, ya no se vuelven a presentar y la calificación que obtengas se utiliza para aplicar a la residencia. Si el primer ciclo que aplicas no obtienes ninguna plaza, entonces usas de nuevo los mismos Steps para el siguiente ciclo. El único modo de volver a hacer los exámenes es si repruebas o si pasan siete años y no completaste la certificación.

Ya con el certificado, en la página web de ECFMG solicitas un número de registro, llamado *token*, para entrar a ERAS (Electronic Residency Application System). Con esto creas una cuenta, llenas tu currículum y vas siguiendo todos los requisitos para tener una aplicación completa. A mitad de septiembre los programas empiezan a recibir aplicaciones mediante ERAS. Cada programa al que mandas la aplicación te cuesta y, entre más apliques, más caro es el precio por programa.

Después de esto, inicia la temporada de entrevistas. Estas duran entre seis y ocho horas, y algunas inician una noche antes con un evento social, donde puedes conocer a los residentes en un ambiente informal. En febrero, en la página de NRMP —creas una cuenta antes— debes subir tu lista de programas donde te entrevistaste en el orden que te gustaría quedar. Los programas también hacen una lista de aplicantes con el mismo orden y, por medio de algoritmos, se analiza si entre esas listas hay *match*. En marzo obtienes tu resultado y en julio inician todos los programas de residencia.

Hoy es mediados de enero y estoy por terminar mis entrevistas: espero con ansias que sea marzo. He dedicado todos los años que llevo aquí para poder hacer mi residencia y poder practicar medicina. Mi esposo también ha invertido en apoyarme y ayudarme en todo el proceso: él también es médico y tomó la decisión de pausar su proceso de certificación ECFMG para que entre los dos aceleremos el mío y que uno de los dos pueda entrar más rápido a la residencia. Pensamos que, si los dos hacíamos todo el proceso al mismo tiempo, íbamos a tardar más en que alguno pudiera conseguir una posición en un programa de residencia. Hemos trabajado mucho como equipo para poder sacarnos adelante y tener mejor futuro profesional, económico e inmigratorio, sobre todo porque al entrar a la residencia obtienes una visa diferente que te abre posibilidades. Mientras tanto, tengo una posición de técnico científico en una práctica de medicina familiar privada, donde realizó múltiples tareas clínicas, administrativas y de control de calidad.

Andrea Ponce de León Herrera
(San Francisco, Estados Unidos)

No, no he revalido el título: a pesar de que sé que es extremadamente difícil, es mi plan a futuro. He estudiado para el Step 1, pero nunca lo he presentado.

Los pasos en EUA son:

1. Al registrarse en línea en la página ECFMG (Educational Commission for Foreign Medical Graduates), te dan un número de identificación personal.
2. Mandar tus diplomas para ser evaluados por la ECFMG.
3. Una vez aprobados, puedes empezar a programar los exámenes.
4. Step 1: Es el filtro más grande y el examen más difícil. Aquí evalúan las ciencias básicas: Fisiología, Bioquímica, Anatomía, Patología, Microbiología, Inmunología, Farmacología Estadística. Usualmente, te lleva alrededor de seis u ocho meses prepararte para este examen.
5. Step 2: Al parecer este examen no es tan difícil; está más orientado clínicamente y evalúa aparatos y sistema. Está dividido en un examen práctico y uno teórico. Para estos exámenes recomiendan usualmente una preparación de entre cuatro y seis meses.
6. Step 3: Es un examen ya más orientado a integración de diagnóstico y tratamiento; es básicamente un requisito.

Cada examen tiene un costo elevado: existen varios cursos en línea y presenciales para su preparación, al igual que muchos foros y páginas donde encuentras información. No tienes que presentar los exámenes en orden; puedes empezar con el Step 2 o viceversa. Para poder competir por un lugar, recomiendan pasar los exámenes al primer intento. De otra forma, se reducen las posibilidades de hacer un *match*.

Después de haber presentado los exámenes, entras a un *match* en línea y puedes aplicar a todos los programas que quieras: si les interesas, te hablarán para una entrevista y, finalmente, quedarás aceptado en algún programa.

Sé que tengo todo en contra: soy una *old medical graduate* con pocas publicaciones y un *gap* de dos años, pero tengo la necesidad de intentarlo, aunque sé que las posibilidades de éxito son muy pocas.

Puedo recomendar literatura para el Step 1 que fue el único que he preparado:

Lectures Notes Kaplan, First Aid Step 1, Pathoma, UWorld, BRS physiology, BRS pharmacology, NBME.com

Actualmente, me encuentro trabajando en un ambiente médico: trabajo en una *community clinic* como *medical scribe* and *health educator*, lo cual, por lo menos, me permite estar vinculada con mi área profesional.

Carla Proskahuer Muñoz
(Michigan, Estados Unidos)

Al llegar a Estados Unidos me puse manos a la obra; pensaba revalidar mi título, me llevara el tiempo que me llevara. Empezaba a estudiar un poco y a investigar los trámites que realizar, cuando justamente decidimos también darnos esta nueva oportunidad de ser papás, así que momentáneamente decidí pausar mi vida profesional y dedicarme a mis hijas.

Ha sido un constante ir y venir de ideas; aún pienso que no quiero que todos los años invertidos estudiando se reduzcan a nada. Finalmente, la medicina es y siempre ha sido mi vocación, pero hay algo más que me llena, disfruto hacer y que finalmente hago todos los días: educar. Desde que mi hija era muy pequeña vivíamos en un conjunto de casas, le gustaba jugar con sus amiguitos y constantemente yo buscaba actividades para que hicieran cada tarde: un día los ponía a bailar; otro, a pintar o a hacer una manualidad, una canción, etc., y desde esos momentos pensaba que tal vez podría dedicarme a algo afín, pero mejor decidí ejercer mi carrera.

Pero las cosas cambian: como mencioné anteriormente, entré a la escuela de mi hija como voluntaria. Me fascinó trabajar con los niños y ahora nuevamente con una niña pequeña y viviendo en un país donde la etapa escolar inicia hasta los cinco años, siento que tal vez, y solo tal vez, sea bueno iniciar una nueva carrera y dedicarme a la educación. Claro, debo matricularme e ir nuevamente a la escuela; cualquiera de mis opciones aún no se ve cerca ni clara. Momentáneamente, mi vida profesional se encuentra en pausa y me dedico a mi mayor vocación: ¡ser mamá!

Alejandra Rodríguez Romero
(Arizona, Estados Unidos)

La revalidación del título en los Estados Unidos se hace por medio de la ECFMG (Educational Commission for Foreign Medical Graduates), www.ecfmg.org, organización que se encarga de certificar médicos de universidades fuera del país. Consiste en tres exámenes llamados Steps: 1, 2CK, 2CS, 3.

En estos exámenes se prueban los conocimientos de materias básicas en el Step 1. En el examen 2CK son evaluados los conocimientos de las especialidades médicas. Estos exámenes son ambos teóricos. El examen 2CS es un examen práctico donde diez escenarios son creados con pacientes ficticios para evaluación de las habilidades clínicas como lo son la toma de historia clínica/interrogatorio, exploración física enfocada a padecimiento y diagnóstico probable.

En mi opinión, el Step 1 es el más complicado, pues aborda materias básicas como Bioquímica, Genética e Histología con mucho más detalle y profundidad que lo visto en la Escuela de Medicina.

Al completar estos exámenes, es posible aplicar al proceso de elección para residencia médica, la cual es necesaria para poder ejercer. Esto es regulado por la NRMP (National Resident Matching Program), www.nrmp.org. Es un proceso complejo, donde el candidato, basado en la especialidad de elección, tiene la oportunidad de aplicar a todos los hospitales del país que ofrezcan esta especialidad. Por lo general, la convocatoria comienza en septiembre de cada año y termina con la selección de nuevos residentes en marzo. Un médico graduado en universidades del país solo necesita aplicar a unos diez o quince programas para ser seleccionado, comparado con aproximadamente ochenta programas a los que un médico foráneo necesita hacerlo para tener más oportunidad de ser seleccionado. Cada hospital/programa tiene sus especificaciones, como lo son el número de años después de graduación, calificación mínima de los Steps y si el programa acepta médicos extranjeros o no. La mayor limitación para médicos extranjeros es que la mayoría tenemos más de tres años como graduados y no todos los programas aceptan aplicaciones de más de tres años.

La aplicación consiste en crear un perfil con información que incluye experiencia clínica tanto en nuestro país como en los Estados Unidos, voluntariados y un escrito sobre por qué se escogió esa especialidad. Se adjuntan cartas de recomendación emitidas por médicos con los cuales se realizaron las rotaciones. Es recomendado haber hecho rotaciones, por lo menos, en tres diferentes hospitales para adquirir experiencia y cartas de recomendación.

Al recibir ya todas las aplicaciones —aproximadamente cuatro mil—, los jefes de enseñanza de cada hospital seleccionan, por lo general, cien candidatos a entrevista. Las entrevistas se llevan a cabo entre los meses de octubre y enero.

Los resultados de la selección son publicados en Internet en marzo, ya sea si uno fue o no seleccionado y dónde. De no ser seleccionado, hay que repetir el mismo proceso a la siguiente convocatoria, asegurándose de haber adquirido nueva experiencia y nuevas cartas de recomendación.

Sumie Lorena Rojas Murakami
(Lewisville, Estados Unidos)

De las primeras cosas que analicé cuando estaba segura de que me vendría a vivir a Estados Unidos fue qué pasaría con mi vida laboral: nunca había estado en mis planes ser ama de casa y mamá de tiempo completo, además de que no quería echar por la borda uno de los sueños más grandes de mi vida: ser médico.

Investigué lo que se necesitaba para poder revalidar mi título y, a pesar de que se veía como un proceso largo y difícil, estaba dispuesta a afrontarlo.

Como llegué embarazada, mi plan era tener a mi bebé, pasar con ella al cien por ciento unos meses y después iniciar el proceso. Sin embargo, la profesión de mamá me flechó más que la de médico, así que decidí postergar mi vida laboral por tiempo indefinido, aprendiendo que nunca debes juzgar las decisiones de los demás, pues siempre existirá un motivo que los llevó a tomarlas.

Cambié las mañanas de consulta por las mañanas de desayuno en familia y juegos con mi bebé; las tardes de ir al gimnasio y salidas con las amigas, por tardes en el parque o de paseo en familia; las noches de fiesta, por noches cuidando a mi bebé y platicando con mi esposo de tantos sueños y planes que revolotean en nuestra cabeza. Cambié los tacones por tenis y las batas por un suéter lleno de leche o saliva de bebé Cambié el cuidar a muchos pacientes, por cuidar a dos; los más difíciles, porque son los que más amo: mi esposo y mi bebé.

No fue una decisión fácil, pero es la que me hace sentir feliz y en equilibrio; admiro y respeto a todas aquellas colegas que deciden emprender el camino de la revalidación, pero me di cuenta de que, al menos en este momento, este no es el camino para mí.

Ana Laura Sánchez
(McAllen, Estados Unidos

Desde que sabía que migraría a Estados Unidos, cometí el error de no investigar a fondo qué necesitaría para poder revalidar mis estudios de Medicina; le dejé todo al destino y, como menciono anteriormente, esto fue un gran error.

Estando ya en Estados Unidos comencé a investigar, puesto que no conocía a nadie y no tuve un apoyo al respecto, miraba que el trámite sería largo y comencé a aprender el proceso. Como platiqué en capítulos anteriores, en los primeros meses de estadía el alcoholismo por meses me nubló del objetivo.

Cuando aclaré un poco más mi mente, me di cuenta de que, si quería presentar los exámenes llamados USMLE que me permitirían revalidar mis estudios y buscar realizar una especialidad médica en Estados Unidos, debía dedicarme exclusivamente a estudiar y buscar aprobarlos.

Los exámenes no son imposibles, pero sí con un grado de dificultad, sobre todo el primer examen que es sobre conocimiento de las ciencias básicas que en mi caso tendría más de diez años de haber cursado. Recuerdo muy bien las palabras de un amigo que había logrado pasar los exámenes: «Ana, si quieres pasar los exámenes es un trabajo de tiempo completo. Lo recomendado es estudiar de seis a ocho horas diarias, seis veces a la semana por un mínimo de ocho meses».

Buscando cómo organizarme, comencé a estudiar para el examen mientras realizaba mi curso de *medical assistant*, que me permitiría obtener una licencia para trabajar como asistente en el medio médico. Sin embargo, ya tenía a mi bebé de aproximadamente seis meses y todo junto me llevó a la decisión de dejar de estudiar para el examen, agregando que tenía que comenzar a trabajar, pues económicamente tenía que aportar al hogar.

Así siguió pasando el tiempo. Tristemente, veía como cada vez más se alejaba la oportunidad de algún día presentar el examen y de algún día volver a ejercer medicina. Comencé a mirar otros caminos que me permitieran no estar tan lejos de mi amada medicina, pero las opciones no eran muchas y eran poco reales.

Me dediqué a trabajar; tuve oportunidades en varias posiciones laborales donde debo reconocer que aprendí mucho, tales como *medical assistant*, *emergency tech*, *care coordinator* y *scribe*, hasta que un día, cansada de la rutina, de no salir de ese lugar de asistente y de un episodio de depresión y colapso físico, me decidí por hacer un posgrado que me permitiera tener una mejor posición profesional, emocional, académica y laboral; que me permitiera aspirar a algo más.

A la par emprendí un gimnasio con mi esposo: un bonito proyecto que comenzamos con el siempre incondicional apoyo de mis papás. Ese proyecto me ayudó mucho emocionalmente a desprenderme de la rama médica hasta encontrar un mejor camino.

Investigué muchos programas de maestrías, encontrando una buena oportunidad en el campo de la Nutrición: un programa 100% en línea y en la universidad de mi comunidad, Universidad de Texas Valle del Río Grande, con el apoyo de mi ángel incondicional, mi amigo Luis.

No me tardé en investigar los requisitos de admisión y buscar la opción de ingresar, pero entonces la gran pregunta era «¿cómo iba a pagarla?».

Sabiendo que económicamente no era posible el apoyo de mi esposo para la realización de maestría y que yo sola no podría costearla, mis dos ángeles más amados, mis padres, hicieron aparición, apoyándome a solventar mis estudios de posgrado.

Teniendo ya el lado financiero resuelto, procedí a realizar todos los trámites, buscar pasar el TOEFL, que me tomó dos veces presentarlo para aprobar el puntaje necesario para ser aceptada en la universidad, buscar a los médicos y amigos que me ayudaran y confiaran en mí para las cartas de recomendación. En fin, todos los requisitos que tenía que cumplir.

Mi aplicación fue aceptada y solo debía esperar a ser aceptada en el programa. Las semanas pasaban sin recibir respuesta de la universidad, pero tenía toda la esperanza que después de tanto luchar, una esperanza y oportunidad viable debía existir para mí.

Recuerdo que estaba sentada en la computadora de mi trabajo en ese día, en el mes de agosto de 2016, cuando me llegó un correo de la universidad: no quería ni abrirlo; moría de los nervios. No quería saberme rechazada, pero tomé valor y abrí el correo que me dirigía al enlace de la universidad. Era una carta de felicitación porque había sido seleccionada para realizar la maestría en Ciencias de la Salud y Nutrición. Sonreí, lloré, grité del gusto, aunque mis compañeros de trabajo no entendían qué pasaba.

Desde ese día comencé a ver las cosas diferentes, añorando mi amada medicina, pero sabiendo que ese estudio de posgrado me daría un grado académico de valor alto y que por fin mi vida cambiaría.

Al día de hoy, iniciando el año 2018, me falta un semestre para terminarla; estos estudios me servirán tanto en Estados Unidos como en México u otro país; me han hecho levantar la frente de saber que pude luchar por algo más, salir de donde estaba y poder decir orgullosamente que tengo estudios en el extranjero, que me han costado dinero, esfuerzo, lágrimas, dolor, pero sobre todo me brindan una satisfacción enorme a mí misma y no solo me hacen sentir orgullosa a mí, sino también a toda mi familia.

Todos los días cierro mis ojos pensando en el momento en el que en mi ceremonia de graduación se escuche mi nombre y tenga el honor de caminar por ese pasillo largo del auditorio para recoger mi esfuerzo y mi sueño.

Karla Uribe
(McAllen, Estados Unidos)

¡Qué gran dilema llegar a Estados Unidos con el gran sueño de ser médico en este país y gozar de los grandes beneficios económicos aunados a esto! Enfrentarme con el proceso, complicado, largo y difícil fue mi primer *reality check*, además de darme cuenta de que la especialidad que había hecho no contaba realmente; el tener que empezar desde cero con una especialidad diferente fue lo siguiente con lo que tuve que lidiar.

Mi residencia en México fue muy difícil: me tocó coincidir con personas que consideraban mi discapacidad física —secuelas de PCI, por prematuridad 27SDG—, una discapacidad intelectual también y la lucha a contracorriente fue durísima. Gracias al apoyo incondicional de mis papás y del Dr. Edgar Zenteno Galindo, pude cambiarme de sede y terminar. El golpe emocional de dejar todo atrás y empezar desde cero me causó mucha frustración y, aunque sea difícil de aceptar, cierto dolor y hasta coraje. Estaba renuente y agregar a ese sentimiento la idea de dejar a mi hija con una nana, me hizo no vivir en paz por muchos años.

Tres años después de llegar a EUA, empecé los trámites para revalidar el título y hacer los Steps. Con mucho esfuerzo pagamos la traducción del título, batallamos con la UNAM y logré inscribirme al Step 1. En mi papel de mamá solo tenía tiempo de estudiar tres horas diarias. Por eBay compré unos libros de Kaplan de un par de años atrás, hice muchos apuntes, pero nos faltaba capital para una nana; bancos de preguntas o cursos. Seis meses después, decidí hacer el Step1.

Cuando iba rumbo al examen, me subí al carro y vi a mi esposo cuando me cerraba la puerta y le dije: «¿Y si no lo paso?». Él dice que en ese momento supo que no lo pasaría; ahora que lo analizo, creo que lo que me hizo fallar fue que subconscientemente no estaba lista para dejar a mi hija: saqué ciento noventa; el *passing score* ese año era ciento noventa y seis.

Puedo decir que el día que recibí el resultado fue uno de los más difíciles de mi vida. En toda mi vida académica nunca había reprobado un examen importante: había pasado de una Preparatoria privada a Medicina a la UNAM a la primera y del ENARM pasado a la primera para ORL. ¡Qué golpe tan duro! Lloré y lloré. Después de un tiempo pensé que por algo habían pasado las cosas de esa manera y que si no había pasado era porque no estaba lista. Decidí explorar otras opciones que requirieran menos tiempo.

Tiempo después, hice el examen para RN en línea. ¡Ese lo pasé con noventa y siete! Es mérito porque es el que hacen aquí saliendo de la Preparatoria y sobra decir que yo había salido hacía mucho tiempo. Cuando ya tenía todo listo en la universidad, me dicen: «¡Felicidades por pasar tu examen de admisión! ¡Ahora solo tienes que hacer diez materias de prepa que te faltan!». Otra vez de vuelta al principio, ¡enojada y frustrada! ¿Materias de prepa? ¡Si soy médico especialista!

Al final, el tiempo lo cura todo: encontré un taller de oración que me hizo encontrar paz interior de poco en poco. Todo en la vida son decisiones y escogí ser mamá y atesorar cada momento compartido y dedicado a mi familia. Disfruto mucho ser voluntaria para cada evento de la escuela. Me encanta ver la cara de satisfacción de mis hijos cuando me ven formar parte de sus actividades.

Aprendí a hacer pasteles, mesas de postres, *stickers* personalizados y todo lo necesario para que tuvieran bonitas fiestas de cumpleaños.

Llegó mi segundo hijo y con eso, desde el primer día del embarazo, dejé de pensar siquiera en cualquier posibilidad profesional para mí. En este momento la situación financiera había cambiado drásticamente con respecto a mi primer embarazo. Tuve la oportunidad de hacer y disfrutar todo lo que en la primera ocasión no pude: ropa, fotos, *baby showers* y demás. Un verdadero privilegio.

Encontrar al grupo de mamás doctoras me cambió nuevamente la perspectiva de la vida. He vuelto a cuestionarme un millón de veces si debería o no hacer los Steps. Si en mis manos está hacer ese esfuerzo y sacrificio para cambiar el nivel socioeconómico, sigo sin estar segura.

Hasta el momento en el que escribo estas líneas, que después de diez años he vuelto a la vida laboral como *medical scribe*, creo que un buen punto intermedio sería un máster en Administración de Salud que me diera un mejor ingreso y sería un proceso mucho menos complicado. El tiempo dirá.

Solo puedo decir que el tiempo dedicado a mis hijos y a consolidar mi matrimonio y mi familia ha sido un privilegio muy grande y una gran bendición.

Jeannette Uribe
(Michigan, Estados Unidos)

El motivo por el que me mudé a los EUA fue precisamente para revalidar mi título, repetir la residencia de Ginecología y ejercer en este país.

Tal vez me apresuré un poco en mudarme, pero esperar me habría hecho reconsiderar la situación y probablemente nunca intentarlo. Tomé la decisión apenas me gradué de la especialidad y embarazada de mi primer bebé. Siendo residente legal de los EUA, quería ofrecerle a mi hijo una doble nacionalidad, que en un futuro le servirá en la toma de sus decisiones.

El primer y principal obstáculo fue el idioma. Durante mi infancia no tuve la oportunidad de asistir a una escuela bilingüe; mi nivel de inglés era el básico hasta la facultad. Las escuelas públicas a las que asistí me enseñaron el verbo «*to be*» cada año, de ahí no pasábamos. Cuando llegué a EUA, pensé que mi nivel no era tan malo porque podía leer los artículos de medicina muy fácilmente, pero me di cuenta de que acerca del lenguaje básico no sabía nada. Al principio fue frustrante. Mi oído no estaba entrenado y, mucho menos, cuando hablaban poco claro y rápido.

Durante un año tomé clases de inglés para adultos. El programa se llama ESL (English as a Second Language), es gratis y estoy casi segura de que en todas las ciudades cuentan con uno. Lo que más me ayudó a aprender a hablarlo fue la práctica: dejé atrás la pena y el miedo a equivocarme. No me importaba lo que la gente pensara acerca de mi acento o de mi escaso vocabulario. De cualquier manera, no me conocían.

No importa cuán bajo sea tu nivel de inglés; ¡que eso no te detenga! Nunca es tarde para aprender este o cualquier otro idioma.

Para revalidar mi título de médico general, lo único que puede ser revalidado —porque la especialidad creo que, en lugar de ser un punto a favor, ha sido un punto en mi contra—, tiene que ser a través de la ECFMG (Educational Commission for Foreign Medical Graduates). Es la única organización que existe para médicos foráneos que se encarga de validar que realmente estudiaste Medicina en tu país. Una vez validado tu título, te autoriza tomar los exámenes, obtener la certificación y poder aplicar para una residencia médica. Los exámenes son tres para obtener la certificación del ECFMG: Step 1, Step 2 Clinical Knowledge CK y Step 2 Clinical Skills CS. Yo empecé por el Step 1, aunque puedes empezar por el Step 2 CK si así lo prefieres, pero mi signo es virgo.

Al tiempo que estudiaba, también revisaba la página de la ECFMG. Lo hice cientos de veces. A primera vista parece un mar de complejos requisitos, pero, como todo, se debe empezar por el principio. Lo primero es registrarse y saber que no estás solo. Ellos te van guiando y solicitando documentos. Mi peregrinar fue porque en mi universidad en México no tenían ni idea sobre lo que les estaba hablando. Existe una forma (F-186) que ellos te dan durante el proceso de revalidación. Dicha forma es en inglés y tiene que ser firmada por las autoridades de la Escuela de Medicina. Mi problema fue que las firmas no coincidían con las firmas que ellos tenían en sus archivos, ¡sabría Dios de qué año eran! Mi mamá tuvo que ir a la escuela en muchas ocasiones hasta conseguir la firma correcta. Si sabes de algunos exalumnos de tu universidad que ya hayan hecho el trámite, te recomiendo te asesores con ellos.

Esta comunicación entre la universidad y la ECFMG tiene que ser directa. Eso implica que la universidad tiene que enviarles los documentos, no el alumno. Dada la disponibilidad de mi escuela, yo pagaba y hacía los envíos y los ponía a ellos como remitentes. Incluso abrí una cuenta en FEDEX en Estados Unidos para que fuera usada por ambas partes. Todos los documentos tienen que ser enviados con su respectiva traducción por un perito traductor y certificados. Yo tuve que buscar los traductores y pagarlos porque mi escuela no tenía ese servicio.

El proceso implica tiempo, dinero, esfuerzo, demasiada dedicación, persistencia y resiliencia.

Existen cursos llamados Kaplan que te ayudan a prepararte para los exámenes. Por varias razones, yo no los tomé: una, económica y otra, no tengo familiares en las ciudades donde estos se imparten y no me habrían sido de provecho dado mi poco entendimiento del idioma durante el primer año que estuve aquí. Una amiga, que fue interna cuando yo era residente, ya había pasado sus exámenes y al siguiente año fue aceptada en Medicina Interna. Ella me asesoró cuando yo ya no sabía por dónde. También compartió conmigo todos los libros electrónicos necesarios para el Step 1 y el Step 2, que también son los Kaplan. Además de los libros electrónicos, también leí dos libros que compré para el primer examen: el *First Aid for the USMLE Step 1*, de Tao Le y colaboradores, y el de *Pathology*, de Edward Goljan. También existe un foro, USMLE forum, donde se intercambia información, comentarios y experiencias. En dicho sitio web encontré a un exalumno de mi universidad y a una pareja de estudio para cuando fui a Filadelfia a presentar mi examen

Exactamente al año de haberme mudado a los EUA, presenté mi primer examen: mi calificación no fue muy buena, pero lo pasé. Ahora me arrepiento porque de esa calificación depende que los programas de residencia revisen tu aplicación. Desafortunadamente, como médicos foráneos, tenemos que ser extraordinariamente buenos para ser aceptados o de plano muy suertudos. No tuve la guía apropiada que me advirtiera de esto y, una vez que tomas el examen, no lo puedes volver a tomar a menos que lo repruebes. Ese examen ha sido el más difícil de mi vida. El tiempo no me alcanzaba a veces ni para terminar el módulo; mucho menos para regresar a revisar las preguntas que había dejado como pendientes. Fue una pesadilla. Creí que no había pasado.

El resultado es publicado en la misma página del ECFMG al cuarto miércoles. Cuando supe que había aprobado, me dio muchísimo gusto y confianza de que en el próximo podría hacerlo mucho mejor.

Para el segundo examen estudié por seis meses, me basé en el *USMLE Step 2 CK Kaplan* y leí todos los libros por especialidad que mi amiga me había compartido. Durante los últimos dos meses, me suscribí a una página que se llama UWorld, donde tienes acceso a un banco de preguntas y practicas los exámenes. Es muy recomendable porque te vas habituando al tipo de preguntas del examen real y te da un estimado de tu calificación para que te autoevalúes y te enfoques en tus debilidades. Me arrepiento por no haberlo hecho para el primer examen; muchas de las preguntas son muy parecidas al examen real.

El segundo examen lo disfruté. Me sentía mucho más confiada y el resultado fue mucho mejor. Un mes más tarde presenté el tercer examen: Step 2 CS. Este examen es clínico: evalúan tu nivel de inglés y tu habilidad para recolectar e integrar información clínica para emitir diagnósticos diferenciales. Los pacientes son actores y ellos también te evalúan. El examen solo se puede presentar en algunas ciudades. El mío lo presenté en Filadelfia. No es sencillo y es estresante porque es a contratiempo y, como todos, no sabes si lo pasaste hasta que te dan el resultado, que en mi caso tardó como tres meses.

Al mismo tiempo que estudiaba para mi segundo examen, empecé a buscar programas y a averiguar qué otros requisitos pedían para aplicar para la residencia. En general piden tres cartas de recomendación de médicos de preferencia de EUA. Traté de buscar cerca de donde vivía, toqué muchas puertas y el único que me permitió rotar como observador fue el ginecólogo de mi cuñada y eso fue porque ella como paciente se lo pidió. Desesperada por obtener experiencia en los EUA y las dichosas cartas de recomendación, encontré una compañía privada en Internet que te ayuda a conseguir médicos alrededor del país que te acepten. Claro, no es gratis: pagué la minúscula cantidad de 2500 dólares por mes, pero ninguno estaba en la ciudad donde vivíamos y lo más cercano era a tres horas. Eso implicaría comprar un nuevo carro para viajar porque el que teníamos no llegaba tan lejos y también pagar para la guardería de mi hijo. Económicamente, ninguna de las dos cosas nos era posible, por lo que nos mudamos a la casa de mis suegros en Florida en febrero de 2016.

Aparentemente tenía todo listo para aplicar: exámenes pasados, cartas de recomendación, la certificación por parte del ECFMG, un poco de experiencia en Estados Unidos y mucha experiencia en mi país. Apliqué para el 2016 *match* —en realidad aplicas en septiembre del año anterior,

2015 en mi caso— y solo obtuve una invitación para entrevista. Las posibilidades de que quedes son más altas cuando, por lo menos, te han entrevistado en cinco hospitales. Los resultados son emitidos en marzo del siguiente año. Desafortunadamente, no fui aceptada. Mi autoestima se fue por los suelos. Pensé que tal vez fue porque había enviado mis aplicaciones hasta octubre. Una vez que obtuve mi resultado del último examen, supe que esa era la razón de por qué no había sido llamada a mas entrevistas. Al siguiente año apliqué a tiempo y estaba trabajando en un hospital como flebotomista. Sin embargo, para mi sorpresa no obtuve ninguna entrevista. Los correos electrónicos diciendo «su solicitud ha sido rechazada» ya no me decepcionaron tanto como lo hicieron la primera vez. Actualmente, estoy aplicando por tercera vez y espero por Dios para que esta sea la vencida. En caso de que no lo sea, seguiré luchando y esforzándome por cumplir mi sueño. Sigo contando con el apoyo de mi esposo y hemos formado una hermosa familia que, a fin de cuentas, es lo que me hace feliz y me motiva.

Talia Wegman-Ostrosky
(Maryland, Estados Unidos)

Dedicarse a investigación tiene la gran bondad de que los trámites son relativamente fáciles comparados con revalidar una especialidad médica. En mi caso lo único que pidieron fue una copia traducida de mi título de doctorado, una traducción sencilla por un traductor profesional. Algunos centros de investigación solicitan una traducción oficial, la cual se debe apostillar, pero no fue mi caso, así que mucho no puedo contar del tema.

Dedicarse a investigación tiene otra gran ventaja, que el título de médico es equivalente a doctorado, así que, en muchos casos con el título de médico, sin tener maestría o doctorado, se puede aplicar a posdoctorado, pero esto depende de cada convocatoria. Para poder aplicar a la convocatoria de posdoctorado en el extranjero de CONACYT sí se requiere tener doctorado. Pero existen muchas otras opciones donde esto no es necesario.

El primer paso para conseguir una estancia posdoctoral es conseguir tutor. Puede haber convocatorias abiertas, las cuales se encuentran en las páginas de las universidades, pero muchas veces los tutores tienen presupuesto para poder pagarle a un posdoctor. Así que lo que se tiene que hacer es soñar en cuáles serían los investigadores con los que uno quisiera trabajar o en las líneas de investigación y escribir muchos correos. Uno se puede llevar gratas sorpresas: algunos de los grandes investigadores, incluidos premios nobel, están muy interesados en tener diversidad dentro de sus grupos de trabajo. En estos casos, un buen correo y un buen CV pueden abrir más puertas de las que se creen. Una manera de hacer una buena carta es leer el CV del investigador y saber cuál es su línea de investigación. Al escribir la carta se deben incluir detalles específicos: «He leído su trabajo "X" y "Y", y creo que son muy interesantes y han tenido un gran impacto por "Z", así que sería un gran honor trabajar con usted en el tema "A"».

Nada de mandar mensajes genéricos y un buen CV en investigación básicamente se trata del número de publicaciones y las revistas donde están publicadas estas colaboraciones. Otro de los puntos importantes son alumnos titulados y clases, así como pláticas y pósteres presentados en congresos. Si se tiene algún diplomado, en especial algún seminario o diplomado internacional, puede ser de interés.

Giovanna Zanella
(California, Estados Unidos)

Mientras estaba haciendo investigación, terminé varios cursos y certificados en el Instituto de Neurociencias que me valen créditos: son parte del programa de educación continua de la universidad. Desde que tuve a mi hija, me dediqué a cuidarla porque siempre supe que quería ser yo la que estuviera con mis hijos sus primeros años.

En este momento estoy por aplicar para un programa que ayuda a *foreign medical graduates*. Es un programa donde ayudan a los médicos que se graduaron fuera de Estados Unidos, Puerto Rico y Canadá.

Es un proceso cuya duración va a depender de si ya se presentó algún Step o si se tiene alguna preparación o estudios para presentar los Steps, así como del grado de inglés que se tenga.

Capítulo 7
Metas nuevas, retos nuevos

Leticia Farfan Cruz
(Talara, Perú)

Antes una de mis metas era hacer una especialidad médica como fuera. Ahora no es mi prioridad: puedo sobresalir como médico general aun sin especialidad. Por ese motivo replanteé como metas hacer la maestría en materia legal porque me llama mucho la atención y me gusta. Cabe mencionar que el año pasado culminé un diplomado en Medicina Legal y esto me impulsó más a querer realizar la maestría en dicha área. Sé que en cuanto se presente la oportunidad, lograré mi objetivo.

Otra meta que tengo presente es que quiero estudiar inglés, ya que mi nivel del mismo no es bueno y en la actualidad es realmente una herramienta de gran utilidad para poder avanzar tanto personal como profesionalmente.

En el ámbito familiar, mi principal objetivo es ser feliz; mostrarles a mis hijos el valor de la vida; enseñarles a ser felices, respetuosos, leales. Deseo que sean niños dichosos para que en el futuro sean personas de bien y tengan las herramientas para alcanzar sus objetivos sin lastimar a nadie. Deseo también llegar a la vejez al lado de mi esposo, con quien he pasado situaciones difíciles, pero también momentos maravillosos y de quien me siento enamorada. Es el hombre a quien amo y respeto.

Una meta importante es, primero, ir de vacaciones a México para que mis hijos conozcan a mi mamá, hermanos, sobrinos y demás familia cercana. Para ese viaje tenemos en mente permanecer, por lo menos, mes y medio, y realmente espero lograrlo pronto, ya que para más adelante la meta ya no es ir de vacaciones, sino regresar a radicar en México. Esta es una meta familiar que mi esposo y yo tenemos planteada desde hace años.

Nuestras metas una vez que nos encontremos allá es, primero, comprar un departamento, obtener un trabajo y a corto plazo queremos implementar un consultorio y también una farmacia para trabajar ahí y, de esta manera, manejar nuestros tiempos sin descuidar a los niños, que en ese momento serán adolescentes y requerirán de toda nuestra atención.

Como verás, mis metas son de momento pocas pero concretas y sé que con esfuerzo y dedicación lograré cada una de ellas.

Alma X. Ortega
(Costa Rica)

En estos momentos estoy pasando por algo muy parecido a una crisis profesional. Después de estudiar Medicina, inmediatamente inicié la maestría y, después de diez años y medio de ser estudiante universitaria, me sentía harta de la vida estudiantil, así es que mi nueva etapa en el plano personal se acompañaba de una nueva etapa en el plano profesional. Ya no sería más una estudiante que, además, trabaja a medio tiempo. Entraría de pleno a la vida laboral: no más exámenes por presentar —o eso pensaba yo—, ensayos, presentaciones, etc.

Desde ese entonces han pasado ya seis años y un poco más de cinco años en que he venido a formar parte de una empresa privada, a la que he visto nacer, pasar por dificultades —muchas— y madurar también conmigo. En todo este proceso, he tenido que presentar muchos exámenes, tanto para la homologación del título como mis ya tres intentos por ingresar a una especialidad médica en Costa Rica. Este proceso consta de dos etapas en las cuales hay que ser del 30% con mejor puntaje en un examen inicial —etapa uno— de conocimientos en medicina general, para seguir con otro examen —etapa dos— específico de la especialidad. Esto me parece un tanto injusto, pues en otros países solo se tiene que pasar un examen general y, con base en ese puntaje, se obtiene la plaza dependiendo de los aplicantes a la plaza. Aquí en Costa Rica se tiene que tener, además de cursos que se traducen en puntaje, publicaciones, idiomas y una excelente entrevista en donde, además, hay que ganarle a los aplicantes que también se postulan para la especialidad de interés, donde algunos ya trabajan en esa área, y obtener un puntaje mayor a setenta puntos global para, aun después de todo esto, estar dentro de los primeros lugares, pues muchas especialidades solo ofertan una o dos plazas por año y a veces ni siquiera eso, y hay que esperar todo otro año o aplicar para otra especialidad que sí esté ofertando plazas ese año. Esas son algunas de las desventajas de vivir en un país con tan solo cinco millones de habitantes y donde la medicina es, por lo general, bien pagada, por lo que se ha saturado.

Así es como me encuentro en estos momentos: anhelando de nuevo los libros, presentaciones, en fin, todo lo que antes ya me tenía cansada. Está en mi naturaleza, y creo que en la de todo médico, el siempre querer seguir estudiando, aprendiendo. El conocimiento se llega a convertir en algo adictivo y muy reconfortante.

Xóchitl Palacios
(Brasil)

Nuevamente la posibilidad de otra mudanza comienza a asomarse, sin certezas sobre el destino, sin saber el tiempo exacto para el inicio del nuevo ciclo, con esa inquietud que comienza ante la incertidumbre que me hace realizar una pausa ante los planes y proyectos para este nuevo año, con la necesidad de replantearme algunas de mis metas y la urgencia de mantener y priorizar algunas otras.

Desde que abrí el paréntesis en mi vida laboral fue con la perspectiva de que algún día lo cerraría y volvería al contacto médica-paciente. Para disfrutar esa área de mi vida que tanto me nutre y para cumplir algunos sueños, el plan era reiniciar con actividades profesionales cuando mi hija menor comenzara el maternal. Sin embargo, tuve la oportunidad de iniciar antes gracias a la apertura de cursos que complementaban mi formación en Terapia Sexual. De ese modo, pude realizar dos cursos en línea y dos presenciales. El siguiente paso sería otra especialidad en una institución privada, en modalidad presencial. No obstante, ahora necesito cambiar a la forma en línea. El camino hacia la homologación del título de Medicina General lo realizaré hasta donde sea inminente la salida de Brasil. Por ahora continuaré con la preparación para el examen Celpe-Bras, que se realizará en el próximo mes de abril y con los cursos de preparación para el examen TOEFL. Por otro lado, participar en congresos en el área de sexología: dos internacionales y uno nacional.

Sin embargo, antes de lo profesional existen tres áreas prioritarias en mi vida: la primera concerniente a mí; la segunda, a mi esposo y la tercera, a mis hijos. Quizá después de ellos, haya acciones por realizar con mi demás familia y amigos.

Referente a mí, necesito retomar mis lecturas en temas diferentes a la medicina o sexología, de manera más lúdica, preferentemente en idioma portugués. Pretendo recuperar mis indispensables momentos de soledad, introspección y meditación para continuar cuidando mis áreas espiritual y emocional. Y en lo profesional, posterior al examen Celpe-Brás, retomar el proceso de homologación de los títulos de grado y posgrados.

En relación con mi esposo, como terapeuta reconozco la importancia del cuidado individual, de la pareja y la relación, y ahora retomaremos nuestras citas semanales, además de planear nuestro primer viaje sin la compañía de los hijos.

Con mis pequeños deseo continuar estimulando su autoestima, seguridad, confianza, dedicándoles las tardes para nuestras actividades lúdicas y de estimulación neurosensorial. Continuar sus clases de educación sexual, las horas de lectura y refuerzo de contenidos escolares en sus tres idiomas actuales; quizá aprender un cuarto idioma.

Una vez confirmada la fecha y destino de la próxima mudanza, será necesario reconsiderar alguna de esas metas, principalmente las profesionales, que por ahora son secundarias. Las principales con relación a mí, esposo e hijos, permanecerán inamovibles frente a los cambios.

Olga A. Tinajero Castañeda
(Panamá)

«Si quieres hacer reír a Dios, cuéntale tus planes». Frente a la expectativa de proyectar planes y establecer metas, es útil tener en cuenta que surgen circunstancias inesperadas. Algunas pudieran ser realmente trascendentes y habrá que aprovechar para tomarlas e incluirlas a nuestra idea original. Otras quizá solo provoquen confusión, esas se dejan pasar para poder continuar. En cualquier caso, lo que corresponde es tomar el tiempo para identificar nuevas oportunidades; asignarles un valor que nos ayude a establecer su importancia en el contexto de nuestros planes y analizar alternativas para entonces poder considerar modificaciones o cambios. En resumen, ser flexibles es lo que funciona.

En este momento, estoy enfocada en mi familia. No tengo mejor plan que ayudar a crecer a mi hijo con bases sólidas. Él tiene catorce años y yo estoy convencida que debo estar cerca. Es un chico con muchas habilidades: sabe escuchar y estamos logrando esa independencia y control que necesita para desarrollar todo su potencial. Ha sido un trabajo de años, al que le faltan muchos más que sé que voy a seguir disfrutando. Ya es más alto que yo. Mi hermano dice que eso no es ningún mérito, solo mido 1,63 m; el verdadero reto es alcanzar al papá, que está arañando el 1,90 m.

¿Qué más me ocupa? Mis papás. Ambos pasan los setenta años y, aunque han sido personas muy sanas, en los últimos meses han necesitado mayor atención en su salud. Agradezco a Dios estar donde soy necesaria y el tiempo del que puedo disponer para atenderlos. No siempre se reúne el «querer» y el «poder». A mí me ha concedido ambos.

Otro punto importante en la ecuación es mi esposo. Para él también intento ser un apoyo, aunque ahora le digo lo que no me gusta y tengo muy clara la importancia de hablar y poner límites. Trato de ayudarlo a encontrar un equilibrio sano. Mi esposo disfruta mucho lo que hace y se desboca en el trabajo y los compromisos. Estoy en el estira y afloja, haciéndole ver que necesita destinar más tiempo para nosotros e intentando no abrumarlo con el tema, obvio que el proceso para hacerlo ver que no estamos conformes con la manera en que distribuye su tiempo le hace incomodarse, pero se lo tengo que decir. Créanme, el propósito no es hostigar y molestar, es motivarlo a analizar y que logre hacer un cambio convencido de la importancia de su participación en esta ecuación de tres que formamos. No comparto la idea del hombre que cree que su único compromiso es ser proveedor.

En el área profesional, no tengo un plan específico. Sé que no voy a hacer el internado nuevamente y debo expresar mi enorme admiración a todos aquellos médicos especialistas que fuera de su país logran cumplir con los requisitos para continuar el ejercicio de su profesión. Mi respeto y reconocimiento. Continuaré con mi trabajo en investigación. Ese sí que no lo suelto. Tengo una gran lista de beneficios derivados de mi actividad laboral. Me interesa poder lograr más contactos con nuevos grupos y tener más proyectos.

¡Qué agradable es poder sentarme a analizar qué deseo hacer, qué me interesa y adónde quiero dirigir mis esfuerzos! Siempre he pensado que tener la opción de elegir es una enorme ventaja, es una bendición hacer las cosas porque así lo decides, porque te conviene, porque te gusta, porque quieres y no por obligación o porque tienes la necesidad de hacerlo; una gran fortuna que Dios me ha concedido.

Angélica Cuapio
(Alemania, Austria, Suecia)

Después de terminar el primer posdoctorado, permanecí dos años en casa entre los dos periodos de embarazo y dos niños pequeñitos. Para encender motores y regresar a la vida laboral, comencé a buscar opciones y apliqué en diferentes grupos en Estocolmo, pero no tenían lugar físico para nuevo personal. El profesor en el Karolinska con quien apliqué me invitó a Estocolmo para hacer una presentación y conocer su grupo. Aparte de mi experiencia en el campo de investigación de las NK cells y la forma de relacionarme socialmente con los colegas de su grupo, lo que convenció al profesor que me entrevistó fue que le propuse escribir un proyecto de investigación para poder extender mi contrato en Suecia, esto mediante el financiamiento de la Unión Europea a través de una beca Marie Curie. Por tres meses consecutivos, pasé de cinco a seis horas en la biblioteca estatal de Viena para escribir el dichoso proyecto de investigación. El tener familia hace a uno pensar las cosas más objetivamente, más enfocadas y con mayor visión. Ya no se busca el propio bienestar de una forma individual, se actúa con conciencia de que los altibajos de cualquier decisión repercutirán de forma multiplicada. Por eso, me esforcé de forma igualmente multiplicada con la escritura de tal proyecto.

Desde hace mes y medio, empecé a trabajar en el Karolinska y desde hace seis meses estuve esperando ansiosamente la respuesta de tal aplicación, mirando cada día en la página de la UE a ver si ya había resultados. Hace una semana recibí un correo electrónico a las 05:30 para informarme que puedo empezar con el papeleo para firmar contrato porque recibí la beca individual. ¡No lo podía creer! ¡Mi tercera Marie Curie!

Para poder cumplir metas, lo más importante es definir bien cuál es el objetivo; averiguar y entender cómo se llega ahí; actuar en consecuencia, apoyándose de la disciplina y más importante, según yo, apasionarse, desear tanto llegar ahí hasta el punto en que el objetivo sea parte de los sueños, algo con lo que uno se compromete y se casa.

Esto aplica en cualquier ámbito, sea aprender a amarrarse las agujetas, bailar tango, resolver un crucigrama, armar el cubo Rubik en cuatro segundos o cocinar una buena lasaña. El factor común es tener un objetivo, esforzarse y comprometerse. Cabe resaltar que el apoyo circundante para cumplir los sueños es sumamente importante. La clave está en la ayuda por parte de la pareja, los papás, la familia y los amigos; en el tener tiempo disponible para realizar algo y el contar con las herramientas para poder lograrlo.

Mi madre ha jugado un papel fundamental en mi desarrollo personal y profesional, más en los últimos tres años. Ella ha venido ya en tres ocasiones y por tiempos prolongados para ayudarnos a cuidar a los niños. En estos momentos sigue con nosotros. Le pedimos que se quedara para apoyarnos porque se nos venía la gran mudanza a Suecia con toda la familia, la idea era que Feli y yo nos encargáramos de la mudanza en sí y mi mamá, de los nietos. También necesitábamos su ayuda para poder instalarnos en la nueva casa en Estocolmo y hasta el momento sigue ayudándonos porque aún no tenemos lugar en el kínder para los niños. Yo ya estoy trabajando desde inicios de enero. Feli se está preparando para concluir con estudiar el sueco y poder aplicar para un trabajo en el hospital. Sin mi mamá, todo esto no sería posible o sería muy complicado y exhaustivo. Estamos en deuda con ella, así como con los papás de Feli, que también nos han ayudado mucho, con mi papá y mis hermanos porque nos cedieron a mi mamá por tanto tiempo. Esas son unas de las desventajas de vivir tan lejos de los familiares y amigos, la gran ventaja es tener familias tan lindas dispuestas a ayudar.

Mi siguiente meta es poder regañar a mis hijos en sueco también: que no encuentren excusa de que no entendieron las instrucciones que les dio su madre. Otro sueño que tengo es encontrar una forma que me permita estar más en contacto físico con mi familia; que ellos vengan más o que nosotros vayamos, tal vez buscando alguna colaboración científica en México que me permita trabajar parcialmente aquí y allá. Otra forma sería jugar la lotería y, si le pego al gordo, traerme a toda mi familia y amigos o irme para allá y construir una miniciudad en un terreno grande, donde puedan vivir y trabajar todos mis seres queridos.

Susana Ramírez Romero
(Barcelona)

¡Uf, qué difícil escribir este capítulo! Es un periodo de mi vida que estoy viviendo con mucha intensidad: el establecer nuevas metas y nuevos retos a mis cuarenta años.

Actualmente, mis hijos cursan la Primaria y con esto me refiero a que ahora sí son más independientes: se bañan solos, se lavan los dientes, se atan las agujetas, saben usar el cuchillo y el tenedor. No se despiertan por la noche o si sucede es la excepción. El hecho de no tener que vestirlos o arrullarlos por las noches le ha regalado unas cuantas horas a mi día.

Después de tanto ajetreo entre adaptación, acoplamiento, tiempos difíciles y papeleos, de pronto me encuentro con que me puedo sentar a tomar una taza de café sin interrupciones; que me puedo dedicar a escribir en algún momento de la noche un capítulo de este libro sin tener un bebé enganchado al pecho o acurrucado entre los brazos. Disfruto estos momentos, sin añoranza del pasado, pues también disfruté intensamente su etapa de bebés y la lactancia hasta el agotamiento.

Ocho años después de haber llegado a este país, me observo y me encuentro con una mujer transformada, evolucionada por el choque de culturas, cambiada por la maternidad, acostumbrada a vivir por estaciones, fortalecida por las experiencias.

Parecerá curioso, pero, al ser pediatra y tratar con tantos niños enfermos, ya me había planteado antes de ser madre lo que sería perder a un hijo. Confieso que era algo que me aterraba. No obstante, a medida que pasa el tiempo y mis hijos van creciendo, me ha bajado la angustia. Aún soy consciente de que el peligro está en cada instante y reconozco que vivir cada día es un maravilloso milagro.

Sin embargo, nunca me había planteado la idea de perder a mi madre. Lo había contemplado como algo lejano, cuando ella fuera una viejecita, no a los sesenta años, estando tan fuerte como estaba cuando nos dieron la noticia del carcinoma nasofaríngeo. La noticia me sacudió y me recordó lo efímera que puede ser la vida. Me dolía el simple hecho de pensar que no podría hablar con ella nunca más por Skype: nuestro medio de comunicación más utilizado. Su ausencia significaría mucho más de lo que me imaginaba. A los cuarenta años, viviendo sola desde los veintitrés, ¿iba a echar tanto de menos a mi madre? Justo por esas fechas, mi vecina acababa de perder a su madre de noventa años y, consternada, me decía: «¿Puedes creer que a mis setenta años me siento huérfana?». Entendí que, a pesar de ser una mujer totalmente independiente y aventurera, mi madre siempre sería imprescindible en mi vida, tuviera la edad que tuviera.

El hecho de que yo esté en una edad «madura» no implica que ya esté preparada para las pérdidas o que mi capacidad de sentir y vibrar esté disminuida. Muy a mi pesar, observo que gestionar las emociones no es necesariamente inversamente proporcional a la edad. Pero ¿y si no fuera ella la que se marchara? ¿Y si fuera yo? Desde entonces, además de agradecerle cada día a Dios su presencia y la de todos mis seres queridos, disfruto y gozo más cada instante, tanto del día soleado como del nublado. Saboreo cada sonrisa y degusto más un «te quiero».

Me encuentro en la crisis que llaman «de la mitad de la vida». Se dice que dicha crisis puede estar dada por la inquietud de no haber cumplido ciertas metas que nos hemos fijado, o bien, el pensar que se nos está acabando el tiempo para cumplirlas. En mi caso, creo que más bien se trata de romper esquemas con los que crecí como que «después de casarte y tener hijos, la felicidad llega de manera automática» o que «después de los cuarenta, se acaba la juventud». Afortunadamente, la calidad y la esperanza de vida han aumentado. Por lo tanto, con todo y mis arrugas y mis primeras canas, me siento fuerte y capaz de afrontar nuevos retos.

Siento la necesidad de fijarme nuevas metas a nivel profesional, a nivel familiar y, primordialmente, a nivel personal, ya que cuando los niños son pequeños, ellos son tu principal meta. El objetivo es mantenerlos sanos y felices. Eso implica muchas horas, incluso las veinticuatro horas del día volcadas en ellos. Aun estando en el trabajo, el pensamiento está con ellos. Si voy al supermercado, la compra y la preparación de la comida van en función de sus gustos. Cuando administras el dinero en casa, ellos son la prioridad y no hablo sobre cosas caras o innecesarias. Hablo simplemente de la ropa, la colegiatura, alguna medicina.

La prioridad siempre son ellos y es completamente normal, pero ahora que siento que me necesitan menos. Corroboro lo que dicen las abuelitas sobre «que los hijos son prestados». Me doy cuenta de que cada año tendré más tiempo para mí y que puedo planearlo, como cuando era adolescente, solo que ahora hago una lista de lo que ya he cumplido y otra de lo que me falta por cumplir y a esta última lista le agrego cosas nuevas que no se me habían ocurrido a los veinte, pero también elimino algunas que no cumplí, pero que no me hicieron falta.

Empecé comprando una cámara réflex, pues va muy *ad hoc* con el proceso en el que me encuentro. Con la fotografía aprenderé a mirar con otros lentes; a utilizar nuevos filtros. Elaboraré nuevas composiciones aprovechando todas las temperaturas y los diferentes tipos de luces.

A nivel profesional este año empiezo una maestría que me permitirá cobrar más justamente por mi trabajo. Debo darme tiempo para mejorar mi nivel de inglés y de francés.

A nivel de salud quiero continuar haciendo ejercicio de manera más organizada, pues desde aquel año 2010 no he dejado de correr una o dos veces a la semana, aunque quizá deba hacerlo ya no solo por diversión, sino como parte de un programa de ejercicio para mantenerme sana.

Un poco más adelante voy a retomar mi sueño adolescente de las misiones: en España hay múltiples organizaciones que hacen campañas médicas en África y en zonas de refugiados, lo cual es algo que me gustaría hacer de manera comprometida. Por eso, quizá en un par de años pueda añadir de manera permanente ese compromiso a mi vida.

Mi propósito más importante es la educación y adaptación de mis hijos a este mundo en constante cambio. Motivándoles a esforzarse, a ser constantes, a ser fuertes sin perder la ternura; a ser inclusivos y compasivos con los demás. A ser valientes, pero también que sepan llorar y pedir ayuda cuando lo necesiten. A ser felices necesitando poco.

Después de todo y a pesar de lo duro que es migrar, cambiar de país no fue una mala decisión.

Luana Sandoval Castillo
(Barcelona, Dinamarca)

Con mis nueve kilos extra, mis más de cien centímetros de circunferencia y mis treinta y ocho semanas de embarazo, mi siguiente meta es traer al mundo a mi segunda hija. Esta ha sido una de las decisiones más importantes de mi vida y no hablo exactamente de embarazarnos, sino de «desembarazarnos», ya que después de una cesárea urgente, la oferta de cesárea planeada se ha dejado escuchar desde mis veinte semanas de embarazo.

Me citaron para una entrevista con una especialista donde claramente dejé por sentado que quería intentar un parto. Nadie iba a poder quitarme esta oportunidad de parir, muy a pesar de las estadísticas y de la posibilidad casi de un 60% de que mi parto pudiera convertirse en cesárea, pero mucho tiempo libre desde mi baja maternal y un metaanálisis, donde aparentemente el porcentaje de ruptura uterina en un parto después de una cesárea aumenta el riesgo de ruptura, me hicieron somatizar.

La nueva integrante de esta familia ya era una rebelde nata y no estaba en posición cefálica, así que nos programaron para una maniobra de rotación cefálica. Estaba tan angustiada por la decisión que, en cuanto me recibieron, ya mandaron buscar a la especialista y suspendieron la maniobra de rotación. Me senté a la orilla de la camilla con un lápiz de menos de seis centímetros que el galán encontró en mi bolsa, con el que rápidamente hice una tabla de evaluación en el papel que cubría la camilla de pros y contras en favor de cada una de las opciones.

La matrona llevó refuerzos para la entrevista mientras yo ya tenía unos cuantos vestigios de lágrimas que no había podido controlar y, después de cinco minutos, de nuevo lloraba llena de frustración por la elección. Las preguntas eran las siguientes: «¿Pesa tanto tu frustración de no haber parido? ¿Cómo se mide el peso de una frustración? ¿En qué escala vienen las medidas de esa evaluación?». Debo añadir que, si hubiera un tercer embarazo, del cual no puedo ni ponerlo en mi lista de metas nuevas antes de acabar con esta, sí o sí, la mejor recomendación es otra cesárea y sería «el último embarazo» por flexibilidad y distensión uterina. O sea, de repente se convirtió en mi última oportunidad de parir.

Después de unas cuantas lágrimas de esas que te dejan suspirando, podré tener entre mis brazos a mi nueva meta dentro de trece días. Se lee como si fuera el fin de todo, pero irónicamente es volver a empezar. Nunca se sabe cómo será, pero estoy segura de que será tan fácil como queramos hacerlo, con todo lo que implica respetar el lugar que ya ocupa la niña de mis ojos. Nos iremos tres meses con los abuelos a México, así que una meta más es ser mamá de dos en mi propio país, que hace ya once años que no visito por tanto tiempo seguido y que, además, me provoca un poco de inseguridad. Probablemente, tenga un alto contenido hormonal, pero no puedo eliminar catástrofes en el futuro cercano.

La intención es llevar a la hija unas horas al kínder —zona sur de la ciudad de México—. ¿A alguien le suena con qué se relaciona un jardín de niños y hace cinco meses después de una gran sacudida a la ciudad? Bueno, pues fácil no fue, pero ya encontramos un sitio para ella con el valor añadido de haber sido mi propio lugar de formación.

Estoy ilusionada de verla disfrutar de mi México, pero mis ojos y oídos están más abiertos y, evidentemente, susceptibles a cualquier posible amenaza por pequeña que sea.

Sandra López-León
(Israel, Holanda, España y Nueva York, Estados Unidos)

Siempre hay que tener metas a corto, mediano y largo plazo. Estas metas son las que nos mantienen entusiastas, ilusionadas, vitales, plenas y felices.

Para sentirme feliz y satisfecha todos los días, necesito completar mis metas a corto plazo. Estas metas me las pongo al principio del día y las acabo antes de dormir. Dentro de ellas están mis obligaciones, pero también varias cosas que disfruto y que me llenan. Además, trato a diario de nutrir mi cuerpo, mi espíritu, mis emociones y mi intelectualidad. Una frase que me repito a mí misma y a mis hijos es «primero haz lo que tienes que hacer; luego, lo que quieres hacer». Empiezo por las cosas que más flojera o más trabajo me dan. Mi motivación más grande para hacer las cosas que «tengo» que hacer es que, entre más rápido termine, más tiempo y libertad voy a tener para hacer lo que quiera. Creo que entre más responsable es uno, más libertad tiene. La mejor parte de mi día es estar con mi familia. Mi familia es la que me llena de energía, fuerza y amor, y la fuente de mi felicidad.

Mis metas a mediano plazo son varias: tengo diversos proyectos que estoy haciendo o que quiero hacer. Lo que más me encanta en la vida es aprender, leer y escribir. En este momento estoy escribiendo varios artículos científicos y conceptualizando ideas de libros —incluyendo este—. También sigo escribiendo poesía, pero esta no es una meta ni un proyecto, es una necesidad. La necesidad de escribir viene en el momento más inesperado y cuando la inspiración llega tengo que parar todo y ponerme a escribir. Respecto al cuerpo, mi meta es hacer un balance entre ejercicio cardiovascular, de resistencia y de flexibilidad, comer bien y dormir bien. Una cosa que me encanta hacer es viajar, sobre todo con mi familia. Siempre estoy planeando un viaje. Disfruto enormemente planear y luego viajar. Casi siempre que regreso de un viaje, empiezo a pensar en el siguiente.

En cuanto a mi familia, esta es mi prioridad número uno. A diario, llenar a mi esposo de amor, hacer que nuestra relación siga creciendo; darle las herramientas necesarias a mis hijos para que sean muy felices: quiero que aprendan a gestionar sus emociones y enseñarlos a nutrir su espíritu, su intelectualidad, su curiosidad; que aprendan a cuidar y a escuchar su cuerpo, que vuelen, que vivan y que sean muy felices.

Con respecto a mis metas a largo plazo, no me gusta hablar sobre ellas hasta que se hacen realidad. Les puedo contar que mis metas más grandes no tienen nada que ver con lo material. Son logros propios: siempre haber dormido ocho horas al día, incluyendo cuando estudiaba Medicina y cuando mis hijos eran bebés; ser mamá de tres hijos, haber estudiado Medicina y tener un *PhD*, haber vivido en cinco países, tocar el piano y haber aprendido inglés y holandés, y saber un poco de hebreo y catalán; haber escrito dos libros —con este tres— y varios artículos científicos, y haber corrido el maratón de Nueva York.

Hay que recordar que las metas no son deseos. Las fantasías y los deseos son los que hacen que hagamos metas. Metas son lo que trabajamos día a día por conseguir. Siempre hay que tener placeres que no son destructivos y metas que nos llenen de felicidad a largo plazo. Lo que hacemos ahora día a día refleja nuestra felicidad y satisfacción del futuro. No hay que dejar que la vida nos lleve. Nosotros construimos nuestra cotidianeidad. Hay que vivir para que, cuando llegue el día de nuestra muerte, podamos decir que dimos todo y que vivimos todo.

Patricia Bautista Rivera
(Kentucky, Estados Unidos)

Cuando vivía en México, después de haber vivido en EUA y antes de regresar a vivir a este país, una de mis amigas me preguntó qué me hacía feliz. Su pregunta era encaminada a descubrir qué me hacía feliz como individuo, no como mamá, esposa, amiga o hermana. Ella quería que descubriera qué me hacía feliz como Patricia al limitar su pregunta.

No encontré una respuesta de forma inmediata y, honestamente, me llevó algo de tiempo hallarla.

Pasó el tiempo y la pregunta no pasó por mi mente hasta que un día, que me encontraba dando consulta en la clínica de un alergólogo que me había contratado para ayudarlo los fines de semana, tuve un momento de iluminación como aquellos que veíamos en las caricaturas: fue como si, de repente, alguien me iluminara el pensamiento y, justo en el momento en que estaba dando instrucciones a una paciente, descubrí que lo que me hacía feliz como individuo era y es la interacción con ellos: los pacientes. El oírlos, interrogarlos, explorarlos, deducir qué les aqueja, el explicarles el diagnóstico, pero, sobre todo, el explicar el tratamiento y cómo llevarlo a cabo me hace feliz. Por lo que, a pesar de no poder ganar un centavo debido a la falta de licencia para practicar medicina de este lado de la frontera, me he empeñado en practicarla bajo supervisión.

Me encuentro a unos cuantos meses de la graduación de la maestría y, aunque sin lugar a dudas he redescubierto la gran importancia de la promoción de la salud y la salud pública en general, creo que no es lo que me hace feliz. Este tiempo de estudios ha enriquecido en gran medida mi educación como médica, pero, sobre todo, como persona. Mi empatía por todos aquellos en situación de desventaja ha crecido y con ello la intención de hacer mi mejor esfuerzo para mejorar este mundo a través de mi trabajo.

Considerando que me gustaría mejorar el mundo con mi trabajo, pero al mismo tiempo me gustaría ser feliz haciéndolo; he decidido presentar nuevamente los exámenes de revalidación de Medicina, y competir por un lugar de residencia médica. Independientemente del resultado, aunque no me aceptaran, el hecho de presentar exámenes me obligará a estudiar de manera concienzuda y, de alguna forma, a actualizarme, recordar muchas de las cosas que he olvidado, y a aprender cosas nuevas. Para algo servirá este renovado o nuevo conocimiento.

Independientemente de la medicina, planeo continuar aprendiendo y practicando la jardinería. Deseo continuar apoyando a mis hijos y esposo en cuanto nuevo proyecto emprendan, y seguir y fortalecer las relaciones de amistad que he tenido la bendición y buena fortuna de haber recibido a ambos lados de la frontera. También me gustaría aprender a pintar con óleo y pasteles, continuar con la planeación de realizar viajes de visitas a santuarios marianos. Me encantaría visitar Israel y también recorrer el Camino de Santiago.

Paulina Cruz
(Misuri, Estados Unidos)

Siempre he tenido muchas metas profesionales. Con el tiempo algunas pierden importancia y son reemplazadas; otras se cumplen y son de nueva cuenta reemplazadas por nuevas metas; y otras más siguen estando ahí.

Desde que nació mi hijo, como a muchas les pasa, mis metas dieron un giro de ciento ochenta grados. Todo lo que parecía muy importante pasó a segundo plano: mi hijo y su bienestar ocuparon mi mente día y noche. El estar con mi familia se convirtió en una meta, ya que tanto mi esposo como yo somos médicos. Nuestros horarios no siempre coinciden y, a veces, son muy difíciles.

Hoy estoy a meses de terminar los tres años de *waiver*. Esa meta quedará archivada y vendrá la de obtener mi tarjeta de residente permanente o comúnmente llamada Green Card. Creo que tanto mi esposo como yo estaremos más tranquilos una vez que la obtengamos. También es difícil invertir y echar raíces cuando se tiene visa, pero una vez que ya tengamos la Green Card será más fácil planear cosas a mayor plazo.

En mis metas profesionales se encuentra el tratar de establecer una carrera en la academia. En Estados Unidos eso significa que tengo que obtener ciertos *grants* para contar con apoyo salarial. Este año aplicaré por primera vez al KL2 award, en cuya fase de planeación estoy en estos momentos. También estoy en espera de que se procese mi promoción a *assistant professor* en Medicina; actualmente estoy a nivel de instructor.

Otra de mis metas es seguir estructurando el Servicio de Diabetes del hospital donde trabajo. Actualmente, trabajo en un proyecto de restructuración para alcanzar certificación de manejo avanzado de diabetes por la Joint Commission. Es muy satisfactorio tener la oportunidad de poder implementar métodos innovadores para diseminar tratamientos basados en la evidencia. Así que en lo profesional me siento muy motivada de seguir intentado una carrera académica.

En lo personal, estoy casada con Daniel y tenemos un hijo. Conocí a mi esposo en Kaplan. Los dos fuimos llenos de ilusiones y, aunque nuestras metas y sueños eran diferentes, los dos queríamos obtener un lugar para hacer la residencia de Medicina Interna. Esa gran meta fue la que nos mantuvo en comunicación por un par de años hasta que decidimos formalizar la relación y nos casamos. Disfrutamos mucho viajando y creemos que el exponerlo a diferentes países y culturas es parte de la educación que le damos a nuestro hijo. También el viajar nos ha permitido aprender mucho sobre diversos temas y conocer sobre autores locales, comida, música, entre otras muchas cosas. Como meta, quiero seguir viajando y visitar todos los continentes.

Nuestro reto mayor es sin duda criarlo para que crezca un adulto funcional que contribuya positivamente a la sociedad, sea trabajador, honesto, empático, compasivo. También parte de este gran reto está en nosotros enseñarle con el ejemplo y hacer todo lo posible por dejarle un mundo mejor; inculcarle la importancia de respetar y cuidar el medio ambiente, a los animales; cuidar nuestros alrededores, luchar por la gente oprimida o la gente sin voz, usar nuestro privilegio —chico o grande— de forma positiva. Esta es una labor monumental que todos los padres tenemos. Por ello debemos estar muy conscientes de que el mayor impacto que «todos» podemos hacer es con nuestros hijos y que, antes de cambiar al mundo, hay que dar el ejemplo con nuestra forma de vivir.

Finalmente, mis metas a corto plazo consisten en leer más y hacer ejercicio. Sí, además de lo que camino como parte de mi trabajo, no hago ejercicio. Tengo muchísimos pretextos: mi hijo es pequeño, llego muy tarde de trabajar, estoy ocupada, no tengo tiempo. Y en leer estoy totalmente obsesionada con entender nuestro mundo. Me encanta leer libros de Carlo Rovelli, Richard Dawkins y Neil De Grasse Tyson; busco entender cómo funciona nuestro cerebro, avances sobre nuestro entendimiento de la evolución a través de la biología molecular, el poder de los telescopios y cómo las teorías de Einstein nunca se habían entendido mejor que ahora. Es impresionante tanto conocimiento y lo poco que la gente promedio sabe sobre esto. Me apena que la televisión acapare el entretenimiento y nos embauquen con la farándula y vidas de los demás. Y ahora el gran reto es conservar nuestra curiosidad y habilidad de pensamiento crítico mientras nos bombardean las redes sociales con propaganda diseñada para manipular nuestra forma de ver el mundo que nos rodea.

Estoy muy emocionada de seguir viviendo mi vida y ver qué sucederá en el futuro.

Angeles Estrada/ María de los Angeles González Soto (Oklahoma, Estados Unidos)

Mi meta principal es conmigo misma: tratar de ser mejor persona y sentirme feliz con lo que soy, con lo que hago y con lo que me rodea.

Como es muy sabido que nadie da lo que no tiene, debemos preocuparnos por cultivarnos en todos los planos; físico, mental y espiritual. Con base en esto, considero que seremos capaces de cumplir nuestras metas del día con día.

Tengo planes, pero se los confío a Dios para que me ilumine a cumplirlos y a abrir mis horizontes. Ha sido un placer inmenso coincidir ahora con quien me lee en este momento y le agradezco con el corazón en la mano el tiempo que me ha dedicado porque el hecho de que me lea será una maravillosa meta cumplida: ¡que Dios le bendiga!

Hazel-Ela Jiménez
(Houston-Estados Unidos)

Mis metas ahora son, primero, embarazarme por tercera vez: quiero ver a mis hijos unidos y crecer. Imagino las visitas familiares con la casa llena de la familia de mis hijas; también quiero encontrar con mi esposo el lugar perfecto para vivir, si es necesario mudarnos de país y hacer lo que más me encanta: conocer lugares nuevos, comprar casas para rentar y hacer que mi dinero trabaje. Otra de mis metas es ayudar a mi madre, a mi gente, a los que me han ayudado, a los que han estado conmigo en las buenas y en las malas, y que sin esperar nada simplemente han estado.

Quiero crear una fundación para ayudar a impulsar negocios familiares en México y, ¿por qué no?, ahora que vivo aquí en EUA, a familias mexicanas.

Quiero que este libro llegue a manos de mucha gente y que inspire a otros para tomar las riendas y perder el miedo, y hacer lo que sea que deseen y que vean que se puede. Si estás leyendo este libro, cumplí mi objetivo. Gracias a todas las doctoras que confiaron en mí y compartieron un pedacito de su vida conmigo.

Leticia López Pedraza
(Dallas, Estados Unidos)

Con este tema es con el que me quedo helada por el lado profesional. Aunque mi vida tenga otro rumbo, nunca he dejado de verme dentro de un hospital. Muchas veces he sentido que me hace falta una parte de mi vida, es como si no estuviera completa. No sé de qué otra forma podría explicarlo.

Mi vida ya es más estable en el aspecto sentimental, emocional y económico; mi hija está creciendo y ya no depende tanto de mí, así es que no descarto la posibilidad de estudiar algo más sencillo en el área de la salud.

Desde que supe que mi mamá no duraría mucho conmigo, comencé a sentir su ausencia anticipando todos estos años que ahora ya son historia y realidad. Cuando me convertí en madre, comencé a cuidarme todavía más: la salud física y mental son prioridad en mi vida. Aún no llego a la edad en la que mi mamá fue diagnosticada con cáncer, pero me estoy preparando para llegar hasta donde Dios me permita en las mejores condiciones. Como científica, sé que la prevención es mi mejor arma y es lo único que está en mis manos mejorar y a eso me estoy dedicando. El tiempo no se detiene para nadie: los años no pasan en vano, así es que se debe vivir bien «hoy».

Hace un año anhelaba poder correr cinco kilómetros sin parar; ahora quiero mejorar mi propio récord en una carrera de cinco kilómetros y quizá después será correr distancias más largas.

Otras de las cosas que me he propuesto es educar a alguien independiente y feliz: el mundo necesita gente buena. Creo que esta meta es la más difícil y la más anhelada por más de una. Quisiera que en algunos aspectos mi hija fuera tan independiente como yo lo soy, que conozca otros lugares, que no le tenga miedo al cambio ni a las cosas diferentes, que sepa acoplarse y que se enseñe a disfrutar sola los días nublados. La vida está llena de sorpresas y el mundo es muy grande. Hay muchas cosas por conocer y aprender. Por otro lado, no quisiera que ella cometiera los mismos errores que yo, que me perdone si me equivoco con ella. Si logro que mi hija quiera ser una versión mejorada de mí, me daré por bien servida.

Leer los relatos de otras mujeres que han tenido experiencias diferentes como madres me ha sensibilizado mucho y todos los días trato de tener una mejor relación con mi hija y con mi pareja.

Espero que las cosas sigan su curso como hasta el día de hoy; lo más importante es mantenerme firme con mi nuevo estilo de vida y, si me descarrilo un poco, vuelvo a reincorporarme a mis buenos hábitos una y otra vez. Ese ha sido el verdadero secreto para mantenerme de pie y avanzando.

Margarita Lovera Maldonado
(Michigan, Estados Unidos)

En mi caso particular, preparar el regreso a México, buscar una transición suave y relajada para toda la familia, iniciar con la red de contactos para continuar la vida en México, capitalizar todo lo bueno de este país, buscar crecimiento y desarrollo en él. Ayudar a las personas a entender la dinámica de esta nación para que, llegado el momento, tomen mejores decisiones de manera informada.

Victoria Martínez
(Atlanta, Estados Unidos)

Hoy en día qué difícil es seguir con nuestro ritmo habitual, mas no imposible para iniciar con nuevos logros y nuevas metas, principalmente con nuestra salud y bienestar para así poder criar y ver crecer a nuestros pequeños hijos.

Retomar el ejercicio y los buenos hábitos alimenticios, así como dejar el refresco y los carbohidratos que tanta ansiedad me causan, justo es una de mis metas más grandes después de tres largos años que he dejado y visto pasar: el objetivo es regresar a mis cincuenta kilos de peso porque por desordenada he subido más que en mi propio embarazo. Esos kilos de más cuestan y bastante, no me hacen feliz, así que debo olvidarme de ellos y sacarlos de mi vida.

También pretendo retomar la lectura y dejar un tanto las redes sociales, dedicar una o dos horas de lectura a lo que tanto me gusta: los libros de amor y aventuras, mis clases de inglés y los libros de dinámicas para mi pequeño nene. Pretendo dedicar más tiempo a mis clases de inglés, ya que de ellos depende otra meta más, que es criar un hijo totalmente bilingüe, así como retomar la lectura de mi pasión más grande: la medicina.

Dedicar más tiempo de calidad a mi marido y mi hijo que, por alguna u otra cuestión, siento no lo he logrado por pensar en los problemas familiares, la inseguridad en la que vivimos en mi país de origen: extraño tanto esas salidas al parque, al cine, a comer, pero claro, es cuestión de organizarnos con mis chicos de mis sueños.

Una meta más para mí es dormir las horas suficientes y no desvelarme tanto o, al menos, crearme horarios para dormir porque de veras cómo pierdo horas de sueño en estar pensando lo mismo una y otra vez o en las redes sociales o con los famosos juegos en el celular.

Lily Monroy Tijerina
(Houston, Estados Unidos)

Mi consejo para ti en este capítulo es «¡ponte metas altas!». No importa que se vean tan grandes que pienses que son inalcanzables. A fin de cuentas, recuerda que, si apuntas a las estrellas y fallas, por lo menos, llegarás a la luna. Siempre piensa en grande y no te limites en tus sueños: ¡el cielo es el límite!

Te voy a compartir las metas que tengo en la cabeza en esta etapa de mi vida. Quisiera entrar a la residencia y dar todo de mí; convertirme en una excelente especialista y en una extraordinaria persona. Quiero saber tanto y lograr tanto para poder tener mucho que ofrecer. La medicina es mi verdadera vocación y quisiera entregar mi energía por completo a mi entrenamiento para en el futuro poder ayudar, comprender y sanar a muchos seres humanos.

Quisiera poder ayudar a estudiantes extranjeros cuando ya sea residente, tal vez proponiendo o cooperando con programas de rotaciones para estudiantes internacionales y, posteriormente, convertirme en catedrática del mismo programa para seguir ayudando a locales y extranjeros. Más allá de eso, con el paso del tiempo quisiera tener la experiencia y currículo necesarios para ser directora de un programa de residencia. Además, quisiera tener mucha experiencia en investigación y de ese modo poner mi granito de arena a los avances en medicina a nivel mundial. Quisiera salir adelante. Seguir formando mi fortaleza como persona, como madre y como esposa. Quiero ser la mejor versión de mí misma y quiero invitar a todos a que siempre traten de ser su mejor versión, que sean esa persona que llena de positividad y optimismo un ambiente, que carguen con buena vibra y energía todos sus entornos y que todos nos distingamos primero que nada por la calidad de ser humano que realmente somos, pues nacimos así: ¡perfectos y llenos de sonrisas! No dejemos que nuestras experiencias de vida manchen nuestra esencia natural ni nuestra misión de vida, la cual es ser feliz y hacer felices a quienes nos rodean.

Carla Proskahuer Muñoz
(Michigan, Estados Unidos)

Cada día es un reto; cada día se van marcando esas huellas que, al final de nuestra vida, son las que marcan nuestro camino; las que todos deseamos que sean imborrables y que exista algo importante que dejar.

Constantemente me pregunto si el ser ama de casa es lo que me llena: vivimos en un mundo que se mueve a un ritmo acelerado y donde, si no eres parte del mundo laboral, entonces te estás quedando atrás. Vivimos en un mundo donde un ingreso económico ya no es suficiente y ahora necesitamos trabajar los dos. Afortunadamente, puedo darme ese «lujo» y estar con mis hijas, educarlas y brindarles atención el 99% de mi tiempo.

Cabe mencionar que el escribir este libro ha sido una meta difícil de alcanzar y aquí estoy, unos días antes de la fecha límite, mientras escucho ronquidos y ruego porque la bebé no se despierte a comer, tratando de terminar de redactar mis experiencias.

Pero creo firmemente que este puede ser un parteaguas en mi vida. Creo que, sin duda, me hace falta hacer algo por y para mí: en los últimos años, he sido mamá y esposa, pero poco he sido yo. Me siento verdaderamente feliz, soy muy feliz viendo a mis hijas y a mi esposo bien, pero también sé que, en unos años, si ahora no hago nada por mí, me arrepentiré de no tener nada que hacer. Es por eso que puedo dividir mis metas en plazos.

A corto plazo me importa seguir apoyando a mis hijas. Finalmente, creo que los hijos solo nos los prestan un ratito: a veces volteo a ver a mi hija mayor y me parece que fue ayer cuando se refería a *Kung Fu Panda* como «Ku chi ta», y ahora ya es una niña grande; ahora ya es bilingüe y ya no depende de mí para todo, así que, dado que el tiempo con los hijos vuela, ese será mi plazo más corto: disfrutar a mis hijas. Al mismo tiempo, creo que puedo empezar a hacer algo con mi vida, en cuanto mi hija pequeña pueda hablar, puedo tener un tiempo para mí, ya sea para estudiar o trabajar. Solo el tiempo nos dirá cuál es la mejor opción.

A mediano plazo, creo de suma importancia que mi esposo y yo necesitamos un viaje solos. Esta nueva aventura ha venido a fortalecernos como pareja, pero creo que mucho de eso es que nos hemos dedicado demasiado a ser papás y es momento de que seamos novios un ratito.

Queremos establecernos, definitivamente, en este país, por lo que ya en estos momentos se nos está metiendo en la cabeza la idea de comprar una casa. Las rentas aquí son demasiado caras, por lo que creemos que será una excelente inversión una casa, además de que, a pesar de que el condominio donde vivimos es de un tamaño bastante decente, ya somos cuatro habitantes humanos y dos habitantes gatos por lo que a veces sentimos que ya no cabemos.

A largo plazo, debo descubrir mi verdadera vocación, tomar decisiones definitivas y trabajar en ello. Finalmente, de estas decisiones y de todas estas metas antes mencionadas es de donde se quedarán las huellas, mi principal objetivo, y que lo que deje en mis hijas sea positivo: que sean mujeres de bien y hacerlas independientes, inteligentes y felices, y después lograr una estabilidad emocional, laboral y económica con la cual pueda llegar a vivir una vida plena.

Alejandra Rodríguez Romero
(Arizona, Estados Unidos)

Mis metas actuales están, como ya lo había expresado en capítulos anteriores, mayormente enfocadas en mi familia, sobre todo a la formación de mis hijos, empezando por aumentar la familia, pues de momento solo tenemos una niña.

Estar día a día al pendiente de las necesidades de mi familia, asegurándome de ofrecerles un hogar cálido y amoroso, además de educar niños honestos, felices, generosos y orgullosos de su país, también procuraré que cada año pasen unas semanas en mi ciudad natal o alguna otra ciudad mexicana, pues anhelo que conozcan la cultura mexicana, sus costumbres y tradiciones.

Aunque disfruto al máximo esta etapa familiar, desde que inicié esta aventura de la maternidad he dejado varias cosas de lado. Una de esas cosas es la lectura, la cual siempre me ha brindado un gran placer. Me he propuesto el reanudar varios libros que tenía pendientes y hacerlo otra vez un hábito. Otra de las cosas que ha pasado a segundo plano en los últimos años ha sido mi vida social, la cual estoy tratando de retomar poco a poco ahora que Zoe ya tiene dos años. He estado haciendo viajes más frecuentes a las ciudades donde vive la mayoría de mis amigos y organizando reuniones con amigos míos y de mi esposo.

En el aspecto económico, estoy consolidando mis deudas y tomando todos los pasos necesarios para mejorar mi historial crediticio con el fin de poder adquirir una casa propia.

En el pasado hemos cambiado varias veces de ciudad e incluso de estado por el trabajo de mi esposo. Una meta muy importante para nosotros es el poder establecernos antes de que nuestra hija entre a la etapa escolar. Cuando mis hijos sean un poco más independientes y el tiempo sea el correcto, comenzaré el recorrido para reiniciar mi vida profesional. Esta meta se encuentra de momento poco definida. Lo que sí me queda claro es que será enfocada al área de salud, la cual me apasiona.

De la mano con esto, otra de mis metas a largo plazo es involucrarme un poco más en actividades de voluntariados y humanitarias. Me daré a la tarea de formar parte de alguna organización como, por ejemplo, Médicos sin fronteras, para poder realizar varios viajes y prestar servicios médicos a comunidades marginadas.

En resumen, de todo lo mencionado en los párrafos anteriores, mi meta actual más importante es el siempre alimentar mi cuerpo, mente y alma con cosas buenas y positivas para seguir siendo una mujer plena y feliz. Esto me permitirá enseñar a mis hijos a siempre cuidar primero de ellos para poder cuidar y amar a los demás.

Voy a vivir el aquí y el hoy, disfrutar cada día con mi familia, pues el tiempo pasa muy deprisa.

Me siento muy satisfecha con todo lo que he logrado desde mi llegada a este país. Aún hay muchas metas por cumplir y muchos caminos por recorrer: ya no tengo miedo al cambio y recibiré lo que llegue a mí con los brazos abiertos.

Sumie Lorena Rojas Murakami
(Lewisville, Estados Unidos)

Conforme se han dado las circunstancias en los últimos años de mi vida, me he fijado diversas metas. A corto plazo están en relación con la consolidación de mi hogar, mi matrimonio y la educación de mi hija; a mediano plazo, con proyectos personales y, a largo plazo, con mi vida profesional y laboral.

Diariamente trabajo en educar a mi hija de tal forma que admire, ame y respete sus raíces mexicanas, mostrándole diferentes aspectos de su cultura: desde el hablar correctamente su idioma hasta conocer su gastronomía, sus costumbres y su historia. Tengo el objetivo de educar una niña feliz que conozca de límites y reglas; libre de pensamiento; noble de corazón y con buenos sentimientos; que ame la vida, la naturaleza, el orden; segura de sí misma y capaz de lograr cualquier objetivo que se proponga por loco que parezca. Y para lograrlo me he dedicado a leer sobre temas que me interesan mucho y sobre los cuales solo sabía lo básico o incluso tenía un conocimiento obsoleto como lo son nutrición, estimulación temprana y crianza.

Trabajo en hacer de mi casa un hogar y que cada noche que mi esposo entre por la puerta sienta la calidez que solo se siente en tu propio nido.

A mediano plazo, quiero tomar clases para aumentar mi nivel de inglés, ya que actualmente me encuentro en un nivel muy básico. He de confesar que durante toda mi vida me negué de una u otra manera a aprenderlo, a ciencia cierta no sé por qué: tuve muchos pretextos y todos los días me arrepiento de no haber tomado aquellas oportunidades, pues habrían hecho más fácil mi vida actual, pero nunca es tarde y este es mi momento. Tengo la mejor motivación, que es mi familia.

A largo plazo, como lo mencioné en capítulos anteriores, mi meta es estudiar una maestría, tal vez en el área de nutrición o rehabilitación física, que son temas que me apasionan y que me permitirán en un futuro poder desarrollarme laboralmente.

Salirse de la zona de confort siempre es difícil, pero atreverse al cambio nos da la oportunidad para explorar un nuevo mundo y quizás darnos cuenta de que no porque la vida no siguiese el curso que habíamos planeado no nos espere un futuro prometedor, que nos permita realizar la meta que de una u otra forma todos tenemos: ser felices.

Ana Laura Sánchez
(McAllen, Estados Unidos)

¡Qué difícil es plantearse metas cuando no tienes ni idea de por dónde empezar a plantearlas! ¡Cuando no ves oportunidad real de realizarlas, pues te sientes acorralada, tratando de superar cada una de las trabas con las que te has tenido que enfrentar!

Siempre había intentado dividir mis metas en personales y profesionales, así que en mi nuevo mundo y vida en Estados Unidos traté de hacerlo igual. Recuerdo que un día me senté a escribir mis opciones de metas. Aún recuerdo el papel, pero en algún lugar se perdió cuando vi que no serían del todo posibles.

Lo que siempre tuve como meta final, que englobara lo mismo personales que profesionales, nunca fue ser feliz, pues siempre he pensado que la felicidad es un estado transitorio y, aunque me había decidido a vivir en paz emocional, cada día era más difícil, por lo que traté de conseguir una por una.

Comencé a ver una por una de las metas posibles que realizar. Personalmente, siempre quise mantener a mi familia unida, mantener mi matrimonio lo más estable posible y, cuando tuve a mi primera hija, que ella tuviera una familia unida siempre; pero me di cuenta de lo difícil que era tratar de conservar esas metas personales cuando mis metas profesionales no iban de la mano. Entendí que mi frustración profesional no me permitiría realizar mis metas personales, así que de nuevo tuve que replantear todo.

Teniendo una visión realista y dentro de mis posibilidades, decidí que la única forma en que podría asentar mis mentas profesionales sería logrando salir de abajo; logrando salir de trabajar en puestos bajos dentro del ámbito médico y que, si no sería ejerciendo como médica, tenía que buscar la opción. Así que decidí buscar la oportunidad y fue cuando logré ser aceptada e ingresé a hacer mis estudios de posgrado: la maestría en Ciencias de la Salud y Nutrición en la Universidad de Texas Valle del Río Grande.

Empecé a sentir que mis metas profesionales podrían empezar a tener otro sentido y poder crecer mi potencial dentro de la nutrición de la mano con mi preparación en el mundo *fitness*.

Pero la vida da un giro en mi familia: mi esposo decide cerrar el negocio que nos mantendría con estadía legal en Estados Unidos, por lo que sin duda mis metas de nuevo cambiaban; no así las personales, pues siempre fueron las mismas, pero ¿qué sería de mis metas profesionales? Y entonces, tras nacer nuestra segunda bebé, me encontraba de nuevo replanteando todo. Su nacimiento nos traía una felicidad enorme, pero también miedos. Nos sentamos como familia a plantear nuestras nuevas metas felices de nuestro regreso a México, llegando a una conclusión: seguir juntos como familia, luchar como siempre de la mano, soltar todo lo que nos hizo daño y nos frustró en Estados Unidos, para comenzar una nueva vida en México.

La mejor parte: seguir unidos como familia, un amor verdadero con mi esposo que nada pudo romper y que sobrevivió a todos los problemas posibles; yo, volver a ejercer mi amada medicina con apoyo de personas como mi amigo Marco; retomar mi pasión que por años tuve que soltar, volver a sonreír y, por ende, volver a estar en paz personalmente, buscando siempre ofrecer a mis hijas un ambiente familiar seguro y fuerte que les dé las armas para el mundo que tendrán que enfrentar todos los días.

Karla Uribe
(McAllen, Estados Unidos)

Mis metas han ido cambiando en el tiempo transcurrido desde mi cambio de país de residencia. Al inicio quería, sin lugar a dudas, ejercer medicina aquí; sin embargo, al enterarme de que sería mamá, mi mundo se transformó y mis metas también.

Como todos sabemos, la medicina absorbe y demanda mucho, y el hecho de tener que repetir la residencia me hacía sentir que se me caía el mundo pensando en dejar a mi hija al cuidado de otra persona. Así que tuve que replantearme la vida y comenzar una nueva aventura. Fue necesario dejar de pensar en el futuro a largo plazo y encontrar satisfacción en las cosas cotidianas de la vida.

Mi primera meta fue tener un matrimonio con base sólida, plantearnos metas como pareja y caminar juntos. Primero, pagar las deudas, comprar una casa, cambiar mi estado migratorio mientras tratamos de brindar una infancia feliz y tranquila a nuestra hija. Después comenzar poco a poco a viajar.

Apoyar a mi Chuy a terminar su maestría fue nuestra siguiente meta: fue un esfuerzo importante en el aspecto financiero y también emocional porque si no estaba trabajando, estaba estudiando, y yo completamente encargada del cuidado de la hija. Fue un periodo de mucho sacrificio, pero lo logramos y terminando la maestría nuestro siguiente «proyecto» fue completar nuestra familia y, nueve meses después, llegó el nuevo miembro volviendo a romper la homeostasis. Han pasado casi tres años desde el último gran cambio en esta casa. En el otoño de este año, el más pequeño de la familia empezó su vida escolar y con eso se crea un espacio en mi vida que quiero dedicar a algo diferente que limpiar y ordenar la casa. La carga de trabajo en casa se aligera y vuelvo a considerar mi ingreso a la vida profesional.

Recientemente inicié un trabajo de medio tiempo como *medical scribe* y el reto verdadero fue poder equilibrar para no dejar de dedicar tiempo a mis hijos y a su cuidado. Además, estoy aplicando a una maestría que me permita ampliar mi campo de trabajo y estar en contacto con el área médica.

Jeannette Uribe
(Michigan-Estados Unidos)

Mi única meta es ser feliz. Una simple palabra que implica la toma de importantes decisiones y probablemente grandes cambios en mi actual estilo de vida.

Espero en Dios me conceda el tiempo para llevar a cabo mis proyectos, para ver crecer a mis hijos y para lograr explotar mi potencial como profesionista.

Por ahora, me enfocaré en ser la mejor madre para mis hijos; en guiarlos y educarlos para ser hombres respetuosos con el ambiente y con la humanidad, pero principalmente con el género femenino.

Quiero ser una buena esposa y amiga para mi esposo, quien ha estado a mi lado durante estos trece años de matrimonio. Su apoyo y comprensión durante mis días, semanas, meses y años de ausencia durante la carrera de Medicina y la especialidad han sido invaluables. Creo que se merece un monumento por tanto cariño no solo hacia mí, sino por todo el cuidado para con nuestros hijos. Tengo que aceptar que su paciencia me supera en el rol de madre.

Como madre que soy, mi familia es mi motivación para seguir esforzándome en lograr mis sueños. Quiero ofrecerles lo mejor, deseo que mis hijos no se limiten por cuestiones económicas. No me refiero a llenarlos de cosas materiales que los transformen en superfluos y exigentes al grado de no valorar nuestro esfuerzo. Me refiero a que el dinero no sea una limitante para que desarrollen sus potenciales. Quisiera ofrecerles una buena educación escolar e inmiscuirlos en actividades extracurriculares como artes y deportes.

Mi meta como profesionista a corto plazo es estudiar para mi Step 3 y aprobarlo con una muy buena calificación. Así también planeo que en un plazo no mayor a dos años sea aceptada en algún programa de residencia de los EUA. Si las circunstancias no me favorecen, contemplaré educación alterna como puede ser inscribirme a un programa de enfermería —duración de dos años— y, finalmente, especializarme como *midwife*, 'partera'. Mi último recurso será regresar a México y hacer la subespecialidad en Cirugía Mínima Invasiva y hacer un adiestramiento en Cirugía Robótica. Esta última es una de mis grandes pasiones y es donde considero que está escondida mi verdadera pasión.

Este año, primero Dios, estaremos estrenando casa y, si mis habilidades de administración no me fallan, terminaremos de pagarla a finales del presente. Es verdaderamente motivante contar con un espacio que puedo personalizar de acuerdo con las necesidades y gustos de mi familia: un lugar al que puedo llamar «mi hogar».

Este año por primera vez, mi esposo y yo estaremos formando parte del comité organizador de las fiestas decembrinas en la iglesia a la que asistimos: es una bonita experiencia en la que fortaleceremos las costumbres y tradiciones de la comunidad hispana. Aportaremos nuestro granito de arena para que nuestra rica cultura perdure y se transmita a las nuevas generaciones.

Talia Wegman-Ostrosky
(Maryland, Estados Unidos)

En un par de meses regresaré a México y debo llevarme una «maleta» llena de nuevas metas. Sabía que tener esta oportunidad de hacer una estancia posdoctoral en NCI sería un gran logro académico; lo que no sabía era que significaba tanto a nivel personal.

Grandes mentes hay en todas partes y México no se queda atrás. ¿Qué es lo que hace que el personal de NCI sea tan productivo? La respuesta es sencilla: tienen dinero y recursos, pero la respuesta real es que la mayoría de los científicos exitosos que he conocido en este tiempo son personas felices, que le dan importancia a su vida personal. Entienden que una persona infeliz difícilmente podrá crecer a todo su potencial, por lo que la institución impulsa a desarrollarte como persona integral: gimnasio abierto las veinticuatro horas, cursos y grupos sobre cómo ser padre, grupos para bajar de peso, cursos de liderazgo, lactarios, tiempo para comer, oportunidad de trabajar desde casa, cursos de meditación, fiestas, manejo del tiempo, lo que se puedan imaginar, hasta club para los amantes de veleros, etc. Así que mi meta es clara y sencilla: hacer un club de veleros en la ciudad de México. ¡Es broma! Ya hablando en serio, mi nueva meta es ser feliz y ayudar a los que estén a mi alrededor a serlo. Quiero que el éxito de la gente a mi alrededor me inspire. El ser maestra y mentora siempre ha sido una de mis metas, pero ahora entiendo que estas palabras pueden tener un impacto profundo y me encantaría poder ser un eslabón en el desarrollo exitoso de mis estudiantes.

Yo decidí ser médico para poder ayudar a los demás, pero ser investigadora me puede permitir ayudar a miles en lugar de cientos. Como investigadora, mi meta es que mi trabajo tenga un impacto en la salud de los pacientes. No es una meta sencilla y sé que se requieren años. Se requiere de investigación bien hecha, donde el objetivo sea claro, pero, además, de mucho trabajo en equipo.

Quiero ser una de las expertas en genética y cáncer en México y ayudar a que esta disciplina que a mí me apasiona se continúe desarrollando. Quiero también ayudar al prójimo y enseñar a mis hijos esto. Mi padre me lo decía, la única manera de cambiar el mundo es cambiar tu mundo.

Pero en este camino que me planteo mi desarrollo personal debe ser una prioridad. Ahora más que nunca, me queda claro que, para poder ser el médico y la investigadora que quiero ser, primero debo cuidarme a mí y a mi familia. Disfrutar de la vida, leer, hacer ejercicio, ir al cine con mi marido, quedarme en cama viendo la televisión, llevar a los niños al parque, cenar con mi mamá, tomar un café con las amigas y hasta darme el tiempo de escribir un libro como este. Lo que felicidad signifique en ese momento. Y el cómo se está escribiendo este capítulo es el mejor ejemplo: toda la semana busqué momentos robados para poder escribirlo. Ayer en la noche lo «debía terminar», así que estaba intentando dormir a un bebé que, obviamente, sentía mi estrés y, por lo tanto, tardó tres horas en dormirse. Como consecuencia, yo estaba de malhumor, agotada después de una semana de mucho trabajo y, obviamente, sin nada de inspiración. Hablé —o más bien hice catarsis— con mi esposo y él tuvo la excelente idea de que mejor me daría tiempo hoy en un café.

Él está con los niños paseando, y yo estoy totalmente inspirada y disfrutando escribir estas palabras y en lugar de estar presionada, tengo un poco de tiempo para pensar en lo que quiero en mi vida. Así que estoy aquí y ahora, agradecida y feliz.

Lista para el siguiente paso, lista para empezar a empacar mi maleta de nuevas metas, disfrutando el proceso y cada día siendo una buena madre, esposa, persona, pero lo más importante: siendo la mejor versión de mí misma.

Giovanna Zanella
(California, Estados Unidos)

Actualmente, me encuentro en casa con mi nena de dos años y mi bebé de dos semanas de nacido. Mis metas, por el momento, son enfocadas hacia mi familia. Quiero dedicarme a mis hijos en sus primeros años de vida, como siempre soñé, disfrutarlos y educarlos yo. Soy una persona perfeccionista en cuanto a la crianza de mis hijos y me gusta mucho educarme e investigar. Por lo mismo, jamás podría dejarlos al cuidado de nadie más y, gracias a Dios, tengo la posibilidad de quedarme en casa con ellos.

Para mí como madre mi meta más importante es que la unidad y el amor estén por encima de todas las cosas. Mi familia es mi más importante proyecto de vida, ya que es lo único que va a trascender y dejar huella en las demás personas. Otra parte fundamental para tener un hogar feliz es convivir con mi esposo. Gracias a Dios, los dos estamos muy enamorados y tenemos una hermosa relación, pero, desde que nació mi hija y ahora con mi bebé, se vuelve más difícil tener tiempo para él y eso es un propósito que tengo para este año: salir con él más seguido en citas los dos, aunque es difícil porque siendo los dos de otros países no tenemos familia ni nadie de confianza para dejar a mis hijos. Solo cuando nos visita mi mamá aprovechamos para salir a cenar, o bien, cuando hemos viajado a Europa a visitar a la familia de mi esposo, mi familia también nos ha acompañado y ahí también aprovechamos para salir en citas mi esposo y yo.

Otra meta es inculcar a mis hijos mi cultura y tradiciones, así como las de mi esposo y aprender el idioma de él.

En cuanto a medicina, fue difícil tomar la decisión entre continuar con mi plan de hacer el programa de la universidad o quedarme en casa, pero creo que es más importante dedicarme a lo que me hace más feliz, que es mi familia.

Capítulo 8
Adaptación de los hijos

Leticia Farfan Cruz
(Talara, Perú)

La adaptación es un proceso que lleva su tiempo. En mi caso duró dos años y en el de mis hijos todo ha sido diferente. Mi hijo mayor nació en México y, cuando decidimos viajar al Perú, él tenía un año y, aunque era pequeño, sufrió muchos cambios en poco tiempo. Uno de los primeros fue el clima, ya que donde vivo es zona costera y hace mucho calor. En la Ciudad de México, en cambio, el clima es distinto. Allá las estaciones del año se identifican, pero acá siempre hace calor así aunque sea invierno. Las primeras semanas fueron difíciles por esa situación y a eso agregamos el siguiente cambio: la alimentación, ya que, aunque parece que tenemos muchas similitudes por ser países latinos, la forma de preparar alimentos es distinta y eso generó que mi hijo tuviera problemas gastrointestinales. En ese momento surgió la necesidad de encontrar un buen pediatra, lo cual nos costó trabajo, ya que no conocíamos a ninguno.

Cuando logramos encontrar un buen pediatra de acuerdo con las recomendaciones de la gente que consultamos, resultó que, aunque era bueno, sus consultas médicas eran de cinco minutos, ya que, aunque atendía en consultorio privado, se llenaba de pacientes y estábamos peor que en el seguro social de mi país. Esto no fue de nuestro de agrado, motivo por el cual cambiamos de pediatra hasta que encontramos un médico pediatra que nos brindaba una excelente atención y mucha confianza.

Cuando mi hijo cumplió dos años y nueve meses, decidimos buscar un colegio para inscribirlo en el siguiente ciclo escolar. Cabe mencionar que acá el año escolar inicia en marzo y culmina en diciembre. Nosotros pensamos que él podría ingresar a kínder de tres años, pero justo ese año el Gobierno emitió una ley donde indicaba que todos los niños deberían tener años cumplidos al 31 de marzo para poder cursar el año escolar que les correspondía. Al principio nos costó mucho aceptarlo, pero finalmente aceptamos que así era la ley. Mi hijo prácticamente está atrasado por un año escolar. Esta situación también afectó a mi hija porque ella cumple años en junio. Así que actualmente mi hijo con ocho años y nueve meses, en lugar de pasar a cuarto grado de Primaria, pasa a tercer grado. Mi hija con cuatro años y ocho meses, en lugar de cursar kínder a los cinco años, cursa kínder de cuatro años.

En cuanto a mi hija menor, ella es peruana y lo que también tiene que enfrentar, al igual que su hermano, es la situación académica, ya que nació en junio y la retrasan un año. Al igual que con mi hijo, lo que hago con ella es enseñarle parte de la historia de mi país: deseo que ellos, así como quieren el país donde viven, también aprendan a querer a México y que conozcan cómo son las costumbres más importantes o, por lo menos, las que mis padres me transmitieron desde que era niña. Cuando me es posible, llego a preparar comida mexicana para que ellos la conozcan. La comen sin problema: a ambos les encantan las tortillas de harina.

En cuanto al idioma, les enseño términos mexicanos y les explico qué palabras son inadecuadas que digan en México y que aquí son muy normales o viceversa. Esto debido a que tienen diferente significado. Por ejemplo, aquí es común que digan «cojo», lo cual es normal y se refieren a 'agarrar algún objeto', y en México tiene una connotación sexual o, por lo menos, así me lo enseñaron; otra palabra es «cachar», la cual aquí hace referencia al mismo acto sexual y para nosotros es distinto, significa 'sorprender o atrapar'.

Sin embargo, puedo decir que mis dos hijos están aprendiendo a conocer México a través de lo que les enseño y que viven muy tranquilos y felices en donde nos encontramos, así como también les agrada saber que tenemos otro país en Norteamérica en donde nos quieren y nos aceptan tal como somos.

Alma X. Ortega
(Costa Rica)

Desde niña siempre me ilusionó la idea de llegar a convertirme en madre algún día. Mi hermana menor es seis años más chica que yo y cuando ella nació yo estaba muy ilusionada de poder cuidar a la bebé, pero mi mamá no me lo permitía mucho ni tener algún tipo de responsabilidad con ella. Entiendo que aún era muy joven, pero me generó algo de frustración y rompió con la idea que tenía de lo que iba a ser convertirme en la hermana mayor. Posterior a esto, la hermana de mi mamá tuvo otra hija —mi prima— y a ella sí me dejaban arrullarla en su sillita mecedora o verla mientras los adultos estaban ocupados en otras cosas. Disfrutaba mucho esos momentos, aunque no pude convivir mucho con ella, pues nos mudamos de estado. Así, sin bebés, transcurrió mi infancia. Después la adolescencia y cuando tenía veintidós años, mi hermana dos años menor que yo se embarazó de una niña que vino a convertirse en mi adoración y mi sobrina consentida. Ahora ya era una adulta, así es que ya podía cuidarla, llevarla a pasear y hacer todo lo que las tías consentidoras hacemos. En cierta forma, ayudó a que no me dieran ganas aún de tener una propia y me concentrara en mis estudios. Finalmente, diez años después del nacimiento de mi sobrina y a los treinta y dos años de vida, nace mi hija. Considero que, de haber precipitado la maternidad, no la estaría disfrutando tanto como lo estoy haciendo y no me arrepiento de haber postergado esta etapa: cada quien elige su plan de vida, pero recomiendo mucho que no nos dejemos influir por lo que otra gente pueda pensar acerca de nuestras decisiones. Nadie más está viviendo en nuestros zapatos ni afrontará las consecuencias de nuestros actos.

Vivir la primera maternidad en el extranjero no es fácil, pero afortunadamente cuento con una familia política maravillosa, que nos ha apoyado muchísimo en esta etapa. Claro que a veces quisiera que mi familia estuviera cerca, pero, gracias a la época en que vivimos, podemos mantener constante comunicación a través de las redes sociales o videollamadas y durante los viajes disfrutamos juntos cada momento. También me he propuesto que mi hija conozca de nuestra cultura mexicana, hacer viajes a México con el propósito de que pueda tener la misma identificación tanto con el país que me vio nacer como con el que elegimos para vivir. Dicen que la xenofobia se quita viajando y conociendo gente de diferentes partes del mundo y concuerdo completamente: viajar nos amplía la visión; abre nuestros horizontes y también nos da la capacidad de ver la belleza en las diferencias culturales.

Xóchitl Palacios
(Brasil)

Dos años y ocho meses. No sé si exista una edad más o menos crítica para una mudanza de país, en esa pequeña adolescencia, cuando se usa el «no» para casi todo, donde las pataletas y berrinches existen en el día a día. Tener una mezcla de duelos y novedades, dejar atrás la escuelita, los pequeños colegas, los amigos de siempre, los ambientes, la abuela, el idioma, la comida, la cultura, las calles, los vecinos, su habitación, juguetes, ropa y libros colocados dentro de un contenedor, esperando ansiosamente a llegar para sentirse de nuevo en casa, para vivir la pertenencia.

Llegar a otro clima, con otras caras, un idioma diferente a los de casa, cambiar de vivir en casa para ahora hacerlo en un apartamento donde es indispensable usar ascensor. Según nos dijeron, es mejor así por el tema de seguridad en este país, donde no hay plantas en el patio. Vaya, no hay patio para correr, donde das media vuelta y estás en otra habitación y la cocina queda a diez pasos de distancia, donde es necesario usar aire acondicionado porque estar sin ropa no es suficiente para quitarse el calor de encima, donde no hay tortillas ni chile. El frijol es diferente, no hay chapulines ni quesillo para picar.

Para mi niño nómada, su primer viaje corto en auto fue a los veinticinco días de vida, y desde allí sin parar de viajar, periodos cortos o largos, camas y cunas diferentes. En ocasiones, hasta siete en un mes, siempre explicándole que nosotros tres éramos nuestro hogar y solo cambiaban las paredes, los muebles, el idioma, la comida, los horarios y climas, pero siempre volvíamos a «casa». De pronto encontrar sus ojitos temerosos silenciar la pregunta: «¿Cuándo termina este viaje y volvemos?». Y nosotros adelantarnos para explicar que esta estancia duraría más, mucho más, hasta que esa pregunta se disolvió entre la nueva escuela, la tranquilidad de escuchar más francés, las clases de portugués, la flexibilidad para comunicarse a señas con quien no le entendía y hasta crear un idioma propio con algún amigo. «Francportuñol», le decíamos. Sus nuevos mejores amigos, los incondicionales que, a tres años de distancia, continúan fraternos, la comida a base de arroz, feijão, carne, frango e farofa, los paseos al parque Ibirapuera y los viajes de fin de semana a las playas a tres horas de casa.

Quizá alguien escribió un manual sobre cómo hacerles el camino más fácil a los hijos en cada mudanza, debería haberlo leído antes, y quizá así hubiese sido más fácil para él, para mí, para mi esposo.

Sin embargo, a pesar de las recomendaciones, siempre habrá sus particularidades para cada familia. Depende mucho, creo, de la actitud que ellos observen en sus cuidadores. En este caso, nosotros como papá y mamá, en la rapidez para crear nuevas redes de apoyo, en la comunicación a través de Skype, WhatsApp, postales, correos electrónicos, con los que ahora están lejos, en mantener las rutinas del diario, pese a los cambios de uso horario, haciendo algunas adaptaciones al clima y los nuevos espacios de recreación, depende de ver a papá y mamá tranquilos, seguros, sonrientes. Decirles: «Estoy segura de que este nuevo lugar te va a encantar», aunque por dentro tal vez nuestros temores y dudas nos carcoman.

Con mi pequeña, nacida en Brasil, fue todo más fácil; ella llegó escuchando el español, el francés de papá y el portugués en su entorno. No tuvo las dificultades de su hermano. Nació en un buen mes con clima templado para no sufrir con el calor ni las lluvias del verano, vivió pegada a mí por fulares, bandoleras, mochilas ergonómicas, con la leche de mamá disponible día y noche, a libre demanda, recibida por el amor de la familia y de los amigos nuevos, de la familia a distancia, de la gente brasileña excesivamente cariñosa y atenta con los bebés, sin necesidad de compartir a mamá con un trabajo fuera de casa, acaso solo con papá y con su hermanito.

A tres años de vivir en este hermoso país, mi niño grande dice que su corazón tiene tres banderas: la mexicana por mamá y porque nació allá, la francesa por papá y por su gusto por los quesos y crepés, y la brasileña por su fascinación por sus amigos brasileños. Ahora está bien adaptado. Mi niña solo reconoce que es brasileira, habla español y francés con acento portugués, sabe de la calidez de este país. Ahora tenemos que comenzar a prepararlos para la mudanza que toca a la puerta, para cerrar un ciclo y abrir otro de esta rueda que no sabemos cuándo se detendrá.

Olga A. Tinajero Castañeda
(Panamá)

Mi hijo llegó a los seis meses, ha crecido acostumbrado a comer arroz todos los días. Antes creía ese cliché de que nadie come más arroz que los chinos. Ahora tengo fuertes sospechas de que los panameños podrían quitarle ese honroso puesto: aquí el arroz se consume en la comida y en la cena como acompañante de cualquier menú, algo similar a las tortillas para los mexicanos.

Mi chaparro también adora las hojaldras, los patacones, las torrejitas, los almojabanos, los bollos. Es panameño 100%, pero no sabe «salomar», 'un grito peculiar que los campesinos panameños ocupan para comunicarse mientras siembran y están a distancia uno del otro'. ¡¡Ah!!, pero también disfruta de un buen pozole, tacos al pastor, quesadillas, tostadas, y él tiene su acento mexicano bien marcado porque en casa los mexicanos somos más.

Algo que me encantó: desde muy pequeño toma una brillante posición cada vez que las circunstancias lo ubican en una condición vulnerable entre sus dos nacionalidades, como sucede cuando se enfrentan en un partido de fútbol la selección de Panamá y México, porque resulta que siempre hay un curioso que hace la inteligente pregunta: «¿A quién le vas?». Esto no es como la víbora de la mar, donde vamos a escoger si nos quedamos «con melón o con sandía»; la situación es de suma trascendencia considerando la pasión que siente mi esposo por este deporte y, no se diga, por la selección que representa su país. Y, aunque yo no soy fanática, siempre he visto los juegos de la liga mexicana porque mi papá adora el fútbol y, desde mi más temprana niñez, los fines de semana eso era lo que se veía en casa, así que lo disfruto, pero, cuando son juegos de nivel internacional, las emociones se exacerban.

En esas condiciones, queda claro que mi hijo no tiene muchas opciones para salir bien librado y desde muy temprana edad fue capaz de desarrollar un proceso de análisis ágil, meticuloso y establecer una postura inteligente. Él decidió simplemente no tomar partido por ninguno de los bandos y a mí me pareció genial. Ahora que está más grande, ha incluido en sus análisis algunos argumentos que antes no consideró. Me comenta que México ha tenido más logros internacionales en el área del fútbol comparado con Panamá y que por ese detalle en algunas ocasiones apoya más a los llamados canaleros. Yo lo que hago cuando se presentan estos juegos es irme a dormir. Por lo general, el horario de esos partidos es por la noche y yo me levanto todos los días muy temprano, así que resuelvo la situación no participando y al día siguiente pregunto el resultado. Lo más frecuente es que, efectivamente, a México «le va mejor».

Estimo que la adaptación de nuestros hijos puede ser suavizada por la actitud que como padres tomemos al enfrentar el cambio. Para todos habrá retos que superar, pero nuestro ejemplo marcará la pauta que guiará al grupo. En general, siempre será algo más sencillo para los chicos porque considero que, mientras más jóvenes son, tienen menos apegos y están más dispuestos a probar cosas nuevas. En definitiva, esos pequeños que crecen bajo nuestra protección, siguiendo nuestras recomendaciones, escuchando consejos y copiando el ejemplo que les damos, lograrán grandes ventajas de vivir una experiencia en la que tengan la oportunidad de confrontar una variedad de condiciones que enriquecerán su conocimiento, su criterio y que los retará a desarrollar habilidades que no son necesarias cuando estamos en un ambiente conocido y que ya tenemos dominado.

Angélica Cuapio
(Alemania, Austria, Suecia)

Axo tiene dos años y Coyo, uno. Su papá les habla en alemán y yo en español, tratamos de no mezclar idiomas con ellos. Entre Feli y yo hablamos español. Mi mamá ha estado con nosotros los últimos siete meses y la mayor parte del tiempo la pasa con los niños. Es por eso que ambos hablan más español que alemán.

En Viena, Axo empezó a asistir al jardín de niños a la edad de un año. Aún no caminaba y menos hablaba. En el kínder hablaban alemán e inglés, al parecer, le gustaba más el inglés porque a veces llegaba, según él, entonando sus canciones en inglés.

En esta edad, todo les resulta muy adaptable. En Viena vivíamos en un lugar que parecía un castillo, aunque era un ex arsenal militar, con grandes jardines alrededor, mucho espacio en el departamento y en los pasillos. Teníamos mayor contacto con gente. En la cercanía había mayor número de parques y niños. Teníamos el tranvía y el tren muy cerca. Axo, desde pequeño, ha estado obsesionado con motores, máquinas y su especialidad: los trenes. Mi mamá a diario los llevaba una hora a las vías del tren para sentarse y ver pasar el tranvía. Los niños se acostumbraron y aquí lo siguen pidiendo, así mi mamá se los lleva a la estación de trenes, que está a media hora de aquí, solo para que Axo tenga su dosis de velocidad, ruido y adrenalina. A Coyo no le fascinan los trenes, pero sí estar echando relajo en la estación. Esos paseos que mi mamá se da con ellos han servido de mucho para que los niños se adapten al nuevo país.

Algo difícil para mí ha sido la falta de luz. Como había vivido en Alemania y en Austria, pensé que no me afectaría mucho el cambio porque sé de qué se trata tener pocas horas de sol. Sin embargo, la falta de luz es mucho mayor que en esos otros dos países y, por eso, me ha afectado más. A los niños parece no causarles el más mínimo problema; a mi mamá tampoco. En pleno invierno, amanece aproximadamente a las 09:00 y oscurece a las 15:00.

Algo que sí difiere mucho de los países anteriores es el frío y la cantidad de nieve. Ahora vivimos en una casa como en los cuentos, cerca del lago y del bosque. Los pinos están siempre llenos de nieve, los venados se la pasan jugando bajo los árboles. Parece que les fascina la combinación de la neblina y los rayos de sol que la logran atravesar, pero ¿a quién no? Hace un par de semanas estuvimos casi una semana completa con -16°C. Es interesante ver a los niños a las 08:00 en el kínder con sus trajes de invierno, jugando en la nieve a esa hora y a esta temperatura. Niños pequeñitos de entre dos y tres años están afuera en el jardín, cada uno con una escobita para quitar la nieve de la resbaladilla o de los columpios y poder sentarse. Axo y Coyo no parecen tener problema con el frío. Les gusta ponerse sus botas, su gorro y guantes, y salir a caminar a la nieve y aventarse en las pendientes con un trineo. Mi mamá también parece estar fascinada con el frío: se compró unas botas que, aunque parecen de astronauta, no se las quita. Lo más importante para poder enfrentar bien el frío es estar bien vestido. Con ropa adecuada para invierno, esos -16°C no son ningún obstáculo, excepto para la cara que se siente como adormecida.

Mi mamá se regresa a México en un mes y, seguramente, los nenes la extrañarán enormemente. Los niños entrarán al kínder y ahí se enfrentarán al nuevo integrante: el idioma sueco. Una vez a la semana, tendrán visita de un maestro que les hable en alemán. El resto será solamente sueco. Esto es lo común para todos los niños con origen extranjero. Pueden elegir el idioma que deseen para tenerlo una vez a la semana.

Otro aspecto interesante en Suecia es la importancia de la igualdad de género. En sueco existe un pronombre para un género neutro, «*hen*». Este término se usa para referirse a alguien sin la necesidad de revelar el género, ya sea porque es desconocido o porque se refiere a alguien transexual o porque esa información resulta irrelevante. Este término se enseña actual y oficialmente desde la edad preescolar. En el kínder no hay roles de niñas o de niños, todos pueden jugar con y como quieran, vestirse como deseen y usar el término a su gusto.

Aún no sé cuál será nuestra siguiente parada, pero adaptarse a un nuevo lugar dependerá del entorno y nuestras circunstancias. ¿Será que ahora nos vamos al polo sur? Allá también hay asesinas naturales.

Luana Sandoval Castillo
(Barcelona, Dinamarca)

Lo tenía claro: quería que mi hija tuviera un vínculo con su tierra, que creciera sin ser extranjera y cerca de su familia. Esto no íbamos a poder ofrecérselo en Barcelona, donde ambos éramos extranjeros y nuestra familia eran esos grandes amigos, pero que no eran abuelos que pudiéramos molestar a las tres de la mañana.

En algún momento hicimos una búsqueda de los diez países más felices del mundo y ahí estaba Escandinavia. Sin embargo, mi México lindo cada vez se iba catalogando dentro de los países sin guerra declarada más inseguros del mundo. En mis prioridades estaba el ofrecerle seguridad a mi hija y, aunque mi México es mi México, decidimos mudarnos a Copenhague.

Yo estaba convencida, sobre todo viniendo de mi querida caótica Ciudad de México y su tráfico, que no podría vivir lejos del bullicio y de ofertas a la mano las veinticuatro horas, así que Copenhague se convertiría en nuestra siguiente casa.

Cuando nuestra princesa llegó a este mundo, para su papá era difícil establecer una comunicación en danés básicamente porque ese bebé interactuaba poco más que escupir leche y algunas otras secreciones, así que, durante dos años, su relación fue en «mexicano». En algún momento en la guardería, a raíz de una gran rozadura por un pañal no cambiado a tiempo, nos enfatizaron lo importante que era que papá le hablara en danés para poder comunicarse, que, en el caso del pañal —en mi opinión— no necesita de palabras, sino de un buen olfato.

Mientras tanto, en casa seguíamos hablando en «mexicano», viendo películas en inglés y, a la hora del baño, le hablaba en catalán. Poco a poco y sin mucho esfuerzo, de pronto ya era un poco más que bilingüe.

Pero el idioma no fue el único desafío, también tuvimos un poco de inmersión cultural cuando apareció el tema de dejarla dormir a la intemperie, ya que los daneses son ávidos de dejar a sus críos durmiendo fuera mientras ellos toman un cafecito y hacen *hygge*. La teoría es que desarrollan su sistema inmune y evitan que se enfermen constantemente de vías respiratorias. Evidentemente, usan ropa y estructura necesaria, como un tipo de cobija especial llamadas *voksipose* y monitores que detectan la temperatura idónea para el bebé. Nos tomó más de ocho meses emprender el reto.

Otro tema fue adecuarnos a horarios familiares de cena a las cinco o seis de la tarde. Sin embargo, la ventaja es que la hora de dormir es aproximadamente a las 20:00, lo que se traducía en tiempo de calidad en pareja y a las 22:00 ya estábamos en la cama. Al principio me sentía como la abuela, yendo a dormir tan temprano, pero rápida y plácidamente, mi cuerpo se acostumbró a descansar más de ocho horas y mi energía lo sigue agradeciendo infinitamente. La comida nunca fue un problema, a la hija le encanta tanto el pelón-pelo-rico como el regaliz de este rancho.

En nuestro caso no hubo inconveniente alguno para que la hija se adaptara, ya que habíamos tomado la decisión de querer echar raíces en esta tierra. Tenemos el apoyo de la familia del galán, que está relativamente cerca, y nuestra hija es una buena representante de la mezcla que hemos querido darle. En conclusión, esto es muy recomendable.

Sandra López-León (Israel, Holanda, España y Nueva York, Estados Unidos)

Mi primer hijo nació en Holanda, él no se tuvo que adaptar a nada. Yo fui la que me tuve que adaptar a la medicina en Holanda, ya que era totalmente diferente a la que yo conocía. Por ejemplo, la mayoría de las mujeres en Holanda tienen el parto natural en sus casas, sin usar ningún tipo de medicamento —ni oxitocina ni epidural— y no les hacen episiotomía. Los embarazos, si son normales, son atendidos por parteras. Los ginecólogos solo ven complicaciones.

Al principio no lo podía creer ni aceptar. Pregunté si lo podía tener como yo estaba acostumbrada y me dijeron que sí, pero que el seguro no cubría el hospital ni los medicamentos. Sin embargo, yo podía pagar por ellos. También me dijeron que solo me iban a poder poner epidural si el anestesiólogo no estaba ocupado.

Me acordé de un muy buen consejo que me habían dado: «Haz las cosas como las hace la mayoría de los pacientes. Si tú cambias el procedimiento y hay una complicación, el médico no se dará cuenta de que es complicación —porque no sabrá si es normal o no— y ni sabrá qué hacer contigo». Así que decidí abrir mi mente y tratar de entender por qué hacían las cosas así.

Tomé muchísimos cursos, leí cientos de artículos y libros e hice miles de preguntas. Yo pensaba que la anestesia epidural era uno de los mejores inventos de la humanidad y que era una bendición no tener que sentir dolor cuando naciera el bebé. Pero aprendí que el dolor tenía una función y que podía aprender a controlarlo. El dolor provoca la producción de neurotransmisores que le ayudan al bebé a prepararse para nacer. Mucho del dolor que se siente durante el parto proviene de otros órganos cercanos al útero y lo sentimos porque se están comprimiendo. Si le hacemos caso a nuestro cuerpo y adoptamos una posición más confortable, podemos lograr que haya menos dolor y podemos ayudar al bebé a descender. También me enseñaron a usar la respiración para relajarme y a usar el diafragma para aliviar el dolor y para ayudar a pujar. Aprendí cómo estirar los músculos de la vagina unas semanas antes del parto para que no fuera necesaria la episiotomía.

En Holanda también tenían la costumbre de no cortar el cordón umbilical inmediatamente para que toda la sangre se regresara al bebé. Poner a amamantar al bebé inmediatamente, ya que es el momento que aprenden a mamar y cuando más despiertos están, y que inmediatamente al nacer tuvieran contacto físico piel con piel con la madre para que tuvieran una exposición a las bacterias de la madre para fortalecer el sistema inmune. Lo único que nunca pude aceptar fue tener a mi hijo en casa. Sabía que podía haber muchas complicaciones y que los segundos pueden hacer la diferencia entre la vida y la muerte.

Con mucho orgullo, puedo decir que mi manera de pensar cambió completamente y una de las mejores experiencias y logros que he tenido en mi vida es haber tenido a mis tres hijos con parto natural, sin ningún tipo de medicamento ni complicaciones. Los tres tuvieron Apgar de diez y a las pocas horas salí del hospital caminando como si nada.

Esta gran experiencia me hizo entender que vale la pena abrir la mente, ver las cosas desde otro punto de vista y no decir «no» sin conocer.

Con respecto al colegio, es importante escoger un colegio que sea afín a los principios y valores de los padres. Yo siento que pertenezco a entornos internacionales porque toda la vida he convivido con personas de otras culturas. Me gustan la diversidad, la tolerancia, las mentes abiertas y la variación. Quiero que mis hijos estén expuestos a esto; que aprendan a convivir con personas de todas las culturas, razas, creencias, niveles socioeconómicos, inteligencias y diferentes maneras de pensar. Así que cuando llegamos a Barcelona, metí a mi hijo al Colegio Americano, que era un colegio internacional. Cuando nos mudamos a Estados Unidos, escogimos un colegio que tuviera el International Baccalaureate.

Mi otro hijo y mi hija nacieron en Barcelona y, cuando tenían dos y seis años, nos mudamos a Estados Unidos. Ellos se adaptaron inmediatamente porque habían aprendido inglés en el colegio y conocían la cultura. Además, estábamos cerca a mis hermanos, así que tenían más familia. Después de haber vivido aquí durante seis meses, era como si hubieran vivido aquí toda la vida.

Los niños se adaptan rápido a cualquier lugar. No es necesario irse al finalizar el curso escolar ni esperar a que tengan cierta edad; lo mejor es enfocarse en nuestra adaptación. Si nosotros nos adaptamos, ellos se van a adaptar porque, si nosotros estamos bien, los niños estarán bien.

Patricia Bautista Rivera (Kentucky, Estados Unidos)

Mis dos hijos nacieron en EUA. Tanto mi esposo como yo sabíamos que la mejor forma de favorecer que nuestros hijos hablaran español era el mantener el idioma dentro de la casa y hablar inglés fuera de ella. Afortunadamente, nuestro plan funcionó y nuestros hijos son bilingües, fácilmente cambian de un idioma al otro y no tienen acento al hablar. También me parece que han hecho suyas ambas culturas y de la misma forma que disfrutan de comerse unos buenos tacos o un pozole, también gozan el comer una hamburguesa o pavo con salsa de arándanos.

Cuando regresamos a vivir a México, a los niños se les hizo un poco difícil la adaptación a la escuela. Para cuando nos regresamos a vivir nuevamente a EUA, a todos nos costó trabajo la readaptación, en especial al hijo más pequeño, que no hablaba inglés y que extrañaba salir a jugar afuera del departamento e ir de visita a casa de nuestros amigos, lo que hacíamos cada viernes. Regresamos en noviembre: hacía muchísimo frío y eso nos impedía salir a jugar al parque.

El venir de otro país y traer nuestras propias costumbres nos ayudó al momento de la toma de decisiones con respecto a cómo ayudar a nuestros hijos, cómo guiarlos. Por ejemplo, en este país es común el que los niños se vayan a dormir a las casas de los amigos. Dado que nos preocupaba enviar a nuestros hijos a dormir a la casa de personas que no conocíamos, adoptamos como regla el que no podían irse a dormir a ningún lado que no fuera su casa. Podían —y pueden— invitar a nuestra casa a cuantos niños quieran. Si protestaban, les proponíamos quedarse en la celebración y festejos hasta muy tarde, pero después los recogíamos como a Cenicienta a la medianoche y los traíamos a casa.

Cuando alguno de mis hijos se comparaba con los demás y me decía que era el único en no hacer o tener algo, mi respuesta siempre fue: «Obsérvanos. ¿Nos parecemos a los papás de tus compañeros? ¿Se parece tu casa a las de tus compañeros?». Nos trajimos muebles hechos por artesanos mexicanos y tenemos talavera poblana por toda la casa, además de otras artesanías mexicanas. La respuesta habitual fue «no», por lo que finalmente llegábamos a arreglos. Siempre ha sido importante el recordarles a nuestros hijos que son hijos de inmigrantes y que las costumbres y las reglas de nuestra casa no son las mismas que con las que se rigen las casas de sus amigos o compañeros.

Mi esposo y yo elegimos inscribir a nuestros hijos al sistema de educación pública de nuestra ciudad, que ofrece diferentes tipos de programas. El programa tradicional nos atrajo, en este los estudiantes son asignados por sorteo. Es el mejor de los programas que existen en el sistema. Los domingos asisten a educación religiosa ofrecida por la iglesia a la que vamos, con la que he participado como catequista en los últimos catorce años.

Han pasado los años y los hijos han crecido, y me parece que están bien adaptados.

Paulina Cruz
(Misuri, Estados Unidos)

Tengo un hijo: nació en 2013. Mi esposo y yo planeábamos esperar; sin embargo, fui a un congreso médico de Endocrinología en mi segundo año de residente y olvidé mis pastillas anticonceptivas. Fui sola, pero empecé con sangrado por falta de las pastillas. Al volver, descubrí que no me quedaban *refills*, así que pasó tiempo. Finalmente, pedí un *refill* yo misma, cosa que se puede hacer, y tenía que recogerlo en la farmacia de la universidad, ya que tenía seguro de la universidad en ese tiempo. Total, pasaron los días y mejor decidí esperar a estar en mi periodo para volver a comenzar las pastillas, pero nunca llegó, así que el día antes de cumplir treinta y un años tenía mucha náusea en la mañana y al día siguiente unos amigos iban a venir e íbamos a celebrar y a hacer parrillada. Tenía ya casi una semana de retraso y náusea, por lo que le dije a mi esposo que teníamos que hacer la prueba. Él no me creía, pero me acompañó a la farmacia. Compré un kit con tres pruebas y al volver la primera salió positiva. Mi esposo me decía que hiciera otra, que no podía ser, pero claramente era positiva y ese fue el comienzo de la aventura de ser padres.

Fue un embarazo muy normal, con todos los pros y contras que conlleva. Tuve a mi hijo en el mejor hospital de la ciudad donde vivía y terminé teniendo cesárea de último momento, ya que no descendió. Mi mamá alcanzó a llegar. Sin embargo, yo tuve que ir al hospital el día que llegaba y ella no habla inglés. Así que unos amigos que no la conocían tuvieron que ir a recogerla y llevarla directo al hospital. Llegó justo unos minutos antes de la cesárea. Me quedé cuatro días internada. De hecho, tuve fiebre en el posoperatorio y se hizo escándalo de que pudiera tener corioamnionitis, por lo que tuvieron que hacer cultivos a mi bebé y darle antibióticos. Los cultivos fueron negativos y se descontinuaron antes de ir a casa. La consultora de lactancia me vio un par de veces y me ayudó mucho a usar la bomba de leche y a posicionar bien al bebé.

Solo tuve cuatro semanas de maternidad, ya que estaba en la residencia y ya había hecho *match* para mi subespecialidad en Endocrinología. Entonces, no podía atrasarme en graduarme. Mi mamá me ayudó muchísimo los primeros dos meses y llevamos a mi bebé a la guardería. Mi esposo estaba haciendo su subespecialidad y su horario era menos demandante, así que él se encargó de llevar y recoger a nuestro bebé. En esa época también expiraba nuestro contrato de renta y, como nos íbamos a mudar de ciudad, tuvimos que pagar mes con mes, lo cual elevó muchísimo el costo de la misma.

Por suerte mi suegro nos pudo ayudar económicamente, ya que al pagar guardería, renta más cara y traslado a otra ciudad no nos alcanzaba el dinero.

Llegamos finalmente a St. Louis. Nuestro bebé tenía solo cuatro meses. Inicialmente, lo puse en la misma guardería, que es una cadena. Sin embargo, estaba en la lista de espera para la guardería de mi hospital y, finalmente, tuvo lugar ahí después de un mes. El horario era muchísimo más conveniente y, además, estaba a un lado del hospital.

Mi hijo no se acuerda de haber nacido en Chicago. Sin embargo, tratamos de visitar la ciudad cada año y le decimos que ahí nació. En St. Louis hemos tenido muy buena experiencia. Buscamos casa y encontramos la de nuestros sueños, donde hemos vivido ya por cuatro años.

Poco a poco hemos hecho mejoras y es mucho más de lo que habría esperado en México. En casa hablamos español. Es muy importante que nuestro hijo sea bilingüe y esté orgulloso de serlo. Por una parte, queremos inculcarle el idioma para que se sienta siempre conectado con su cultura latina-hispana. Mi mamá no habla inglés y mi papá y mi suegro se siente mucho más cómodos hablando español. Pero también es de gran beneficio a su desarrollo cerebral y sirve para hacer muchas más conexiones entre el lado derecho e izquierdo del cerebro. Creo que a sus cinco años nuestro hijo ya es bilingüe. Sin embargo, está un poco atrasado en su fluidez en español: tal vez habla como un niño de cuatro años.

En su escuela todo es en inglés. Será difícil encontrar el balance, pero, con ayuda de nuestra familia y yendo en el verano de visita, creo que logrará ser totalmente bilingüe.

También es importante esa conexión con nuestra cultura. Nuestra familia no conserva muchas tradiciones. No somos religiosos. Pero ahora que mi hijo ha crecido, he decidido escoger ciertas tradiciones. Por ahora celebramos Navidad y planeo ir celebrando el Día de Muertos al estilo de México. También conservar el gusto por los sabores de la cocina mexicana y boliviana —origen de mi esposo— y continuar viajando a nuestros países de origen.

Creo que mi hijo se ha adaptado muy bien. Sin embargo, el siguiente paso es mantener esa conexión con nuestros países de origen y el orgullo de tener esa cultura y exponerla en nuestras vidas.

Ahora va a prekínder. Este verano irá de visita con mis papás por tres semanas. Va a una escuela privada. St. Louis es una de las regiones donde el sistema público de educación es de los más segregados del país. Esto significa que para ir a una buena escuela se tiene que vivir en áreas donde el costo es muy elevado, lo que automáticamente las hace poco diversas socioeconómicamente. Yo quería vivir en la ciudad, ya que ha tenido muchos problemas con el *white flight* y está resurgiendo. Queremos que nuestros impuestos vayan ahí. Sin embargo, nuestro trabajo nos impide estar muy activos en la escuela y, por ende, escogimos una escuela que se alinee a nuestra forma de pensar. Encontramos eso en un colegio privado que se basa en educación por experiencia siguiendo el método Reggio Emilia. Nuestro hijo va feliz a la escuela y esa es la mejor evidencia de que es una buena idea. También está en fútbol, va todos los sábados y este año pensamos ponerlo en una academia formal. En Estados Unidos los deportes son una puerta para obtener becas para la universidad. Tengo tranquilidad de que su futuro será muy bueno porque es amado y nos reta a ser mejores padres cada día.

Angeles Estrada/
María de los Angeles González Soto
(Oklahoma, Estados Unidos)

Aunque pequeña aún, mi hija enfrenta un reto más: crecer y ser educada en un ambiente multicultural.

Con sus raíces mexicanas ella ya lleva una responsabilidad tanto propia como de nosotros, sus padres, ser representante de nuestras tradiciones. Por otro lado, en este mismo ambiente, juntos como familia, estamos aprendiendo de lo que nos rodea: nuevas tradiciones y costumbres que estamos compaginando. No ha sido fácil, pero sí interesante. Nos ayuda a esforzarnos; a exigirnos conocer más de todas las culturas que nos rodean.

Por el momento es el idioma: en un principio le daba a conocer el significado de las cosas en ambos idiomas y se tardó al hablar. Me llegaron a decir que quizá se confundía. Sin embargo, desde que se soltó, ha hablado hasta por los codos y, de repente, me dice cosas en inglés que yo no sabía que ella sabía. Hemos optado por hablarle en español y esperamos que en la escuela aprenda y desarrolle el inglés, pues es nuestro deseo que por su propio bienestar al menos sea bilingüe.

Una adaptación más es el hecho de crecer sin estar rodeada por sus primos hermanos como lo hicimos nosotros. Los que viven más cercanos están a una hora de distancia. Cuando yo era niña, nos juntábamos cada ocho días en la casa de mi abuelita y, como éramos muchos, «a jugar se ha dicho».

La manera en que a ella le ha costado adaptarse es cuando vamos a México: los horarios, la comida, las visitas. Recién que llegamos a nuestra casa, se la pasa reproduciéndome las pláticas y las vivencias que tuvo allá, pidiendo constantemente que volvamos ir a México; hasta me pide hacer maletas.

Últimamente ha estado muy emocionada en que pronto iniciará la escuela. Quiero enseñarle que la vida es una continua adaptación y hay que adaptarnos a las etapas de esta, independientemente del lugar donde nos desarrollemos. Espero que Dios me permita acompañarla y guiarla lo más que se pueda, que la vida de mi hija florezca y que ahora ella aprenda a hacer del lugar que la rodea un hogar armonioso.

Mayra Falcón Pineda
(Wisconsin, Estados Unidos)

Siempre en los cuentos de hadas hay una madrastra mala; generalmente, es la vieja bruja del cuento y sí, así es como la gente nos ve a las madrastras: las viejas brujas que le hacen la vida imposible a los hijos del esposo y que los quieren mandar lejos, muy lejos. Pues creo que afortunadamente ese no fue mi caso. Logré romper con el estigma de la madrastra mala y fea. Logré ganarme el amor y la confianza de los hijos de mi esposo y ahora, más que madrastra, creo ser una buena amiga para ellos.

¿Por qué iniciar este capítulo con el tema de la madrastra? Porque más que la adaptación de los niños a un ambiente, a un idioma o a un país, ellos se tuvieron que adaptar a mí y yo a ellos; y hablo primero de los hijos de mi esposo porque fueron los primeros a los que tuve. Como les he contado, salté de ser soltera y sin hijos, a casada y con dos hijos.

Nuestros primeros dos años y medio de casados fueron solo dos: TY y Sam. Fue y ha sido complicado. La comida fue todo un reto. Yo llegué con mi idea de una dieta sana y balanceada, pero la suya era muy americana. Me peleé muchas veces con mi esposo para cambiar su alimentación, pero fue una de esas batallas que decidí no seguir y que hasta la fecha llevo perdida.

Así fueron pasando los años hasta que por fin llegó mi regalo más esperado: ¡¡Sebastián!! A él no le ha costado ningún trabajo adaptarse a nada de la vida en este país. Él nació y ha crecido aquí, así que no conoce otra forma de vida. En un inicio pensé que sería muy difícil que él aprendiera inglés, pues en casa solo hablamos español con él, pero los niños son unas esponjas y absorben todo rapidísimo. Ahora va en preescolar y está hablando como perico; y está mejorando su inglés.

Intento cultivar mi idioma tal cual es, sin modismos o modificaciones. Eso es verdaderamente importante, así que trato de enseñarle a respetar su hermoso idioma español.

Si has leído mis anteriores capítulos, tal vez estás confundido. Por todos lados hablo sobre un cuarto hijo: Santiago. Bueno, él es parte de todas las sorpresas que el destino y la vida me han traído desde que estoy en este país. Les contaré un poco sobre Santi: llegó a mi vida hace no más de un año. Santi tiene seis años. Él es también hijo de mi esposo, nació de una relación que mi esposo tuvo después de divorciarse y antes de casarnos. A principios del año 2017, justo casi como regalo de Año Nuevo, mi esposo recibió una carta de la corte diciéndole que necesitaban verlo. Fuimos a la corte: un niño llamado Santiago tenía el 99.9% de compatibilidad con su ADN. Sorpresa: ¡tienes otro hijo! Para serles sincera, fue como un balde de agua fría. Nuestra vida ya estaba hecha con respecto al número de hijos que queríamos tener, pero ahora había un cuarto, sí, cuatro hijos. Ella había desaparecido de la faz de la Tierra, no habíamos sabido nada sobre ella desde hacía cinco años, no sabíamos dónde había estado Santiago. No sabíamos nada. Pues empezamos a investigar dónde estaba el niño, con quién, cómo y en dónde.

Santiago había pasado los primeros dos o tres años de su vida en *foster care*. Es como un 'hogar adoptivo'. Por malas decisiones de su mamá, Santiago fue removido de su lado cuando tenía cinco meses, así que el Estado tomó al niño y lo puso en este lugar adoptivo. Tengo que ser honesta, ha sido una de las etapas más fuertes de mi vida. Nuestras vidas cambiaron mucho. Ahora ya no tengo un hijo, sino dos. Santiago no recuerda a su mamá. Él sabe y piensa que la única mamá que tiene soy yo. Ahora me ha tocado y nos ha tocado a los seis adaptarnos a él y él a nosotros. Yo no estaba preparada para dividir mi atención y amor entre dos niños; yo pensé que solo tendría un hijo propio, pero la vida siempre modifica tus planes. Santiago se ha adaptado muy bien a nuestra forma de vivir. Él había vivido en tres hogares diferentes y, por supuesto, tenía culturas y costumbres muy distintas a las nuestras. Nos tomó un tiempo y nos sigue tomando el hacerlo a nuestra forma de vida, pero como dije los niños son una esponja y absorben todo tan rápido que para él el proceso de adaptación ha sido sencillo. Aunque a veces me cueste un poco de trabajo, yo intento ver y tratar a Santiago como a mi propio hijo. Ahora Santiago va a la escuela en el mismo lugar donde yo trabajo. Creo que eso lo ha ayudado a sentirse más seguro y a mejorar su comportamiento. A pesar de todo lo que ha vivido en su corta existencia, no es un niño que se vea que tenga rastros de algún trauma emocional. Parece que, a pesar de todo esto que él ha pasado, está creciendo como un niño feliz.

Sé que, conforme los niños crezcan, nos tendremos que ir enfrentando a nuevos caracteres, nuevos retos y situaciones. Sé qué con cuatro niños no será nada fácil, pero dicen que Dios no te manda batallas que sabe que no vas a poder ganar, así que seguiremos en este proceso de adaptación para ellos, para nosotros y nuestra familia.

Hazel- Ela Jiménez
(Houston, Estados Unidos)

Mis hijas tuvieron un corto tiempo para sufrir la adaptación. No sé si fue suerte y/o la mentalidad que siempre les inculqué sobre vivir en otro país. La pequeña de seis años y la grande de ocho llegaron a Estados Unidos a terminar segundo y tercero de Primaria respectivamente. Entraron al ciclo escolar empezado justo para terminar: dos meses para ser exactos.

En México habían estudiado toda su vida en el mismo colegio que, para nuestra suerte, había sido bien elegido en la modalidad bilingüe. Eso les ayudó muchísimo a traer nociones más claras del idioma en este país. En ese transcurso tuvieron apoyo de compañeritos que hablaban español, quienes les ayudaban con lo que no entendían. Las maestras fueron de superayuda por su paciencia y disposición.

A los dos meses de haber llegado, nos tuvimos que mudar de estado y tenían otros dos meses de descanso del periodo de vacaciones de verano. En ese tiempo solo aprovecharon vacaciones. No estudiaron más inglés ni nada hasta que entraron al nuevo ciclo escolar, en donde las evalúan y me sugirieron la opción de inscribirlas a un grupo de clases bilingües para que no se les dificultara, pero pensé: «Si lo que quiero es que aprendan y desarrollen el idioma como tal, al meterlas a grupos bilingües no tendrán mucho esfuerzo por aprender», así que rechacé la inscripción y las metí de lleno a los grupos normales no bilingües. Al inicio dudé un poco porque se fueran a sentir frustradas o algo presionadas, pero en casa les dimos apoyo. Mi esposo y yo les hablábamos en inglés y las ayudábamos con las tareas, así como mentalizándolas sobre que ellas podían, dándoles la confianza de que ya sabían inglés, que solo era cuestión de practicarlo. Así fue: pocos meses después de que entraran al ciclo escolar, ya no tenían problemas con el idioma.

La adaptación al lugar y a los nuevos amigos sí fue algo más lento porque no es tan fácil confiar en personas nuevas de otra cultura que inviten a tu hijo a su casa; las costumbres de fiestas en salón o casa son un poco diferentes, así que tuvieron que prescindir de eso mientras conocían a más compañeros.

En México estaban acostumbradas a festejar sus cumpleaños en la escuela y en casa o en salón con sus amigos. Aquí ya no fue así, por lo mismo que no tenían más que conocidos del salón de clases. Así que solo les festejamos en casa los cuatro en familia y el fin de semana siguiente las llevábamos a un lugar que ellas eligieran: un museo, una actividad diferente a las que en México no podíamos hacer porque vivíamos en provincia, donde no teníamos tan al alcance tantas cosas como en ciudades grandes como ahora aquí.

Mi esposo y yo hemos tratado de que no olviden la cultura mexicana y nuestras costumbres, así como las que en días festivos y efemérides que aprenden aquí en la escuela.

En conclusión, creo que entre más chicos estén nuestros hijos, es más fácil la adaptación a cualquier cambio en todos los aspectos: de una ciudad a otra, de un colegio a otro y hasta cambiarles toda su vida a otro país y costumbres.

Leticia López Pedraza
(Dallas, Estados Unidos)

La vida para mi hija en Estados Unidos es lo normal porque siempre ha vivido aquí. Lo inusual para ella es cuando la muevo de este entorno y eso sucede durante el verano: cada año, durante las vacaciones, mi hija pasa varias semanas sola en Monterrey, quiero decir, sin mí. Siempre regresa con una relación más estrecha con su tía y el resto de mi familia. Es familia a la que no vemos durante todo el año.

Si no soy yo quien la acerca a mi familia, ¿entonces quién? Esa es la única manera que tengo y creo que sí funciona. ¿Hasta cuándo? No sé, pero por lo menos ahorita, que es pequeña y me obedece, pienso seguir haciéndolo. He recibido críticas, pero creo que son más los beneficios, así que espero no equivocarme.

Cuando no está conmigo, yo la extraño enormemente. Le ha tocado irse de visita a Tula, Matehuala y Linares. Regresa llena de anécdotas y me platica a quién conoció. Le gustan mucho las casas antiguas en México, sobre todo si tienen patios grandes. Entiende muy bien el español. Hay una que otra palabrita que se le escapa y me pregunta el significado o que tengo que corregir su pronunciación. Siempre regresa con un vocabulario más amplio y el español más fluido.

De fútbol mejor ni hablemos: la cosa está muy reñida entre su tía La Rayada, su prima La Tigre y el tío Cruz Azul. No sabe a cuál irle.

Disfruta de pasar los días en la casa de mi tía, sobre todo porque hay una tiendita muy cerca de su casa. Fue a conocer el transporte público en tierras regias. Todas estas experiencias de la vida cotidiana para ella son «novedad».

Siempre regresa siendo un poco más independiente. Yo considero esto como algo muy positivo para ella. Si hay algo que tengo claro en esta vida es que los padres no somos eternos. Me sorprende y me llena de satisfacción ver que ella es capaz de hacer cosas sin mi ayuda y sin dificultad. No sé si sea porque es hija única o porque, sin querer, yo la «sobreprotejo» por instinto y subestimo sus habilidades.

Considero que la vida de mi hija en Dallas no es tan diferente a la de otros niños. Hoy en día hay muchos padres que trabajan y yo no soy la excepción. No creo que esta situación hubiese sido diferente si me hubiera quedado en Monterrey.

Tengo la idea de que la vida aquí en Estados Unidos es de más encierro: del trabajo a la casa. Las reuniones y fiestas son solo durante el fin de semana. Para mí es algo raro, pero, la verdad, no tengo mucha familia cercana como para ir a visitarla. Para mi hija es lo normal. Aquí seguimos las dos adaptándonos: en mi caso, viviendo lejos de mi familia; en el de mi hija, viajando de un país a otro porque la mitad de su familia está aquí y la otra mitad, en México.

Margarita Lovera Maldonado
(Michigan, Estados Unidos)

En el caso particular de mi hija, la adaptación fue sencilla. Sin embargo, el principal obstáculo fue la edad mínima para iniciar el kínder, por lo que fue necesario mandarla a escuela privada, ya que, para nuestra sorpresa, los centros de cuidados infantiles o guarderías están diseñados para la gente menos afortunada económicamente. Es algo de notar en este país: la gente que más impuestos paga es la que menos apoyo recibe del Gobierno. Tal vez la fórmula para este país es como he mencionado anteriormente: «Vivir al día». De otra forma, aparte de pagar impuestos, debes pagar por todo. Mi hija ha estado algunos meses en el sistema público de México y de EUA y, la verdad, no hemos visto diferencia académica; en donde sí la hemos visto es en el amor y el trato por parte de los profesores en México.

El único obstáculo que a veces tenemos es la familia: extrañan mucho a sus abuelos, tíos, primos. Ese amor fraternal que se respira en familia y, por mucho que quieras sustituirlo con otras cosas, no se puede. Por muy pequeños que estén, no los puedes engañar.

«El que nada tiene, nada extrañará». En México no hace nada el que no quiere. Si no tienes padres amorosos, tíos entrañables, amigos inolvidables, educación sólida, amor por tu tierra, raíces, posiblemente EUA es un lugar para iniciar y encontrar todo lo que no tienes y que da sentido a tu vida.

Victoria Martínez (Atlanta, Estados Unidos)

¡Vaya cómo he batallado con mi pequeño de apenas tres años! Desde la alimentación y la educación hasta el sistema de salud. Aquí les cuento mi más hermosa travesía e historia, en la cual he aprendido más como madre y como doctora, lejos de mi casa y de los sabios consejos y ayuda de mi madre. Llena de sinsabores, lágrimas, risas, regaños y demás.

Como he mencionado en capítulos anteriores, mi niño nació en México. Me decidí a establecer residencia acá cuando él tenía un año de edad. Aquí inicia la aventura con la alimentación porque mi hijo aún tomaba fórmula láctea en polvo; totalmente diferente a acá, donde los nenes de su edad toman leche entera y de galón. Era un ir y venir por conseguir las fórmulas. En ocasiones, debía pedirlas a México, cuando no se podía intentar con la leche entera y de ahí correr al doctor porque tenía diarrea o estreñimiento.

Quien más sufrió fue él como nene y una como madre al ver que un mes se enfermaba del estómago; otro, de las vías respiratorias; que debes salir y ya se enfermó por el clima tan cambiante; que «ve a Urgencias», que «¿quién es su pediatra?». Es la fecha en que no encuentro alguno que sea de mi agrado como madre. Con respecto al historial de vacunas, que ya le falta alguna u otra, que «ve a otra dependencia para que se las apliquen», y una sin conocer y dependiendo del tiempo de mi marido. Pero todo es un proceso y vas aprendiendo y conociendo. Eso me hizo perder todos mis miedos.

Pero ahora, después de dos años, quien más feliz y adaptado está es mi niño de tres años, aprendiendo con mami el idioma español y con papi, la televisión y los libros, el inglés. Ahora ya no se enferma. Al contrario, se enferma cuando vamos de visita a México.

Lilly Monroy
(Houston, Estados Unidos)

Hoy mi hijo tiene doce meses y apenas se está adaptando al mundo; sigue siendo un inocente angelito lleno de sonrisas y de ganas por descubrir y aprender del mundo. Él nació en Houston y solo ha visitado México una vez. En el futuro tendrá que adaptarse para tener mucha familia y amigos desde lejos. Pero yo le enseñaré que las relaciones fuertes no se rompen ni por la distancia ni aunque no haya comunicación a diario con esas personas.

Adaptaré a mi hijo a ambas culturas, le enseñaré ambos idiomas y lo criaremos con base en ambas costumbres. Hablaré con él libremente y sin tabúes sobre temas que la familia tradicional mexicana acostumbra a evadir. Le enseñaré el valor de la familia y a procurar mucho a sus familiares y amistades, así como se acostumbra en México.

Tal vez otra cosa que será un reto en el futuro sea adaptarnos al sistema educativo americano cuando empiece a ir a la escuela, del cual no tengo mucha idea sobre cómo funciona. Yo, acostumbrada al estilo de México, no sé cómo deberán ser las amistades con las demás mamás o el ayudarlo con sus proyectos escolares, la comunicación con sus maestros, etc.

A pesar de llevar varios años viviendo aquí, siento que el proceso de adaptación de los tres como familia no va a terminar pronto, pues la intención de cambio es constante. Todavía siento que estamos viviendo una etapa temporal y aún faltan de cuatro a seis años para terminar esta etapa de nómadas. Pero somos nómadas felices y disfrutamos los cambios y aventuras por los que hemos caminado. Desde que Luca llegó a nuestras vidas, el camino es más dulce y lleno de colores.

Andrea Ponce de León Herrera
(San Francisco, Estados Unidos)

Mi hijo de tres años nació aquí. A pesar de ser tan pequeño y americano, sí ha tenido procesos de adaptación diferentes a los que habría tenido en México: crecer en un hogar monolingüe es muy diferente a crecer en uno bilingüe.

Los dos primeros años mi hijo estuvo conmigo. Yo lo cuidé exclusivamente, y mi esposo y yo decidimos que yo le hablaría en español y él, en inglés, pero, como básicamente el niño estaba todo el tiempo conmigo, español fue lo que más oyó en casa. Cuando empecé mi búsqueda de *preschool*, uno de mis criterios fue que hubiera una maestra que hablara español para que la transición no fuera tan difícil para él y no se sintiera completamente aislado.

En la escuela que escogí, una de las dos maestras del grupo de mi hijo hablaba español. Era de origen nicaragüense, pero nacida en Estados Unidos, incluso en la junta inicial nos dijo a todos los padres de familia que no nos sorprendiéramos si algún día los niños decían alguna palabra en español porque ella a veces les hablaba en español. En ese momento, a pesar de que mi hijo era el único niño latino ahí, sentí alivio al saber que había alguien con quien se podría comunicar sin ningún problema.

Después de un par de semanas, se me hizo raro que esta maestra siempre se comunicara en inglés conmigo; incluso alguna vez yo empecé la conversación en español, pero ella la continuó en inglés. Después de alrededor de cuatro semanas, nos llamó a mi esposo y a mí para decirnos que notaban que mi hijo no mostraba interés en las cosas y que no se comunicaba con ellas ni se relacionaba con otros niños. Incluso sugirió que lo lleváramos a hacer unas pruebas para descartar autismo. En ese momento sentí un balde de agua frío. ¿Cómo podía ser, si después de dos años de estar conmigo todo el tiempo, y yo siendo pediatra, en ningún momento detecté un signo de alarma de autismo?

En la misma junta, ya interrogando más a la maestra; ella admitió que no se sentía cómoda hablando en español y, a pesar de que lo entendía, casi no lo hablaba. En ese momento, mi esposo y yo nos tranquilizamos. En realidad, no había un problema con mi hijo, lo que pasaba era que el pobrecito no entendía nada. Incluso recuerdo que alguna ocasión que lo recogí, un niño le dijo en inglés que si le daba la mano y él no hizo nada, pero cuando se lo dije yo en español, mi hijo se la dio.

Tengo la foto de su primer día de *preschool* sobre mi chimenea. Cada vez que la veo, me da remordimiento pensar en cómo dejé a mi bebito indefenso de dos años en un lugar donde no entendía ni una palabra. No me puedo imaginar cómo se habrá sentido.

Afortunadamente y debido a mi nuevo trabajo, tuve que cambiar a mi niño de *preschool*. En la nueva escuela Montessori una de las maestras sí habla español. Mi bebé ha florecido. Habla muy bien, socializa y se desarrolla como cualquier otro. Incluso ahora a sus tres años nos está costando que hable español. Lo entiende perfecto, pero solo dice algunas palabras. Recientemente, ha estado formando frases cortas.

Nuestra estrategia ha cambiado: ahora tanto papá como mamá hablamos en español y tratamos de leerle en español todas las noches, aunque a veces terminamos leyendo libros también en inglés. Tengo que aceptar que a veces me encuentro a mí misma hablándole en inglés, pero tengo que hacer un esfuerzo para continuar exclusivamente en español.

Me gustaría que para *elementary school* fuera a una escuela de inmersión en español.

Este es uno de los muchos retos y adaptaciones que mi hijo tendrá durante su vida, creciendo en una familia latina y bilingüe. Él tiene un apellido latino y serán muchos retos y dificultades con las que seguro que se encontrará; especialmente, en estos días con el Gobierno de Trump. Él, siendo latino, se tendrá que esforzar y trabajar el doble para demostrar su valor. Es un reto, pero siempre tendrá a sus padres a su lado.

Carla Proskahuer Muñoz
(Michigan, Estados Unidos)

Como mamá, lo primero en lo que siempre vas a pensar es en el bienestar de tus hijos. Llegamos a Michigan cuando mi hija tenía cinco años, la edad ideal porque es cuando se inicia la escuela aquí.

Cuando mi hija nos reclamó el hecho de no haberle preguntado si quería irse o no de México, mi corazón se hizo cachitos. Por un lado, sentía que tenía razón, pero, por otro, sentía que no debíamos haberle preguntado. Los adultos somos nosotros. Pero ella es parte de la familia. En fin, para mi nena dejar las cosas fue relativamente sencillo. No hubo mayor problema. Dejaría juguetes, ropa, recuerdos... Lo único no negociable fueron sus gatos y así, con mil maletas y dos gatos, emigramos a nuestra nueva vida.

El primer mes fue extremadamente difícil. Aquella niña segura, juguetona, alegre y extrovertida se quedó en México y no tenía nada que ver con la niña que llegó a Michigan.

El primer día de clases, ella moría de terror. La desesperación con que se aferraba a mí, los gritos y las lágrimas son algo que jamás olvidaré. Fue muy difícil y creo que bastante entendible. Para nosotros el emigrar era una nueva aventura; para ella implicaba dejar todo lo conocido: su zona segura, su familia, sus amigos y, sobre todo y lo que más miedo le causaba, su idioma.

Afortunadamente, en la escuela donde entró, más del 40% de los estudiantes son extranjeros, así que saben cómo manejar estas situaciones. Al tercer día de escuela, ya no costó trabajo que quisiera ir y empezó a preguntarme cómo podía decir tal o cual cosa. Su mayor felicidad llegó cuando a la hora del recreo logró preguntarle a una de sus compañeras si quería jugar con ella e iniciaron una amistad que perdura. Su maestra, quien no hablaba más que algunas palabras en español, la apoyó muchísimo, le brindó toda la atención y confianza que podía, y así fue como en tres meses mi nena ya era bilingüe.

Debo decir que no hay día que deje de sorprenderme. La admiro mucho. Ahora está aprendiendo chino y quiere aprender alemán. No fue sencillo, fue trabajo duro y en equipo. En este punto considero importante continuar siempre hablando español en casa porque ha llegado el momento en que algunas palabras, si bien no se le olvidan, a veces sí le cuesta recordarlas en español o incluso su aplicación o conjugación en el caso de los verbos.

En cuanto al estilo de vida, pues todo cambió. El dejar de salir a jugar con los vecinitos todos los días fue lo que más trabajo le costó. Las costumbres aquí son muy distintas y, para jugar en las tardes, hay que planear con anticipación una *play date*, pero lo hemos logrado con éxito y, ahora que el idioma no es una barrera, todo es más sencillo.

Creo que los hijos se adaptan fácilmente. Mientras su núcleo familiar se mantenga unido y les brinde la seguridad que necesitan, ellos no necesitan más que eso.

El nuevo reto será la pequeña, quien ya nació aquí, pero, aun así, su primera lengua será el español y me causa curiosidad cómo desarrollará ambos idiomas. Será una tarea importante e interesante, pero, viendo cómo mi nena grande lo hizo, tengo la certeza de que lo lograremos con éxito.

Alejandra Rodríguez Romero (Arizona, Estados Unidos)

Zoe Isabella, mi única hija hasta el momento, nació hace dos años aquí en los Estados Unidos, por lo cual no ha experimentado el cambiar de país. Sin embargo, el ser hija de madre mexicana y padre americano me da la pauta para poder hablar sobre el tipo de educación y costumbres que tenemos en esta familia.

Mi hermana y yo siempre fuimos educadas en la religión católica, la cual aún practico y por lo mismo, aunque su familia paterna no practique ninguna religión, propuse bautizar a mi hija. Mi esposo está totalmente de acuerdo y apoya toda actividad relacionada con esta. Todas las noches, Zoe y yo hacemos una oración que mi mamá nos enseñó desde pequeñas a mi hermana y a mí. Tratamos de asistir a misa cada domingo y en algunas ocasiones nos acompaña mi esposo. Seguiremos con los demás sacramentos a su tiempo, para lo cual, una vez que entre en edad escolar, la inscribiré en clases de catecismo.

Hablando sobre el lenguaje, mi esposo entiende y habla un poco de español, pero entre nosotros nos comunicamos en inglés. Queremos que nuestra hija sea bilingüe. Con este fin, le tenemos disponibles libros y programas de televisión en los dos idiomas. Yo paso la mayoría del tiempo con ella y solo le hablo en español. El idioma inglés lo aprende con su papá y algunas caricaturas. Ha habido situaciones como su clase de natación, donde al principio tuve que hablarle en inglés para seguir instrucciones del entrenador. Zoe solo me veía desconcertada, pues el que yo le hablara en inglés era algo nuevo para ella. Le expliqué que era necesario hacer esto solo las primeras clases.

Somos muy conscientes de que el idioma inglés será el predominante cuando entre a la escuela y haga amigos. Espero que para entonces ya domine el idioma español.

Respecto a las costumbres, tenemos una mezcla de ambas. Por ejemplo, en Navidad se pide posada, rompe piñata, adora al Niño Jesús. Precisamente esta última Navidad mi suegra pasó Nochebuena con nosotros y se quedó encantada por participar en todas estas actividades. Esa misma noche también jugamos a la lotería, haciéndole aprender varias palabras en español.

Viendo los fuegos artificiales y asando comida como hamburguesas o *hot dogs*, celebramos el 4 de Julio, día de la independencia de este país. Para el Día de Acción de Gracias, cocinamos comida típica, como pavo, ejotes, puré de papas y mermelada de arándanos.

El año pasado mis papás le regalaron un vestido mexicano a mi hija, se lo puse el 16 de septiembre. Ya que esté un poco más grande, le contaré sobre la independencia mexicana y tengo decidido llevarla a celebrarla a México para que viva esa experiencia.

También y como ya había mencionado en capítulos anteriores, mientras sea posible la mandaré dos semanas cada verano a México con sus abuelos para que conozca el país donde yo nací y crecí.

El menú en esta familia es principalmente mexicano, pues yo soy la que más cocina. Afortunadamente, mi esposo disfruta de la comida picante. No pueden faltar arroz a la mexicana, albóndigas, enchiladas, tinga y tamales entre muchos otros platillos tradicionales.

Aún nos quedan muchas cosas por vivir y decidir en cuanto a la educación con nuestros hijos. Por ejemplo, cuando dentro de unos años Zoe pierda sus primeros dientes y debamos decidir si será el ratón o el hada quien haga la aparición.

Mi esposo y yo hemos encontrado un buen balance en la educación de nuestra hija. Creo que más bien la adaptación ha sido para mí, pues el no tener familia o amigos cerca es algo que definitivamente he añorado más desde que mi hija nació. Hay días en que el contar físicamente con ellos sería de gran alivio. Aun así, me siento muy agradecida por tenerlos en mi vida y poder verlos varias veces al año.

Sumie Lorena Rojas Murakami
(Lewisville, Estados Unidos)

Sabía que mi esposo y yo tendríamos una tarea difícil. Mi bebé nacería en un país con una cultura muy diferente a la de sus padres y nuestro trabajo diario sería educar a una mexicana en el extranjero.

Actualmente, mi hija tiene veinte meses y su desarrollo ha sido en un ambiente latino, ya que dentro de nuestro hogar solo hablamos español por recomendación de su pediatra, para que afiance de forma sólida su lengua materna, además de que el menú en casa es, en su mayoría, comida de origen mexicano.

Sobre la religión, Estados Unidos es un país donde encontré una gran diversidad de religiones con las que no estamos acostumbrados a convivir en México y con las cuales me resulta muy interesante y enriquecedor que mi hija tenga contacto. Sin embargo, en casa le estamos inculcando la religión católica: por su corta edad, aún no entiende de esos temas, pero ya empieza a identificar rasgos de la misma.

En relación con las costumbres, creo que ha sido menos difícil, ya que como vivíamos en la frontera con Estados Unidos, en nuestra familia festejamos muchas fechas como lo hacen en este país tales como Navidad, Día de Acción de Gracias, Halloween, Día de Pascua y muchas otras celebraciones que son características de la cultura americana. Pero de la misma manera, le estamos inculcando las celebraciones mexicanas, como el Día de Reyes, Día de la Independencia de México, Día de Muertos y todas aquellas que nos caracterizan como nación.

Mi hija aún no cumple los dos años; el camino con su educación apenas empieza. Sé que no será fácil, pero, con calor de hogar y las herramientas adecuadas, sé que podemos formar a una orgullosa mexicana en el extranjero.

Ana Laura Sánchez
(McAllen, Estados Unidos)

Entonces nació mi segunda hija. En ese momento me di cuenta de que la mejor herencia que podía dejar a mis hijas era la ciudadanía americana. No estaba en mis planes de vida, pero se agradece la oportunidad.

Como doctora sabía cómo sería mi atención médica en México cuando mis hijos nacieran, pero desconocía por completo cómo sería en Estados Unidos, comenzando por la búsqueda de ginecólogo sin conocer a nadie. Así que seguí la sugerencia de un buen amigo, que me recomendó el médico que había atendido a su esposa. Recuerdo que hice la cita con mucho temor y acudí aún con más miedo. Me enteré de que el doctor era mexicano. Había realizado sus estudios en la Universidad Anáhuac de México y realizado su especialidad en Estados Unidos. Al saberlo, sentí un alivio inmediato. Sabía que tendría una buena atención y así fue.

Después de escuchar varias referencias negativas sobre la atención médica en los partos en Estados Unidos, le pedí a Dios que iluminara las manos del médico y de las enfermeras que me atenderían. En el parto de mi pequeña, las cosas fueron difíciles, pues te alientan al parto natural, dejando que todo tenga su curso y, después de dieciséis horas de labor de parto, mi niña finalmente llegó al mundo.

Yo tenía dudas sobre cómo sería su adaptación a este país siendo mi esposo y yo mexicanos, pues, si bien hablamos inglés, nuestra primera lengua es el español. Sin embargo, poco a poco fuimos adaptándola a ambos idiomas. Desde los dos años comenzó a ir a la escuela donde el idioma era español y en casa comenzamos a hablarle en inglés. A sus tres años la cambiamos de escuela a una de habla inglesa por completo, lo cual fue muy beneficioso para ella, pues, a decir de las profesoras, fue la mejor edad para que ella pudiera dominar el inglés. A sus cuatro años ingresó a una nueva escuela. De nuevo, solo en inglés, donde hasta el día de hoy está muy bien acoplada y ha logrado el dominio de los dos idiomas.

Su adaptación a ambas culturas se desarrolló muy bien, pero la parte dolorosa de la historia es la lejanía con la familia, sus abuelos, tíos y primos. Ella tuvo que aprender a manejar la situación. Mi esposo y yo siempre procuramos que ella tuviera una relación muy cercana con toda la familia aun en la distancia, por lo que todos los días tiene comunicación con ellos por videollamada.

Desde los dos años procuramos que cada periodo vacacional viajara a México para pasar días con mi familia y con la de mi esposo. Siempre lo disfruta. Es curioso ver cómo una niña tan pequeña es capaz de separarse de sus padres para dejarse querer por el resto de la familia, sabiendo que solo son unos días y que regresará a casa con nosotros. Cada vez que regresa de México, vuelve emocionada por todo lo vivido, pero muy triste por saber que pasará un largo tiempo para que pueda verlos de nuevo. Desde pequeña ha comprendido que debemos vivir lejos de nuestras familias, pero ha sido de lo más doloroso que ella ha tenido que aprender a lidiar, aceptando su soledad.

Este punto de adaptación no afectará igual a nuestra segunda hija, quien nació también en Estados Unidos, pero que vivirá poco en este país. Con ella mi labor de parto fue de catorce horas, con menos dificultad, pues yo ya estaba familiarizada con todo el proceso. Ahora que hemos decido regresar a México, mi hija mayor es la más feliz. Todos los días menciona sus planes llegando a México, todo lo que hará con sus primos. En fin, palabras de una pequeña de escasos cuatro años y medio de la cual he aprendido tanto, pero, sobre todo, el valor para manejar la lejanía de nuestros seres queridos.

Karla Uribe
(McAllen, Estados Unidos)

Tengo dos hijos: una de diez y uno de tres años. Los dos nacieron en Estados Unidos, así que no hemos tenido que enfrentarnos al reto de tener que moverlos a un lugar nuevo ni con gente nueva. Este país siempre ha sido su casa, su lugar.

En la medida de lo posible, mi esposo y yo hemos tratado de darles una educación no solamente bilingüe, sino bicultural. Hemos optado por hablar únicamente español en casa y la educación preescolar ha sido en escuela 100% español. Creo que nos ha funcionado. Mis hijos lo hablan muy bien y sin acento extranjero. El único problema ocasional ha sido corregir la mala pronunciación y/u ortografía de las maestras porque, como vivimos en la frontera, la mayoría aprendieron español de sus padres, pero no lo saben escribir.

Para corregir su ortografía, mi hija mayor tomó clases un verano con una maestra con educación universitaria en Monterrey y con eso ha sido suficiente. La escuela en inglés la comenzó a los cuatro años. Fue impresionante ver cómo en tres meses había superado la barrera del idioma. En la escuela la consideraron «bilingüe» hasta tercero de Primaria y al inicio del cuarto año nos comunicaron que su nivel de inglés era *proficient*, 'competente'. Su aprovechamiento escolar siempre ha sido muy bueno.

Haremos lo mismo con nuestro hijo pequeño, que ya empezó su preescolar en español; en la escuela festejan las efemérides de EUA, pero también les festejan el día del niño y hacen festival el 10 de mayo. Es mi parte favorita, creo; ojalá resulte bien otra vez.

Mi esposo y yo les enseñamos a sentirse siempre orgullosos de sus raíces, de ese lugar que sus padres extrañan siempre. Les fomentamos el amor, orgullo y respeto por México, y también hemos tratado de incluir y adaptar en nuestra familia las fiestas y tradiciones de este, su país. Así que en esta casa comemos hamburguesas el 4 de Julio, pozole el 15 de septiembre y en Acción de Gracias cenamos bacalao porque no nos encanta el pavo.

En otros aspectos culturales, por ejemplo, los festejos de cumpleaños de los niños, somos los adultos quienes hemos tenido que adaptarnos. Al principio no podía concebir que una fiesta ¡¡solo durara dos horas!! Ahora me parece normal y suficiente, considerando que la red de apoyo no es igual que en México y los costos tampoco. Además, para los niños eso es lo normal. A lo largo de los años que he vivido acá, he aprendido que los niños no necesitan festejos enormes al estilo mexicano para sentirse celebrados en sus cumpleaños. Debo confesar que las primeras veces, en la celebración de cumpleaños de mi hija, invitaba a todo el que conocía —que al inicio no eran muchos—, pero ¡con el tiempo la lista crecía! Aquí no se puede así y al final los niños juegan solo con cinco o seis niños, que son sus mejores amigos. No importa a cuántos invites.

A veces pienso cómo sería nuestra vida si ahora decidiéramos volver a México. Creo que en este momento nos costaría lo mismo que nos costó llegar aquí porque ha pasado el tiempo y nuestra vida es aquí y ahora. El hogar se construye con el amor y los sueños de quienes lo comparten y, si bien un pedazo de mi corazón está siempre en México, mi hogar lo llevo conmigo adonde vaya.

Jeannette Uribe
(Michigan, Estados Unidos)

Tengo dos hermosos varones: uno de cuatro años y otro de un año. Los dos nacieron en Estados Unidos. Ambos trabajos de parto fueron bonitas experiencias, relativamente cortos y bajo analgesia obstétrica. El mayor nació con dos *skin tags*: una en su mejilla izquierda y la otra cerca del antitrago. Mi esposo y yo decidimos programarlo para cirugía. Si bien es solo una cuestión estética, podría ser un motivo de *bullying* en un futuro. Su cirugía se realizó en Michigan, fue una agradable experiencia. Bajo anestesia general, los inducen en el cuarto de preparación donde aún estás con ellos. Es muy interesante ver cómo empiezan a relajarse y se los llevan medio noqueados en una carretita para bebés, muy monos con su batita.

Por otro lado, mi pequeño guerrero nació a las treinta y cuatro semanas y, debido a su prematuridad, permaneció en la unidad de cuidados intensivos por diez días. Fue deprimente regresar a casa después del parto sin mi hijo: me sentía vacía. Gracias a Dios, mi bebé no requirió apoyo ventilatorio al nacer y su evolución nunca se vio mermada.

En casa nuestro lenguaje primario es el español y así espero que lo sea por siempre. El inglés lo aprenderán en la escuela. A mi hijo le tomó aproximadamente cuatro meses hablarlo de manera fluida. Cabe mencionar que a mi hijo le gusta más la música en español.

Un punto que considero importante a la hora de elegir escuela para los hijos es la localización de la misma para darse una idea del tipo de compañeros que nuestros hijos tendrán. No soy despectiva, pero existen hábitos en otros niños que al estar en contacto tan cercano con los nuestros pueden ser adoptados fácilmente. Un ejemplo muy claro y que me acaba de suceder es que, a manera de juego, mi hijo mayor dijo: «*Stupid baby*» cuando estaba jugando con su hermanito. Ya se imaginarán cómo me convertí. Le pregunté: «¿Qué dijiste?». Él sabía que no era una adecuada palabra. Primero, dijo: «Nada», y después me dijo: «*Cute baby*». En lo personal, sí me afecta qué tanto puedan ser influidos por otros niños al punto de considerar cambiarlo de salón o incluso de escuela. Me aterroriza que cuando crezcan boten los valores que les hemos inculcado y los cambien por las opiniones de sus «amigos».

Considero que mi hijo mayor está bien adaptado. Un día habitual para él se inicia a las 06:00, cambio de ropa, desayuno, lavado de dientes. Hace el ritual del invierno, es decir, vestirse como un «oso». En su escuela le dan de desayunar, comer y un refrigerio antes de salir. Regresa a casa alrededor de las 16:00. Le insisto en que coma comida real/nutritiva y me lo llevo al gimnasio. Mientras yo hago ejercicio, él está en la guardería del *gym*, jugando y comiendo. Dependiendo de las condiciones climáticas, nos vamos a prácticas de fútbol o nos quedamos en la alberca del *gym* y regresamos a casa alrededor de las ocho para cenar, tomar un baño y leer un libro. Esta es la única tarea que les dejan en la escuela por ahora.

No es fácil decidir el mejor camino para nuestros hijos, pero como padres tenemos un plan, el cual es educarlos en la fe, inculcarles nuestros valores, transmitirles nuestras costumbres y tradiciones mexicanas, hacerlos partícipes de ellas y, lo más importante, guiarlos hacia su felicidad.

Talia Wegman-Ostrosky (Maryland, Estados Unidos)

Al contar mis planes de esta estancia y que estos incluían venir con la familia, escuché muchos comentarios de lo increíble que sería para mi hija y cómo aprendería inglés como una esponja.

La realidad es diferente: ha sido difícil para ella. No ha aprendido inglés mágicamente como una esponja y eso la ha aislado un poco. No se puede comunicar con sus maestros ni con otros niños. Así que, a pesar de ser una niña muy social y comunicativa, de repente es la niña tímida del salón. Además, acostumbrada a estar rodeada por primos y tíos, extraña mucho a su familia. También estaba acostumbrada a ver a su adorada abuela mínimo una vez a la semana, pero de un día para otro todo cambió.

Por ello, antes de tomar la decisión de irse a otro país, sí hay que tomar en cuenta la edad y los retos que tomarán nuestros hijos. Si como adultos es difícil adaptarse, como niños puede serlo aún más.

Un día llegó mi hija y me dijo: «Mami, quiero vivir aventuras».

No se ha dado cuenta de que vivir en otro país es una gran aventura y tampoco es que sufre cada día. Finalmente, es una niña feliz que disfruta, juega y ríe. Tal vez un día mágicamente estará hablando inglés o tal vez no. Mientras tanto, creamos momentos como familia que espero que recuerde con cariño y, por si no los recuerda, tenemos muchas fotos.

Justamente hoy estábamos en una tienda cuando alguien la escuchó hablar español y me dijo:

—¡Qué bien habla español!

Le contesté que era mexicana, a lo que ella agregó orgullosamente:

—¡Soy mexicana, pero siempre guardaré a Estados Unidos en mi corazón!

Solo el tiempo dirá si esta experiencia fue buena o mala para ella, pero espero que de cualquier manera le enseñe a aceptar y tolerar a todo el que es diferente, a saber que existen muchas culturas y una no es mejor que otra, simplemente diferente; que cada niño tiene una historia y no hay que juzgar. Espero también que aprenda lo importante del valor de la amistad y la familia, y lo agradecidos que debemos estar por estar rodeados de gente que nos quiere.

Giovanna Zanella
(California, Estados Unidos)

Mis hijos son muy pequeños, pero a lo que le ha costado adaptarse a mi nena de dos años es a ver a sus abuelos y tíos tres veces al año o menos. Al principio no entendía que no vivían aquí y pensaba que, aunque se iban, podía verlos cuando quisiera, como sucede con amigos que viven aquí. Esa parte de vivir en otro país es muy triste porque yo quisiera que ella creciera visitando a sus abuelos todo el tiempo, tal como yo crecí alrededor de mi familia. Gracias a la tecnología, hablamos a diario por FaceTime y así es más fácil, y para ella eso es lo «normal». También tenerlos lejos hace que uno no pueda apoyarse en ellos como cuando nacen tus hijos y no está la abuela, la tía, la prima o la cuñada para cuidarlos en caso de cualquier cosa o emergencia. Nosotros estamos solos porque nuestras familias viven en sus países. Claro, solo tenemos amistades, pero eso también es algo difícil de hacer porque cada quien está ocupado con sus cosas y es muy difícil coincidir. Siento que la vida acá es un poco más ajetreada.

Yo tuve a mis dos hijos en dos estados diferentes y en cada uno fue un mundo completamente distinto del otro en cuanto a la atención médica y hospital. Hablando sobre hospitales, me gustó más California porque te escuchan en todo lo que quieres y procuran adaptarse a tu plan. En cambio, en Florida los doctores son más cálidos porque muchos son latinos. Mi doctor fue muy atento y lindo. Mi doctora en California también fue excepcional, pero un tanto fría.

En cuanto a pediatras acá, no tratas directo con él. Si necesitas hablarle porque tienes alguna duda o tu bebé tiene fiebre, se enferma, etc., hablas y le explicas a la enfermera, y ella te soluciona el problema o, si hablaste en horario de oficina, te dice que vayas a consulta; si no, pues tienes que ir a Urgencias. Eso es algo que no me gusta porque, después de las cinco de la tarde o en fin de semana, la única opción es *Urgent care* o 'Emergencias' en un hospital. En California es muy difícil encontrar un pediatra, ya que todos están llenos de pacientes. Yo tardé dos semanas en hablar con consultorios y confirmar que tenían espacio para pacientes nuevos y, si sí, después debía corroborar si aceptaban mi seguro; luego hablar al seguro y confirmar que el doctor está en *network* y si no pues es volver a empezar hablando con otro.

Mi esposo es de Europa y una o dos veces por año vamos a visitar a su familia. Gracias a Dios, él sabe español. Entonces, no hay problema con la comunicación; además, yo estoy aprendiendo su idioma. Esto es un beneficio grandísimo de vivir en este país, ya que mi hija habla tres idiomas perfectamente.

Para mí y mi esposo, mantener las costumbres es de suma importancia para que mis hijos tengan sus raíces y estén orgullosos de ellas. Procuramos seguir las de ambos.

Capítulo 9
Conseguir visa para vivir en el país

Generalmente, en todos los países se puede conseguir visa de estudiante, de reagrupación familiar o de trabajo. Dentro de cada una de estas posibilidades, existen muchas variaciones. Uno puede entrar a un país con un tipo de visa y luego solicitar otra de otro tipo. El trámite para la obtención de una visa, así como la renovación de la misma implica una inversión de tiempo importante. La obtención y/o renovación de la visa no está asegurada, por lo que algunas veces los trámites también están plagados de incertidumbre. Afortunadamente, a través de Internet ahora se puede obtener información puntual acerca de requisitos y trámites migratorios que seguir en cada país. En algunos casos va a ser necesario el apoyo de personas expertas en la preparación de documentos para la obtención de visas y/o de abogados, que facilitarán y abreviarán el proceso.

En este capítulo comentaremos acerca de las generalidades para obtener visado, así como tipos de visas que algunas coautoras del libro han tramitado. Una recomendación muy importante para iniciar el proceso migratorio a cualquier país es el familiarizarse con los trámites necesarios e iniciar los procesos desde el país de origen. Uno tiene que estar muy abierto a nuevas posibilidades y caminos. Si no sale el plan A, saldrá el B, C o Z, el asunto es seguir buscando posibilidades y nunca darse por vencido.

América Latina (Brasil, Costa Rica, Perú, Panamá)

En cada país existen diferentes requisitos y trámites que seguir para obtener una visa. El primer paso es el proceso de migración. La solicitud de residencia, que puede ser temporal o permanente, es el siguiente paso: como turistas mexicanos, no son necesarias las visas para países como Brasil, Costa Rica, Perú o Panamá. Sin embargo, cuando se está considerando emigrar, es necesaria la obtención de visa para estancias más allá de noventa días —seis meses en Perú—. Es recomendable iniciar el proceso desde México y continuarlo en el país donde se quiere emigrar. Los trámites dentro del país generalmente son en la capital.

En el caso de Costa Rica, se solicita una visa de posible residente en el consulado de Costa Rica en México, y para la cual, entre otros requisitos, es necesaria presentar documentación que demuestre vínculos con algún costarricense.

Existen numerosos tipos de visa para ingresar y permanecer en Brasil dependiendo de las actividades que se vayan a realizar: visa de negocios, diplomática/oficial: permanente «reunión familiar»; temporaria: de investigación o estudios, inversionista, tránsito o cortesía. Es necesario obtener el RNE (Registro Nacional de Extranjeros); también realizar el trámite de CPF (Cadastro de Pessoas Físicas), que es el registro de La Receita Federal para las personas que viven en Brasil, extranjeros o no, registro de los contribuyentes; necesario para la realización de transacciones financieras.

En Perú los trámites para cambio de calidad migratoria se tienen que hacer en Lima. Si la calidad migratoria es por «llamado de familia», uno recibe el carné de extranjería aproximadamente un mes después de completar el trámite. El carné de extranjería brinda estancia legal en el país y es el documento de identidad. Con este carné se pueden realizar trámites bancarios y de toda índole dentro del país. Cada año uno debe de pedir prórroga de residencia. Colocan unos *stickers* en el carné que indican que sigue vigente.

En 2012, Panamá aprobó una visa denominada «Visa de Países Amigos», que es un tipo de visa de residencia permanente, México figura en la lista de estos cincuenta países. Además de la residencia permanente, esta visa permite la obtención de cédula panameña y el permiso para la solicitud de trabajo. Existen otros diferentes tipos de visas: de negocios, de reforestación, de vínculo matrimonial. Los documentos requeridos necesitan estar apostillados y ser presentados para validación en el consulado de Panamá.

El paso final en el proceso de migración es la solicitud de ciudadanía a través de la nacionalización, que puede ser obtenida después de dos a cinco años de residencia permanente. En Panamá, por ejemplo, se puede obtener ciudadanía después de ser residente permanente tras dos años si se tiene un título profesional. En Costa Rica se puede obtener ciudadanía después de residencia permanente por dos años en caso de vínculo matrimonial y en Perú después de tres años. En algunos países hay vacunas —fiebre amarilla, por ejemplo— que son parte de los requerimientos del proceso de migración si se planea visitar sitios de riesgo, como en el caso de Brasil.

En cuanto a la práctica de la medicina, en países de centro y Sudamérica es necesaria la homologación de los diplomas universitarios, que implica el reconocimiento oficial de la validez de los estudios realizados. Cada país tiene diferentes procesos que seguir. Por ejemplo, en Panamá es necesario ser ciudadano panameño para poder ejercer como médico, lo cual se logra después de haber tenido la residencia permanente por cinco años, además de realizar un internado de dos años. Como extranjero, solo se puede ejercer en zonas rurales de difícil acceso, bajo contratos anuales, prorrogables, con salario mínimo básico y sin beneficios a futuro. En Costa Rica, se puede ejercer como médico una vez que se haya obtenido autorización por parte del Colegio de Médicos y Cirujanos de Costa Rica, una vez aprobado un examen teórico-práctico necesario para la homologación del título, se tenga una oferta de trabajo, y a un médico ciudadano de Costa Rica que supervisará la actuación médica. En Brasil, es necesario que los diplomas estén legalizados por el Ministerio de Relaciones Exteriores del país de origen y por el Sector Consular de la embajada de Brasil.

Europa (Alemania, Austria, Dinamarca, España, Holanda, Suecia e Israel)

Los trámites de visas son relativamente sencillos pero prolongados. Trátese de visa, nacionalidad, titulación, homologación, etc., la burocracia en Europa no difiere mucho de la de México. Allá también la burocracia es un asunto de pánico, claro que es más en unos países que en otros.

Para la visa de estudiante es necesaria la aceptación de la universidad, institución u hospital y, en general, las visas son temporales. Al terminar los estudios, se debe regresar al país de origen, pero existe la posibilidad de cambiar a otro tipo de visa. Por ejemplo, de trabajo o de matrimonio.

Una vez con visa, es cuestión de tiempo para obtener el pasaporte y/o aplicar a la nacionalidad. En el caso de obtención de pasaporte, el trámite puede tardar varios años y los requerimientos incluyen, entre otros, previa acreditación de examen de idioma, examen de integración social y cultural.

En tiempos de crisis sociales, puede ser más complicado obtener visas. Por ejemplo, para obtener la de reagrupación familiar, un argumento frecuente es no ganar lo suficiente para mantener a toda la familia. Los mismos abogados refieren las nefastas políticas de que no les gusta recibir a inmigrantes con familia, ya que piensan que solo vendrán a generar gastos al país. En los programas de reinserción es frecuente encontrar mujeres de todas partes del mundo que han llegado también por reagrupación y muchas han tenido que esperar hasta cinco años para recibir la visa.

Conseguir la nacionalidad en cualquier país de la UE no da ninguna ventaja sobre la oportunidad de trabajar, eso lo da el título profesional homologado.

El uso de las fuentes en línea de embajadas o consulados son generalmente muy informativas, tienen buen funcionamiento y el acceso es muy sencillo.

Con un visado de algún país europeo, está permitido entrar y permanecer una corta estancia en los veintiséis países del Espacio Schengen. Tal visa no garantiza la entrada permanente a otro país ni la facilitación para obtener contratos de trabajo o estudio, pero sí sirve de antecedente para facilitar o acelerar un poco los trámites.

Como ejemplificación de lo referido, en Suecia se necesita permiso de residencia, que, en caso de investigadores, se solicita un convenio de acogida con la universidad o instituto en cuestión; se realiza en línea y cuesta mil coronas suecas. Teniendo ese permiso, se obtiene un número personal, que se utiliza para el registro de todos los habitantes del país y también para trámites administrativos como contrato laboral, de servicios como luz, agua, gas, Internet, celular, hasta cuentas bancarias.

Otro ejemplo es España, donde la visa también se debe tramitar antes de llegar al país en el que se va a residir permanentemente. Llegando a España, se tiene que ir al ayuntamiento para cambiarla por el NIE (Número de Identificación de Extranjero) con la previa entrega de papeles de empadronamiento. EL NIE debe renovarse anualmente.

Tras vivir en territorio español con contratos laborales y pagos de Hacienda en regla, todo mexicano tiene derecho a pedir la nacionalidad española, la cual se puede solicitar después de dos años viviendo en el país. Los requisitos son documentar la estancia en el país, comprobante de trabajo, carta de antecedentes no penales del país de origen y examen de conocimientos generales de política y cultura española. Este trámite también puede concretarse hasta unos cinco años después. Mientras no se tengan los títulos homologados, no se puede trabajar como médico y el trámite de homologación puede tardar hasta un año.

Estados Unidos de América

Hay innumerables tipos de visa, unas son temporales de no inmigrante, y otras son para conseguir la residencia permanente y/o la Green Card. Después de tener la Green Card por unos años, se puede solicitar la ciudadanía.

Las visas para emigrar y conseguir la residencia permanente se pueden pedir desde el principio o se pueden solicitar después de tener una visa de no inmigrante. En general se puede conseguir por medio de un empleador o por medio de un familiar directo. Si se cuenta con un *PhD*, vale la pena explorar la posibilidad de conseguir una visa EB-1 o EB-2.

Green Card: Se requiere de una entrevista y una cita para huellas digitales, fotos y firmas. Una vez aprobada, hay que esperar hasta recibirla por correo. En algunos casos se puede pagar extra y pedir un «expedite Green Card processing». Con este proceso la resolución tarda dos semanas en vez de meses o años.

Petición de migración para un trabajador I-140. Esta es la forma oficial que se llena pidiendo aprobar la petición para migrar a Estados Unidos de manera permanente. Esta petición es procesada y al ser aprobada ya se puede aplicar a la Green Card.

Las visas de no inmigración son las más comunes. Estas tienen una duración variable y deben ser renovadas a intervalos específicos para cada categoría. Cada visa tiene un formulario específico que verifica la validez de estatus migratorio. La estampa en el pasaporte —visa—, sirve para ingresar a los Estados Unidos, pero la validez del estatus migratorio depende de la vigencia del formulario y de que se sigan cumpliendo todos los requisitos de cada estatus. En todas las visas de no inmigrante presentadas a continuación, se puede trabajar —a veces restringidamente— y conseguir tarjeta de seguridad social. Generalmente, el cónyuge y los hijos son dependientes, en algunos casos no pueden obtener número de seguridad social ni podrán trabajar, pero sí podrán estudiar.

Visa de Estudiante (F-1): Esta visa se puede conseguir realizando un programa de estudio, por ejemplo, una maestría, un curso de inglés o un curso preparativo para presentar un examen. El cónyuge e hijos son considerados como dependientes y reciben la visa F-2.

Visa TN: Esta visa está bajo el Tratado de Libre Comercio de Norteamérica NAFTA —tratado de EUA, México y Canadá—. Para obtener este tipo de visa, la oferta de trabajo debe ser para una posición que esté bajo la lista de posiciones aceptadas por NAFTA, como lo es medicina. El cónyuge recibe la visa TD.

Visa J-1 (Exchange-visitor): Se utiliza frecuentemente para hacer una residencia médica en EUA. Esta visa se debe renovar anualmente por un máximo de siete años y está sujeta a dos años de restricción, lo cual significa que al finalizar la visa J-1 hay que volver al país de origen por dos años. La categoría de visa J tiene un requisito de volver al país de origen por uno o dos años al finalizar el programa. Se puede exentar el requisito de un año si se cambia a otro programa J. Para exentar el requisito de dos años, hay tres vías: 1) el Programa Conrad 30, 2) trabajar para una agencia del Gobierno o 3) Hardship.

Visa H1-B: Es necesario tener un contrato con un empleador que funciona como patrocinador de la visa. Tiene una vigencia de tres años; sin embargo, en México no dan la estampa en el pasaporte por más de un año. Así que, aunque en teoría son tres años, para viajar hay que seguir sacando cada año la estampa en el pasaporte, que es la visa en sí. Los dependientes obtienen la visa H4.

Visa L: Se es elegible cuando se realiza un intercambio entre una compañía multinacional que ofrece ir a radicar a los Estados Unidos.

Uno tiene que haber trabajado, por lo menos, un año en la misma compañía en su país de origen. Hay dos tipos: L-1A para puestos de director o gerente y la L-1B para conocimiento específico en un área. El cónyuge e hijos reciben la visa L-2.

Visa E2: Se la conoce como visa de inversionista para ciudadanos de países donde se tenga un tratado de comercio con Estados Unidos. La lista incluye muchos países, entre ellos, México. Hay criterios específicos sobre la definición de inversionista y se da por un periodo de dos años, aunque se puede renovar ilimitadamente. El cónyuge e hijos también pueden aplicar y obtener el estatus E2.

Sobre las autoras

Leticia Farfan Cruz

Nació el 29 de mayo de 1977 en la Ciudad de México. Es la mayor y la única mujer de tres hermanos varones. En 1996 ingresó en la Facultad de Estudios Superiores en Iztacala. Por motivos familiares, dejó la carrera por dos años y la retomó en el año 2000, titulándose como médica cirujana. En 2007 se casó en Perú. En 2010, con su esposo e hijo, decidió ir a vivir a Talara (Perú). Actualmente, trabaja en una clínica particular.

Alma X. Ortega

Nació en Cuernavaca, Morelos (México) el 29 de agosto de 1983. La mayor de tres hermanas, vivió en su ciudad natal hasta la edad de doce años, cuando se mudó a la ciudad fronteriza de Ciudad Juárez (Chihuahua), donde estudió Medicina en la Universidad Autónoma de Ciudad Juárez y, posteriormente, la maestría en Salud Pública en la Universidad de Texas en El Paso (Estados Unidos). A finales del año 2011, se mudó a Costa Rica, donde actualmente radica y ejerce el puesto de gerente médico en la empresa farmacéutica Roche.

Xóchitl Gpe. Palacios Santillán

Nació el 15 de noviembre de 1979 en la ciudad de Puebla. Desde sus primeros años tuvo una vida itinerante. Estudió Medicina en la Benemérita Universidad Autónoma de Puebla la especialidad de Medicina Familiar en Aguascalientes, la especialidad en Sexología Educativa y la maestría en Sexología Clínica en la Ciudad de México. Se ha mudado en más de veinte ocasiones, vivió en seis estados de la república mexicana y en 2015 tuvo su primera expatriación hacia São Paulo (Brasil), donde actualmente realiza cursos de posgraduación en Salud Sexual.

Olga Adriana Tinajero Castañeda

Nació el 12 de agosto de 1972 en Tamaulipas, orgullosa «jaiba brava», como todo tampiqueño.

Llegó con dieciséis años al puerto de Veracruz, donde concluyó bachillerato y estudios universitarios en la Facultad de Medicina de la Universidad veracruzana Miguel Alemán Valdés, graduándose en 1996 para continuar en el DF internado, servicios social y especialidad (INCMNSZ, HAP, CMNSXXI).

Interesada en actividades culturales, participó a lo largo de sus años de estudio en todo tipo de concursos, clases y programas relacionados con la poesía, teatro, canto y baile, atesorando premios, valiosos recuerdos y experiencias.

Actualmente, vive en la ciudad de Panamá.

Angélica Cuapio

Nació en la Ciudad de México en 1981. Desde pequeña se interesó por la física y la medicina en misma proporción, así que, ante la disyuntiva, comenzó a estudiar ambas carreras simultáneamente. Ante tal insensatez, y como «buena científica», lanzó una moneda al aire y ganó la medicina. Al término de sus estudios en Ciudad Universitaria de la UNAM, se fue a Alemania para hacer un doctorado en Neuroinmunología, que continuó con un primer posdoctorado en Austria. Actualmente, vive en Suecia realizando un segundo posdoctorado en Infecciones Virales en el Instituto Karolinska. ¡Vaya escarmiento que le dio la moneda!

Susana Ramírez Romero

Nació el 20 de agosto de 1975 en Puebla. En el año 2000 obtuvo su título de médico cirujano por la Universidad Popular Autónoma del estado de Puebla. En el año 2001, ingresó a la especialidad de Pediatría en el hospital CMNSXXI. Posteriormente, se especializó en Dermatología Pediátrica en el HIM Federico Gómez.

En el año 2009 obtuvo el grado con mención honorífica de maestra en Investigación Clínica por la Universidad Autónoma del Estado de México. En el año 2011, casada y con dos hijos, migró a la ciudad de Barcelona, donde actualmente radica y ejerce.

Luana Sandoval Castillo

Nació en México, donde vivió hasta sus veinticinco años. Se mudó a Barcelona para hacer su especialidad en Cardiología. Egresada de la UNAM, realizó una maestría en Ciencias Médicas becada. En 2010 hizo su especialidad en Geriatría, donde fue representante de residentes, y su especialidad ante la Sociedad Catalana. En 2015 se mudó a Copenhague. Después de un curso de danés médico, inició un contrato de cirugía ortopédica en el Hospital de Bispebjerg. Diez meses más adelante, ascendió a una posición de adscrito al servicio. Es miembro del equipo de Calidad Nal. de la optimización de las fracturas de cadera.

Sandra López-León

Nació en 1976 en la Ciudad de México. Egresada de la Escuela de Medicina de la Universidad Anáhuac. Realizó el internado de pregrado en el Hospital Hadassah en Jerusalén. Obtuvo la maestría y el doctorado (PhD) en Epidemiologia Genética de Enfermedades Psiquiátricas en la Universidad Erasmus de Rotterdam (Holanda). En 2014, el Gobierno de los Estados Unidos la reconoció como investigadora destacada por su trabajo en la identificación de genes asociados a enfermedades mentales. Es autora de los libros Genetic Determinants of Depression y Toma mi mano y vuela conmigo. Actualmente, vive en Estados Unidos, donde realiza investigación en Neuropsiquiatría.

Patricia Bautista Rivera

Nació en la Ciudad de México. Estudió Medicina en la Facultad de Medicina de la Universidad Nacional Autónoma de México. Posteriormente, estudió Pediatría en el Instituto Nacional de Pediatría, graduándose en 1993. Continuó con estudios en Alergia Pediátrica. En 1994 emigró a Estados Unidos, acompañando a su esposo a recibir entrenamiento médico. En 2018 recibió un diploma por parte de la Universidad de Louisville, en Kentucky, de maestría en Salud Pública, con especialización en promoción a la salud. Actualmente, trabaja como parte del equipo de evaluación del Proyecto de Escuelas con Compasión con la Universidad de Virginia.

Paulina Cruz

Nació en la Ciudad de México el 29 de junio de 1981. A los veinte años se mudó con su familia a la ciudad de Monterrey, donde estudió la carrera de médico cirujano y partero en la Universidad Autónoma de Nuevo León. Como estudiante, hizo rotaciones en el extranjero, incluyendo París (Francia), Rochester y Boston (Estados Unidos). Al graduarse, volvió a Rochester (Minesota), donde trabajó un año como pasante de investigación. De ahí hizo la residencia de Medicina Interna en Chicago y posteriormente la subespecialidad de Endocrinología y Diabetes en St. Louis (Misuri), donde actualmente radica y ejerce.

Angeles Estrada/María de los Angeles González Soto

Nació el 20 de agosto en Aguascalientes (México). Estudió Medicina en Universidad Autónoma de Aguascalientes. Trabajó en medio privado y después para el programa del Seguro Popular en consulta general y, ocasionalmente, Urgencias, atendiendo principalmente población de comunidades, siendo lo que le apasiona. Estudió un diplomado en Urgencias Médico-Quirúrgicas. Emigró a Estados Unidos siguiendo a su esposo con la intención de mantener la unidad familiar y la esperanza de mejores oportunidades tanto para ella como de su familia; salud mental, educativa y laboral. Actualmente, es ama de casa y con muchos planes de futuro.

Mayra Falcón Pineda

Nació en la Ciudad de México el 9 de enero de 1980. En el año 2005 egresó en la Facultad Mexicana de Medicina de La Salle como licenciada médica cirujana y partera. En 2008 inició su especialidad en Audiología, Foniatría y Comunicación Humana, en el Instituto Nacional de Rehabilitación. En el año 2012, tras haberse reencontrado con un viejo amor y decidir seguirlo, cambió de residencia y se mudó a la Ciudad de Madison (Wisconsin), en los Estados Unidos. Actualmente, atiende cuatro carreras a la vez: esposa, madre, empleada y estudiante, y sigue su lucha incesante por culminar lo que siempre ha deseado: «Servir y ayudar».

Hazel-Ela Jiménez

Nació el 4 de Noviembre de 1978. Originaria del Distrito Federal, estudió Medicina en el Instituto Politécnico Nacional de Ciudad de México. Se graduó como médico cirujano y partero en el 2005. Se dedicó a la consulta general en medio privado, creando una cadena de Farmacias GENIMEX con consultorios en el estado de SLP, México. Emigró a Estados Unidos en el 2015 para mejorar el nivel de vida de la familia y buscar otras oportunidades. Estudió un diplomado de Fundamentos de Finanzas y Análisis de Estados Financieros en Texas. Actualmente, es trader del mercado financiero mundial e imparte consultorías en línea sobre Forex.

Leticia López Pedraza

Nació el 12 de noviembre de 1977 en Monterrey (Nuevo León), en el seno de una familia tradicional mexicana. En 1995, inició sus estudios en la Facultad de Medicina, obteniendo el título de médico cirujano y partero por la Universidad Autónoma de Nuevo León en el 2002, experiencia que le permitió vivir un intercambio estudiantil en Europa. En el 2006 se mudó a EUA Actualmente, radica en Lancaster (Texas). Además de ser madre, se desempeña como supervisora administrativa en una empresa americana.

Margarita Lovera Maldonado

Nació en Jocotitlán, Estado de México, el 11 de julio de 1985. Desde niña sintió mucha afinidad por las Ciencias de la Salud y a la edad de dieciocho años comenzó a estudiar Medicina en la Universidad Autónoma del Estado de México, graduándose como médico cirujano. Al mismo tiempo estudió la carrera de Técnico en Urgencias Médicas y fue voluntaria de Cruz Roja mexicana durante siete años en el Área de Ambulancias y Servicio Médico de la Ciudad de Toluca. En el 2011 migró a El Paso (Texas), en donde estudió la maestría en Ciencias Forenses. Posteriormente, se trasladó a Michigan. Vivió en EUA durante siete años y, actualmente, radica en México, donde vive plena cerca de sus raíces y ejerce feliz y libremente su amada medicina.

Mercedes Victoria Martínez Chávez

Nació en Acapulco, Guerrero (México), el 30 de agosto de 1987. Egresada de la Universidad Autónoma de Guerrero como médico cirujano general en el año de 2010. Actualmente, residente durante los últimos tres años en Atlanta, Georgia (Estados Unidos). Dedicada de momento y exclusivamente a la maternidad.

Alma Liliana Monroy Tijerina

Nació en Monterrey (Nuevo León), el 16 de diciembre de 1988. Recibió el título de médico cirujano y partero en el 2014 por parte de la Universidad de Monterrey. Tras el impulso de su cónyuge, Juan José Valencia Gómez, emigró en el 2015 a Houston (Texas). Logró obtener el certificado ECFMG en septiembre de 2016 mientras trabajaba como técnico científico bajo visa TN. Aplicó dos veces consecutivas al match para obtener una residencia médica y poder practicar medicina en Estados Unidos. Actualmente, ejerce medicina como médico residente de Psiquiatría en un programa universitario en El Paso (Texas).

Andrea Ponce de León Herrera

Nació en Puebla (Pue) el 3 de marzo de 1981. Estudió Medicina en la Benemérita Universidad Autónoma de Puebla realizando intercambios con la ciudad de Barcelona y Marsella (Francia). Se graduó en 2004. Posteriormente, se trasladó a la Ciudad de México, donde realizó la residencia en Pediatría y la subespecialidad en Oncología pediátrica en el Centro Médico Nacional Siglo XXI. Se graduó con honores en 2013. Actualmente, vive en el norte de California, donde trabaja como *medical scribe* y participa en un grupo piloto de atención primaria en Pediatría.

Carla Proskahuer Muñoz

Nació en Puebla (México) el 29 de marzo de 1983. Sus padres le brindaron todas las herramientas necesarias para triunfar. Desde pequeña mostró determinación en lograr sus objetivos y un gran humanismo que la llevó a estudiar Medicina en la Benemérita Universidad Autónoma de Puebla, terminando con éxito en el año 2009, como médico cirujano. Tras dedicarse de lleno a la maternidad, decide iniciar su vida laboral en 2015 y un año después la vida le ofrece la oportunidad de mudarse a una pequeña ciudad en Michigan (Estados Unidos), donde radica desde entonces.

Alejandra Rodríguez Romero

Nació en Hermosillo, Sonora (México) el 11 de mayo de 1984. Siendo hija de dos médicos y con la misma pasión que ellos, en el 2002 inició sus estudios en la Facultad de Medicina de la Universidad Autónoma de Guadalajara, obteniendo el título de médico cirujano en el 2008. Emigró a EUA en el 2009 y comenzó el proceso para la revalidación de su título. En el 2012 obtuvo el certificado al aprobar los exámenes requeridos por la ECFMG (Comisión Educativa para Médicos Extranjeros Graduados). Actualmente, radica en Tucson (AZ) desempeñando papel de madre y esposa, con planes de retomar su vida profesional.

Sumie Lorena Rojas Murakami

Nació en Nuevo Casas Grandes, Chihuahua (México) un 10 de febrero de 1985. Desde niña le apasionó la máquina más perfecta, «el cuerpo humano», por lo que a los dieciocho años emigró de su ciudad natal a Ciudad Juárez, Chihuahua (México) para estudiar Medicina en la Universidad Autónoma de Ciudad Juárez, donde se graduó como médico cirujano. Radicó en esta ciudad por trece años, hasta que en 2016 un llamado del destino la hizo mudarse junto a su esposo al estado de Texas, en los Estados Unidos de América, en donde vive actualmente.

Ana Laura Sánchez

Nació en la Ciudad de México en 1981. Cursó tres años de Ingeniera Biomédica en la Universidad Iberoamericana, certificándose como paramédico en Iberomed voluntarios. Decidió cambiar de carrera y realizar su verdadero sueño: ser médico. Fue médica cirujana por la Universidad Westhill y titulada por la UNAM. Siguiendo a su esposo, emigró hacia McAllen (Texas), donde radicó por ocho años, realizó su maestría en Ciencias de la Salud y Nutrición por Universidad de Texas Valle del Río Grande.

Actualmente, radica en la Ciudad de México, donde se desempeña como médico investigador y especialista en nutrición.

Karla Uribe

Nació en Guadalajara (México) en febrero de 1978. En 1980, sus padres decidieron mudarse a Ciudad de México, donde residió desde pequeña. Realizó sus estudios profesionales en la Facultad de Medicina de la UNAM en Ciudad Universitaria, de 1997 a 2002. Posteriormente, de 2003 a 2007, llevó a cabo la residencia médica en Otorrinolaringología. En 2007, contrajo matrimonio, se mudó al sur de Texas y se estableció con su familia en McAllen, donde actualmente vive. Mamá a tiempo completo desde 2008. Trabaja como medical scribe en una clínica de medicina familiar desde 2017. Continúa buscando oportunidades para volver a la práctica médica.

Jeannette Uribe de Trejo

Es originaria del estado de Hidalgo. Nació el 23 de agosto de 1986. A sus veintidós años se graduó como médico cirujano de la Universidad Autónoma del Estado de Hidalgo, 2008. Apasionada por la Ginecología y Obstetricia, en el 2013 concluyó su especialidad en la Universidad de Guanajuato-IMSS UMAE 48, León, Gto. Actualmente, vive en Michigan, es madre de dos hijos, trabaja como flebotomista y ha estado felizmente casada por trece años. Recientemente, fue aceptada en un programa de residencia en Ginecología y Obstetricia en la ciudad de Nueva York.

Talia Wegman-Ostrosky

Nació en la Ciudad de México. Estudió la carrera de Medicina en la UNAM, posteriormente maestría, doctorado y especialidad en Genética Humana en la Universidad de Guadalajara. Su pasión desde muy temprana edad fue entender el cáncer. Inició su vida laboral en la Clínica de Cáncer Hereditario en el Instituto Nacional de Cancerología. En 2016, se mudó, en compañía de toda su familia, a Maryland (Estados Unidos) para realizar una estancia posdoctoral en el National Cáncer Institute, uno de los centros de investigación en cáncer más importantes del mundo. En este libro contiene su experiencia durante esta etapa.

Giovanna Zanella

Nació en Guadalajara (Jalisco). Estudió la carrera de médico cirujano la Universidad Autónoma de Guadalajara. En el 2011 se mudó a Los Ángeles. Hizo investigación en el Brain Research Institute de UCLA, donde tuvo la oportunidad de colaborar con varios investigadores y profesores distinguidos. En el 2014 se mudó a Miami, donde abrió su propia empresa al lado de su esposo, convirtiéndose en emprendedores. En el 2018 hizo una colaboración con un libro de cocina que fue publicado en enero de 2019. Actualmente, en sus ratos libres crea contenido en redes sociales y es líder de opinión en línea o *influencer*.

Made in the USA
San Bernardino,
CA

0287